SCHLOTTERBECK · BUSCH · HAGER

Landesbauordnung für Baden-Württemberg (LBO)

Landesbauordnung für Baden-Württemberg (LBO)

mit LBOAVO, LBOVVO, BauPrüfVO, GaVO, FeuVO, EltBauVO, VkVO, VStättVO, VwV Stellplätze, VwV Brandschutzprüfung, VwV Brandverhütungsschau, VwV Feuerwehrflächen

herausgegeben von

Professor Karlheinz Schlotterbeck
Vors. Richter am Verwaltungsgericht Stuttgart a. D.,
Honorarprofessor an der Hochschule für öffentliche Verwaltung und Finanzen – University of Applied Sciences – Ludwigsburg

Manfred Busch
Baudirektor, Regierungspräsidium Karlsruhe

und

Professor Dr. Gerd Hager
Verbandsdirektor, Regionalverband Mittlerer Oberrhein,
Honorarprofessor am Karlsruher Institut für Technologie (KIT)

12., überarbeitete Auflage, 2021

BOORBERG

Bibliografische Information der Deutschen Nationalbibliothek | Die Deutsche Nationalbibliothek verzeichnet diese Publikation in der Deutschen Nationalbibliografie; detaillierte bibliografische Daten sind im Internet über www.dnb.de abrufbar.

12. überarbeitete Auflage, 2021
ISBN 978-3-415-06938-1

Satz: Olaf Mangold Text&Typo, 70374 Stuttgart | Druck und Bindung: Laupp & Göbel, Robert-Bosch-Str. 42, 72810 Gomaringen

Richard Boorberg Verlag GmbH & Co KG | Scharrstraße 2 | 70563 Stuttgart
Stuttgart | München | Hannover | Berlin | Weimar | Dresden
www.boorberg.de

Vorwort zur 12. Auflage

Der Verordnungsgeber hat seit dem Erscheinen der 11. Auflage dieser Textausgabe im August 2019 mehrere bauordnungsrechtliche Rechtsverordnungen inhaltlich geändert bzw. neu erlassen und sie teilweise auch an die inzwischen geänderte LBO-Gesetzeslage angepasst.

Die Rechtsänderungen betreffen zunächst

- die **Bauprüfverordnung** (BauPrüfVO), die aufgrund der BauPrüfVO-ÄndVO vom 8.10.2019 (GBl. S. 422) am 24.10.2019 in Kraft getreten ist;
  Die Mitgliedschaft im Anerkennungsausschuss endet nunmehr mit Vollendung des 70. Lebensjahres (§ 12 II 2 BauPrüfVO). Eine bereits in einem anderen Bundesland anerkannte prüfende Person kann, sofern gleichwertige Anerkennungsvoraussetzungen bestehen und sie das 67. Lebensjahr nicht überschritten hat, im Falle der Verlegung ihres Geschäftssitzes nach Baden-Württemberg von dem Umweltministerium ohne Anerkennungsverfahren nach § 13 BauPrüfVO als prüfende Person anerkannt werden (§ 14 I BauPrüfVO).
  Die Anerkennung erlischt mit Vollendung des 70. Lebensjahres (§ 16 I Nr. 4 BauPrüfVO). Hinzu kommt, dass Personen, deren Anerkennung innerhalb eines Jahres vor dem 24.10.2019 durch Vollendung des 68. Lebensjahres erloschen ist, auf Antrag ohne erneutes Anerkennungsverfahren nach § 13 BauPrüfVO als Prüfingenieurin oder Prüfingenieur für Bautechnik anerkannt werden (§ 18 III BauPrüfVO neu).
- die **Verfahrensverordnung zur LBO** (LBOVVO), die aufgrund des Art. 1 der Änderungsverordnung (LBOVVO-ÄndVO 2020) vom 28.7.2020 (GBl. S. 662) teils bereits am 1.10.2020, teils erst am 1.2.2021 in Kraft getreten ist (Art. 2 LBOVVO-ÄndVO 2020).
  Dringend notwendige Anpassungen an die bereits seit dem 1.8.2019 geltende LBO sind vorgenommen worden. Außerdem ist zur Vereinfachung und Erleichterung der Prüfung durch die Bau-

rechtsbehörden eine Liste bei der Ingenieurkammer Baden-Württemberg (IngBW)[1] für Personen eingeführt worden, die berechtigt sind, die Standsicherheit derjenigen Vorhaben nachzuweisen, die keiner bautechnischen Prüfung bedürfen (§ 18 LBOVVO). Die Eintragung in die IngK BW-Liste erfolgt auf Antrag und setzt voraus, dass die antragstellende Person über die geforderte fachliche Qualifikation und Praxiserfahrung verfügt.

Weitere bauordnungsrechtliche Rechtsverordnungen sind sodann durch die Zweite WM-Verordnung zur Änderung bauordnungsrechtlicher Verordnungen (sog. **Artikel-Verordnung**) vom 8.12.2020 (GBl. S. 1182) geändert bzw. neu erlassen worden. Davon sind gegenständlich betroffen die Ausführungsverordnung zur LBO (**LBOAVO**; Art. 1), die Feuerungsverordnung (**FeuVO**; Art. 2), die Versammlungsstättenverordnung (**VStättVO;** Art. 3), die Garagenverordnung (**GaVO;** Art. 4), die Bausachverständigenverordnung (**BauSVO**; Art. 5),[2] die Verordnung über elektrische Betriebsräume (**EltBauVO**; Art. 6), und die Fliegende Bauten Zuständigkeitsverordnung (**FliegBautenZuVO**; Art. 7). Sie sind am 1. Februar 2021 in Kraft getreten, mit Ausnahme des § 2 II 3 und der Anlage zu § 2 II 1 Nr. 1 und II 1 Nr. 2 FliegBautenZuVO, die erst am 1.1.2022 in Kraft treten werden (Art. 8).

Eine zwar nebensächliche, aber gleichwohl nicht nur geringe Bedeutung haben die **Verwaltungsvorschriften** (VwV), die generell abstrakte und verbindliche Weisungen der Landesregierung und der Ministerien gegenüber Landesbehörden und den vom Land beaufsichtigten Körperschaften, Anstalten und Stiftungen haben (Nr. 2.3 VwV Regelungen).[3] Sie können ermessens- oder anwendungslen-

1 Die **Ingenieurkammer** (IHK) **Baden-Württemberg** (Zellerstraße 26, 70180 Stuttgart) ist eine Körperschaft des öffentlichen Rechtes auf Grundlage des Ingenieurkammergesetzes Baden-Württemberg (IngKG BW) v. 28.3.2011 (GBl. S. 145), geändert durch Art. 33 VO 23.2.2017 (GBl. S. 99/103, ber. S. 273).

2 Vgl. dazu die „Bekanntmachung über anerkannte Sachverständige für die Prüfung technischer Anlagen und Einrichtungen nach dem Bauordnungsrecht (Garagen, Verkaufsstätten und Versammlungsstätten) nebst Anlage" vom 8.8.2018 (GABl. S. 523).

3 *Voßkuhle/Kaufhold*, Grundwissen – Öffentliches Recht: Verwaltungsvorschriften, JuS 2016, 314 ff.

kend,[4] norminterpretierend oder sogar normkonkretisierend sein. Normkonkretisierende Verwaltungsvorschriften haben unmittelbare Außenwirkung gegenüber Dritten (Betroffenen); sie bedürfen als solche der Bekanntmachung[5] und sind dann auch normenkontrollfähig.[6]

Die **VwV Stellplätze** vom 28.5.2015 (GABl. S. 260) ist inzwischen durch die VwV vom 23.9.2020 (GABl. S. 698) an die geänderte LBO-Gesetzeslage angepasst worden. Sie ist für die Zahl der im Einzelfalle erforderlichen Stellplätze zu beachten. Die seit dem 29.10. 2020 geltende VwV-Änderung trägt der Aufhebung des § 35 IV 1 LBO a.F. (Fahrrad-Stellplätze für Wohnungen), der inhaltlich im neu gefassten § 37 II LBO aufgegangen ist, sowie dem inhaltlich geänderten § 37 III 2 LBO Rechnung.

Die **VwV Feuerwehrflächen** vom 17.9.2012 (GABl. S. 859; vgl. Teil A 2.2.1.1 VwV TB), die inhaltliche Aussagen zu § 15 LBO und § 2 LBOAVO trifft, ist infolge Zeitablaufes nach 7 Jahren außer Kraft getreten (Nr. 4.5.3 Satz 1 VwV Regelungen).[7] Sie ist inzwischen durch die VwV Feuerwehrflächen vom 16.12.2020 (GABl. 2021 S. 31) mit Wirkung zum 1.2.2021 neu erlassen und bis zum 31.1. 2028 verlängert worden.

Die **VwV Brandverhütungsschau** vom 17.9.2012 (GABl. S. 863) ist schon durch die VwV vom 3.3.2015 (GABl. S. 83) und durch die VwV vom 16.12.2020 (GABl. 2021 S. 34) erneut geändert worden. Entsprechendes gilt für die **VwV Brandschutzprüfung** vom 17.9. 2012 (GABl. S. 805, welche ebenfalls schon durch die VwV vom 3.3.2015 (GABl. S. 82) und zuletzt durch die VwV vom 16.12.2020 (GABl. 2021 S. 34) geändert worden ist. Die Änderungen der beiden Verwaltungsvorschriften sind am 1.2.2021 in Kraft getreten und gelten jeweils bis zum 31.1.2028.

4 *Kluckert*, Die Selbstbindung der Verwaltung nach Art. 3 I GG, JuS 2019, 536 ff.

5 Vgl. dazu BVerwG, Urt. v. 25.11.2004 – 5 CN 1/03 –, NVwZ 2005, 602.

6 VGH BW, Urt. v. 7.10.2020 – 8 S 2959/18 – <juris> (VwV TB).

7 VwV der Landesregierung und der Ministerien zur Erarbeitung von Regelungen (**VwV Regelungen**) v. 27.7.2010 (GABl. S. 277), geändert durch VwV 12.12.2017 (GABl. 2018, S. 2).

Der Landesgesetzgeber hat aufgrund von Art. 1 Nr. 7 des Gesetzes zur Änderung des Naturschutzgesetzes (NatSchG) und des Landwirtschafts- und Landeskulturgesetzes (LLG) vom 23.7.2020 (GBl. S. 651/652) auf den Inhalt des § 9 I 1 LBO aus naturschutzrechtlicher Sicht der Dinge Einfluss genommen. Denn er hat in dem zum sog. Baunebenrecht gehörenden, am **31.7.2020** in Kraft getretenen **§ 21a NatSchG 2020** eine dort auch die LBO betreffende Regelung über **„Gartenanlagen"** getroffen und dazu, weitere Fragen aufwerfend, bestimmt:

> „[1]Es ist darauf hinzuwirken, dass Gartenanlagen insektenfreundlich gestaltet werden und Gartenflächen vorwiegend begrünt werden. **[2]Schotterungen zur Gestaltung von privaten Gärten sind grundsätzlich keine andere zulässige Verwendung im Sinne des § 9 Absatz 1 Satz 1 LBO.** [3]Gartenflächen sollen ferner wasseraufnahmefähig belassen oder hergestellt werden."[8]
>
> **Hinweis**
> Es wäre besser gewesen, den Inhalt des § 21a Satz 2 NatSchG unmittelbar dem § 9 I 1 LBO anzufügen, um vor allem die Zersplitterung einer Vorschrift durch verschiedene Gesetze zu vermeiden, und § 9 I 1 LBO folgendermaßen zu fassen:
>
> *„Die nichtüberbauten Flächen der (mit Gebäuden oder ähnlichen Anlagen) bebauten Grundstücke (Freiflächen) müssen Grünflächen sein, soweit diese Flächen nicht für eine andere zulässige Verwendung benötigt werden; Schotterungen zur Gestaltung von privaten Gärten (Gartenanlagen) sind grundsätzlich keine (benötigte) andere zulässige Verwendung."*

§ 21a NatSchG enthält – gehäuft – auslegungs- und konkretisierungsbedürftige Rechtsbegriffe[9] sowie offene Gebote.[10] Die Vorschrift wendet sich im Interesse des Artenschutzes und zur Stärkung der

---

8 LT-Drucks. 16/8272 v. 27.6.2020 (Gesetzentwurf).

9 "Gartenanlagen"; „insektenfreundliche Gestaltung"; „vorwiegende Begrünung"; „grundsätzlich keine andere zulässige Verwendung"; „wasseraufnahmefähige Gartenflächen".

10 offene Gebote („es ist darauf hinzuwirken"; „sollen").

Artenvielfalt (Artendiversität)[11] gegen die Herstellung von „Schotterungen zur Gestaltung von privaten Gärten", bestehend aus (wasserundurchlässigen) Kies-, Steinschüttungen oder Steinplatten (sog. **bauliche Schotteranlagen**). Und sie mahnt stattdessen zur Herstellung von sog. summenden Gärten („insektenfreundlich") im Land.[12] Sie spricht sich deutlich gegen die umweltfeindliche Versiegelung des Bodens in (Haus-) Gartenanlagen („wasseraufnahmefähig") aus.[13]

Die erst seit dem 31.7.2020 (!) geltende Vorschrift des § 21a Satz 2 NatSchG stellt authentisch rechtsverbindlich und klarstellend[14] fest, dass die erwähnten baulichen Schotteranlagen **„keine andere zulässige Verwendung"** im Sinne des – übrigens schon seit dem 1.1.1996 geltenden – **§ 9 I 1 LBO** sind. Die Vorschrift lässt indessen außer der Frage, was unter einem „bebauten Grundstück" zu verstehen ist,[15] die weitere Frage offen, ob diese Art von baulichen Anlagen grundsätzlich auch als andere zulässige Verwendung **„benötigt"**, nämlich objektiv und tatsächlich für eine andere zulässige Verwendung **„gebraucht"** wird, sie m. a. W. **notwendig** ist.[16]

Es spricht vieles, wenn nicht gar alles gegen eine derartige **„Benötigung"** von baulichen Schotteranlagen auf ansonsten bereits „bebauten" Grundstücken; daran hat sich durch § 21a Satz 2 NatSchG nichts geändert. Bauliche Schotteranlagen als bloßer Ersatz für (Garten-)Pflegemaßnahmen laufen der von vornherein erkennbaren

---

11 diversité des espèces (franz.); species diversity (engl.).

12 Vgl. dazu LT-Drucks. 16/8272 v. 27.6.2020, S. 57 (Gesetzentwurf).

13 Vgl. dazu auch § 1a II 1 Halbs. 2 BauGB (Begrenzung der Bodenversiegelung auf das notwendige Maß in der Bauleitplanung).

14 LT-Drucks. 16/8272 v. 17.6.2020, S. 57 (Gesetzentwurf); vgl. dazu BVerfG, Beschl. v. 21.7.2010 – 1 BvL 11/06, 1 BvL 12/06, 1 BvL 13/06, 1 BvR. 2530/05 –, NJW 2010, 3705 Ls 2b.

15 Vgl. dazu präziser der unverbindliche § 8 I MBO 2002/2019 sowie z. B. § 8 I 1 BauO NW, wonach die nicht mit Gebäuden oder vergleichbaren baulichen Anlagen überbauten Flächen der bebauten Grundstücke wasseraufnahmefähig zu belassen oder herzustellen und zu begrünen oder zu bepflanzen sind, soweit dem nicht die Erfordernisse einer anderen zulässigen Verwendung der Flächen entgegenstehen (so oder ähnlich auch § 7 BayBO; § 8 I BlnBauO/BbgBauO/LBauO MV/SächsBO/ThürBauO; § 9 HBauO).

16 Vgl. BayVGH, Urt. v. 1.5.2001 – 2 B 00.1347 – <juris>.

Absicht des Landesgesetzgebers diametral zuwider, die grundsätzlich zu begrünenden Freiflächen der „bebauten" Grundstücke aus baugestaltungsrechtlichen Gründen, die umgebungsbezogene Gestaltung des Orts- bzw. Straßenbildes betreffend, auch als begrünte Flächen zu erhalten und auch zu unterhalten.

Bauliche Schotteranlagen, die bereits vor dem Inkrafttreten des § 21a NatSchG am 31.7.2020 und in der Zeit nach dem 1.1.1996 hergestellt worden sind (sog. **Altanlagen**), genießen insbesondere keinen passiven **baurechtlichen Bestandschutz** (Art. 14 GG), der ansonsten im Falle einer Beseitigungs- und Wiederherstellungsanordnung bei der Ausübung des Ermessens zu beachten wäre (§ 3 II BNatSchG; §§ 65 I 1 und 47 I 2 LBO).

- **Formeller passiver baurechtlicher Bestandsschutz** scheidet grundsätzlich aus; die Herstellung von bloßen baulichen Schotteranlagen ist verfahrensfrei (§§ 49, 50 I Anhang Nr. 12 und Nr. 11 Buchst. e LBO). Dies gilt allerdings nicht, wenn die bauliche Schotteranlage zusammen mit einem bestimmten anderen baugenehmigungspflichtigen Vorhaben gleichsam „mitgenehmigt" worden ist.
- Auch **materieller passiver baurechtlicher Bestandsschutz** scheidet aus, weil auch die Herstellung einer baulichen Schotteranlage schon vor dem Inkrafttreten des § 21a Satz 2 NatSchG (Altanlage) mangels „Benötigung" baurechtswidrig gewesen ist.

Im Übrigen ist in der höchstrichterlichen und obergerichtlichen Rechtsprechung[17] anerkannt, dass die Herstellung einer ungenehmigten baulichen Anlage von vornherein **schutzunwürdig** im Sinne des Art. 14 I GG ist, bei der eine – hier unterstellt – gleichsam materiell legale Eigentumsausübung zu unbedeutend gewesen, insbesondere zu wenig von einem „schutzwürdigen" Einsatz getragen worden ist. Auch dies streitet gegen die Annahme eines materiellen passiven baurechtlichen Bestandschutzes der sog. Altanlagen.

---

17 Vgl. dazu BVerwG, Urt. v. 5.7.1974 – IV C 76/71 NJW 1975, 550 = BauR 1974, 397; BVerwG, Urt. v. 14.4.1978 – IV C 85/75 –, BauR 1978, 383; ThürOVG, Beschl. v. 20.4.1994 – 1 EO 112/94 –, BRS 57 Nr. 247 m.N.

Neue Aufgaben sind den unteren Baurechtsbehörden auch aufgrund der Änderung des **Klimaschutzgesetzes Baden-Württemberg** (KSG BW) v. 23.7.2013 (GBl. S. 229) durch Art. 1 des Gesetzes vom 15.10.2020 (GBl. S. 937)[18] mit Wirkung zum 24.10.2020 zugewachsen.[19]

Die **unteren Baurechtsbehörden** sind gemäß § 8c Satz 1 KSG BW sachlich zuständig für die Überwachung der Einhaltung sowohl der Pflicht des § 8a KSG BW (Pflicht zur Installation von Photovoltaik-Anlagen auf Dachflächen beim Neubau von sog. Nichtwohngebäuden im Sinne des § 3 III, IV KSG BW) als auch der Pflicht des 8b KSG BW (Pflicht zur Installation von Photovoltaik-Anlagen auf bestimmten offenen Parkplatzflächen). Sie sind aufgefordert, die hierfür erforderlichen Maßnahmen zu ergreifen (§ 8c Satz 2 KSG BW).

Die Regelungen gelten im Baugenehmigungsverfahren für Bauanträge, die erst ab dem 1.1.2022 bei der zuständigen unteren Baurechtsbehörde eingehen, wobei § 8a KSG BW im baurechtlichen Kenntnisgabeverfahren (§§ 51 I 1 und 53 V LBO) erst ab dem 1.1.2022 gilt, in dem die vollständigen Bauvorlagen bei der Gemeinde (-behörde) eingehen (§ 8a Satz 1 KSG BW). Allerdings sind für die Überwachung der Einhaltung der Pflichten nach § 8b KSG – und dies abweichend von § 8c Satz 1 KSG BW – die **Straßenbaubehörden** (§ 50 StrG) sachlich zuständig, falls ein offener Parkplatz dem öffentlichen Verkehr gewidmet werden soll (§ 8c Satz 3 KSG BW). Übrigens ist eine aufgrund von § 8e KSG BW mögliche Rechtsverordnung, welche die Photovoltaik-Pflicht konkretisiert, bisher noch nicht erlassen.

Die vorliegende, handlich gehaltene 12. Auflage der Textausgabe berücksichtigt die oben erwähnten Rechtsänderungen der hier abgedruckten Vorschriften. Sie enthält eine ausgewählte Zusammen-

---

18 Vgl. im Übrigen LT-Drucks. 16/8570 v. 28.7.2020, S. 84 ff. (Gesetzentwurf).

19 Vgl. dazu das **Bundes-Klimaschutzgesetz** (KSG) v. 12.12.2019 (BGBl. I S. 2513), welches unbeschadet der Vereinbarkeit mit Bundesrecht die Bundesländer ermächtigt, eigene Klimaschutzgesetze zu erlassen; die bereits bestehenden Klimaschutzgesetze der Länder gelten unbeschadet der Vereinbarkeit mit Bundesrecht fort (§ 14 I KSG).

stellung der praktisch häufig anzuwendenden bauordnungsrechtlichen Rechtsvorschriften sowie zu beachtenden (an sich verwaltungsinternen) Verwaltungsvorschriften, die zum Teil normkonkretisierenden und normenkontrollfähigen Charakter haben, wie z. B. die VwV TB[20] (vgl. dazu § 73a I 1 LBO).[21]

Eine gedrängte **„Einführung in das Bauordnungsrecht“**, das herkömmlich ein Teilrechtsgebiet des öffentlichen Baurechtes bildet, ist als kurz gefasste Orientierungshilfe vorangestellt. Die oben erwähnten Rechtsänderungen werden am Ende dieser „Einführung“ (Teile IV und V) systematisch in der hier gebotenen Kürze vorgestellt.

Diese Textausgabe ist für alle diejenigen gedacht, die mit dem Bauordnungsrecht behördlich, beruflich, gewerblich, handwerklich oder auch nur privat anlässlich eines Bauvorhabens sich zu befassen haben. Dies trifft namentlich zu auf die Mitarbeiter in den Baurechtsbehörden und in den Gemeindeverwaltungen, auf die am Bau beteiligten Bauherren, Entwurfsverfasser (z. B. Architekten, Ingenieure), Lageplanfertiger (z. B. Vermessungsbehörden, öffentlich bestellte Vermessungsingenieure), Fachplaner (z. B. Tragwerksplaner, Bauphysiker, Planer der Haustechnik, Handwerksmeister, Fachplaner Brandschutz), (Bau-) Unternehmer und deren Fachkräfte, Bauleiter sowie auf Prüfingenieure/Prüfingenieurinnen als sog. prü-

20 Die **VwV TB** ist wegen ihre großen Umfanges hier nicht abgedruckt (vgl. https://www.baden-wuerttemberg.de/fileadmin/redaktion/m-um/intern/Dateien/Dokumente/3_Umwelt/Baurechts-_und_Bergbeh%C3%B6rde/171220_VwV_Technische_Baubestimmungen.pdf). Entsprechendes gilt auch für die Geruchsimmissions-Richtlinie (**GIRL 2008**), auf die im § 62 III 1 LBO ausdrücklich Bezug genommen wird (vgl. http://gaa.baden-wuerttemberg.de/servlet/is/16507/6_1.pdf). Die GIRL 2008 ist die einzige derzeit vorhandene Regelung, die ein Konzept zur Bewertung von Geruchsimmissionen festlegt, das auch Grenzwerte für Geruchsimmissionen umfasst. In Baden-Württemberg ist die GIRL durch Erlass vom 25.11.1994 als Erkenntnisquelle eingeführt worden.

21 Vgl. dazu VGH BW, Urt. v. 7.10.2020 – 8 S 2959/18 – <juris>; VGH BW, Beschl. v. 10.7.2019 – 8 S 2962/18 –, BauR 2019, 1579 = NVwZ-RR 2020, 244.

fende Stellen im Sinne des § 4 I 1 BauPrüfVO,[22] und auf Bedienstete in den Prüfämtern für Baustatik (Regierungspräsidium Tübingen – Referat 27 Landesstelle für Bautechnik [LfB]; Prüfämter in Friedrichshafen und in Stuttgart), außerdem auf alle beratenden Berufe.

Die Autoren sind nach wie vor in dankenswerter Weise für alle weiterführenden Anregungen und Vorschläge und – dies vor allem – kritischen Äußerungen zugänglich.

Ludwigsburg/Karlsruhe, im Februar 2021

22 Vgl. dazu die Bekanntmachung des Ministeriums für Umwelt, Klima und Energiewirtschaft über die Verzeichnisse der Prüfämter sowie der Prüfingenieurinnen und Prüfingenieure für Bautechnik v. 31.12.2020 (GABl. S. 831).

Inhaltsverzeichnis

Einführung

von Karlheinz Schlotterbeck

Inhalt

I. Öffentliches Baurecht

1. Gesetzgebung; Zuständigkeiten

Das **öffentliche Baurecht**[1] zerfällt traditionell in das (allgemeine und besondere) **Städtebaurecht** („Bodenrecht") zum einen und in das **Bauordnungsrecht** zum anderen. Und es ist grundsätzlich offen für Regelungen aus anderen Rechts- und Fachgebieten (sog. **Baunebenrecht**). Das Städtebaurecht ist Bundesrecht; es ist im BauGB[2] und in Vorschriften aufgrund des BauGB[3] geregelt. Das Bauordnungsrecht ist Landesrecht; es ist für das Bundesland Baden-Württemberg in der LBO[4] und in Vorschriften aufgrund der LBO[5] geregelt.

---

1 Zum Begriff „öffentliches Baurecht" im niedersächsischen Bauordnungsrecht vgl. § 2 XVII NBauO; *Winkler*, Schemata und Definitionen Öffentliches Recht, 3. Auflage 2020; *Hanne*, Glossar zum öffentlichen Baurecht, 2018.

2 **Baugesetzbuch** (BauGB) v. 3.11.2017 (BGBl. I S. 3634), zuletzt geändert durch Art. 3 G 8.8.2020 (BGBl. I S. 1728/1793). Das bereits im Gesetzgebungsverfahren befindliche Bauland-Mobilisierungsgesetz (BaulMobG) wird zu einer weiteren Änderung nicht nur des BauGB, sondern auch der BauNVO und der PlanzV führen (BT-Drucks. 19/24838 v. 30.11.2020).

3 **Baunutzungsverordnung** (BauNVO) v. 21.11.2017 (BGBl. I S. 3786); **Planzeichenverordnung** (PlanzV) v. 18.12.1990 (BGBl. 1991 I S. 58), zuletzt geändert durch Art. 3 G 4.5.2017 (BGBl. I S. 1057); **Immobilien-Wertermittlungsverordnung** v. 19.5.2010 (BGBl. I S. 639), geändert durch Art. 16 G 26.11.2019 (BGBl. I S. 1794/1812); zur Novellierung des Wertermittlungsrechtes vgl. den ImmoWertV-Referentenentwurf v. 19.6.2020.

4 **Landesbauordnung für Baden-Württemberg** (LBO) v. 5.3.2010 (GBl. S. 357/358, ber. S. 416), zuletzt mehrfach geändert durch G 18.7.2019 (GBl. S. 313).

5 Rechtsverordnungen (VO; vgl. die §§ 16a VI, 25 und 73 LBO); Örtliche Bauvorschriften der Gemeinden (ÖBauV; vgl. § 74 LBO)..

Dem Bauordnungsrecht gehört auch das spezielle – vor allem durch die **BauPV/EU**[6] und die **AkkMÜV/EG**[7] europarechtlich beeinflusste –[8] Bauproduktenrecht an.[9] Inzwischen ist die **EUV Nr. 2019/1020** veröffentlicht worden;[10] ihre Bestimmungen gelten ab dem 16.7.2021, mit Ausnahme einiger weniger Bestimmungen, die bereits ab dem 1.1.2021 gelten (Art. 44 EUV Nr. 2019/1020). Es ist das Ziel dieser EUV, das Funktionieren des Binnenmarktes durch Stärkung der Marktüberwachung (Art. 3 Nr. 3 EUV Nr. 2019/1020) von Produkten, die unter die in Art. 2 EUV Nr. 2019/1020 genannten EU-Harmonisierungsrechtsvorschriften fallen, zu verbessern, sodass sichergestellt ist, dass nur konforme Produkte auf dem EU-Markt bereitgestellt werden, welche die Anforderungen an ein hohes Schutzniveau bei öffentlichen Interessen wie Gesundheit

---

6 **EUV Nr. 305/2011** des Europäischen Parlaments und des Rates vom 9.3.2011 zur Festlegung harmonisierter Bedingungen für die Vermarktung von Bauprodukten und zur Aufhebung der Richtlinie 89/106/EWG des Rates (Bauproduktenverordnung/EU – BauPV/EU) v. 9.3.2011 (ABl. L 88 v. 4.4.2011, S. 5), zuletzt geändert durch Art. 40 EUV Nr. 2019/1020.

7 **VO/EG Nr. 765/2008** des Europäischen Parlaments und des Rates vom 9.7.2008 über die Vorschriften für die Akkreditierung und Marktüberwachung im Zusammenhang mit der Vermarktung von Produkten und zur Aufhebung der Verordnung (EWG) Nr. 339/93 des Rates – Akkreditierungs- und Marktüberwachungs-Verordnung/EG (AkkMÜV/EG) (ABl. L 218 v. 13.8.2008, S. 30), zuletzt geändert durch **EUV Nr. 2019/1020** v. 20.6.2019 (ABl. L 169 v. 25.06.2019, S. 1).

8 Vgl. dazu das (Bundes-) **Akkreditierungsstellengesetz** (AkkStelleG) und die **AkkStelleG-Beleihungsverordnung** (AkkStelleGBV); die „Deutsche Akkreditierungsstelle GmbH" (DAkkS) mit Sitz in Berlin ist mit den Aufgaben der nationalen Akkreditierungsstelle nach dem AkkStelleG als alleiniger Dienstleister beliehen worden (§ 1 Satz 1 AkkStelleGBV; zum Akkreditierungsrecht vgl. *Tiede/Ryczewsk/Yang*, NVwZ 2012, 2012 ff.), das (Bundes-) **Bauproduktengesetz** (BauPG) v. 5.12.2012 (BGBl. I S. 2449/2450), zuletzt geändert durch Art. 141 V 19.6.2020 (BGBl. I S. 1328/1344), das (Landes-) **Bauprodukte-Marktüberwachungs-Durchführungsgesetz** (BauPMÜDG) v. 15.3.2011 (GBl. S. 94), zuletzt geändert durch G 1.4.2014 (GBl. S. 97); *Schlotterbeck*, Reform des europarechtlich beeinflussten Bauproduktenrechtes in Baden-Württemberg, VBlBW 2020, S. 397 ff.

9 Vgl. dazu die §§ 1 I 1, 2 X, 3 I, 16b und 16c LBO, §§ 17 bis 25 LBO, §§ 63, 64 I 2 Nr. 4 und 66 III 1 LBO sowie § 73a I, V LBO und die dazu erlassene normkonkretisierende und normenkontrollfähige VwV TB.

10 **EUV Nr. 2019/1020** des Europäischen Parlaments und des Rates v. 20.6.2019 über Marktüberwachung und die Konformität von Produkten sowie zur Änderung der RL 2004/42/EG und der VO (EG) Nr. 765/2008 und VO (EU) Nr. 305/2011 (ABl. L 169 v. 25.6.2019, S. 1).

und Sicherheit im Allgemeinen, Gesundheit und Sicherheit am Arbeitsplatz, Verbraucher- und Umweltschutz sowie der öffentlichen Sicherheit und anderer durch diese Rechtsvorschriften geschützter öffentlicher Interessen erfüllen. Außerdem werden Regeln für Wirtschaftsakteure (Art. 3 Nr. 13 EUV Nr. 2019/1020) und Verfahren bei Produkten festgelegt, die bestimmten EU-Harmonisierungsrechtsvorschriften unterliegen, und es wird ein Rahmen für die Zusammenarbeit mit Wirtschaftsakteuren geschaffen; es wird ferner ein Rahmen für die Kontrolle von Produkten geschaffen, die im Sinne des Art. 3 Nr. 26 EUV Nr. 2019/1020 auf den EU-Markt gelangen (Art 1 EUV Nr. 2019/1020).

Dieses **Nebeneinander von Bundes- und Landesbaurecht**[11] ist die Folge der unterschiedlichen Zuständigkeiten für die Gesetzgebung auf dem Gebiet des öffentlichen Baurechtes (Art. 70ff. GG).[12] Das BVerfG hat im sog. **Karlsruher Baurechtsgutachten**[13] erkannt, dass der Bund unter den Voraussetzungen des Art. 72 II GG die Zuständigkeit hat zur Regelung des Rechtes der städtebaurechtlichen Planung, der Baulandumlegung, der Zusammenlegung von Grundstücken, des Bodenverkehrs, der Erschließung sowie der Bodenbewertung, soweit sie auf diese Gebiete sich bezieht (Art. 74 Nr. 18 GG a.F.; „Bodenrecht"), und dass eine Zuständigkeit des Bundes zur Regelung des „Baupolizeirechtes" im bisher gebräuchlichen Sinne (nunmehr: Bausicherheitsrecht) nicht besteht (Art. 70 I GG). Seit

11 Vgl. Art. 70ff. GG; *Voßkuhle/Wischmeyer*, Grundwissen – Öffentliches Recht: Gesetzgebungskompetenzen, JuS 2020, 315ff.; *Bäumerich*, Grundfälle zu den Gesetzgebungskompetenzen, JuS 2018, 123ff.

12 **Grundgesetz** (GG) v. 23.5.1949 (BGBl. S. 1), zuletzt geändert durch Art. 1 und Art. 2 Satz 2 G 29.9.2020 (BGBl. I. S. 2048).

13 BVerfG, Rechtsgutachten v. 16.6.1954 – 1 PBvV 2/52 –, BVerfGE 3, 407; vgl. auch BVerfG, Beschl. v. 7.3.2017 – 1 BvR 1314/12, 1 BvR 1630/12, 1 BvR 1694/13, 1 BvR 1874/13 –, NVwZ 2017, 1111 (Art. 74 I Nr. 18 GG „Recht der Spielhallen"; dazu teils kritisch Sachs, JuS 2017, 708f.; *Schneider*, NVwZ 2017, 1073ff.; *Waldhoff*, GewArch 2018, 89ff.; *Dietlein*, NVwZ 2017, 1667ff., *Schlotterbeck*, VBlBW 2013, 321ff.); BVerwG, Urt. v. 16.12.2016 – 8 C 6/15 –, NVwZ 2017, 791; VGH BW, Urt. v. 3.5.2017 – 6 S 306/16 –, ZfWG 2017, 416; VGH BW, Urt. v. 25.4.2017 – 6 S 1765/15 –, ZfWG 2017, 305.

der Föderalismusreform 2006[14] erfasst Art. 78 I 1 Nr. 18 GG nach wie vor den städtebaulichen Grundstücksverkehr und das Bodenrecht (übrigens ohne das Recht der Erschließungsbeiträge).

2. Bebauungsrecht

Das sog. Bebauungsrecht ist zentraler Bestandteil des allgemeinen Städtebaurechtes (§§ 29 bis 38 BauGB; §§ 246 VII bis XVII, 246b, 248 und 249 BauGB). Es hat die **städtebaurechtliche Zulässigkeit (Zulassung)** von **Vorhaben** (§ 29 I BauGB) zum Inhalt, die davon abhängt, in welchem Bebauungsbereich der Gemeinde das Vorhaben ausgeführt werden soll oder bereits ausgeführt worden ist. Es werden in dieser Hinsicht **vier verschiedene Bebauungsbereiche** unterschieden, nämlich die Q-Planbereiche (§ 30 I BauGB), die V-Planbereiche (§§ 30 II und 12 BauGB), die sog. faktischen Bebauungsbereiche (§§ 30 III und 34 BauGB) und der Außenbereich (§§ 30 III und 35 BauGB); die Geltung der §§ 29 bis 37 BauGB ist allerdings durch den im § 38 BauGB geregelten sog. Fachplanungsvorbehalt verdrängt. Anlassbezogene Sonderregelungen sind in den §§ 246 VII bis XVII, 246a, 246b, 248 und 249 BauGB enthalten. Die Geltung der §§ 29 bis 37 BauGB ist allerdings durch den im § 38 Satz 1 BauGB geregelten sog. **Fachplanungsvorbehalt** verdrängt, der insbesondere Planfeststellungsverfahren für Vorhaben von überörtlicher Bedeutung mit Gemeindebeteiligung betrifft.

Das Bebauungsrecht lässt – und dies ist gleichsam die Kehrseite der Medaille – unberührt sowohl die (Zulässigkeits-, Zulassungs-) Vorschriften des (Landes-) Bauordnungsrechtes als auch andere öffentlich-rechtliche Vorschriften des Bundes- und des Landesrechtes von nicht städtebaurechtlicher Art, z. B. die Vorschriften des (Bundes-) Immissionsschutzrechtes (BImSchG), des (Bundes-, Landes-) Wassergesetzes (WHG, WG), des (Bundes-, Landes-) Naturschutzrechtes (BNatSchG, NatSchG), des (Landes-) Denkmalschutzrechtes (DSchG), des (Bundes-, Landes-) Straßenrechtes (FStrG,

14 Gesetz v. 28.8.2006 (BGBl. I S. 2034).

StrG), des Landesglückspielrechtes (LGlüG), des Landesheimrechtes (WTPG), des (Bundes-)Arbeitsschutzrechtes (ArbSchG; ArbStättV), die deshalb zusätzlich zu beachten sind (§ 29 II BauGB).

3. Bauordnungs-(Bauaufsichts-)Recht

Die Eingangsvorschrift des § 1 LBO eröffnet den sachlichen Anwendungsbereich der LBO; sie bildet in stets mit zu prüfender Weise den Schlüssel zu den nachfolgenden Vorschriften.[15]

Den zuständigen Baurechtsbehörden (§§ 48 I und 46 I Nr. 3, II LBO) fällt allgemein die Aufgabe zu, darauf zu achten, dass die (formellen und materiellen) baurechtlichen Vorschriften sowie die anderen öffentlich-rechtlichen Vorschriften über die Errichtung, die bautechnisch-konstruktive Änderung, die Nutzungsänderung und die Instandhaltung sowie den Abbruch (Beseitigung) von Anlagen und Einrichtungen im Sinne des § 1 LBO eingehalten (vgl. dazu die eingeschränkte Gleichstellungsklausel im § 2 XIII LBO) und die aufgrund dieser Vorschriften erlassenen baurechtlichen Anordnungen auch befolgt werden (**allgemeine bauordnungsrechtliche Aufgabenzuweisungsnorm**; § 47 I 1 LBO). Und sie haben (!) dann zur Wahrnehmung der ihnen obliegenden Aufgaben diejenigen – inhaltlich konkret zu bestimmenden (§ 37 I LVwVfG) – Eingriffsmaßnahmen zu treffen, die nach pflichtgemäßem Ermessen (§ 40 LVwVfG) – intendiert (gelenkt)[16] – erforderlich sind (**allgemeine bauordnungsrechtliche Befugnisnorm**; § 47 I 2 LBO). Das schließt ggf. auch Bauüberwachungsmaßahmen während der Bauausführung (§ 66 LBO), Bauabnahmen und Maßnahmen bei Inbetriebnahme von Feuerungsanlagen (§§ 67 und 31 LBO) sowie Vollstreckungsmaßnahmen

15 Die LBO orientiert sich in eigenwilliger Weise an der zuletzt im Oktober 2020 aktualisierten (unverbindlichen) Musterbauordnung 2002 (MBO) der ARGEBAU-Bauministerkonferenz.

16 Zum sog. intendierten, gelenkten Ermessen vgl. BVerwG, Urt. v. 16.6.1997 – 3 C 22/96 –, NJW 1998, 2233; *Voßkuhle*, Grundwissen – Öffentliches Recht: Entscheidungsspielräume der Verwaltung (Ermessen, Beurteilungsspielraum, planerische Gestaltungsfreiheit), JuS 2008, 117 ff.; *Volkmann*, Das intendierte Verwaltungsermessen, DÖV 1996, 282 ff.

nach dem LVwVG[17] aufgrund von vollziehbaren Eingriffsmaßnahmen (§§ 1 und 2 LVwVG) ein.

Das Bauordnungsrecht hat zum Inhalt sowohl materiell-rechtliche Vorschriften als auch formell-rechtliche Vorschriften mit unterschiedlichen präventiven (Verwaltungs-) Verfahren (Baugenehmigungs-, Bauvorbescheids-, Zustimmungs-, baurechtliche Kenntnisgabe- und Typenprüfverfahren sowie Ausführungsgenehmigungsverfahren für die sog. Fliegenden Bauten) als auch unterschiedlichen repressiven Verwaltungsverfahren (z. B. Baueinstellungs-, Abbruchs- [Beseitigungs-] Anordnungs-, Nutzungsuntersagungsverfahren), die zusammen das Bauaufsichtsrecht bilden.

Das Bauaufsichtsrecht ist wahrhaft „entpolizeilichtes" Bauordnungsrecht; der Begriff „Baupolizeirecht" ist dem Begriff **„Bausicherheitsrecht"** gewichen, was so nicht immer wahrgenommen wird. Es ist **besonderes Verwaltungsrecht**, welches als solches nicht abschließend ist, sondern zwangsläufig durch das Allgemeine Verwaltungsrecht (LVwVfG; Rn. 30) ergänzt werden muss. Es sind allerdings bei genauer Betrachtung noch einzelne inhaltliche Verknüpfungen zum allgemeinen Polizeirecht (PolG 2020)[18] auszumachen (Gesetzeslücke), die rechtsgrundsätzlich[19] dazu führen, dass bei der Rechtsanwendung auf das PolG 2020 wegen fehlender bauordnungsrechtlicher Regelungen zurückgegriffen werden muss (vgl. ergänzend die speziellen, bei der Errichtung, der Änderung und dem Abbruch baulicher Anlagen geltenden §§ 41 bis 45 LBO). Dies ist vor allem der Fall in der baurechtlichen Eingriffsverwaltung bei der Frage nach dem auch dort zu beachtenden rechtsstaatlichen Verhältnismäßigkeitsprinzip (Art. 20 III GG) sowie bei der weiteren Frage nach dem oder den verantwortlichen Regelungsadressaten (vgl. dazu die §§ 5 bis 9 PolG).

---

17 **Landesverwaltungsvollstreckungsgesetz** (LVwVG) v. 12.3.1974 (GBl. S. 93), zuletzt geändert durch Art. 5 VO 23.2.2017 (GBl. S. 99/100).

18 **Polizeigesetz** (PolG) v. 6.10.2020 (GBl. S. 735), gültig ab 17.1.2021; vgl. dazu LT-Drucks. 16/8484 v. 14.7.2020 (Gesetzentwurf).

19 *Barczak*, Rechtsgrundsätze, Baupläne für die normative Einheits- und Systembildung, JuS 2021, 1/3.

4. Sog. Baunebenrecht

a) Einzelne Rechts- und Fachgebiete

Das öffentliches Baurecht steht nicht gleichsam isoliert im Raum, sondern ist offen, als Normenmasse Regelungen aus anderen Rechts- und Fachgebieten als sog. Baunebenrecht hinzunehmen.

Das betrifft insbesondere das anlagenbezogene Immissionsschutzrecht (BImSchG; Schutzverordnungen), das Naturschutz- und Landschaftspflegerecht (BNatSchG; NatSchG; Rechtsverordnungen; Gemeindesatzungen), das Denkmalschutzrecht (DSchG, Gemeindesatzungen), das Gaststättenrecht (LGastG; GastVO), das Glückspielrecht (LGlüG), das Straßenrecht (StrG, FStrG), das Wohnwirtschaftsrecht (ZwEWG; Gemeindesatzungen), das Prostituiertenschutzrecht (ProstSchG; AGProstSchG; ProstSchVwV-Gewerbe), das Heimrecht (WTPG; HeimMindBauV), das Wasserrecht (WHG; WG), das Raumordnungsrecht (ROG; LPlG; Landesentwicklungsplan; Regionalpläne), das Gebäude-Energierecht (GEG),[20] das Betriebssicherheitsrecht (ProdSG; BetrSichV),[21] das Kommunalverfassungsrecht (GemO; GKZ), das (Bau-) Gebührenrecht (LGebG; KAG; Rechtsverordnungen, Gemeindesatzungen),[22] das Arbeitsschutzrecht (ArbSchG; BaustellV) u. Ä. m.

b) Ausgewählte Fallkonstellationen

Das Baunebenrecht kann auf unterschiedliche Weise – aufdrängend, abdrängend – auf das öffentliche Baurecht einwirken, was den nachfolgenden Fallkonstellationen beispielhaft entnommen werden kann:

---

20 Das **Gebäude-Energiegesetz** (GEG) v. 8.8.2020 (BGBl. I S. 2728) ersetzt ab dem 1.11.2020 das EnEG, die EnEV und das EEWärmeG, die deshalb gleichzeitig außer Kraft getreten sind, BT-Drucks. 19/16716 v. 22.1.2020 und BT-Drucks. 19/20148 v. 17.6.2020.

21 Vgl. dazu den (Referenten-) „Entwurf eines Gesetzes zur Anpassung des ProdSG und zur Neuordnung des Rechtes der überwachungsbedürftigen Anlagen", Stand 10.8.2020.

22 *Wienbracke*, Begriffliche und verfassungsrechtliche Grundlagen des Gebührenrechtes, JuS 2019, 1070 ff.

- Die §§ 15 bis 18 BetrSichV[23] sind aufgrund des § 34 ProdSG erlassen worden.[24] Die anlagenbezogene betriebssicherheitsrechtliche Erlaubnis der gemäß § 2 ProdSG/ZuVO[25] zuständigen Behörde für eine sog. überwachungsbedürftige Anlage (§§ 2 XIII und 18 BetrSichV) schließt die Baugenehmigung bzw. baurechtliche Zustimmung ein (§ 48 III LBO), die dadurch zu einer betriebssicherheitsrechtlichen Genehmigung wird.
- Die atomrechtliche Anlagengenehmigung schließt bei Anlagen nach § 7 AtG eine Baugenehmigung oder baurechtliche Zustimmung ein (§ 48 IV 1 LBO; AtG/ZuVO). Die Regelung des § 6 III AtG verdrängt als lex specialis die Vorschriften des § 7 AtG über die Anlagengenehmigung.[26]
- Die immissionsschutzrechtliche Genehmigung (§ 6 BImSchG) schließt die Baugenehmigung als eine andere anlagenbezogene Genehmigung ein (formelle und materielle Entscheidungskonzentration; § 13 BImSchG).[27]
- Der Bau und Betrieb einer Spielhalle (§ 40 LGlüG) bedarf nicht nur einer Baugenehmigung, sondern auch einer (anlagenbezogenen) glückspiel- (gewerbeneben-) rechtlichen Erlaubnis (parallele Anlagengestattungen; § 41 I, I 2 LGlüG).
- Wer eine Prostitutionsstätte (§ 2 IV ProstSchG)[28] als Prostitutionsgewerbe (§ 2 III Nr. 1 ProstSchG) betreiben will, bedarf

---

23 **Betriebssicherheitsverordnung** (BetrSichV) v. 3.2.2015 (BGBl. I S. 49), zuletzt geändert durch Art. 1 V 30.4.2019 (BGBl. I S. 554).

24 Vgl. dazu die RL 2009/104/EG des Europäischen Parlaments und des Rates v. 16.9.2009 über Mindestvorschriften für Sicherheit und Gesundheitsschutz bei Benutzung von Arbeitsmitteln durch Arbeitnehmer bei der Arbeit (Zweite Einzelrichtlinie im Sinne des Art. 16 I RL 89/391/EWG – kodifizierte Fassung – (ABl. L 260 v. 3.10.2009, S. 5).

25 **Produktsicherheits-Zuständigkeitsverordnung** (ProdS/ZuVO) v. 13.2.2012 (GBl. S. 62), zuletzt geändert durch Art. 1 VO 29.5.2020 (GBl. S. 368).

26 BVerwG, Urt. v., 10.4.2008 – 7 C 39/07 –, NVwZ 2008, 1012 = BauR 2008, 1427 (*Neumann*, jurisPR-BVerwG 16/2008 Anm. 4).

27 *Hilbert*, Das Verhältnis von Immissionsschutzrecht und Baurecht, JuS 2014, 983 ff.; *Jarass*, Grundstrukturen des Immissionsschutzrechts, JuS 2009, 608 ff.

28 **Prostituiertenschutzgesetz** (ProstSchG) v. 21.10.2016 (BGBl. I S. 2372), zuletzt geändert durch Art. 183 V 19.6.2020 (BGBl. I S. 1328/1349).

der (personenbezogenen) Erlaubnis der zuständigen Behörde (§ 12 I 1 ProstSchG; § 1 AGProstSchG,[29] gültig ab 1.11.2017); Erlaubnis- oder Anzeigepflichten nach anderen Vorschriften, insbesondere nach den Vorschriften des Gaststätten-, Gewerbe-, Bau-, Wasser- oder Immissionsschutzrechtes, bleiben unberührt (§ 12 VII ProstSchG).[30]

- Die erforderliche wasserrechtliche Erlaubnis bzw. Bewilligung für eine Anlage in, an, über oder unter einem oberirdischen Gewässer (§§ 3 Nr. 1 und 36 WHG; § 28 I WG) schließt die für das Vorhaben ggf. erforderliche Baugenehmigung ein (§ 84 III WG i.V.m. den §§ 1 I, II 1 Nr. 2, 49 und 50 I Anhang Nr. 4 Buchst. e LBO).
- Die Errichtung oder Erweiterung baulicher Anlagen (im Sinne des § 29 I BauGB) nach den §§ 30, 33, 34 und 35 BauGB ist in festgesetzten Überschwemmungsgebieten in allen Bebauungsbereichen grundsätzlich untersagt (§ 78 IV 1 WHG). Die zuständige Behörde kann davon abweichend die Errichtung oder Erweiterung einer baulichen Anlage im (konkreten) Einzelfall nach Maßgabe des § 78 V WHG genehmigen.
  Ist für ein Vorhaben, das einer wasserrechtlichen Genehmigung bedarf, auch eine baurechtliche Entscheidung der Baurechtsbehörde notwendig, so entscheidet die zuständige Baurechtsbehörde im Einvernehmen mit der Gemeinde (!) auch über die wasserrechtliche Genehmigung (§ 84 II 1, II 3 WG).
- Bedarf ein naturschutzrechtlicher Eingriff (§§ 13 bis 19 BNatSchG; §§ 14ff. NatSchG)[31] durch ein Vorhaben einer Baugenehmigung, so hat die (zuständige) Baurechtsbehörde zugleich die zur Durchführung des § 15 BNatSchG erforderlichen Entschei-

29 **Ausführungsgesetz zum ProstSchG** (AGProstSchG) v. 25.10.2017 (GBl. S. 561).

30 Vgl. dazu die ProstSchVwV-Gewerbe v. 5.12.2017 (GABl. S. 656, ber. GABl. 2018 S. 58).

31 **Bundesnaturschutzgesetz** (BNatSchG) v. 29.7.2009 (BGBl. I S. 2542), zuletzt geändert durch Art. 290 V 19.6.2020 (BGBl. I S. 1328/1362); **Naturschutzgesetz** (NatSchG) v. 23.6.2015 (GBl. S. 585), zuletzt geändert durch Art. 8 G 17.12.2020 (GBl. S. 1233/1250).

dungen und Maßnahmen im Benehmen mit der für Naturschutz und Landschaftspflege zuständigen Behörde zu treffen, soweit nicht nach Bundes- oder Landesrecht eine weitergehende Form der Beteiligung vorgeschrieben ist oder die für Naturschutz und Landschaftspflege zuständige Behörde selbst entscheidet (sog. Huckepack-Verfahren; §§ 17 I und 18 II bis IV BNatSchG).[32]

- Die im § 19 I NatSchG bezeichneten selbstständigen Außenbereichsvorhaben bedürfen grundsätzlich der Genehmigung durch die Naturschutzbehörde.
  Bedarf indessen ein derartiges Vorhaben nach anderen Vorschriften einer Gestattung (z. B. einer Baugenehmigung), wird auch diese Gestattung (z. B. die Baugenehmigung) durch die zuständige Naturschutzbehörde im Benehmen mit der zuständigen (Baurechts-) Behörde erteilt, soweit nicht Bundesrecht oder Landesrecht entgegensteht (§ 19 III NatSchG). Unter **„Benehmen“** ist eine gesetzlich vorgeschriebene Form der (verwaltungsinternen) Mitwirkung im Verwaltungsverfahren (§ 9 LVwVfG) zu verstehen, die mit der Aufforderung zur Abgabe einer Stellungnahme verbunden ist. Die Behörde ist dabei nicht an die Stellungnahme gebunden. Insoweit unterscheidet sich das Benehmen ggf. vom erforderlichen (verwaltungsinternen) Einvernehmen der Gemeinden (§ 36 BauGB), das mit einer Abwehr- und Vetobefugnis ausgestattet ist, und von anderen Einvernehmenerfordernissen.
- Die Zulassung und die Bewilligung einer naturschutzrechtlichen Ausnahme vom Verbot des § 21 IV NatSchG 2020 aufgrund von § 21 V NatSchG 2020 werden durch eine nach anderen Vorschriften erforderliche Gestattung (z. B. Baugenehmigung) ersetzt, falls diese im Einvernehmen mit der (zuständigen) Naturschutzbehörde erteilt wird (§ 21 VIII NatSchG 2020); sie sind ansonsten nicht ersetzt.

---

32 *Schink*, Die naturschutzrechtliche Eingriffsregelung in der Vorhabenzulassung und der Bauleitplanung – Gemeinsamkeiten und Unterschiede, NuR 2017, 585 ff.

- Die wasserrechtliche NiedWasBesVO[33] konkretisiert die in § 33 I LBO gestellten Anforderungen an die einwandfreie Beseitigung des Niederschlagswassers,[34]
- Die arbeitsschutzrechtliche BaustellV[35] ergänzt bzw. konkretisiert die im § 12 I LBO gestellten Anforderungen an Baustellen.
- Das bundesrechtliche **GEG**[36] konkretisiert die im § 14 III LBO bezeichneten Anforderungen, wonach Gebäude (§ 2 II LBO) einen ihrer Nutzung und den klimatischen Verhältnissen entsprechenden Wärmeschutz haben müssen; es ersetzt das EnEG und die EnEV. Es ist bei der Anwendung des § 56 II Nr. 3 LBO zu beachten.
- Durch eine (erforderliche) Planfeststellung wird die Zulässigkeit des Vorhabens einschließlich der notwendigen Folgemaßnahmen an anderen Anlagen im Hinblick auf alle von ihm berührten öffentlichen Belange festgestellt, wobei neben der Planfeststellung andere behördliche Entscheidungen nach Bundes- oder Landesrecht, insbesondere öffentlich-rechtliche Genehmigungen (z. B. Baugenehmigungen), nicht erforderlich sind. Durch die Planfeststellung werden alle öffentlich-rechtlichen Beziehungen zwischen dem Träger des Vorhabens und den durch den Plan Betroffenen rechtsgestaltend geregelt (§ 75 I LVwVfG; § 75 I VwVfG). So macht z. B. eine planfeststellungsbedürftige Deponie (§ 35 II 1 KrWG) eine baurechtliche Entscheidung als (Entsorgungs-) Lagerplatz (§§ 1 I 1 und 2 I 3 Nr. 2 LBO) entbehrlich.

---

33 **VO über die dezentrale Beseitigung von Niederschlagswasser** (NiedWasBesVO) v. 22.3.1999 (GBl. S. 157), zuletzt geändert durch Art. 11 VO 3.12.2013 (GBl. S. 389/ 441).

34 Vgl. dazu VGH BW, Urt. v. 8.4.2014 – 5 S 2179/13 –, BauR 2014, 1270 = NVwZ-RR 2014, 732.

35 **Baustellenverordnung** (BaustellV) v. 10.6.1998 (BGBl. I S. 1283), zuletzt geändert durch Art. 27 G 27.6.2017 (BGBl. I S. 1966).

36 **Gebäude-Energiegesetz** (GEG) v. 8.8.2020 (BGBl. I S. 1728), gültig ab 1.11.2020; *Jope*, Das neue Gebäude-Energiegesetz, EWeRK 2020, 153 ff.

5. Öffentlich-rechtlicher Drittrechtsschutz

Die baurechtlichen Vorschriften vermitteln einzelnen Interessenbetroffenen grundsätzlich keine subjektiven öffentlichen Schutzansprüche, sondern begründen lediglich Beachtenspflichten der zuständigen Baurechtsbehörden und der am Bau Beteiligten **(objektives öffentliches Baurecht)**. Einzelne Interessenbetroffene haben deshalb insoweit keinen gerichtlich durchsetzbaren subjektiven öffentlichen Rechts- bzw. Abwehranspruch, der auf die Einhaltung einer bestimmten baurechtlichen Vorschriften gerichtet ist (vgl. § 42 II VwGO).

Die baurechtlichen Vorschriften dienen an sich und vorzugsweise dem Schutz und den Interessen der Allgemeinheit. Gleichwohl können – im Sinne der sog. Schutznormtheorie -[37] einzelne baurechtliche Vorschriften oder auch nur einzelne Tatbestandmerkmale von solchen Vorschriften dem Schutz Einzelner, vor allem den Eigentümern von benachbarten Buchgrundstücken (Baunachbarn) oder den Gemeinden als Dritten, zu dienen bestimmt und in dieser Hinsicht mit wehrfähiger drittschützender Wirkung angereichert sein **(subjektives öffentliches Baurecht)**.

Nicht jede baurechtliche Rechtsvorschrift ist von vornherein potentiell auch drittschützend.[38] Einen derartigen Rechtsschutz Dritter vermitteln nur solche Vorschriften, die nach dem in ihnen enthaltenen und durch Auslegung zu ermittelnden Prüf- (Entscheidungs-) Programm auch der Rücksichtnahme auf schutzwürdige Interessen des betreffenden Dritten dienen.[39] Deswegen bedarf es jeweils der Klärung, ob eine baurechtliche Vorschrift ausschließ-

---

37 Vgl. dazu statt vieler BVerwG, Urt. v. 11.10.2016 – 2 C 11/15 –, NVwZ 2017, 481; BVerwG, Urt. v. 10.4.2008 – 7 C 39/07 –, NVwZ 2009, 1012.

38 BVerwG, Beschl. v. 11.6.2019 – 4 B 5/19 – <juris> (Baulinien, Baugrenzen); BVerwG, Beschl. v. 9.8.2018 –, 4 C 7/17 –, NVwZ 2018, 1808 = BauR 2019, 70 = ZfBR 2019, 42 (Külpmann, jurisPR-BVerwG 25/2018 Anm. 1; Nutzungsmaß); BVerwG, Urt. v. 19.9.1986 – 4 C 8/84 –, NVwZ 1987, 409 = ZfBR 1987, 47; BVerwG, Beschl. v. 16.8.1983 – 4 B 94/83 –, ZfBR 1983, 290 = NVwZ 1984, 38.

39 BVerwG, Urt. v. 26.10.1995 – 3 C 27/94 –, NVwZ-RR 1996, 537; BVerwG, Urt. v. 16.3.1989 – 4 C 36/85 –, NVwZ 1989, 1157; BVerwG, Urt. v. 16.6.1994 – 3 C 12/93 –, NJW 1995, 1628 (ständige Rechtsprechung).

lich objektiv-rechtlichen Charakter hat oder ob sie (auch) dem Schutz individueller Interessen zu dienen bestimmt ist, ob sie also Rücksichtnahme auf Interessen Dritter gebietet. Das kann unmittelbar aus dem Wortlaut der Norm sich ergeben, etwa dann, wenn sie subjektive öffentliche Abwehrrechte Betroffener ausdrücklich begründet. In der Regel wird allerdings insoweit – da der Normgeber nur in Ausnahmefällen derartige subjektive öffentliche Abwehrrechte ausdrücklich statuiert hat – eine Auslegung der Norm nach Sinn und Zweck in Betracht kommen; gelegentlich mag auch aus der Entstehungsgeschichte der Wille des historischen Normgebers sich ermitteln lassen, die Interessen Dritter zu schützen.[40]

Aus **bauordnungsrechtlicher Sicht** haben namentlich die Regelungen über Abstände zu den Baunachbargrenzen (Grenzabstände) in den §§ 5 bis 7 LBO (Abstandsflächentiefen AFT)[41] nach traditionellem Verständnis baunachbarschützende Wirkung insbesondere zugunsten der Eigentümer angrenzender Buchgrundstücke, zu denen übrigens auch die Miteigentümer am gemeinschaftlichen Eigentum (§ 1 V WEG 2001) gehören,[42] hingegen nicht auch zugunsten der nur obligatorisch berechtigten (Dauer-) Mieter oder (Dauer-) Pächter eines (Angrenzer-, Baunachbar-) Grundstückes.

Aus **bebauungsrechtlicher Sicht** sind die Festsetzungen über die Baugebietsart kraft Bundesrechtes mit baunachbarschützender Wirkung für Betroffene in demselben Baugebiet angereichert (sog. **Gebietserhaltungsanspruch**).[43] Ansonsten kommt es im Einzelfall

---

40 BVerwG, Urt. v. 19.9.1986 – 4 C 8/84 –, NVwZ 1987, 409 = ZfBR 1987, 47 = JuS 1987, 751.

41 Übrigens kann der Dritte auch auf einen Verstoß gegen eine durch Baulast übernommene bauordnungsrechtliche (Handlungs-, Unterlassungs-, Duldungs-) Verpflichtung (§§ 71 und 72 LBO) sich berufen, soweit der Inhalt dieser Baulast eine gesetzliche Regelung betrifft, die Drittschutz gewähren will (VGH BW, Urt. v. 30.11.2018 – 5 S 854/17 –, BauR 2019, 636 = VBlBW 2019, 247).

42 VGH BW, Urt. v.13.7.2017 – 5 S 2602/15 –, BauR 2018, 77 (Bantlin, NVwZ 2018, 1838).

43 BVerwG, Urt. v. 16.9.1993 – 4 C 28/91 –, NJW 1994, 1546 = BauR 1994, 223 = ZfBR 1994, 97; BVerwG, Beschl. v. 18.12.2007 – 4 B 55/07 –, NVwZ 2008, 427 = ZfBR 2008, 277 = BauR 2008, 793 (*Gatz*, jurisPR-BVerwG 10/2008 Anm. 2), BVerwG, Urt. v. 23.8.1996 – 4 C 13/94 –, ZfBR 1996, 328 = BauR 1997, 72 = NVwZ 1997, 384

darauf an, ob eine bestimmte Festsetzung auch baunachbarschützende Funktion besitzt.[44] Baunachbarschützende Funktionen haben namentlich das im § 15 I BauNVO[45] und im § 34 I 1, II BauGB[46] sowie als unbenannter öffentlicher Belang im § 35 III BauGB[47] enthaltene Gebot der baunachbarlichen Rücksichtnahme. Auch ist ein baunachbarlicher Abwehranspruch gegen eine fehlerhafte Befreiung von einer baunachbarschützenden Festsetzung eines Bebauungsplanes gegeben; bei baunachbarschützenden Festsetzungen muss jeder Fehler bei der Anwendung des § 31 II BauGB zur Aufhebung einer Baugenehmigung oder eines Bauvorbescheides führen, während eine fehlerhafte Befreiung von einer nicht baunachbarschützenden Festsetzung einen Abwehranspruch des Baunachbarn nur auslöst, wenn die (Baurechts-) Behörde bei ihrer Ermessensentscheidung (§ 40 LVwVfG) über die Befreiung nicht die gebotene Rücksicht auf die baunachbarlichen Interessen genommen hat.[48]

Im Übrigen sind die **Gemeinden**, die als Verwaltungsträgerinnen nicht zugleich Baurechtsbehörden sind, berechtigt, zugelassene Vorhabenverstöße gegen bebauungsrechtliche Vorschriften und gegen die von ihnen kraft ihrer Planungshoheit (Art. 28 II GG) getrof-

---

(*Mampel,* BauR 1998, 697); BVerwG, Urt. v. 2.2.2012 – 4 C 14/10 –, ZfBR 2012, 368 = BauR 2010, 900 = NVwZ 2012, 825 (*Gatz,* jurisPR-BVerwG 12/2012 Anm. 3); BVerwG, Urt. v. 24.2.2000 – 4 C 23/98 –, NVwZ 2000, 1054 = BauR 2000, 1306 = ZfBR 2000, 423; VGH BW, Beschl. v. 23.6.2016 – 5 S 634/16 –, NVwZ-RR 2016, 725; VGH BW, Urt. v. 23.6.2020 – 3 S 2781/18 – <juris>.

44 Vgl. BVerwG, Urt. v. 9.8.2016 – 4 C 7/17 –, NVwZ 2018, 1808 = BauR 2019, 70 = ZfBR 2019, 42 (Festsetzung des Nutzungsmaßes; *Külpmann,* jurisPR-BVerwG 25/2018 Anm. 1; *Lemberg,* jurisPR-ÖffBauR 12/2018 Anm. 1).

45 BVerwG, Beschl. v. 18.12.2007 – 4 B 55/07 –, NVwZ 2008, 427 = ZfBR 2008, 277 = BauR 2008, 793 (*Gatz,* jurisPR-BVerwG 10/2008 Anm. 2).

46 BVerwG- Urt. v. 5.12.2013 – 4 C 5/12 –, NVwZ 2014, 370 = BauR 2014, 6580 ZfBR 2014, 257 (*Gatz,* jurisPR-BVerwG 4/2014 Anm. 5; *Schroeder,* jurisPR-UmwR 3/2014 Anm. 5); BVerwG, Beschl. v. 22.12.2011 – 4 B 32/11 –, BauR 2120, 634 und 1218 = ZfBR 2012, 378.

47 BVerwG, Beschl. v. 5.12.2019 – 4 B 22/19 – <juris>; BVerwG, Urt. v 27.6.2017 – 4 C 3/16 –, NVwZ 2018, 509 = BauR 2017, 1978 = ZfBR 2017, 791 (*Külpmann,* jurisPR-BVerwG 23/2017 Anm. 5).

48 BVerwG, Beschl. v. 8.7.1998 – 4 B 64/98 –, BauR 1998, 1206 = NVwZ-RR 1999, 8 = ZfBR 1999, 54.

fenen Festsetzungen eines Bebauungsplanes (§§ 9 und 30 BauGB) sowie gegen ihre weisungsfrei und freiwillig erlassenen Örtlichen Bauvorschriften (ÖBauV; § 74 LBO; § 4 GemO) abzuwehren.[49]

6. Annex – Privates Baurecht

a) **Bürgerliches Gesetzbuch** (BGB)

Das öffentliche Baurecht ist vom privaten Baurecht strikt zu unterscheiden, welches die gegenseitigen rechtlichen Beziehungen zwischen den am Bau beteiligten Bauherren, Entwurfsverfasser, Unternehmer und Bauleiter (§§ 41 ff. LBO) untereinander und miteinander regelt. Insoweit wird auf das bereits am 1.1.2018 in Kraft getretene Bauvertrags-, Verbraucherbauvertrags-, Architekten- und Ingenieurvertrags- und Bauträgervertragsrecht (§§ 650a bis 650v BGB)[50] hingewiesen, welches für alle (privatrechtlichen) Verträge gilt, die ab diesem Zeitpunkt abgeschlossen worden sind und abgeschlossen werden.

Auch die unmittelbaren Rechtsbeziehungen zwischen dem (wegen eines Bauvorhabens störenden) Eigentümer eines Baugrundstückes und den (durch das Bauvorhaben gestörten) Eigentümern von Nachbargrundstücken (Baunachbarn) sind privatrechtlicher Natur (vgl. die §§ 1004 und 906 BGB).

b) **Nachbarrechtsgesetz BW** (NRG BW)

Dem privaten Baurecht gehört insbesondere das (Landes-) Nachbarrechtsgesetz (NRG;[51] Art. 124 EGBGB) an. Dieses Landesgesetz ergänzt die Regelungen in den §§ 903 ff. BGB. Es ist nicht nur für (Bau-) Nachbarn, sondern gleichermaßen auch für die Eigentümer

49 VGH BW, Beschl. v. 28.3.2017 – 5 S 2427/15 –, BauR 2017, 1356 = VBlBW 1017, 463.

50 **Bürgerliches Gesetzbuch** (BGB) v. 2.1.2002 (BGBl. I S. 42/2909; BGBl. 2003 I S. 738), zuletzt geändert durch Art. 13 G 22.12.2020 (BGBl. I S. 3256/3296); *Leinemann/Kues*, BGB-Bauvertragsrecht, 2018; *Messerschmidt/Voit*, Privates Baurecht, 4. Auflage 2021.

51 **Nachbarrechtsgesetz** (NRG) v. 8.1.1996 (GBl. S. 53), zuletzt mehrfach geändert durch G 4.2.2014 (GBl. S. 65); *Birk*, Nachbarrecht für Baden-Württemberg, 6. Auflage 2018; *Bruns*, Nachbarrechtsgesetz Baden-Württemberg, 4. Auflage 2018.

von Baugrundstücken und für die Bauherren von Bedeutung, die nicht zu vernachlässigen ist. Denn es enthält Vorschriften, welche die Bau- und Handlungsfreiheit einschränken, was Gebäude, Aufschüttungen (Lagerplätze) und (Gelände-) Erhöhungen sowie tote (Grundstücks-) Einfriedungen und (Grenz-) Hecken anbelangt. Ähnliches gilt für die privatrechtliche Zulässigkeit von Eigengrenzüberbauten (§ 912 BGB; § 7b NRG), vor allem für Überbauten durch Maßnahmen der Wärmedämmung (§ 7c NRG).

II. Bauordnungsrecht

1. Rechtsgrundlagen

Das Bauordnungsrecht ist in Baden-Württemberg geregelt in der **Landesbauordnung für Baden-Württemberg** (LBO) sowie in Rechtsvorschriften aufgrund der LBO, nämlich sowohl in **Rechtsverordnungen** (vgl. die §§ 25 und 73 LBO) als auch in **Örtliche Bauvorschriften** (ÖBauV; § 74 LBO), die in der verwaltungsrechtlichen Handlungsform der (Administrativ-) Satzung erlassen werden.[52] Es umfasst auch **Verwaltungsvorschriften** (VwV), ggf. normkonkretisierende und normenkontrollfähige Verwaltungsvorschriften (VwV), wie z. B. die VwV TB (vgl. § 73a I, V LBO),[53] Richtlinien (RL), wie z. B. die LAI-Geruchsimmissions-RL (GIRL[54], vgl. § 62 III LBO)[55] oder die LAI-Freizeitlärm-RL[56] sowie innerdienstliche Anordnun-

---

52 *Ellerbrock*, Die öffentlich-rechtliche Satzung, 2020 (Bespr. *Fuchs*, NVwZ 2020, 936).

53 VGH BW, Beschl. v. 10.7.2019 – 8 S 2962/18 –, BauR 2019, 15379 = NVwZ-RR 2020, 244.

54 **LAI-Geruchsimmissions-RL** (GIRL) v. 29.2.2008 und einer Ergänzung v. 10.9.2008 mit Begründung und Auslegungshinweisen in der Fassung vom 29.2.2008 (im Internet abrufbar unter: http://gaa.baden-wuerttemberg.de/servlet/is/16507/6_1.pdf).

55 VGH BW, Urt. v. 12.10.2017 – 3 S 1457/17 –, BauR 2018, 228 = ZfBR 2019, 171; zur Anwendung der GIRL und der VDI-Richtlinie 3894 Blatt 1 und Blatt 2 bei Geruchsimmissionen, die in landwirtschaftlichen Betrieben von Tierhaltungsanlagen und Flüssigmistlagern ausgehen, vgl. VGH BW, Urt. v. 15.7.2020 – 5 S 2522/18 –, BauR 2021, 56.

56 **LAI-Freizeitlärm-RL**, Stand 6.3.2015 (im Internet abrufbar unter: http://gewerbeaufsicht.baden-wuerttemberg.de/servlet/is/16507/6_2.pdf).

gen und Hinweise, die im Hinblick auf einzelne bauordnungsrechtliche Rechtsvorschriften erlassen worden sind.

2. Sachlicher Anwendungsbereich; LBO-Kernbegriffe

a) LBO-Einstiegsnorm (§ 1 LBO)

Der sachliche Anwendungsbereich des Bauordnungsrechtes erschließt sich aus § 1 LBO. Diese Vorschrift ist die Einstiegsnorm in das Bauordnungsrecht. Sie ist nach dem **Regel-Ausnahme-Rückausnahme-Prinzip** aufgebaut. § 1 I LBO enthält die Regel, § 1 II 1, II 2 LBO die Ausnahmen mit den entsprechenden Rückausnahmen (= Regel). Die LBO gilt regelhaft für alle „baulichen Anlagen" (§ 2 I LBO) und für alle, auch die europarechtlich beeinflussten „Bauprodukte" (§ 2 X LBO).[57] Und sie gilt auch für „andere Anlagen, Grundstücke und Einrichtungen", falls an sie „bauordnungsrechtliche Anforderungen" gestellt werden (§ 1 I 1, I 2 LBO). So werden bauordnungsrechtliche Anforderungen gestellt z. B. an nicht-bauliche Werbeanlagen (§§ 11 II Nr. 1 und 3 I 1 LBO) und an Grundstücke im Falle ihrer Teilung (§ 8 LBO) sowie an alle haustechnischen Anlagen und Einrichtungen (z. B. an Rauchwarnmelder [§ 15 VII LBO] sowie an Aufzugs-, Lüftungs- Leitungs-, Feuerungsanlagen und Anlagen zur Wärmeerzeugung [§§ 29 bis 33 LBO]).

Die LBO ist regelhaft nicht anwendbar auf Anlagen, die der Aufsicht der Wasserbehörden (vgl. die §§ 80 und 82 WG)[58] unterliegen; sie gilt aber gleichwohl für Gebäude (§ 2 II LBO), Überbrückungen,[59] Abwasseranlagen,[60] Wasserbehälter (Wassertanks),[61] Pump-

57 Vgl. dazu *Schlotterbeck*, Reform des europarechtlich beeinflussten Bauproduktenrechtes in Baden-Württemberg, VBlBW 2020, 397 ff.

58 **Wassergesetz Baden-Württemberg** (WG) v. 3.12.2013 (GBl. S. 389), zuletzt geändert durch Art. 4 G 17.12.2020 (GBl. S. 1233/1248).

59 Vgl. § 36 WHG und § 28 WG.

60 Der Begriff **„Abwasseranlage"** umfasst alle Einrichtungen zur Abwasserbeseitigung (§ 54 II WHG), insbesondere zum Sammeln, Fortleiten, Behandeln, Einleiten, Versickern, Verregnen und Verrieseln von Abwasser (vgl. § 54 I WHG) sowie zum Entwässern von Klärschlamm im Zusammenhang mit der Abwasserbeseitigung. Der Begriff umfasst damit insbesondere Abwasserleitungen (Kanalisationen) und Abwasserbehandlungsanlagen (Kläranlagen).

werke (Hebe-, Schöpfwerke), Schachtbrunnen (vertikaler befestigter Schacht bis in die Grundwasser führenden Schichten), ortsfeste Behälter für Treibstoffe, Öle und andere wassergefährdende Stoffe[62] sowie für Abwasserleitungen auf Baugrundstücken (§ 1 I 1 Nr. 2 LBO).

Die LBO ist im Übrigen von vornherein nicht anwendbar auf **Kräne und Krananlagen** (Hebezeuge als Arbeitsmittel; vgl. dazu die §§ 2 I, 14 I bis IV und Anhang 3 Abschnitt 1 ProdSG), hingegen anwendbar auf ihre Kranbahnen und ihre Unterstützungen, wenn diese mit einer baulichen Anlage (z.B. mit einem Gebäude [§ 2 II LBO] oder mit einem [Maschinen-]Fundament) oder einem als bauliche Anlage geltenden Lagerplatz verbunden (§ 1 II 2 LBO) und damit Bestandteil des Gebäudes (d.h. Gebäudeteil) bzw. der baulichen Anlage (des Maschinenfundamentes, des Lagerplatzes) geworden sind.

b) **LBO-Kernbegriffe** (§ 2 LBO)

Anschließend definiert § 2 LBO – gesetzestechnisch gleichsam vor die Klammer gezogen und dies nicht abschließend –[63] einzelne **LBO-Kernbegriffe**, nämlich Begriffe, die in bauordnungsrechtlichen Vorschriften häufig wiederkehren und deshalb zentrale Bedeutung haben.[64] Eine Ausnahme bildet der Begriff „Vollgeschoss" (§ 2 VI LBO), der zwar dem Bundesrecht angehört (§ 20 I BauNVO), dort aber auf das jeweilige Landesrecht Bezug genommen wird; der Begriff spielt im Bauordnungsrecht eine nur beiläufige Rolle (vgl. § 43 I 1 Nr. 1, I 1 Nr. 3 LBO).

61 Sammelbehälter insbesondere zur Speicherung von Trinkwasser.

62 Vgl. dazu die **VO über Anlagen zum Umgang mit wassergefährdenden Stoffen** (AwSV) v. 18.4.2017 (BGBl. I S. 905), zuletzt geändert durch Art. 256 V 19.6.2020 (BGBl. I S. 1328/1358).

63 Vgl. etwa die Definitionen für die **„Teilung"** (§ 8 II 1 Halbs. 2 LBO; § 19 I BauGB), für den **„Sicherheitstreppenraum"** (§ 15 V 2 LBO), für **„Sonderbauten"** (§ 38 II LBO), für **„Hochhäuser"** (§ 38 II Nr. 1 LBO), für den **„Behelfsbau"** (§ 56 IV Nr. 2 LBO), für die **„Baulast"** (§ 71 I 1 LBO), für den **„Bauvorbescheid"** (§ 57 I LBO).

64 Nicht allgemein definiert sind z.B. der häufig wiederkehrende Begriff „Geländeoberfläche" (vgl. allerdings § 5 IV 5 LBO) sowie die in brandschutzrechtlicher Hinsicht zentralen Begriffe **„freistehendes Gebäude"** (§ 2 IV 1 Nr. 1 LBO) und **„Nutzungseinheit"** (§ 2 IV LBO).

3. Materielles Bauordnungsrecht (§§ 3 ff. LBO)

Die LBO enthält materielles Bauordnungsrecht (§§ 3 ff. LBO), das thematisch in **vier Teil-Rechtsgebiete** zerfällt, nämlich in

- das **Bausicherheitsrecht** (vgl. die §§ 3 I und 74 II LBO), dem das europarechtlich beeinflusste Bauproduktenrecht zuzuordnen ist;[65] im Übrigen stellt die LBO auch an Bauarten (§ 2 XI LBO) allgemeine Anforderungen, die indessen europarechtlich unbeeinflusst sind (§ 16a LBO);
- das **Baugestaltungsrecht** (vgl. die §§ 11 und 74 I, VI, VII LBO);
  - negatives umgebungs- und anlagen- (objekt-) bezogenes Verunstaltungsverbot.
  - positive Bau- (Gestaltungs-) Pflege durch Örtliche Bauvorschriften der Gemeinden (ÖBauV).[66]
- das **Bausozialrecht** (vgl. die §§ 3 II, 9 II, 35 I, 39 und 74 IV LBO);
- das **Bauökologierecht** (§ 3 I 1 LBO „Schutz der natürlichen Lebensgrundlagen"; § 74 III LBO), das die eigentlichen, die Luft (BImSchG), das Wasser (WHG, WG), den Boden (BBodSchG, LAbfG; BNatSchG, NatSchG) und das Klima (KSG; KSG BW;[67] GEG[68]) schützenden Umweltgesetze hilfsweise begleitet; das Bauordnungsrecht ist zwar kein Umwelt- (schutz-) Recht im eigentlichen Sinne, seine Umweltrelevanz ist indessen unverkennbar.

Klarstellend wird in § 3 I 1 Halbs. 2 LBO auf die Grundanforderungen an Bauwerke, die in Anhang I BauPV/EU enthalten sind, Bezug genommen. Die Vorschrift begründet indessen keine eigene rechtli-

65 *Schlotterbeck*, Reform des europarechtlich beeinflussten Bauproduktenrechtes in Baden-Württemberg, VBlBW 2020, 397 ff.

66 VGH BW, Beschl. v. 28.3.2017 – 5 S 2427/15 –, BauR 2017, 1356 = VBlBW 2017, 463.

67 **Klimaschutzgesetz Baden-Württemberg** (KSG BW) v. 23.7.2013 (GBl. S. 229), zuletzt geändert durch Art. 1 G 15.10.2020 (GBl. S. 937; vgl. dazu LT-Drucks. 16/8570 v. 28.7.2020; Gesetzentwurf).

68 Gesetz zur Einsparung von Energie und zur Nutzung erneuerbarer Energien zur Wärme- und Kälteerzeugung in Gebäuden (Gebäude-Energiegesetz – GEG) v. 8.8.2020 (BGBl. I S. 1728); vgl. dazu BT-Drucks. 19/16716 v. 22.1.2020 [Gesetzentwurf]; BT-Drucks. 19/20148 v. 17.6.2020 [Beschlussempfehlung und Bericht]); *Jope*, Das neue Gebäude-Energiegesetz, EWeRK 2020, 153 ff.

che Verbindlichkeit. Denn durch sie werden keine neuen Anforderungen an Bauwerke geschaffen. Die Verwendung des Wortes „dabei" zeigt lediglich an, dass die in Anhang I BauPV/EU enthaltenen Grundanforderungen an Bauwerke nur insoweit mit umfasst sind, wie die LBO-Schutzziele dies bestimmen, sie in der VwV TB (zu § 73a V LBO)[69] konkretisiert werden und sie damit erfolgreich in die europäische Normung eingebracht werden können (vgl. die nachfolgende Übersicht).

69 **Verwaltungsvorschrift Technische Baubestimmungen** (VwV TB) v. 20.12.2017 (GABl. S. 656), gültig bis 28.12.2024; https://um.baden-wuerttemberg.de); vgl. dazu UM/WM, Hintergrundinformationen zur VwV TB v. 20.12.2017 (https://um.baden-wuerttemberg.de); vgl. dazu VGH BW, Beschl. v. 10.7.2019 – 8 S 2962/18 –, BauR 2019, 1579 = NVwZ-RR 2020, 244 = VBlBW 2019, 478 Ls (Normenkontrollfähigkeit).

Grundanforderungen an Bauwerke – Wesentliche Merkmale von Bauprodukten – Exigences fondamentales applicables aux ouvrages de construction Übersicht		
1	**Mechanische Festigkeit, Standsicherheit.** Resistance mécanique, Stabilité	Die Bauwerke (les ouvrages de construction) müssen derart entworfen und ausgeführt sein, dass sie während der Errichtung und Nutzung möglichen Einwirkungen keines der nachstehenden Ereignisse zur Folge haben: **a)** Einsturz des gesamten Bauwerkes oder eines Teiles, **b)** größere Verformungen in unzulässigem Umfang, **c)** Beschädigungen anderer Teile des Bauwerkes oder Einrichtungen und Ausstattungen infolge zu großer Verformungen der tragenden Baukonstruktion, **d)** Beschädigungen durch ein Ereignis in einem zur ursprünglichen Ursache unverhältnismäßig großen Ausmaß.
2	**Brandschutz.** Sécurité en cas d'incendie	Die Bauwerke müssen derart entworfen und ausgeführt sein, dass bei einem Brand **a)** die Tragfähigkeit des Bauwerkes während eines bestimmten Zeitraumes erhalten bleibt; **b)** die Entstehung und Ausbreitung von Feuer und Rauch innerhalb des Bauwerkes begrenzt wird; **c)** die Ausbreitung von Feuer auf benachbarte Bauwerke begrenzt wird; **d)** die Bewohner das Bauwerk unverletzt verlassen oder durch andere Maßnahmen gerettet werden können; **e)** die Sicherheit der Rettungsmannschaften berücksichtigt ist.

3	**Hygiene, Gesundheit, Umweltschutz.** Hygiène, Santé, Protection de l'environnement	Die Bauwerke müssen derart entworfen und ausgeführt sein, dass sie während ihres gesamten Lebenszyklus weder die Hygiene noch die Gesundheit und Sicherheit von Arbeitnehmern, Bewohnern oder Anwohnern gefährden und die Bauwerke über ihre gesamte Lebensdauer hinweg weder bei Errichtung noch bei Nutzung oder Abriss insbesondere durch folgende Einflüsse übermäßig stark auf die Umweltqualität oder das Klima sich auswirken: **a)** Freisetzung giftiger Gase; **b)** Emission von gefährlichen Stoffen, flüchtigen organischen Verbindungen, Treibhausgasen oder gefährlichen Partikeln in die Innen- oder Außenluft; **c)** Emission gefährlicher Strahlen; **d)** Freisetzung gefährlicher Stoffe in Grundwasser, Meeresgewässer, Oberflächengewässer oder Boden; **e)** Freisetzung gefährlicher Stoffe in das Trinkwasser oder von Stoffen, die sich auf andere Weise negativ auf das Trinkwasser auswirken; **f)** unsachgemäße Ableitung von Abwasser, Emission von Abgasen oder unsachgemäße Beseitigung von festem oder flüssigem Abfall; **g)** Feuchtigkeit in Teilen des Bauwerkes und auf Oberflächen im Bauwerk.
4	**Sicherheit und Barrierefreiheit bei der Nutzung.** Sécurité d'utilisation et accessibilité	Die Bauwerke müssen derart entworfen und ausgeführt sein, dass bei ihrer Nutzung oder ihrem Betrieb keine unannehmbaren Unfallgefahren oder Gefahren einer Beschädigung sich ergeben, wie z. B. Gefahren durch Rutsch-, Sturz- und Aufprallunfälle, Verbrennungen, Stromschläge, Explosionsverletzungen und Einbrüche. Bei dem Entwurf und der Ausführung der Bauwerke müssen insbesondere die Barrierefreiheit und die Nutzung durch Menschen mit Behinderungen berücksichtigt werden.

5	**Schallschutz.** Protection contre le bruit	Die Bauwerke müssen derart entworfen und ausgeführt sein, dass der von den Bewohnern oder von in der Nähe befindlichen Personen wahrgenommene Schall auf einem Pegel gehalten wird, der nicht gesundheitsgefährdend ist und bei dem zufriedenstellende Nachtruhe-, Freizeit- und Arbeitsbedingungen sichergestellt sind.
6	**Energieeinsparung, Wärmeschutz.** Économie d'énergie et isolation thermique	Die Bauwerke und ihre Anlagen und Einrichtungen für Heizung, Kühlung, Beleuchtung und Lüftung müssen derart entworfen und ausgeführt sein, dass unter Berücksichtigung der Nutzer und der klimatischen Gegebenheiten des Standortes der Energieverbrauch bei seiner Nutzung geringgehalten wird. Die Bauwerke müssen außerdem energieeffizient sein und während ihres Auf- und Rückbaues möglichst wenig Energie verbrauchen.
7	**Nachhaltige Nutzung der natürlichen Ressourcen.** Utilisation durable des ressources naturelles	Die Bauwerke müssen derart entworfen, errichtet und abgerissen werden, dass die natürlichen Ressourcen nachhaltig genutzt werden und insbesondere Folgendes gewährleistet ist: **a)** Das Bauwerk, seine Baustoffe und Teile müssen nach dem Abriss wiederverwendet oder recycelt werden können; **b)** das Bauwerk muss dauerhaft sein; **c)** für das Bauwerk müssen umweltverträgliche Rohstoffe und Sekundär-Baustoffe verwendet werden.

4. Formelles Bauordnungsrecht (§§ 49 ff. LBO)

a) Zuständigkeiten

Die LBO enthält überdies (besonderes Bauverwaltungs-) Verfahrensrecht, namentlich Vorschriften über unterschiedliche sachliche Zuständigkeiten (§ 48 I LBO „Soweit-"Halbsatz). Sachlich zuständig sind regelhaft die unteren Baurechtsbehörden (§ 46 I Nr. 3, II LBO);[70] hiervon abweichende sachliche Zuständigkeiten sind in der nachfolgenden Übersicht aufgeführt. Die örtliche Zuständigkeit der unteren Baurechtsbehörden ergibt sich aus § 3 I Nr. 1 LVwVfG (und nicht etwa aus § 68 PolG).

- **Landesregierung Baden-Württemberg**
  § 73 IV LBO
- **Umweltministerium** (UM) **(oberste Baurechtsbehörde)**
  § 46 I Nr. 1 LBO
- **Wirtschaftsministerium** (WM) **(oberste Baurechtsbehörde)**
  § 46 I Nr. 1 LBO
- **Regierungspräsidien (höhere Baurechtsbehörden)**
  § 46 I Nr. 2 LBO
- **Gemeinden als ÖBauV-Satzungsgeberinnen**
  § 74 LBO
- **Gemeindebehörden als bloße Verwaltungshelferinnen**
  §§ 53 III, 54 II Nr. 2 und 55 LBO
- **Gemeindebehörden als Kenntnisgabebehörden**
  § 53 I 1, V, VI LBO
- **Anerkannte PÜZ-Stellen**
  § 24 LBO
- **Betriebssicherheitsbehörden; überwachungsbedürftige Anlagen**
  § 48 III LBO; BetrSichV; ProdS/ZuVO

70 **Verzeichnis der unteren Baurechts- und Denkmalschutzbehörden** – Stand 1.8.2019 – (https://wm.baden-wuerttemberg.de).

- **AtG-Behörden**
  § 48 IV LBO; AtG/ZuVO
- **Prüfämter für Baustatik**
  § 2 BauPrüfVO
- **Anerkannte Prüfingenieur*innen für Bautechnik (sog. prüfende Personen für Metall-, Massiv-, Holzbau)**
  § 1 BauPrüfVO
- **TÜV SÜD Industrie Service GmbH, Filderstadt, für sog. Fliegende Bauten**
  § 69 I 3 LBO; FliegBautenZuVO
- **Bevollmächtigte Bezirksschornsteinfeger**
  § 59 V Nr. 5 und 67 V LBO; § 8 SchfHwG[71]
- **Speziell Regierungspräsidium Tübingen Landesstelle für Bautechnik (LfB)**
  §§ 16a II, 20 und 68 LBO
- **Speziell Regierungspräsidium Tübingen (untere Marküberwachungsbehörde)**
  § 1 BauPMÜDG
- **Deutsches Institut für Bautechnik (DIBt)[72] mit Sitz in Berlin**
  §§ 16a II 1 Nr. 1 und 18 I LBO

b) (Verwaltungs-)Verfahrensregelungen

Die LBO enthält überdies besondere Vorschriften über baurechtliche (Verwaltungs-)Verfahren (traditionelles und vereinfachtes Baugenehmigungsverfahren; Bauvorbescheids-, baurechtliches Zustim-

71 **Schornsteinfeger-Handwerksgesetz** (SchfHwG) v. 26.11.2008 (BGBl. I S. 2242), zuletzt geändert durch Art. 16 G 16.10.2020 (BGBl. I S. 2187); vgl. dazu BVerwG, Urt. v. 14.11.2018 – 8 C 15/17 –, NVwZ-RR 2019, 409; vgl. auch BVerwG, Urt. v. 17.12.2015 – 7 C 5/14 –, NVwZ-RR 2016, 449 (Feuerstättenbescheid).

72 Vgl. dazu die **DIBt-Übertragungsverordnung** (DIBt-ÜbtrVO) v. 5.6.1999 (GBl S. 262), zuletzt geändert durch Art. 8 VO 11.3.2019 (GBl. S. 97/100).

mungsverfahren, baurechtliches Kenntnisgabeverfahren, Typenprüfverfahren, Ausführungsgenehmigungsverfahren [vgl. die §§ 49 ff. LBO]) einschließlich Ermächtigungsgrundlagen für Abweichungs- und Ausnahmezulassungen sowie für Befreiungen (sog. AAB-Verwaltungsentscheidungen; § 56 LBO), ferner Vorschriften über (landesrechtlich zugelassene) Baulasten (§§ 71 und 72 LBO). Soweit es bei erwähnten Verfahren um Verwaltungsverfahren (z. B. um das Baugenehmigungs-, baurechtliche Zustimmungs- bzw. Bauvorbescheidsverfahren bzw. um AAB-Verwaltungsentscheidungen) sich handelt (§ 9 LVwVfG), gelten die allgemeinen LVwVfG-Vorschriften[73] ergänzend.

Die LBO erfasst auch die bauaufsichtlichen Zulassungsverfahren im Falle von zulassungspflichtigen Bauprodukten (§§ 2 X, 16b und 16c LBO; §§ 17 bis 25 LBO) sowie von zulassungspflichtigen Bauarten (allgemeine und vorhabenbezogene Bauartgenehmigungen; §§ 2 XI und 16a II 1 LBO).[74]

c) Repressive Ermächtigungsgrundlagen (sog. Befugnisnormen)

Die LBO enthält außerdem die rechtsstaatlich erforderlichen formalen (Ermessens-) Ermächtigungsgrundlagen (sog. Befugnisnormen) für das im konkreten Einzelfalle – nach pflichtgemäßem Ermessen (§ 40 LVwVfG) – gebotene baurechtliche Einschreiten der zuständigen Baurechtsbehörden entsprechend der **allgemeinen bauordnungsrechtlichen Aufgabezuweisungsnorm** (§ 47 I 1 LBO)[75] im Falle einer bereits eingetretenen oder erst noch bevorstehenden Störung der baurechtlichen Ordnung. Dabei ist § 47 I 2 LBO die **allgemeine bauordnungsrechtliche Befugnisnorm**, die als solche durch spezielle bauordnungsrechtliche Befugnisnormen ergänzt wird (vgl. die §§ 58 VI, 63 bis 66 und 75 LBO). Die neuerdings im

73 **Landesverwaltungsverfahrensgesetz** (LVwVfG) v. 12.4.2005 (GBl. S. 350), zuletzt mehrfach geändert durch Art. 1 G 12.5.2015 (GBl. S. 324).

74 *Schlotterbeck*, Reform des europarechtlich beeinflussten Bauproduktenrechtes in Baden-Württemberg, VBlBW 2020, 397 ff.)

75 § 47 I LBO ist gedanklich um die (entsprechende) Anwendung der §§ 5 bis 9 PolG zu ergänzen (Verhältnismäßigkeitsprinzip; verantwortliche Regelungsadressaten).

§ 65 II LBO enthaltene spezielle Eingriffsbefugnisnorm ist auf die sog. Schrott-Immobilien zugeschnitten.[76] Nutzungsunterbrechungen von genehmigten Tierhaltungsanlagen (Ställen) im Sinne der GIRL[77] sind unter bestimmten tatbestandlichen Voraussetzungen mit einem Erlöschen der Baugenehmigung kraft Gesetzes verbunden (vgl. § 62 III LBO).

Den erwähnten spezifisch bauordnungsrechtlichen Befugnisnormen treten hinzu:

- die formalen (Ermessens-) Ermächtigungsgrundlagen (Befugnisnormen) im LVwVfG für die Rücknahme und den Widerruf von (baurechtlichen) Verwaltungsakten (§§ 48 ff. LVwVfG), etwa von Baugenehmigungen, von Bauvorbescheiden, von Abbruchsanordnungen oder von Nutzungsuntersagungen,[78]
- die vollstreckungsrechtlichen (Ermessens-) Ermächtigungsgrundlagen für die im konkreten Einzelfalle gebotene Anwendung von Zwangsmitteln zur Durchsetzung vollziehbarer (baurechtlicher) Verwaltungsakte (LVwVG), vor allem mittels Zwangsgeldes und Ersatzvornahme,
- die städtebaurechtlichen Ermächtigungsgrundlagen für die antragsgebundene verfahrensintegrierte formale Zurückstellung von Baugesuchen (§ 15 I 1, III BauGB) und für die vorläufige Untersagung von Vorhaben im baurechtlichen Kenntnisgabeverfahren (§ 15 I 2 BauGB; § 51 I 1, II LBO) zur Sicherung einer bereits ein-

---

76 *Wunderlich*, Der Abbruch von im Verfall betroffenen baulichen Anlagen nach § 65 II LBO, VBlBW 2020, 221 ff. (Teil 1) und VBlBW 2020, 272 ff. (Teil 2).

77 **LAI-Geruchs-Immissionsrichtlinie** (GIRL), 2. Fassung 29.2.2008/10.9.2008, welche auf die Geruchsqualität (sog. Hedonik; angenehmer, unangenehmer Geruch) bezogen ist. Die GIRL ist die einzige derzeit vorhandene Regelung, die ein Konzept zur Bewertung von Geruchsimmissionen festlegt, das auch Grenzwerte für Geruchsimmissionen umfasst. In Baden-Württemberg ist die GIRL durch Erlass am 25.11.1994 als Erkenntnisquelle eingeführt worden. Auf sie wird im § 62 III LBO Bezug genommen.

78 Zum Fall einer Abhilfeentscheidung nach § 72 VwGO, die unter Verletzung des rechtsstaatlichen Grundsatzes der fairen Verfahrensgestaltung der Form nach missbräuchlich als Rücknahmeentscheidung im Sinne des § 48 LVwVfG erlassen wurde, vgl. VGH BW, Urt. v. 30.11.2018 – 5 S 854/17 –, BauR 2019, 636 = VBlBW 2019, 247 und BVerwG, Urt. v. 18.4.1996 – 4 C 6/95 –, NVwZ 1997, 272 (*Brodersen*, JuS 1997, 662 f.).

geleiteten konkreten und zulässigen Bauleitplanung, die beide in der verwaltungsrechtlichen Handlungsform des Verwaltungsaktes (§ 35 LVwVfG) ergehen,[79]

- die Ermächtigungsgrundlagen für die Gemeinden in ihrer Eigenschaft als Trägerinnen der Planungshoheit (Art. 28 II GG) zum Erlass von städtebaurechtlichen Geboten (§§ 175 bis 179 BauGB), namentlich zum Erlass von Bau- und Bauantragsgeboten (§ 176 BauGB),[80] von Modernisierungs- und Instandsetzungsgeboten (§ 177 BauGB), von Pflanzgeboten (§ 178 BauGB) und von Rückbau- und Entsiegelungsgeboten (§ 179 BauGB).

Besonders zu beachten ist in diesem Zusammenhang, dass die zuständigen Baurechtsbehörden als untere Verwaltungsbehörden ermächtigt und ggf. sogar verpflichtet sind, das gemäß § 36 I 1 BauGB erforderliche und nach ihrer Auffassung rechtswidrig verweigerte (verwaltungsinterne) Einvernehmen der – von ihnen verschiedenen – Gemeinde im Baugenehmigungs-, Bauvorbescheids- und baurechtlichen Zustimmungsverfahren sowie im AAB-Verwaltungsverfahren (§ 56 VI LBO) inzident zu ersetzen (**Inzident-Ersetzung**; § 36 II 3 BauGB; § 54 IV LBO; § 57 II und 70 II 2 LBO),[81] es sei denn, das an sich erforderliche Einvernehmen gilt bereits als erteilt (§ 36 II 2 BauGB). Damit scheidet ein Rückgriff auf das besondere kommunalaufsichtsrechtliche Ersatzvornahmeverfahren (§§ 118 ff. GemO) generell aus.

Die LBO enthält überdies eine Ermächtigungsgrundlage als weisungsfreie Befugnis zum freiwilligen **Erlass von Örtlichen Bauvorschriften** (ÖBauV) als (Gemeinde-) Satzungen (§ 74 LBO),[82] die entweder in einem isolierten Rechtssetzungsverfahren (§ 74 VI LBO)

---

79 Vgl. dazu VGH BW, Beschl. v. 9.8.2002 – 3 S 1517/02 –, NVwZ-RR 2003, 333 m. N.

80 *Lautsch*, JuS 2020, 433 ff. (Fallbesprechung); *Wunderle*, Der Abbruch von im Verfall betroffenen baulichen Anlagen nach § 65 II LBO, VBlBW 2020, 221 ff. und 272 ff.

81 Vgl. dazu BGH, Urt. v. 25.10. 2012 – III ZR 29/12 –, NVwZ 2013, 167 = ZfBR 2013, 144 = BauR 2013, 454; BGH, Urt. v. 16.9.2010 – III ZR 29/10 –, NVwZ 2011, 249 = ZfBR 2011, 39 = BauR 2011, 495; VGH BW, Urt. v. 21.2.2017 – 3 S 1748/14 –, VBlBW 2017, 388 = BauR 2017, 1012; VGH BW, Beschl. v. 2.8.2011 – 8 S 1516/11 –, BauR 2011, 1954 = VBlBW 2012, 30 = NVwZ-RR 2012, 58.

82 *Ellerbrok*, Die öffentlich-rechtliche Satzung, 2020 (Bespr. *Fuchs*, NVwZ 2020, 936).

oder zusammen mit einem Bebauungsplan- bzw. einem anderen städtebaurechtlichen Satzungsverfahren im sog. Verfahrens- und Satzungsverbundverfahren (§ 74 VII LBO) zustande kommen können. Die ÖBauV sind thematisch dem Baugestaltungsrecht (§ 74 I), dem Bausicherheitsrecht (§ 74 II), dem Bauökologierecht (§ 74 III) bzw. dem Bausozialrecht (§ 74 IV) zuzuordnen.

5. **Bauordnungsrechtliche Baulast** (§§ 71 und 72 LBO)

Das Rechtsinstitut „Baulast" ist sachlich ausschließlich dem (irrevisiblen) Bauordnungsrecht zuzurechnen,[83] das in die ausschließliche Gesetzgebungszuständigkeit der Länder fällt (Art. 70 I GG; Art. 111 EGBGB).[84] Es ist in den §§ 71 und 72 LBO allgemein geregelt; spezielle Baulast-Anwendungsfälle finden sich in besonderen LBO-Vorschriften (z. B. in den §§ 7 und 37 V 2 LBO). Bundesrechtliche Baulasten gibt es nicht. Indessen können Baulasten auch als Sicherungsmittel für bundesrechtliche Verpflichtungen nutzbar gemacht werden (vgl. § 35 V 2, V 3 BauGB)[85] oder die Voraussetzungen für Befreiungen von Festsetzungen eines Bebauungsplanes schaffen (§ 31 II BauGB).[86]

---

83 BVerwG, Beschl. v. 29.10.1992 – 4 B 218/92 –, NJW 1993, 480 = ZfBR 1993, 91 = BWGZ 1993, 580; BVerwG, Beschl. v. 27.9.1990 – 4 B 34/90, 4 B 35/90 –, NJW 1991, 713 = BauR 1991, 62 = ZfBR 1991, 31; BVerwG, Beschl. v. 3.1.2017 – 4 B 20/16 – <juris>.

84 **Einführungsgesetz zum Bürgerlichen Gesetzbuch** (EGBGB) v. 21.9.1994 (BGBl. I S. 2494; BGBl. 1997 I, S. 1061), zuletzt geändert durch Art. 1 G 10.7.2020 (BGBl. I S. 1643/1870); BVerfG, Baurechtsgutachten v. 16.6.1954 – 1 PBvV 2/52 –, BVerfGE 3, 407/430 f.; BVerwG, Beschl. v. 3.1.2017 – 4 B 20/16 – <juris> (vorangehend VGH BW, Urt. v. 4.2.2016 – 5 S 1140/14 –, BauR 2016, 1141); OVG Hbg, Urt. v. 28.2.1985 – Bf II 29/83 –, NJW 1987, 915; *Riedel,* Die Baulast, NZBau 2006, 565 ff.; *Schwarz,* Die Entwicklung des Baulastenrechtes seit 1994, BauR 1998, 446 ff.; *Johlen,* Baulasten in der Baurechtspraxis, BauR 2018, 1359 ff., *Zorn,* Die Rechtsposition des Baulastbegünstigten, NVwZ 2019, 1011 ff.

85 Vgl. dazu BVerwG, Urt. v. 17.10.2012 – 4 C 5/11 –, NVwZ 2013, 805 = BauR 2013, 1652 (*Gatz,* jurisPR-BVerwG 4/2013 Anm. 1).

86 Vgl. BVerwG, Urt. v., 14.2.1991 – 4 C 51/87 –, NJW 1991, 2783 = BauR 1991, 582 = ZfBR 1991, 131.

Baulasten enthalten einseitige, formbedürftige (§ 71 I LBO), grundstücksbezogene und rechtsnachfolgefähige bauordnungsrechtliche (Handlungs-, Unterlassungs-, Duldungs-) Verpflichtungen von Grundstückeigentümern gegenüber der (zuständigen) Baurechtsbehörde, die nicht schon aus bauordnungsrechtlichen Vorschriften sich ergeben (sog. **baulastfähige Verpflichtungen**; § 71 I LBO). Baulasten sind in der Regel fremdnützig und auf ein bestimmtes (Bau-)Vorhaben bezogen.

Baulasterklärungen müssen „vor" der Baurechts- oder „vor" der Gemeindebehörde abgegeben oder anerkannt werden und können auch in beglaubigter Form (vgl. § 129 BGB; BeurkG) einer dieser Behörden „vorgelegt" werden (§ 71 II LBO). Sie werden sodann auf (verwaltungsinterne) Anordnung der zuständigen Baurechtsbehörde in ein von der Gemeinde (-behörde) geführtes sog. Baulastenverzeichnis (BaulVerz), ein öffentliches Register, eingetragen (§ 72 I LBO), ohne dass die LBO die Rechtswirksamkeit der Baulast von dieser Eintragung abhängig macht (bloße sog. formelle Publizität);[87] im Übrigen ist das BaulVerz auch sog. Bauvermerken, z. B. Auflagen und Nutzungsuntersagungen sowie Bedingungen, Befristungen und Widerrufsvorbehalten zugänglich (§ 72 II LBO).[88]

(Rechtswirksame) Baulasten dienen regelhaft der Ausräumung von öffentlich-rechtlichen (Vorhaben-) Zulässigkeits- bzw. Zulassungshindernissen, vor allem in einem Baugenehmigungs- oder Bauvorbescheidsverfahren; sie haben gleichsam **Legalisierungsfunktion**.[89] Sie sind auch geeignet, bebauungsrechtliche Verpflichtungen öffentlich-rechtlich sicherzustellen; so schließt namentlich § 35 V 2 BauGB i. V. m. § 35 V 3 BauGB trotz Vorrangwirkung die

87 VGH BW, Urt. v. 30.11.2018 – 5 S 854/17 –, BauR 2019, 636 = VBlBW 2019, 247 m. N.; vgl. allerdings VGH BW, Beschl. v. 3.3.2020 – 3 S 3378/19 –, BauR 2020, 1159; anders z. B. § 85 I 3 BauO NW 2018, wonach „Baulasten unbeschadet der Rechte Dritter mit der Eintragung in das BaulVerz wirksam werden".

88 VGH BW, Urt. v. 2.9.2009 – 3 S 1773/07 –, VBlBW 2010, 41 = BauR 2010, 743; VGH BW, Urt. v. 29.5.1979 – III 353/79 –, BRS 35 Nr. 164.

89 VGH BW, Beschl. v. 24.1.2011 – 8 S 545/10 –, BRS 78 Nr 134; VGH BW, Urt. v. 10.1.2007 – 3 S 1251/06 –, VBlBW 2007, 225 = NVwZ-RR 2007, 662.

Auferlegung einer Sicherheitsleistung auf der Grundlage einer landesrechtlichen Vorschrift nicht aus.[90]

Eine rechtswirksam zustande gekommene Baulast(-erklärung) kann grundsätzlich (nur) durch **Verzicht**(-serklärung) der zuständigen Baurechtsbehörde in einem ordnungsgemäßen (Antrags-) Verwaltungsverfahren (§§ 9 und 22 LVwVfG) auf sie erlöschen,[91] von den Anfechtungs- bzw. Erledigungsfällen einmal abgesehen; für die Wirksamkeit des Verzichtes ist die Löschung im BaulVerz nicht erforderlich. Die zuständige Baurechtsbehörde hat auf eine (noch wirksame) Baulast schriftlich (zur Schriftform vgl. § 37 III 1 LVwVfG) zu verzichten, wenn ein öffentliches Interesse an ihr nicht mehr besteht (§ 71 III 2); auf ein irgendwie geartetes privates Interesse des durch die Baulast Begünstigten kommt es nicht an.[92] Die Vorschrift enthält zwingendes Gesetzesrecht („ist zu erklären"). Die schriftliche Erklärung der zuständigen Baurechtsbehörde, auf eine Baulast zu verzichten, ist ein anfechtbarer rechtsgestaltender Verwaltungsakt (§ 35 Satz 1 LVwVfG).[93]

Der rechtswirksam gewordene **Verzicht** unterliegt als Verwaltungsakt (§ 35 Satz 1 LVwVfG), sofern er rechtswidrig erklärt worden ist, der **Rücknahme** nach Maßgabe der §§ 48 und 50 LVwVfG durch anfechtbare baurechtliche Rücknahmeverfügung (§ 35 Satz 1 LVwVfG).[94]

6. Ergänzendes notwendiges Recht

Die LBO und die auf ihrer Grundlage erlassenen Rechts- und Verwaltungsvorschriften beinhalten kein in sich abgeschlossenes Re-

---

90 BVerwG, Urt. v. 17.10.2012 – 4 C 5/11 –, NVwZ 2013, 805 = BauR 2013, 1652 = BWGZ 2016, 1101 (*Gatz*, jurisPR-BVerwG 4/2013 Anm. 1).

91 Vgl. dazu VGH BW, Beschl. v. 6.5.2020 – 8 S 455/20 –, VBlBW 2020, 387.

92 HessVGH, Beschl. v. 4.6.1992 – 4 TG 2815/91 –, NVwZ-RR 1993, 236; OVG NW, Urt. v.17.11.1986 – 7 A 2169/85 –, BauR 1987, 550 = NJW 1988, 278.

93 VGH BW, Beschl. v. 6.5.2020 – 8 S 455/20 –, VBlBW 2020, 387; VGH BW, Urt. v. 27.2.1989 – 5 S 3286/88 –, NJW 1990, 268 = VBlBW 1989, 312; OVG NW, Urt. v. 9.5.1996 – 11 A 4010/92 –, NJW 1996, 275.

94 VGH BW, Urt. v. 22.12.1982 – 3 S 1595/82 –, VBlBW 1983, 336.

gelwerk. Sie sind offen, Regelungen in anderen (Fach-) Gesetzen hinzunehmen. Sie werden notwendigerweise ergänzt namentlich durch

- die Verfassung des Landes Baden-Württemberg (LV;[95] vgl. § 75 IV LBO und Art. 45 II LV „Landesregierung"),
- das Landesverwaltungsgesetz (LVerwG „untere Verwaltungsbehörden"),[96]
- das Landes-Verwaltungsverfahrensgesetz (LVwVfG),[97]
- das Landes-Verwaltungszustellungsgesetz (LVwZG),[98]
- das Landes-Verwaltungsvollstreckungsgesetz (LVwVG),[99]
- das Gesetz über einheitliche Ansprechpartner für das Land Baden-Württemberg (EAG BW; vgl. § 43 IX 2 LBO),[100]
- das Landes-Informationsfreiheitsgesetz (LIFG),[101]
- die Datenschutz-Grundverordnung/EU (DSGV/EU)[102] und das an sie auch angepasste (Landes-) Datenschutzgesetz (LDSG),[103]

95 **Verfassung des Landes Baden-Württemberg** (LV) v. 11.11.1953 (GBl. S. 153), zuletzt geändert durch G 26.5.2020 (GBl. S. 305).

96 **Landesverwaltungsgesetz** (LVerwG) v. 14.10.2008 (GBl. S. 313/314), zuletzt geändert durch Art. 10 G 21.5.2019 (GBl. S. 161/185).

97 **Landesverwaltungsverfahrensgesetz** (LVwVfG) v. 12.4.2005 (GBl. S. 350), zuletzt geändert durch Art. 2 G 15.10.2020 (GBl. S. 913).

98 **Landesverwaltungszustellungsgesetz** (LVwZG) v. 3.7.2007 (GBl. S. 293), zuletzt geändert durch Art. 5 G 17.12.2015 (GBl. S. 1191/1199).

99 **Landesverwaltungsvollstreckungsgesetz** (LVwVG) v. 12.3.1974 (GBl. S. 93), zuletzt geändert durch Art. 5 VO 23.2.2017 (GBl. S. 99/100).

100 **Gesetz über Einheitliche Ansprechpartner für das Land Baden-Württemberg** (EAG BW) v. 1.12.2009 (GBl. S. 679), zuletzt geändert durch Art. 2 G 1.12.2015 (GBl. S. 1040/1042).

101 **(Landes-) Informationsfreiheitsgesetz** (LIFG) v. 17.12.2015 (GBl. S. 1201; LT-Drucks. 15/7720 v. 17.11.2015), zuletzt geändert durch Art. 5 G 12.6.2018 (GBl. S. 173/185).

102 VO (EU) 2016/679 des Europäischen Parlaments und des Rates vom 27.4.2016 zum Schutz natürlicher Personen bei der Verarbeitung personenbezogener Daten, zum freien Datenverkehr und zur Aufhebung der RL 95/46/EG (**Datenschutz-Grundverordnung/EU – DS-GV/EU**) (ABl. L 119 v. 4.5.2016, S. 1); *Wührl/Snowadsky*, Datenschutz-Grundverordnung und Landesdatenschutzgesetz, VBlBW 2019, 221 ff.

103 **Landesdatenschutzgesetz** (LDSG) v. 12.6.2018 (GBl. S. 173; LT-Drucks, 16/3930 v. 19.4.2018), zuletzt geändert durch Art. 3 G 18.12.2018 (GBl. S. 1549/1551); *Nonnenmacher/Langer*, VBlBW 2016, 309 ff.

- das Landes-Umweltverwaltungsgesetz (UVwG),[104]
- das Umweltrechtsbehelfsgesetz (UmwRG),[105]
- das Landesgebührengesetz (LGebG)[106] nebst Baugebührenverordnungen der Landratsämter als untere Baurechtsbehörden aufgrund von § 4 III LGebG,
- das Kommunalabgabengesetz (KAG)[107] nebst kommunalen Baugebührensatzungen (vgl. § 4 III LGebG),
- die Verwaltungsgerichtsordnung (VwGO),[108] wonach namentlich Anfechtungsrechtsbehelfe eines Dritten (Baunachbarn, Gemeinde) gegen die „bauaufsichtliche" Zulassung eines Vorhabens – abweichend von § 80 I VwGO – keine aufschiebende Wirkung haben (§ 212a I BauGB; § 80 II 1 Nr. 3 VwGO), was auch für zulassende bauaufsichtliche AAB-Verwaltungsentscheidungen gilt,[109]
- die Gemeindeordnung (GemO),[110] den Erlass Örtlicher Bauvorschriften (ÖBauV) in einem ordnungsgemäßen Rechtssetzungsverfahren betreffend (§ 74 VI, VII LBO),
- das Gesetz über kommunale Zusammenarbeit (GKZ;[111] vgl. § 48 II 2 LBO).

---

104 **Umwelt-Verwaltungsgesetz** (UVwG) v. 25.11.2014 (GBl. S. 592; LT-Drucks. 15/5487 v. 15.7.2014), zuletzt geändert durch Art. 1 G 28.11.2018 (GBl. S. 439; LT-Drucks. 16/5060 v. 23.10.2018) und durch Art. 46 G 11.2.2020 (GBl. S. 37/43); vgl. dazu Feldmann/Heiland, VBlBW 2015, 49 ff.

105 **Umwelt-Rechtsbehelfsgesetz** (UmwRG) v. 23.8.2017 (BGBl. I S. 3290; BT-Drucks. 18/9526 v. 5.9.2016), geändert durch Art. 4 G 17.12.2018 (BGBl. I S. 2549); vgl. dazu die VwV Umweltstraftaten v. 24.10.2019 (Justiz S. 245).

106 **Landesgebührengesetz** (LGebG) v. 14.12.2004 (GBl. S. 895), zuletzt geändert durch Art. 13 G 21.5.2019 (GBl. S. 161/185); vgl. dazu die VwV-LGebG v. 3.11.2019 (GABl. S. 354); *Wienbracke*, Begriffliche und verfassungsrechtliche Grundlagen des Gebührenrechtes, JuS 2019, 1070 ff.

107 **Kommunalabgabengesetz** (KAG) v. 17.3.2005 (GBl. S. 206), zuletzt geändert durch Art. 2 G 4.11.2020 (GBl. S. 974/980).

108 **Verwaltungsgerichtsordnung** (VwGO) v. 19.3.1991 (BGBl. I S. 686), zuletzt geändert durch Art. 1 G 3.12.2020 (BGBl. I S. 2694).

109 VGH BW, Beschl. v 9.5.2006 – 3 S 906/06 –, VBlBW 2006, 353 = ZfBR 2006, 689 = BauR 2006, 1862.

110 **Gemeindeordnung für Baden-Württemberg** (GemO) v.24.9.2000 (GBl. S. 581, ber. S. 698), zuletzt geändert durch Art. 2 G 2.12.2020 (GBl. S. 1095/1098).

111 **Gesetz über kommunale Zusammenarbeit** (GKZ) v. 16.9.1974 (GBl. S. 408, ber. GBl. 1975 S. 460 und GBl. 1976 S. 408), zuletzt geändert durch Art. 2 G 17.6.2020 (GBl. S. 403/404).

Alle diese Gesetze können Bedeutung erlangen bei der umfassenden Wahrnehmung der (Aufsichts-) Aufgaben der Baurechtsbehörden im konkreten Einzelfall (§ 47 I 1 LBO).

Die ausschließlich für die Behörden des Landes geltenden Regelungen des **EGovG BW**[112] finden übrigens keine Anwendung auf die **Landratsämter als untere Verwaltungsbehörden und Baurechtsbehörden** sowie auf Beliehene (§ 1 II 1 Nr. 1, II 1 Nr. 2 EGovG). Diese Behörden und Beliehene werden wie die sonstigen Behörden, insbesondere wie die Behörden der Gemeinden und Gemeindeverbände behandelt, um die Landratsämter in ihren Doppelfunktionen als staatliche und kommunale Behörden (vgl. § 1 III LKrO)[113] nicht unterschiedlichen Regelungssystemen zu unterstellen. Die Beliehenen werden, um deren besonderen Situationen gerecht zu werden, ebenfalls nur den Verpflichtungen unterworfen, die für die Behörden gelten, die nicht Behörden des Landes sind.

III. Normenhierarchie und Stufenbau im Bauordnungsrecht

1. Landesbauordnung für Baden-Württemberg (LBO)

Die LBO als **formelles Landesgesetz** steht an der Spitze der Normenhierarchie und des Stufenbaues im Bauordnungsrecht. Der Landesgesetzgeber hatte sie erstmals mit Gesetz vom 6.4.1964 (GBl. S. 151) mit Wirkung zum 1.1.1965 erlassen (LBO 1964). Die LBO 1964 hatte das bis dahin in den Landesteilen „Württemberg" und „Baden" unterschiedlich geltende Bauordnungsrecht abgelöst. Betroffen hiervon waren die „Württembergische Bauordnung" (Württ-

112 **Gesetz zur Förderung der elektronischen Verwaltung des Landes Baden-Württemberg** (EGovG BW) v. 17.12.2015 (GBl. S. 1191; LT-Drucks. 15/7724 v. 17.11.2015), mehrfach geändert durch Art. 3 G 20.11.2018 (GBl. S. 431; LT-Drucks. 16/4537 v. 24.7.2018), zuletzt geändert durch Art. 3 G 15.10.2020 (GBl. S. 910/913); vgl. dazu die §§ 21 Nr. 1 und 24 II EGovG BW sowie die VwV IT-Standards v. 15.11.2019 (GABl. 2020, S. 266).

113 **Landkreisordnung für Baden-Württemberg** (LKrO) v. 19.6.1987 (GBl. S. 288), zuletzt geändert durch Art. 4 G 15.10.2020 (GBl. S. 910/911).

BauO) vom 28.7.1910 (RegBl. S. 333) mit ihren Änderungen vom 16.8.1911 (RegBl. S. 331), vom 6.2.1923 (RegBl. S. 79), vom 10.3.1924 (RegBl. S. 124), vom 15.12.1933 (RegBl. S. 443), vom 27.7.1935 (RegBl. S. 181) und vom 13.3.1937 (RegBl. S. 33) sowie die „Badische Landesbauordnung" (BadLBO) vom 26.7.1935 (GVBl. S. 187). Vom Inkrafttreten der LBO 1964 betroffen war auch die Reichsgaragenordnung (RGaO) vom 17.2.1939 (RGBl. I S. 219), welche namentlich die – durch die LBO 1964 fortgeführte – „Pflicht zur Schaffung von Einstellplätzen oder Garagen" (§§ 2 ff. RGaO) eingeführt hatte; die RGaO wurde übrigens bundesweit durch Art. 2 Nr. 27 des Gesetzes vom 8.12.1986 (BGBl. I S. 2191/2236) aufgehoben.

Die LBO wurde wiederholt geändert und zeitabschnittsweise auch neu bekannt gemacht (LBO vom 20.6.1972, GBl. S. 351; LBO vom 28.11.1983, GBl. S. 770; LBO vom 8.8.1995, GBl. S. 671). Sie gilt seit dem 1.3.2010 in der Bekanntmachung der Neufassung vom 5.3.2010 (GBl. S. 357, ber. S. 416) mit folgenden danach erfolgten Gesetzesänderungen:

- §§ 3, 46 und 73 LBO, geändert durch Art. 70 VO 25.1.2012 (GBl. S. 65/73);
- § 15 LBO, geändert durch Gesetz vom 16.7.2013 (GBl. S. 209);
- §§ 1 und 33 sowie Anhang, geändert durch Art. 2 G 3.12.2013 (GBl. S. 389/440);
- LBO, mehrfach geändert durch Art. 1 G 11.11.2014 (GBl. S. 501);
- § 46 LBO, geändert durch Art. 30 AnpVO 23.2.2017 (GBl. S. 99/103);
- LBO, mehrfach geändert durch Gesetz vom 21.11.2017 (GBl. S. 606);[114]
- §§ 51, 52, 55 und 70 LBO sowie die Inhaltsübersicht geändert durch Art. 3 G 21.11.2017 (GBl. S. 612/613);[115]

114 Vgl. dazu LT-Drucks. 16/2745 v. 26.9.2017 (LReg-Gesetzentwurf).
115 Vgl. dazu LT-Drucks. 16/2842 v. 17.10.2017 (LReg-Gesetzentwurf).

– LBO, mehrfach geändert durch Art. 1 G 18.7.2019 (GBl. S. 313).[116]

LBO-Stammgesetz ist indessen nach wie vor die LBO vom 8.8.1995 (GBl. S. 671), auf das alle danach erfolgten Gesetzesänderungen zurückzuführen sind.

2. Rechtsverordnungen aufgrund der LBO

a) Ermächtigungsgrundlagen

Eine **Stufe in der Normenhierarchie** unterhalb des Landesgesetzes sind verschiedene und verschiedenartige (Ausführungs-, Durchführungs-)Rechtsverordnungen[117] angesiedelt. Der Landesgesetzgeber ermächtigt im § 73 LBO die oberste(n) Baurechtsbehörde(n) (§ 46 I Nr. 1 LBO) bzw. die Landesregierung (Art. 45 II LV), zur Verwirklichung der Anforderungen an die öffentliche Sicherheit und Ordnung (§§ 3 I 1, 16a I und 16b I LBO) sowie zu Einzelheiten des Bauverwaltungsverfahrens durch Rechtsverordnungen unter zwingender Beachtung des Art. 80 I 3 GG bzw. des Art. 61 I 3 LV (**Zitiergebot**)[118] weitere Rechtsvorschriften zu erlassen, die der Aus- bzw. Durchführung einzelner LBO-Bestimmungen dienen (§§ 73, 16a VI, VII und 25 I, II LBO).

Entsprechende Rechtsverordnungen sind dann auch erlassen worden. Sie konkretisieren notwendigerweise die zum Teil hüllenartigen gesetzlichen Ge- und Verbotsvorschriften der LBO, die deshalb besonders vollzugslastig angelegt sind.

– Die ausfüllungsbedürftige Vorschrift des § 27 I bis VI LBO regelt pauschale Anforderungen an tragende, aussteifende und raumabschließende Bauteile im Hinblick auf ihre jeweiligen Schutzzwecke. Und ergänzend dazu enthalten dann die §§ 4 bis 9 LBOAVO

116 Vgl. dazu LT-Drucks. 16/6293 v. 6.6.2019 (LReg-Gesetzentwurf); LT-Drucks. 16/6477 v. 17.7.2019 (Ausschussbericht); *Zimmermann*, Auf zu neuen Ufern?, Eine Übersicht über die Änderungen der Landesbauordnung 2019, VBlBW 2020, 45 ff.

117 *Voßkuhle/Wischmeyer*, Grundwissen – Öffentliches Recht: Die Rechtsverordnung, JuS 2015, 311 ff.

118 Vgl. dazu BVerfG, Beschl. v. 18.6.2019 – 1 BvR 587/17 –, NVwZ 2020, 220 (*Drechsler*, NVwZ 2020, 210 ff.); BVerfG, Urt. v. 6.7.1999 – 2 BvF 3/90 –, NJW 1999, 3253.

die bautechnischen Anforderungen, die erforderlich sind, um den bausicherheitsrechtlichen Anforderungen (§ 3 I 1 LBO) gerecht zu werden (vgl. auch Teil A 2.1.4 bis A 2.1.12 VwV TB).
Ähnliches gilt für die Vorschrift des § 28 LBO über Anforderungen an Bauteile in Rettungswegen (vgl. dazu die §§ 10 bis 13 LBOAVO), für die Vorschrift des § 29 LBO über Anforderungen an Aufzugsanlagen (vgl. dazu § 14 LBOAVO; Teil A 2.1.13 VwV TB; Teil A 2.1.21.14 VwV TB), für die Vorschrift des § 30 LBO über Anforderungen an Lüftungsanlagen (vgl. dazu § 15 LBOAVO; Teil A 2.1.15 VwV TB; Teil A 2.2.1.11 VwV TB), für die Vorschrift des § 31 LBO über Anforderungen an Leitungsanlagen (vgl. dazu § 16 LBOAVO; Teil A 2.1.14 VwV TB; Teil A 2.2.1.8 VwV TB) und für die Vorschrift des § 33 LBO über Anforderungen an Wasserversorgungs- und Wasserentsorgungsanlagen sowie Anlagen für Abfall- und Reststoffe (vgl. dazu § 17 LBOAVO).
Feuerungsanlagen müssen betriebs- und brandsicher sein (§ 32 I LBO). Ergänzend dazu regelt die FeuVO 2020 die baulichen und technischen Anforderungen an Feuerstätten (§ 2 XII LBO) und an Abgasanlagen (§ 32 III LBO).
Die zur Verwirklichung der für die Bausicherheit (§ 3 I 1 LBO) erforderlichen besondere Anforderungen oder Erleichterungen bei Sonderbauten (§ 38 II LBO) sind generell in bestimmten Sonderbauten-Rechtsverordnungen (z.B. VStättVO, VkVO; EltBauVO 2020; CPlVO) enthalten.

– Es sind alle für die Durchführung des Baugenehmigungsverfahrens oder des baurechtlichen Kenntnisgabeverfahrens erforderlichen Unterlagen (Bauvorlagen) und alle Anträge auf Abweichungen, Ausnahmen und Befreiungen (sog. AAB-Verwaltungsanträge) bei der Gemeinde (-behörde) einzureichen (§ 53 I 1 LBO). Bei baugenehmigungspflichtigen Vorhaben ist auch der erforderliche Bauantrag zusammen mit den Bauvorlagen einzureichen (§ 53 I 2 LBO); § 3a LVwVfG gilt ergänzend. Ergänzend dazu bestimmen die LBOVVO-Vorschriften, welche Bauvorlagen im Einzelnen und in welcher Form sie einzureichen sind.

Die Bauvorlagen sind in 2-facher Ausfertigung (im Sinne der Aktenlehre) bei der Gemeinde (-behörde) einzureichen. Ist die Gemeinde (-behörde) nicht selbst Baurechtsbehörde (vgl. §§ 48 I und 46 I Nr. 3, II LBO), sind die Bauvorlagen mit Ausnahme der in § 2 I 1 Nr. 5 und Nr. 6 LBOVVO genannten Vorlagen in 3-facher Ausfertigung einzureichen. Die Gemeinde (-behörde) leitet den Bauantrag und die Bauvorlagen unter Zurückbehaltung einer Ausfertigung des Bauantrages und der Vorlagen nach § 2 I 1 Nr. 1 bis Nr. 4 LBOVVO innerhalb von 3 Arbeitstagen an die (zuständige) Baurechtsbehörde weiter. Ist für die Prüfung des Bauantrages die Beteiligung (Mitwirkung) anderer Behörden oder Dienststellen erforderlich, kann die Baurechtsbehörde die Einreichung weiterer Ausfertigungen verlangen. Werden die Bauvorlagen elektronisch in Textform eingereicht, sind Mehrfertigungen nicht erforderlich; hinsichtlich der Weiterleitung gilt § 2 II 3 LBOVVO entsprechend (§ 2 II LBOVVO).
Die Baurechtsbehörde kann verlangen, dass Bauvorlagen elektronisch in Textform (§ 126b BGB) eingereicht werden (§ 2 III Nr. 4 LBOVVO). Werden Bauvorlagen elektronisch in Textform eingereicht, sind sie in archivfähigem Portable Document Format (pdf/A) zu übermitteln. Die Baurechtsbehörde kann andere dauerhaftarchivierbare Dateiformate, die Inhalte zuverlässig wiedergeben und keine externen Inhalte einbeziehen, zulassen sowie Übermittlungswege und Dateistrukturen vorgeben (§ 3 III LBOVVO). Bauzeichnungen nach § 6 LBOVVO und sonstige grafische Darstellungen entsprechen der Textform (§ 3 IV LBOVVO).
Vordrucke im baurechtlichen Verfahren sind eingeführt und sind dann auch zu verwenden (§ 3 I LBOVVO; VwV LBO-Vordrucke).

Hinweis
Die VwV LBO-Vordrucke wird nur noch auf der Homepage des Ministeriums für Wirtschaft, Arbeit und Wohnungsbau (www.wm.baden-wuerttemberg.de) in der amtlichen Fassung veröffentlicht und fortgeschrieben. Diese Veröffentlichung in

einem elektronischen Speichermedium ersetzt die Veröffentlichung der Änderungen im amtlichen Bekanntmachungsblatt.[119]

b) Allgemeine Rechtsverordnungen

- **Allgemeine Ausführungsverordnung zur LBO** (LBOAVO).[120]
- **Garagenverordnung** (GaVO).[121]
- **Feuerungsverordnung** (FeuVO).[122]
- **Verfahrensverordnung zur LBO** (LBOVVO).[123]
- **Bauprüfverordnung** (BauPrüfVO).[124]
- **Bausachverständigenverordnung** (BauSVO)
  - zu § 73 I Nr. 2 LBO.[125]
- **Verordnung über die Zuständigkeiten zur Erteilung der Ausführungsgenehmigung für Fliegende Bauten** (FliegBautenZuVO)[126]
  - zu § 69 III LBO.

---

119 Vgl. Bek. v. 5.5.2017 (GABl. S. 294).

120 **Allgemeine Ausführungsverordnung zur Landesbauordnung** (LBOAVO) v. 5.2.2010 (GBl. S. 24), zuletzt geändert durch Art. 1 G 8.12.2020 (GBl. S. 1182).

121 **Garagenverordnung** (GaVO) v. 7.7.1997 (GBl. S. 332), zuletzt geändert durch Art. 4 VO 8.12.2020 (GBl. S. 1182/1191); der Verordnungsgeber betrachtet sie im Sinne des verfassungsrechtlichen Zitiergebotes (Art. 80 I 3 GG) nicht als Sonderbau-Rechtsverordnung.

122 **Feuerungsverordnung** (FeuVO) v. 24.11.1995 (GBl. S. 806), zuletzt geändert durch Art. 2 VO 8.12.2020 (GBl. S. 1182/1184), gültig ab 1.2.2021; der Verordnungsgeber betrachtet sie im Sinne des verfassungsrechtlichen Zitiergebotes (Art. 80 I 3 GG) nicht als Sonderbau-Rechtsverordnung.

123 **Verfahrensverordnung zur Landesbauordnung** (LBOVVO) v. 13.11.1995 (GBl. S. 794), zuletzt geändert durch VO 28.7.2020 (GBl. S. 662).

124 **Bauprüfverordnung** (BauPrüfVO) v. 10.5.2010 (GBl. S. 446), zuletzt geändert durch Art. 1 VO 8.10.2019 (GBl. S. 222).

125 **Bausachverständigenverordnung** (BauSVO) v. 15.7.1986 (GBl. S. 305), zuletzt geändert durch Art. 5 VO 8.12.2020 (GBl. S. 1182/1191); vgl. dazu die WM-Bekanntmachung über anerkannte Sachverständige für die Prüfung technischer Anlagen und Einrichtungen nach dem Bauordnungsrecht (Garagen, Verkaufsstätten und Versammlungsstätten) v. 8.8.2018 (GABl. S. 523), Stand 1.4.2019.

126 **Verordnung über die Zuständigkeit zur Erteilung der Ausführungsgenehmigung für Fliegende Bauten** (FliegBautenZuVO) v. 18.12.1996 (GBl. 1997, S. 4), zuletzt geändert durch Art. 7 VO 8.12.2020 (GBl. S. 1182/1193).

– **Verordnung über die dezentrale Beseitigung von Niederschlagswasser** (NiedWasBesVO)[127]
  – zu § 33 I LBO und § 46 II 1 Nr. 2 WG.[128]

c) Sonderbau-Rechtsverordnungen (zu § 38 LBO)

– **Versammlungsstättenverordnung** (VStättVO).[129]
– **Verkaufsstättenverordnung** (VkVO).[130]
– **Campingplatzverordnung** (CPlVO).[131]
– **Verordnung über elektrische Betriebsräume** (EltBauVO).[132]

d) Spezielle bauproduktenrechtliche Rechtsverordnungen

– **Übereinstimmungszeichenverordnung** (ÜZVO)[133]
  – zu § 21 LBO.
– **Hersteller- und Anwenderverordnung** (LBO-HAVO)[134]
  – zu § 25 I LBO.

---

127 **Verordnung über die dezentrale Beseitigung von Niederschlagswasser** (NiedWasBesVO) v. 22.3.1999 (GBl. S. 157), zuletzt geändert durch Art. 11 G 3.12.2013 (GBl. S. 389/441).

128 **Wassergesetz für Baden-Württemberg** (WG) v. 3.12.2013 (GBl. S. 389), zuletzt geändert durch Art. 4 G 17.12.2020 (GBl. S. 1233/1248).

129 **Versammlungsstättenverordnung** (VStättVO) v. 28.4.2004 (GBl. S. 311, ber. S. 653), zuletzt geändert durch Art. 3 VO 8.12.2020 (GBl. S. 1182/1191); Begründung und Erläuterung zur VStättVO (https://wm.baden-wuerttemberg.de/fileadmin/redaktion/m-wm/intern/Dateien_Downloads/Bauen/Bauvorschriften/Versammlungsst%C3%A4ttenverordnung-Erl%C3%A4uterung.pdf).

130 **Verkaufsstättenverordnung** (VkVO) v. 11.2.1997 (GBl. S. 84), zuletzt geändert durch Art. 129 VO 23.2.2017 (GBl. S. 99/114).

131 **Campingplatzverordnung** (CPlVO) v. 15.7.1984 (GBl. S. 545, ber. GBl. 1985 S. 20), zuletzt geändert durch Art. 128 VO 23.2.2017 (GBl. S. 99/114).

132 **VO über elektrische Betriebsräume** (EltBauVO) v. 8.12.2020 (GBl. S. 1182/1192), gültig ab 1.2.2021.

133 **Übereinstimmungszeichenverordnung** (ÜZVO) v. 26.5.1998 (GBl. S. 362, ber. S. 559), zuletzt geändert durch Art. 3 VO 11.3.2019 (GBl. S. 97/99).

134 **Hersteller- und Anwenderverordnung LBO** (LBO-HAVO) v. 12.11.2001 (GBl. S. 630), zuletzt geändert durch Art. 1 VO 11.3.2019 (GBl. S. 97).

- **Verordnung über die Überwachung von Tätigkeiten mit Bauprodukten und bei Bauarten** (LBO-ÜTVO)[135]
  - zu § 25 II LBO.
- **Verordnung über die Übertragung von Befugnissen für die Entscheidungen im Einzelfall (ZiE) nach der Landesbauordnung**[136]
  - zu den §§ 16a und 20 LBO.

  Übertragung der Zuständigkeiten auf das Regierungspräsidium Tübingen (Referat 27) – **Landesstelle für Bautechnik (LfB)**
  - zu den §§ 73 VI 1 Nr. 1, 16a II 1 Nr. 2 und 20 LBO.[137]
- **DIBt-Übertragungsverordnung** (DIBt-ZustÜbtrVO)[138] – zu § 24 LBO.
- **PÜZ-Anerkennungsverordnung** (PÜZAVO)[139] – zu § 24 LBO.
- **Wasserbau-Prüfverordnung** (WasBauPVO)[140] – zu § 73 VIIa LBO.
- **BauPG-PÜZ-Anerkennungsverordnung** (BauPG-PÜZAnerkV).[141]
- **Delegierte VO (EU) Nr. 157/2014** der Kommission über die Bedingungen für die Zurverfügungstellung einer Leistungserklärung von Bauprodukten auf einer Website v. 20.10.2014 (ABl. L 52 v. 21.2.2014, S. 1).

---

135 **Verordnung über die Überwachung von Tätigkeiten mit Bauprodukten und bei Bauarten** (LBO-ÜTVO) v. 12.12.2001 (GBl. S. 630/631), zuletzt geändert durch Art. 2 VO 11.3.2019 (GBl. S. 97/98).

136 **VO 12.11.1996** (GBl. S. 730), zuletzt geändert durch Art. 4 VO 11.3.2019 (GBl. S. 97/99).

137 LfB-Merkblatt, Zustimmung im Einzelfall für Bauprodukte und Bausätze und vorhabenbezogene Bauartgenehmigung, F 11.12.2017 (https://rp.baden-wuerttemberg.de).

138 **DIBt-Übertragungsverordnung** (DIBt-ZustÜbtrVO) v. 5.6.1999 (GBl. S. 262), zuletzt geändert durch Art. 8 VO 11.3.2019 (GBl. S. 97/100).

139 **PÜZ-Anerkennungsverordnung** (PÜZAVO) v. 10.5.2010 (GBl. S. 446/454), geändert durch Art. 6 VO 11.3.2019 (GBl. S. 97/99).

140 **VO zur Feststellung der wasserrechtlichen Eignung von Bauprodukten und Bauarten durch Nachweise nach der LBO BW** (WasBauPVO) v. 21.12.1998 (GBl. 1999, S. 57), zuletzt geändert durch Art. 7 VO 11.3.2019 (GBl. S. 97/100).

141 **BauPG-PÜZ-Anerkennungsverordnung** (BauPG-PÜZAnerkV) v. 6.6.1996 (BGBl. I S. 798), zuletzt geändert durch Art. 6 G 5.12.2012 (BGBl. I S. 2449)

3. Örtliche Bauvorschriften aufgrund der LBO (ÖBauV-Satzungen)

Eine weitere Stufe in der Normhierarchie unterhalb des Gesetzes und der verschiedenen Rechtsverordnungen sind die (Administrativ-) **Satzungen** angesiedelt.[142] In dieser Hinsicht ermächtigt der Landesgesetzgeber die Gemeinden, Örtliche Bauvorschriften (ÖBauV)[143] im Rahmen des Bauordnungsrechtes (LBO) durch freiwillige (weisungsfreie)[144] bauordnungsrechtliche Satzungen (§ 4 I GemO)

- im **isolierten Rechtssetzungsverfahren** (§ 74 VI LBO; GemO) oder
- im sog. **Verfahrens- und Satzungsverbundverfahren** (§ 74 VII LBO; GemO), d.h. „zusammen mit einem Bebauungsplan (§ 10 BauGB) oder zusammen mit einer sonstigen städtebaurechtlichen Satzung" (vgl. die §§ 34 IV bis VI und 35 VI BauGB)

zu erlassen in Bezug auf die im § 74 I bis IV LBO inhaltlich aufgeführten unterschiedlichen bauordnungsrechtlichen Regelungsgegenstände.

Neben ÖBauV-Satzungen kommen auch denkmalrechtliche Satzungen der Gemeinden über Gesamtanlagen (§ 19 DSchG)[145] und städtebaurechtliche Erhaltungssatzungen der Gemeinden (§ 172 I 1 bis I 3, III BauGB) vor. Im Übrigen sind die ÖBauV-Satzungen strikt von Bebauungsplänen zu unterscheiden, die gleichfalls als (Administrativ-) Satzungen erlassen werden (§ 10 I BauGB).[146]

Die gegenwärtig geltende Regelung im § 74 VII LBO hatte übrigens auch schon in dem Zeitraum vom 1.1.1965, dem erstmaligen Inkrafttreten der LBO 1965, bis zum 14.7.1977 gegolten (§ 111 V 4 LBO 1965/1972). Hingegen waren die Gemeinden im Zeitraum vom 15.7.1977 bis 31.12.1995 ermächtigt, ÖBauV als Festsetzungen in

142 *Ellerbrok,* Die öffentlich-rechtliche Satzung – Dogmatische und theoretische Grundlagen einer Handlungsform der Verwaltung, Buch, 2020 (Bespr. Fuchs, NVwZ 2020, 936 f).

143 Der Begriff „Ortsbausatzung" sollte in diesem Zusammenhang vermieden werden. Er betrifft altes, heute noch fortgeltendes Baurecht (vgl. § 173 III BBauG 1960).

144 VGH BW, Beschl. v. 28.3.2017 – 5 S 2427/15 –, BauR 2017, 356 = VBlBW 2017, 463.

145 Vgl. dazu VGH BW, Urt. v. 23.7.2020 – 1 S 1584/18 –, DÖV 2020, 994 Ls.

146 Vgl. dazu VGH BW, Urt. v. 18.8.2000 – 8 S 793/00 –, VBlBW 2001, 59 = BauR 2001, 1959 Ls.

den Bebauungsplan aufzunehmen (vgl. § 9 IV BauGB; § 111 VI LBO-ÄndG 21.6.1977, GBl. S. 226).

4. Verwaltungsvorschriften, Richtlinien, innerdienstliche Anordnungen und Hinweise zur LBO

a) Allgemeines

Verfassungs-, Gesetzes-, Verordnungs- und Satzungsrecht schließen nicht aus, dass auch Verwaltungsvorschriften (VwV)[147], Richtlinien (RL) und innerdienstliche Anordnungen (AO) sowie Hinweise[148] zum LBO-Vollzug für die Baurechtsbehörden erlassen werden (§ 47 I 1 LBO). Ihnen fällt allgemein die Aufgabe zu, den Verwaltungsbehörden die Anwendung des Gesetzesrechtes zu erleichtern und den einheitlichen Gesetzesvollzug zu sichern. Sie können norminterpretierend oder sogar normkonkretisierend[149] (z.B. die TA Lärm und die VwV TB)[150] oder (bloße) Orientierungshilfen (grober Anhalt; z.B. die LAI-GIRL[151] oder die LAI-Hinweise Licht-Immissio-

147 *Voßkuhle/Kaufhold*, Grundwissen – Öffentliches Recht: Verwaltungsvorschriften, JuS 2016, 314 ff.

148 WM-Hinweise über den baulichen Brandschutz in Krankenhäusern und baulichen Anlagen entsprechender Zweckbestimmung v. 26.4.2007 (Az.:5-2615.5/25); IMA-Hinweise zum Brandschutz bei der Unterbringung von Flüchtlingen v. 16.10.2015 (Az.: MVI 41-2513.0/79); Grundsatzpapier, Brandschutzanforderungen im Bestand – Rechtslage, einschließlich Musterauftrag für gutachterliche Bewertungen zum Brandschutz bei Bestandsgebäuden, v. 23.11.2017 (Az.: 51-2513.0/79); WM-Hinweise, Bauordnungsrechtliche Anforderungen an Unterkünfte für Beschäftigte v. 29.5.2020 (https://wm.baden-wuerttemberg.de/fileadmin/redaktion/m-wm/intern/Dateien_Downloads/Bauen/Bauvorschriften/Bauordnungsrechtliche_Anforderungen_an_Unterk%C3%BCnfte_f%C3%BCr_Besch%C3%A4ftigte.pdf).

149 Zu den Voraussetzungen der Normkonkretisierung vgl. BVerwG, Urt. v. 28.10.1998 – 8 C 16/96 –, NVwZ 1999, 1114.

150 Technische Anleitung zum Schutz gegen Lärm (TA Lärm) v. 26.8.1998 (GMBl S. 503), geändert durch VwV 1.6.2017 (BAnz AT 8.6.2017 B5) zu § 48 I BImSchG; vgl. BVerwG, Urt. v. 9.8.2007 – 4 C 2/07 –, NVwZ 2008, 76 = ZfBR 2008, 56 = BauR 2008, 332); VwV TB (§ 73a V LBO).

151 **LAI-Geruchsimmissions-Richtlinie** (GIRL) v. 29.2.2008/10.9.2008; vgl. dazu BVerwG, Beschl. v. 4.12.2018 – 4 B 3/18 – <juris>; BVerwG, Urt. v. 27.6.2017 – 4 C 3/16 –, BauR 2017, 1978 = ZfBR 2017, 791 (*Külpmann*, jurisPR-BVerwG 23/2017 Anm. 5); BVerwG, Beschl. v. 5.8.2015 – 4 BN 28/15 –, BRS 83 Nr. 43; VGH BW, Urt. v. 16.10.2018 – 8 S 2368/16 –, ZfBR 2019, 47 = BauR 2019, 236; VGH BW, Urt. v.

nen[152] in Bezug auf § 3 I BImSchG oder die LAI-Freizeitlärm-RL)[153] bei der Anwendung unbestimmter Rechtsbegriffe sein oder als sog. antizipiertes Sachverständigengutachten[154] dienen. Sie gelangen allerdings als Ermessensrichtlinien über die Gesichtspunkte des Gleichbehandlungsgebotes und des Willkürverbotes (Art. 3 I GG) zu gleichsam (verwaltungsintern) bindender Bedeutung.[155]

b) **Verwaltungsvorschriften** (VwV)

– **VwV Technische Baubestimmungen** – VwV TB 2017[156] (zu § 73a V LBO).
  § 73a LBO bildet die Ermächtigungsgrundlage für den Erlass von Technischen Baubestimmungen (TB). Die Technischen Regeln (RBt), die in der früheren (Landes-) Liste der Technischen Baubestimmungen (LTB; § 3 III LBO a. F.) enthalten gewesen, sowie diejenigen RBt, die in den DIBt-Bauregellisten (BRL; § 17 VII LBO a. F.) geführt worden sind, gehen in diesen TB auf. Die TB sind

---

12.10.2017 – 3 S 1457/17 –, BauR 2018, 228 = ZfBR 2019, 171; zur Anwendung der GIRL und der VDI-Richtlinie 3894 Blatt 1 und 2 bei Geruchsimmissionen, die in landwirtschaftlichen Betrieben von Tierhaltungsanlagen und Flüssigmistlagern ausgehen, vgl. VGH BW, Urt. v. 15.7.2020 – 5 S 2522/18 –, BauR 2021, 56.

152 **LAI-Hinweise zur Messung, Beurteilung und Minderung von Lichtimmissionen** (LAI-Hinweise Licht-Immissionen) v. 13.9.2012; vgl. dazu VGH BW, Urt. v. 29.3.2012 – 3 S 2658/10 –, NVwZ-RR 2012, 636 = VBlBW 2012, 354; VGH BW, Urt. v. 19.7.2007 – 3 S 1654/06 –, BauR 2007, 1865 = NVwZ-RR 2008, 162 = VBlBW 2008, 184; OLG Karlsruhe, Urt. v.20.2.2018 – 12 U 40/17 –, MDR 2018, 790.

153 **LAI-Freizeitlärm-Richtlinie** (FreizLärmRL), (fortgeschrieben Stand 6.3.2015, http://gewerbeaufsicht.baden-wuerttemberg.de/servlet/is/16507/6_2.pdf), vgl. dazu BVerwG, Beschl. v. 17.7.2003 – 4 B 55/03 –, NVwZ 2003, 3360 = BauR 2004, 657; VGH BW, Urt. v. 4.8.2016 – 8 S 136/14 –, NVwZ-RR 2017, 22; VGH BW, Urt. v. 26.6.2002 – 10 S 1559/01 –, VBIBW 2002, 483 = BWGZ 2003, 298.

154 BVerwG, Besch. v. 7.5.2007 – 4 B 5/07 –, BRS 71 Nr. 168 (zur Richtlinienreihe VDI 3471 – Emissionsminderung, Tierhaltung, Schweine; ersetzt durch die Richtlinienreihe VDI 3894).

155 *Voßkuhle*, Grundwissen – Öffentliches Recht: Entscheidungsspielräume der Verwaltung (Ermessen, Beurteilungsspielraum, planerische Gestaltungsfreiheit), JuS 2008, 117 ff.; *Kluckert*, Die Selbstbindung der Verwaltung nach Art. 3 I GG, JuS 2019, 536 ff.

156 **Verwaltungsvorschrift Technische Baubestimmungen** (VwV TB) v. 20.12.2017 (Bek. v. 29.12.2017, GABl. S. 656); vgl. dazu die UM/WM- „Hindergrund-Informationen" v. 20.12.2017 (GABl. S. 656).

nach den „Grundanforderungen für Bauwerke" entsprechend dem Anhang I BauPV/EU gegliedert (§ 73a III LBO).

Die VwV TB beruht auf der MuVwV TB, die das DIBt nach Anhörung der beteiligten Kreise im Einvernehmen mit den obersten Baurechtsbehörden der Länder veröffentlicht hat. Die DIBt-MuVwV TB ist notifiziert gemäß RL/EU 2015/1535.[157]

Die VwV TB hat im Hinblick auf § 3 I 1 LBO (Bausicherheit) **normkonkretisierende Bedeutung** (§ 73a I, V LBO). Die darin enthaltenen TB sind öffentlich-rechtlich grundsätzlich zu beachten (§ 73a I 2 LBO). Die VwV TB ist wegen ihrer Normkonkretisierung zulässiger Gegenstand eines Normenkontrollverfahrens (§ 47 II Nr. 2 VwGO).[158]

Die in der VwV TB enthaltenen TB können auch in der **Bauleitplanung** als nützlich sich erweisen, z. B. die DIN 4109-1:2016-07 (Nr. A 5.2.1 VwV TB)[159] für die Festsetzung von passiven Schallschutzmaßnahmen als Vorkehrungen (§ 9 I Nr. 24 BauGB).

157 **RL 2015/1535** des Europäischen Parlaments und des Rates v. 9.9.2015 über ein Informationsverfahren auf dem Gebiet der technischen Vorschriften und der Vorschriften für die Dienste der Informationsgesellschaft – kodifizierter Text – (ABl. L 241 v. 17.9.2015, S. 1).

158 VGH BW, Beschl. v. 10.7.2019 – 8 S 2962/18 –, BauR 2019, 1579 = NVwZ-RR 2020, 244.

159 Die **DIN 4109-1:2018-01** hat die angegeben Norm ersetzt. Sie legt als Vorkehrung Anforderungen an die Schalldämmung von Bauteilen schutzbedürftiger Räume und an die zulässigen Schallpegel in schutzbedürftigen Räumen in Wohngebäuden und Nichtwohngebäuden zum Erreichen der beschriebenen Schallschutzziele fest.

VwV TB; Inhalt

A Technische Baubestimmungen, die bei der Erfüllung der Grundanforderungen an Bauwerke zu beachten sind

- A 1 Mechanische Festigkeit und Standsicherheit
- A 2 Brandschutz
- A 3 Hygiene, Gesundheit und Umweltschutz
- A 4 Sicherheit und Barrierefreiheit bei der Nutzung
- A 5 Schallschutz
- A 6 Wärmeschutz

B Technische Baubestimmungen für Bauteile und Sonderkonstruktionen, die zusätzlich zu den in Abschnitt A aufgeführten Technischen Baubestimmungen zu beachten sind

- B 1 Allgemeines
- B 2 Technische Regelungen für Sonderkonstruktionen und Bauteile gemäß § 73a II LBO
- B 3 Technische Gebäudeausrüstungen und Teile von Anlagen zum Lagern, Abfüllen und Umschlagen von wassergefährdenden Stoffen, die die CE-Kennzeichnung nicht nach der BauPV/EU tragen
- B 4 Bauprodukte und Bauarten, die Anforderungen nach anderen Rechtsvorschriften unterliegen, für die nach § 73 VIIa LBO eine Rechtsverordnung erlassen wurde

C Technische Baubestimmungen für Bauprodukte, die nicht die CE-Kennzeichnung tragen, und für Bauarten

- C 1 Allgemeines
- C 2 Voraussetzungen zur Abgabe der Übereinstimmungserklärung für Bauprodukte nach § 22 LBO
- C 3 Bauprodukte, die nur eines allgemeinen bauaufsichtlichen Prüfzeugnisses nach § 19 I 2 LBO bedürfen
- C 4 Bauarten, die nur eines allgemeinen bauaufsichtlichen Prüfzeugnisses nach § 16a III LBO bedürfen.

D Bauprodukte, die keines Verwendbarkeitsnachweises bedürfen

- D 1 Allgemeines
- D 2 Liste nach § 73a IV LBO
- D 3 Technische Dokumentation nach § 73a II Nr. 6 LBO

E Bezugsquellennachweis

F Inkrafttreten (1.1.2018); Außerkrafttreten (31.12.2022)

– **VwV Stellplätze**[160] (zu § 37 LBO).
Bei der Errichtung von Gebäuden (§ 2 II LBO) mit Wohnungen ist für jede Wohnung ein geeigneter Kfz-Stellplatz herzustellen (notwendiger Kfz-Stellplatz; § 37 I 1 LBO). Im Übrigen ist bei der Ermittlung der Zahl der notwendigen Kfz-Stellplätze nach § 37 I 2 LBO von den im Anhang 1 VwV Stellplätze aufgeführten Richtzahlen auszugehen. Dabei ist wie folgt zu verfahren: Der Standort der baulichen Anlage wird hinsichtlich seiner ÖPNV-Einbindung entsprechend Tabelle A bewertet; eine Bewertung unterbleibt bei Einrichtungen für mobilitätseingeschränkte Personen. Aus Tabelle B wird nach Nutzungsart und Größe der Anlage eine Zahl von Kfz-Stellplätzen ermittelt. Bei (Nutzungs- und bautechnischen) Änderungen von baulichen Anlagen ist lediglich auf den Zusatzbedarf abzustellen (§ 37 III LBO).
Die erforderliche Anzahl der notwendigen Fahrrad-Stellplätze hat am Bedarf sich auszurichten (§ 37 II LBO). Dieses bedarfsorientierte Modell ist auch auf die Fahrradstellplätze bei Wohnungen anzuwenden. Die bisherige Regelung der festen Stellplatzzahl für das Fahrradparken an Gebäuden mit Wohnungen in § 35 IV 1 LBO a. F. ist entfallen.
Die Richtzahlen für den Stellplatzbedarf sichern den behördlichen Vollzug der gesetzlichen Stellplatzverpflichtung durch innerdienstliche Anweisungen zur Gleichbehandlung gleichartiger stellplatzpflichtiger Anlagen auf der Grundlage von Erfahrungswerten und unter Beachtung der örtlichen Gegebenheiten, soweit im konkreten Einzelfalle keine andere Beurteilung geboten ist.
– **VwV LBO-Vordrucke**[161] (zu § 53 I LBO und § 3 II LBOVVO).
– **VwV Brandschutzprüfung**[162] (zu § 15 I LBO).

160 **VwV über die Herstellung notwendiger Stellplätze** (VwV Stellplätze) v. 28.5.2015 (GABl. S. 260), geändert durch VwV 23.9.2020 (GABl. S. 698).

161 **VwV über Vordrucke im baurechtlichen Verfahren** (VwV LBO-Vordrucke) v. 25.2. 2010 (GABl. S. 49), geändert durch VwV 3.3.2015 (GABl. S. 82); vgl. dazu die Bek. v. 5.5.2017 (GABl. S. 294).

162 **VwV Brandschutzprüfung** v. 17.9.2012 (GABl. S. 865), geändert durch VwV 16.12.2020 (GABl. 2021 S. 34).

- **VwV Brandverhütungsschau**[163] (zu § 15 I LBO).
- **VwV Feuerwehrflächen**[164] (zu § 15 III LBO und zu § 2 LBOAVO).
- **VwV Fliegende Bauten**[165] – FliegBautenVwV – (zu § 69 LBO).
- **VwV Hochbaustatistikgesetz**[166] (zum HBauStatG).[167]
- **VwV über die Abwasserbeseitigung im ländlichen Raum.**[168]
- **Verzeichnisse der Prüfämter und Prüfingenieure für Bautechnik in Baden-Württemberg**[169] (zur LBOVVO und zur BauPrüfVO).
  Die Baurechtsbehörde kann die bautechnische Prüfung ganz oder teilweise einem **Prüfamt für Baustatik** oder einer **prüfenden Person** (Prüfingenieure, Prüfingenieurinnen für Bautechnik) übertragen. Die bautechnische Prüfung umfasst die Prüfung der bautechnischen Nachweise und die Überwachung der Ausführung in konstruktiver Hinsicht (§ 17 I 2 LBOVVO). Bautechnische Nachweise sind der Standsicherheitsnachweis unter Berücksichtigung der Anforderungen des Brandschutzes an tragende Bauteile und der Schallschutznachweis (§ 9 I LBOVVO).
  Prüfämter für Baustatik sind das Regierungspräsidium Tübingen (Landesstelle für Bautechnik [LfB]; Konrad-Adenauer-Straße 20, D 72072 Tübingen) sowie die kommunalen Prüfämter Stuttgart (Eberhardstraße 33, D 70173 Stuttgart) und Friedrichshafen (Charlottenstraße 12, D 88045 Friedrichshafen).[170]

---

163 **VwV Brandverhütungsschau** v. 17.9.2012 (GABl. S. 863), geändert durch VwV 16.12.2020 (GABl. 2021 S. 34).

164 **VwV Feuerwehrflächen** v. 16.12.2020 (GABl. 2021 S. 31).

165 **VwV über Ausführungsgenehmigungen für Fliegende Bauten und deren Gebrauchsabnahmen** (FliegBautenVwV) v. 3.8.2012 (GABl. S. 663), zuletzt geändert durch VwV 24.6.2019 (GABl. S. 251), gültig bis 31.8.2026.

166 **VwV zum Vollzug des HBauStatG** (VwV HBauStatG) v. 22.8.2018 (GABl. S. 641).

167 **Hochbaustatistikgesetz** (HBauStatG) v. 5.5.1998 (BGBl. I S. 869), zuletzt geändert durch Art. 3 G 8.8.2020 (BGBl. I S. 1728/1793).

168 **VwV Abwasserbeseitigung ländlicher Raum** v. 18.8.2005 (GABl. S. 711), zuletzt geändert durch VwV 16.12.2015 (GABl. S. 945), verlängert bis 31.12.2022.

169 Bek. v. 11.11.2019 (https://rp.baden-wuerttemberg.de/rpt/Abt2/Ref27/Seiten/Pruefingenieure-Verzeichnis.aspx).

170 Vgl. dazu die UM-Bekanntmachung über die Verzeichnisse der Prüfämter sowie der Prüfingenieurinnen und Prüfingenieure für Bautechnik v. 31.12.2020 (GABl. S. 831).

- **Verzeichnis anerkannte Sachverständige** (zur BauSVO). Anerkannte Sachverständige sind die von der obersten Baurechtsbehörde anerkannten Sachverständigen (Liste),[171] die Bediensteten einer öffentlichen Verwaltung mit den für die Ausübung der Tätigkeit als Sachverständige erforderlichen Sachkenntnissen und Erfahrungen für Anlagen und Einrichtungen im Zuständigkeitsbereich dieser Verwaltung und die von den anderen Ländern für die Prüfung technischer Anlagen und Einrichtungen nach Bauordnungsrecht anerkannten Sachverständigen sowie Personen aus einem anderen EU-Mitgliedstaat oder einem nach dem Recht der europäischen Gemeinschaften gleichgestellten Staat, sofern diese nach § 3 II BauSVO oder § 3 III BauSVO berechtigt sind, solche Prüfungen durchzuführen (§ 1 BauSVO).
- **Verzicht auf Zustimmungen im Einzelfall** für die Verwendung bestimmter nicht geregelter Verglasungskonstruktionen[172] (zu § 16a IV LBO).
- **Verzicht auf vorhabenbezogene Bauartgenehmigungen** bei der Verwendung von Abgasanlagen ohne Sohle[173] (zu § 16a IV LBO).
- **Verzicht auf vorhabenbezogene Bauartgenehmigungen** beim Anschluss von raumluftabhängigen Feuerstätten an eine mehrfach belegte Abgasanlage (zu § 16a IV LBO).[174]
- **Verwendung von Bauprodukten für den Metallbau**.[175]
- **Baulicher Brandschutz in Krankenhäusern und in baulichen Anlagen entsprechender Zweckbestimmung**[176] (zu § 15 I LBO).
- **Brandschutz bei der Unterbringung von Flüchtlingen**[177] (zu § 15 I LBO).

171 Bek. v. 8.8.2018 (GABl. S. 523), Stand 1.4.2019.
172 Bek. v. 3.12.2003 (GABl. 2004 S. 244).
173 Bek. v. 28.9.2018 (GABl. S. 684).
174 Bek. v. 15.5.2018 (GABl. S. 342).
175 Bek. v. 23.6.1997 (GABl. S. 438).
176 WM-Hinweise v. 26.4.2007 (wm.baden-wuerttemberg.de).
177 Interministerielle Arbeitsgruppe (IMA) Brandschutz, Hinweise v. 16.10.2015 (wm.baden-wuerttemberg.de)

- **Brandschutzanforderungen im Bestand** – Rechtslage (zu § 15 I LBO)[178]

c) VwV TB-Richtlinien

Soweit es um die nachfolgenden **Richtlinien** geht, müssen sie als normkonkretisierende und normenkontrollfähige **VwV TB** grundsätzlich eingehalten und deshalb zumindest öffentlich-rechtlich beachtet werden (**öffentlich-rechtliches Beachtensgebot**; § 73a I 2 LBO).

- **ETB-RL „Bauteile, die gegen Absturz sichern“** (A 1.2.1.3 VwV TB).[179]
- **RL für Windenergieanlagen; Einwirkungen und Standsicherheitsnachweise für Turm und Gründung** (A 1.2.8.7 VwV TB).
- **RL über brandschutztechnische Anforderungen an hochfeuerhemmende Bauteile in Holzbauweise** (HFHHolzR; A 2.2.1.4 VwV TB).
- **RL über brandschutzrechtliche Anforderungen an Leitungsanlagen** (LAR; A 2.2.1.8 VwV TB).
- **RL über brandschutztechnische Anforderungen an Systemböden** (SysBöR; A 2.2.1.9 VwV TB).
- **RL über brandschutztechnische Anforderungen an Lüftungsanlagen** (LüAR; A 2.2.1.11 VwV TB).

---

178 Interministerielle Arbeitsgruppe (IMA) Brandschutz im Bestand, Grundsatzpier v. 23.11.2017 (wm.baden-wuerttemberg.de); vgl. dazu LT-Drucks. 16/7339 v. 22.11.2019 (Auswirkungen des Grundsatzpapiers: „Brandschutzanforderungen im Bestand“.

179 ETB-Richtlinien sind Normen des Ausschusses für „Einheitliche Technische Baubestimmungen“, die unter Umgehung des üblichen Normenverfahrens nach DIN wegen der Dringlichkeit von Fachleuten erarbeitet und bauaufsichtlich zugelassen wurden. Der Ausschuss ist mittlerweile aufgelöst; zuständig für die Normung ist jetzt allein das Deutsche Institut für Normung e.V. (DIN) mit Sitz in Berlin.

- **RL zur Bemessung von Löschwasser-Rückhalteanlagen beim Lagern wassergefährdender Stoffe** (LöRüRL; A 2.2.1.13 VwV TB).[180]
- **RL über den Brandschutz bei der Lagerung von Sekundärstoffen aus Kunststoff** (KLR; A 2.2.1.14 VwV TB).
- **RL über den baulichen Brandschutz im Industriebau** (IndBauRL; A 2.2.2.8 VwV TB).
- **RL für die Bewertung und Sanierung PCB-belasteter Baustoffe und Bauteile in Gebäuden** (PCB-RL; A 3.2.4 VwV TB).[181]
- **RL für die Bewertung und Sanierung schwach gebundener Asbestprodukte[182] in Gebäuden** (AsbestRL; A 3.2.5 VwV TB).
- **RL für die Bewertung und Sanierung PCP-belasteter Baustoffe und Bauteile in Gebäuden** (PCP-RL; A 3.2.7 VwV TB).[183]
- **ETB-RL zur Begrenzung der Formaldehydemission in die Raumluft bei Verwendung von Harnstoff-Formaldehydharz-Ortschaum** (A 3.2.8 VwV TB).
- **RL über den Bau und Betrieb Fliegender Bauten F 06.2010** (FliegBautenRL; FliegBautenVwV Anlage; vgl. dazu auch B 2.1 VwV TB).

---

180 Vgl. dazu die **VO über Anlagen zum Umgang mit wassergefährdenden Stoffen** (AwSV) v. 18.4.2017 (BGBl. I S. 905), zuletzt geändert durch Art. 256 V 19.6.2020 (BGBl. I 1328/1358).

181 Polychlorierte Biphenyle („PCB"; polychlorierte Diphenyle, Polychlorbiphenyl, Chlordiphenyl) sind giftige und krebsauslösende organische Chlor-Verbindungen.

182 Asbestprodukte werden aufgrund ihrer Möglichkeit, Asbestfasern freizusetzen, in schwachgebundene und festgebundene Asbestprodukte eingeteilt. Diese Einteilung ist wichtig für die Bewertung und Beurteilung der gesundheitlichen Gefährdung durch diese Asbestprodukte. Schwach gebundene Asbestprodukte haben eine Rohdichte von < 1°000 kg/m³. Der hohe Gewichtsanteil an Asbest bedingt, dass die einzelnen Fasern nur schwach im Produkt gebunden sind. Die schwach gebundenen Asbestprodukte sind meist an ihrer weichen Oberfläche zu erkennen; an Bruch- und Schnittkanten sind deutlich abstehende Faserbüschel zu erkennen. Schwach gebundene Asbestprodukte sind zum Beispiel Spritzasbest, Asbestschnüre, asbesthaltige Leichtbauplatten oder Asbestpappen.

183 Pentachlorphenol („PCP") ist ein chlorierter, aromatischer Kohlenwasserstoff (CAKW) und stellt ein Phenol-Derivat dar, bei dem alle aromatischen Wasserstoffatome durch Chlor ersetzt sind.

Die RL gilt für Fliegende Bauten (§ 69 I LBO). Sie gilt nicht für Zelte, die als Camping- und Sanitätszelte verwendet werden sowie für Zelte mit einer überbauten Fläche bis zu 75 m^2. Die Regelungen dieser RL für Räume in Zelten gelten auch für Räume vergleichbarer Nutzung und Größenordnung in anderen Fliegenden Bauten (Nr. 1.1 FliegBautenRL).

IV. Neu erlassene und geänderte LBO-Rechtsverordnungen 2019/2020

Die seit dem Erscheinen der 11. Auflage dieser Textausgabe im August 2019 erfolgten Änderungen von LBO-Rechtsverordnungen betreffen zunächst

– die **Bauprüfverordnung** (BauPrüfVO),
  Die BauPrüfVO ist durch die **Verordnung vom 8.10.2019** (GBl. S. 422) geändert worden. Die Änderungen betreffen die Prüfgebühren der prüfenden Stellen (§ 8 BauPrüfVO), den Ausschuss für die Anerkennung von Prüfingenieuren bzw. Prüfingenieurinnen für Bautechnik (§ 12 BauPrüfVO), die Prüfingenieure bzw. Prüfingenieurinnen aus anderen Bundesländern und EU-Mitgliedstaaten (§ 14 BauPrüfVO), das Erlöschen der Anerkennung (§ 16 I BauPrüfVO) und eine ergänzende Übergangsvorschrift, wonach Personen, deren Anerkennung innerhalb eines Jahres vor dem 24.10.2019 durch Vollendung des 68. Lebensjahres erloschen ist, auf Antrag ohne erneutes Anerkennungsverfahren nach § 13 BauPrüfVO als Prüfingenieur bzw. Prüfingenieurin für Bautechnik anerkannt werden (§ 18 IV BauPrüfVO).[184]

– die **Verfahrensverordnung zur LBO** (LBOVVO),
  Die LBOVVO ist durch die **Verordnung vom 28.7.2020** (GBl. S. 662) geändert worden. Sie ist an geänderte LBO-Vorschriften, vor allem an die inzwischen digitalisierten baurechtlichen Ver-

184 Vgl. dazu die UM-Bekanntmachung über die Verzeichnisse der Prüfämter sowie der Prüfingenieurinnen und Prüfingenieure für Bautechnik v. 31.12.2020 (GABl. S. 831).

fahren angepasst worden. Die im § 53 III LBO a. F. enthaltene Regelung findet sich nun im § 2 II LBOVVO in modifizierter Form wieder. § 11 III LBOVVO a. F. ist aufgehoben worden, da AAB-Verwaltungsanträge aus Anlass des baurechtlichen Kenntnisgabeverfahrens gesetzlich nicht mehr zugelassen sind (vgl. § 51 V LBO a. F.); für das im § 11 IV LBOVVO a. F. angesprochene vereinfachte Baugenehmigungsverfahren (§ 52 LBO) gilt nunmehr der neue § 11 III LBOVVO.
Im Übrigen ist bei der Ingenieurkammer Baden-Württemberg (IngBW) mit Sitz in Stuttgart eine Liste für Personen zur Vereinfachung und Erleichterung der Prüfung durch die Baurechtsbehörden eingeführt worden, die berechtigt sind, die Standsicherheit für die von der bautechnischen Prüfung freigestellten Vorhaben nachzuweisen (vgl. § 18 III, IV LBOVVO).

Und sie betreffen sodann folgende LBO-Rechtsverordnungen, welche durch die Zweite WM-Verordnung zur Änderung bauordnungsrechtlicher Verordnungen (sog. **Artikel-Verordnung)** vom 8.12.2020 (GBl. S. 1182) neu erlassen bzw. geändert worden sind:

- die **Ausführungsverordnung zur LBO** (LBOAVO);
  Die LBOAVO ist durch **Art. 1** geändert worden. Die Änderungen dienen der längst fälligen Anpassung an geänderte LBO-Vorschriften und an geänderte BetrSichV-Vorschriften[185] (vgl. dazu § 18 LBOAVO).
  Es sind zwei verschärfende Sonderregelungen gestrichen worden, nach welchen bisher bei Gebäuden der GK 4 mit mehr als 10,00 m (bis zu 13,00 m) Höhe tragende Wände und Stützen (§ 4 LBOAVO) sowie Decken (§ 8 LBOAVO) feuerbeständig sein mussten, soweit die Feuerwehr nicht innerhalb der vorgesehenen Hilfsfrist über die erforderlichen Rettungsgeräte verfügt und kein zweiter baulicher Rettungsweg vorhanden ist. Künftig müssen diese Bauteile in GK 4 (mehr als 7 m bis 13 m Höhe) in allen Fällen

185 Verordnung über Sicherheit und Gesundheitsschutz bei der Verwendung von Arbeitsmitteln **(Betriebssicherheitsverordnung – BetrSichV)** v. 3.2.2015 (BGBl. I S. 49), zuletzt geändert durch Art. 1 V 30.4.2019 (BGBl. I S. 554)

(nur) **hochfeuerhemmend** (Feuerwiderstandklasse F 60 DIN 4102; VwV TB Nr. A 2.1.3.3.3) sein.
Bei **Kinderspielplätzen** ist – auf Vorschlag der sog. Wohnraum-Allianz – die Größenzunahme künftig bei zunehmender Wohnungsanzahl degressiv ausgestaltet worden. Die nutzbare Fläche der nach § 9 II LBO erforderlichen Kinderspielplätze muss nach wie vor mindestens 30 m² betragen (§ 1 II 1 LBOAVO). Diese Fläche erhöht sich neuerdings ab der 11. bis zur 20. Wohnung um 2,00 m², ab der 21. bis zur 30. Wohnung um 1,50 m² und ab der 31. Wohnung um 1,00 m² je weitere Wohnung (§ 2 II 2 LBOAVO).

- die **Feuerungsverordnung** (FeuVO);
  Die FeuVO ist durch **Art. 2** neu erlassen worden. Sie ist an geänderte LBO- und LBOAVO-Vorschriften angepasst, technische und redaktionelle Änderungen der Muster-Feuerungsverordnung (MFeuV, Stand 27.9.2017) sind übernommen worden.
- die **Versammlungsstättenverordnung** (VStättVO);
  Die VStättVO ist durch **Art. 3** geändert worden. Es sind Korrekturen im Wortlaut sowie eine Änderung zur Förderung der Digitalisierung des baurechtlichen Verfahrens im Zusammenhang mit dem Gastspielprüfbuch (§ 45 III 2 VStättVO) vorgenommen worden. Die zugelassene digitale Antragstellung in bloßer Textform (§ 126b BGB) durch einfache E-Mail („elektronisch in Textform") ist ermöglicht worden; sie dient der Vereinfachung von Verfahren und damit auch dem Bürokratieabbau.
- die **Garagenverordnung** (GaVO);
  Die GaVO ist durch **Art. 4** geändert worden. Das Abstellen von betriebszugehörigen Transportfahrzeugen in Nichtgaragen, namentlich in Lagerräumen, ist einem praktischen Bedürfnis der Wirtschaft entsprechend nunmehr zugelassen (§ 15 II Nr. 2 GaVO). Rechtliche Anforderungen sind an verschiedenen Stellen präzisiert worden.
- die **Bausachverständigenverordnung** (BauSVO);
  Die (inzwischen) aufgrund von § 73 IV 1 Nr. 2, V LBO zugelassene BauSVO ist von Bedeutung, wenn in Rechtsverordnungen auf-

grund von § 73 I Nr. 1 bis I Nr. 3 LBO die Prüfung technischer Anlagen und Einrichtungen durch **anerkannte Sachverständige** vorgeschrieben ist. Sie ist durch **Art. 5** geändert worden. Es ist vor allem die Altersgrenze für Bausachverständige von bisher 68 Jahre auf nunmehr 70 Jahre angehoben worden. Der Antrag auf Anerkennung als Sachverständiger muss nicht mehr in Schriftform, sondern kann nunmehr auch elektronisch in Textform (E-Mail) erfolgen. Auch (bloße) Klarstellungen sind vorgenommen worden.

– die **Verordnung über den Bau von Betriebsräumen für elektrische Anlagen** (EltBauVO);
  Die erkennbar deutlich überalterte Verordnung über den Bau von Betriebsräumen für elektrische Anlagen (EltBauVO) vom 28.10.1975 (GBl. S. 788, ber. GBl. 1976 S. 256), die zuletzt durch Art. 132 der Verordnung vom 23.2.2017 (GBl. S. 99/114) geändert worden ist, ist durch **Art. 6** neu erlassen worden. Die EltBauVO bezweckt, andere Räume vor Bränden aus elektrischen Betriebsräumen von Transformatoren und Schaltanlagen für Nennspannungen (DIN 40200:1981-10) über 1 Kilovolt (1000 Volt) zu schützen (vgl. § 5 EltBauVO).
  Der Aspekt des Funktionserhaltens von elektrischen Anlagen in elektrischen Betriebsräumen ist gleichsam Regelungsinhalt der Verordnung. Daher sind ortsfeste Stromerzeugungsapparate und zentrale Batterieanlagen für bauordnungsrechtlich vorgeschriebene sicherheitstechnische Anlagen und Einrichtungen in jeweils eigenen elektrischen Betriebsräumen unterzubringen. Die Änderungen sind vor allem technisch bedingt; sie haben im Regelfall keinen oder nur geringe kostenmäßigen Auswirkungen.
– die **Fliegende Bauten Zuständigkeitsverordnung** (FliegBauten-ZuVO).
  Letztlich ist die FliegBautenZuVO durch **Art. 7** geändert worden. Die Änderungen betreffen die Bezeichnung der landesweit zuständigen Stelle („SÜD Industrie Service GmbH in Filderstadt"; § 69 III LBO) sowie die Gebührensätze für Amtshandlungen im

Vollzug von § 69 LBO, die aus Kostendeckungsgründen angepasst worden sind (§ 2 II 1 und Anlage).

Die Verordnungen sind am 1.2.2021 in Kraft getreten, mit Ausnahme des § 2 II 3 FliegBautenZuVO und der Anlage zu § 2 II 1 Nr. 1 und II 1 Nr. 2 FliegBautenZuVO, die erst am 1.1.2022 in Kraft treten werden (Art. 8).

V. Neu erlassene und geänderte Verwaltungsvorschriften 2020/2021

Die **VwV Stellplätze 2015** ist durch die **VwV vom 23.9.2020** (GABl. S. 698) geändert und an die neue Gesetzeslage angepasst worden. Die Abschnitte mit den Überschriften **„zu § 35 IV 1 LBO"** und **„zu § 37 III LBO"** sind aufgehoben, der Abschnitt mit der Überschrift **„zu § 37 II LBO"** ist neu gefasst worden.

Die **VwV Feuerwehrflächen** (Teil A 2.2.1.1 VwV TB zu § 73a LBO)[186] ist durch die **VwV vom 16.12.2020** (GABl. 2021 S. 31) mit Wirkung zum 1.2.2021 neu erlassen und um weitere 7 Jahre bis zum 31.1. 2028 verlängert worden. Sie enthält Ausführungen zu **§ 15 LBO** und zu **§ 2 LBOAVO**. Der nach § 15 III LBO erforderliche unabhängige zweite Rettungsweg kann nach § 15 V LBO über eine mit Rettungsgeräten der Feuerwehr erreichbare Stelle der Nutzungseinheit führen. Sind tragbare Leitern als Rettungsgeräte vorgesehen, so sind die nach § 2 LBOAVO notwendigen Zu- und Durchgänge und die nach Abschnitt 4.3 erforderlichen Stellflächen vorzusehen und ständig freizuhalten. Sind Hubrettungsfahrzeuge als Rettungsgeräte erforderlich, so sind die nach § 2 LBOAVO notwendigen Zu- und Durchfahrten, Aufstell- und Bewegungsflächen vorzusehen, zu kennzeichnen und ständig freizuhalten.

Die **VwV Brandschutzprüfung** ist durch die **VwV vom 16.12.2020** (GABl. 2021 S. 34) mit Wirkung zum 1.2.2021 an die LBO-Gesetzes-

186 Der dortige Hinweis auf die VwV Feuerwehrflächen vom 17.9.2012 ist überholt.

lage angepasst und um weitere 7 Jahre bis zum 31.1.2028 verlängert worden.

Die **VwV Brandverhütungsschau** ist durch die **VwV vom 16.12. 2020** (GABl. 2021 S. 34) mit Wirkung zum 1.2.2021 um weitere 7 Jahre bis zum 31.1.2028 verlängert worden. Bauliche Anlagen und Räume, in denen eine Brandverhütungsschau durchzuführen ist, sind u. a. Einrichtungen zur Betreuung oder Unterbringung von Kindern, ausgenommen in Einrichtungen, deren Rohfußboden-Oberkante des höchstgelegenen Geschosses, in dem ein Aufenthaltsraum möglich ist, nicht mehr als 7 m über der Geländeoberfläche im Mittel liegt und deren Bruttogrundfläche (BGF) nicht mehr als 400 m^2 beträgt, wobei eine Einrichtung auch vorliegt, wenn mehr als **nunmehr 8 Kinder** in anderen geeigneten Räumen als der Wohnung der Tagespflegeperson betreut werden.

Landesbauordnung für Baden-Württemberg (LBO)*

in der Fassung der Bekanntmachung vom 5. März 2010 (GBl. S. 357/358, ber. S. 416), geändert durch Artikel 70 der Verordnung vom 25. Januar 2012 (GBl. S. 65/73), Gesetz vom 16. Juli 2013 (GBl. S. 209), Artikel 2 des Gesetzes vom 3. Dezember 2013 (GBl. S. 389/440), Artikel 1 des Gesetzes vom 11. November 2014 (GB). S. 501), Artikel 30 der Verordnung vom 23. Februar 2017 (GBl. S. 99/103), Gesetz vom 21. November 2017 (GBl. S. 606), Artikel 3 des Gesetzes vom 21. November 2017 (GBl. S. 612/613), Artikel 1 des Gesetzes vom 18. Juli 2019 (GBl. S. 313).

Inhaltsübersicht

* Amtliche Fußnote: Die Verpflichtungen aus der Richtlinie 98/34/EG des Europäischen Parlaments und des Rates vom 22. Juni 1998 über ein Informationsverfahren auf dem Gebiet der Normen und technischen Vorschriften und der Vorschriften für die Dienste der Informationsgesellschaft (ABl. L 204 vom 21. Juli 1998, S. 37), die zuletzt durch die Richtlinie 2006/96/EG vom 20. November 2006 (ABl. L 363 vom 20. Dezember 2006, S. 81) geändert worden ist, sind beachtet worden.

ERSTER TEIL

Allgemeine Vorschriften

§ 1 Anwendungsbereich

(1) [1]Dieses Gesetz gilt für bauliche Anlagen und Bauprodukte. [2]Es gilt auch für Grundstücke, andere Anlagen und Einrichtungen, an die in diesem Gesetz oder in Vorschriften auf Grund dieses Gesetzes Anforderungen gestellt werden. [3]Es gilt ferner für Anlagen nach Absatz 2, soweit an sie Anforderungen auf Grund von § 74 gestellt werden.

(2) [1]Dieses Gesetz gilt

1. bei öffentlichen Verkehrsanlagen nur für Gebäude,
2. bei den der Aufsicht der Wasserbehörden unterliegenden Anlagen nur für Gebäude, Überbrückungen, Abwasseranlagen, Wasserbehälter, Pumpwerke, Schachtbrunnen, ortsfeste Behälter für Treibstoffe, Öle und andere wassergefährdende Stoffe sowie für Abwasserleitungen auf Baugrundstücken,
3. bei den der Aufsicht der Bergbehörden unterliegenden Anlagen nur für oberirdische Gebäude,
4. bei Leitungen aller Art nur für solche auf Baugrundstücken.

[2]Es gilt nicht für Kräne und Krananlagen mit Ausnahme ihrer Bahnen und Unterstützungen, wenn diese mit einer baulichen Anlage verbunden sind.

§ 2 Begriffe

(1) [1]Bauliche Anlagen sind unmittelbar mit dem Erdboden verbundene, aus Bauprodukten hergestellte Anlagen. [2]Eine Verbindung mit dem Erdboden besteht auch dann, wenn die Anlage durch eigene Schwere auf dem Boden ruht oder wenn die Anlage nach ihrem Verwendungszweck dazu bestimmt ist, überwiegend ortsfest benutzt zu werden. [3]Als bauliche Anlagen gelten auch

1. Aufschüttungen und Abgrabungen,
2. Ausstellungs-, Abstell- und Lagerplätze,
3. Camping-, Wochenend- und Zeltplätze,
4. Sport- und Spielflächen,
5. Freizeit- und Vergnügungsparks,
6. Stellplätze.

(2) Gebäude sind selbständig benutzbare, überdeckte bauliche Anlagen, die von Menschen betreten werden können und geeignet sind, dem Schutz von Menschen, Tieren oder Sachen zu dienen.

(3) Wohngebäude sind Gebäude, die überwiegend der Wohnnutzung dienen und außer Wohnungen allenfalls Räume für die Berufsausübung freiberuflich oder in ähnlicher Art Tätiger sowie die zugehörigen Garagen und Nebenräume enthalten.

(4) [1]Gebäude werden in folgende Gebäudeklassen eingeteilt:

1. Gebäudeklasse 1:
   freistehende Gebäude mit einer Höhe bis zu 7 m und nicht mehr als zwei Nutzungseinheiten von insgesamt nicht mehr als 400 m^2 und freistehende land- oder forstwirtschaftlich genutzte Gebäude,
2. Gebäudeklasse 2:
   Gebäude mit einer Höhe bis zu 7 m und nicht mehr als zwei Nutzungseinheiten von insgesamt nicht mehr als 400 m^2,
3. Gebäudeklasse 3:
   sonstige Gebäude mit einer Höhe bis zu 7 m,
4. Gebäudeklasse 4:
   Gebäude mit einer Höhe bis zu 13 m und Nutzungseinheiten mit jeweils nicht mehr als 400 m^2,

5. Gebäudeklasse 5:
   sonstige Gebäude einschließlich unterirdischer Gebäude.

[2]Höhe im Sinne des Satzes 1 ist das Maß der Fußbodenoberkante des höchstgelegenen Geschosses, in dem ein Aufenthaltsraum möglich ist, über der Geländeoberfläche im Mittel. [3]Grundflächen von Nutzungseinheiten im Sinne dieses Gesetzes sind die Brutto-Grundflächen; bei der Berechnung der Brutto-Grundflächen nach Satz 1 bleiben Flächen in Kellergeschossen außer Betracht.

(5) [1]Geschosse sind oberirdische Geschosse, wenn ihre Deckenoberkanten im Mittel mehr als 1,4 m über die Geländeoberfläche hinausragen; im Übrigen sind sie Kellergeschosse. [2]Hohlräume zwischen der obersten Decke und der Bedachung, in denen Aufenthaltsräume nicht möglich sind, sind keine Geschosse.

(6) [1]Vollgeschosse sind Geschosse, die mehr als 1,4 m über die im Mittel gemessene Geländeoberfläche hinausragen und, von Oberkante Fußboden bis Oberkante Fußboden der darüberliegenden Decke oder bis Oberkante Dachhaut des darüberliegenden Daches gemessen, mindestens 2,3 m hoch sind. [2]Die im Mittel gemessene Geländeoberfläche ergibt sich aus dem arithmetischen Mittel der Höhenlage der Geländeoberfläche an den Gebäudeecken. [3]Keine Vollgeschosse sind

1. Geschosse, die ausschließlich der Unterbringung von haustechnischen Anlagen und Feuerungsanlagen dienen,
2. oberste Geschosse, bei denen die Höhe von 2,3 m über weniger als drei Viertel der Grundfläche des darunterliegenden Geschosses vorhanden ist.

[4]Hohlräume zwischen der obersten Decke und dem Dach, deren lichte Höhe geringer ist, als sie für Aufenthaltsräume nach § 34 Absatz 1 erforderlich ist, sowie offene Emporen bis zu einer Grundfläche von 20 m^2 bleiben außer Betracht.

(7) Aufenthaltsräume sind Räume, die zum nicht nur vorübergehenden Aufenthalt von Menschen bestimmt oder geeignet sind.

(8) [1]Stellplätze sind Flächen, die dem Abstellen von Kraftfahrzeugen und Fahrrädern außerhalb der öffentlichen Verkehrsflächen die-

nen. [2]Garagen sind Gebäude oder Gebäudeteile zum Abstellen von Kraftfahrzeugen. [3]Ausstellungs-, Verkaufs-, Werk- und Lagerräume sind keine Stellplätze oder Garagen.

(9) [1]Anlagen der Außenwerbung (Werbeanlagen) sind alle örtlich gebundenen Einrichtungen, die der Ankündigung oder Anpreisung oder als Hinweis auf Gewerbe oder Beruf dienen und vom öffentlichen Verkehrsraum aus sichtbar sind. [2]Hierzu gehören vor allem Schilder, Beschriftungen, Bemalungen, Lichtwerbungen, Schaukästen sowie für Anschläge oder Lichtwerbung bestimmte Säulen, Tafeln und Flächen. [3]Keine Werbeanlagen im Sinne dieses Gesetzes sind

1. Werbeanlagen, die im Zusammenhang mit allgemeinen Wahlen oder Abstimmungen angebracht oder aufgestellt werden, während der Dauer des Wahlkampfes,
2. Werbeanlagen in Form von Anschlägen,
3. Werbeanlagen an Baustellen, soweit sie sich auf das Vorhaben beziehen,
4. Lichtwerbungen an Säulen, Tafeln oder Flächen, die allgemein dafür baurechtlich genehmigt sind,
5. Auslagen und Dekorationen in Schaufenstern und Schaukästen,
6. Werbemittel an Verkaufsstellen für Zeitungen und Zeitschriften.

(10) Bauprodukte sind

1. Produkte, Baustoffe, Bauteile und Anlagen sowie Bausätze gemäß Artikel 2 Nummer 2 der Verordnung (EU) Nummer 305/2011 des Europäischen Parlaments und des Rates vom 9. März 2011 zur Festlegung harmonisierter Bedingungen für die Vermarktung von Bauprodukten und zur Aufhebung der Richtlinie 89/106/EWG des Rates (ABl. L 88 vom 04.04.2011, S. 5, ber. ABl. L 103 vom 12.04.2013, S. 10), die zuletzt durch Delegierte Verordnung (EU) Nummer 574/2014 (ABl. L 159 vom 28.05.2014, S. 41) geändert worden ist, die hergestellt werden, um dauerhaft in bauliche Anlagen eingebaut zu werden,
2. aus Produkten, Baustoffen, Bauteilen sowie Bausätzen gemäß Artikel 2 Nummer 2 der Verordnung (EU) Nummer 305/2011 vorge-

fertigte Anlagen, die hergestellt werden, um mit dem Erdboden verbunden zu werden,

und deren Verwendung sich auf die Anforderungen nach § 3 Absatz 1 Satz 1 auswirken kann.

(11) Bauart ist das Zusammenfügen von Bauprodukten zu baulichen Anlagen oder Teilen von baulichen Anlagen.

(12) Feuerstätten sind Anlagen oder Einrichtungen, die in oder an Gebäuden ortsfest benutzt werden und dazu bestimmt sind, durch Verbrennung Wärme zu erzeugen.

(13) Es stehen gleich

1. der Errichtung das Herstellen, Aufstellen, Anbringen, Einbauen, Einrichten, Instandhalten, Ändern und die Nutzungsänderung,
2. dem Abbruch das Beseitigen,

soweit nichts anderes bestimmt ist.

(14) Maßgebend sind in den Absätzen 4, 5 und 6 Satz 1 und 3 die Rohbaumaße.

§ 3 Allgemeine Anforderungen

(1) [1]Bauliche Anlagen sowie Grundstücke, andere Anlagen und Einrichtungen im Sinne von § 1 Absatz 1 Satz 2 sind so anzuordnen und zu errichten, dass die öffentliche Sicherheit oder Ordnung, insbesondere Leben, Gesundheit oder die natürlichen Lebensgrundlagen, nicht bedroht werden und dass sie ihrem Zweck entsprechend ohne Missstände benutzbar sind; dabei sind die Grundanforderungen an Bauwerke gemäß Anhang I der Verordnung (EU) Nummer 305/2011 zu berücksichtigen. [2]Für den Abbruch baulicher Anlagen gilt dies entsprechend.

(2) In die Planung von Gebäuden sind die Belange von Personen mit kleinen Kindern, Menschen mit Behinderung und alten Menschen nach Möglichkeit einzubeziehen.

ZWEITER TEIL
Das Grundstück und seine Bebauung

§ 4 Bebauung der Grundstücke

(1) Gebäude dürfen nur errichtet werden, wenn das Grundstück in angemessener Breite an einer befahrbaren öffentlichen Verkehrsfläche liegt oder eine befahrbare, öffentlich-rechtlich gesicherte Zufahrt zu einer befahrbaren öffentlichen Verkehrsfläche hat; bei Wohnwegen kann auf die Befahrbarkeit verzichtet werden, wenn keine Bedenken wegen des Brandschutzes bestehen.
(2) Die Errichtung eines Gebäudes auf mehreren Grundstücken ist zulässig, wenn durch Baulast gesichert ist, dass keine Verhältnisse eintreten können, die den Vorschriften dieses Gesetzes oder den auf Grund dieses Gesetzes erlassenen Vorschriften zuwiderlaufen.
(3) [1]Bauliche Anlagen mit Feuerstätten müssen von Wäldern, Mooren und Heiden mindestens 30 m entfernt sein; die gleiche Entfernung ist mit Gebäuden von Wäldern sowie mit Wäldern von Gebäuden einzuhalten. [2]Dies gilt nicht für Gebäude, die nach den Festsetzungen des Bebauungsplans mit einem geringeren Abstand als nach Satz 1 zulässig sind, sowie für bauliche Änderungen rechtmäßig bestehender baulicher Anlagen. [3]Ausnahmen können zugelassen werden. [4]Größere Abstände können verlangt werden, soweit dies wegen des Brandschutzes oder zur Sicherheit der Gebäude erforderlich ist.

§ 5 Abstandsflächen

(1) [1]Vor den Außenwänden von baulichen Anlagen müssen Abstandsflächen liegen, die von oberirdischen baulichen Anlagen freizuhalten sind. [2]Eine Abstandsfläche ist nicht erforderlich vor Außenwänden an Grundstücksgrenzen, wenn nach planungsrechtlichen Vorschriften
1. an die Grenze gebaut werden muss, es sei denn, die vorhandene Bebauung erfordert eine Abstandsfläche, oder

2. an die Grenze gebaut werden darf und öffentlich-rechtlich gesichert ist, dass auf dem Nachbargrundstück ebenfalls an die Grenze gebaut wird.

[3]Die öffentlich-rechtliche Sicherung ist nicht erforderlich, wenn nach den Festsetzungen einer abweichenden Bauweise unabhängig von der Bebauung auf dem Nachbargrundstück an die Grenze gebaut werden darf.

(2) [1]Die Abstandsflächen müssen auf dem Grundstück selbst liegen. [2]Sie dürfen auch auf öffentlichen Verkehrsflächen, öffentlichen Grünflächen und öffentlichen Wasserflächen liegen, bei beidseitig anbaubaren Flächen jedoch nur bis zu deren Mitte.

(3) [1]Die Abstandsflächen dürfen sich nicht überdecken. [2]Dies gilt nicht für Abstandsflächen von Außenwänden, die in einem Winkel von mehr als 75° zueinander stehen.

(4) [1]Die Tiefe der Abstandsfläche bemisst sich nach der Wandhöhe; sie wird senkrecht zur jeweiligen Wand gemessen. [2]Als Wandhöhe gilt das Maß vom Schnittpunkt der Wand mit der Geländeoberfläche bis zum Schnittpunkt der Wand mit der Dachhaut oder bis zum oberen Abschluss der Wand. [3]Ergeben sich bei einer Wand durch die Geländeoberfläche unterschiedliche Höhen, ist die im Mittel gemessene Wandhöhe maßgebend. [4]Sie ergibt sich aus dem arithmetischen Mittel der Höhenlage an den Eckpunkten der baulichen Anlage; liegen bei einer Wand die Schnittpunkte mit der Dachhaut oder die oberen Abschlüsse verschieden hoch, gilt dies für den jeweiligen Wandabschnitt. [5]Maßgebend ist die tatsächliche Geländeoberfläche nach Ausführung des Bauvorhabens, soweit sie nicht zur Verringerung der Abstandsflächen angelegt wird oder wurde.

(5) Auf die Wandhöhe werden angerechnet

1. die Höhe von Dächern oder Dachaufbauten mit einer Neigung von mehr als 70° voll und von mehr als 45° zu einem Viertel,
2. die Höhe einer Giebelfläche zur Hälfte des Verhältnisses, in dem ihre tatsächliche Fläche zur gedachten Gesamtfläche einer rechteckigen Wand mit denselben Maximalabmessungen steht; die

Giebelfläche beginnt an der Horizontalen durch den untersten Schnittpunkt der Wand mit der Dachhaut,
3. bei Windenergieanlagen nur die Höhe bis zur Rotorachse, wobei die Tiefe der Abstandsfläche mindestens der Länge des Rotorradius entsprechen muss.

(6) [1]Bei der Bemessung der Abstandsfläche bleiben außer Betracht
1. untergeordnete Bauteile wie Gesimse, Dachvorsprünge, Eingangs- und Terrassenüberdachungen, wenn sie nicht mehr als 1,5 m vor die Außenwand vortreten,
2. Vorbauten wie Wände, Erker, Balkone, Tür- und Fenstervorbauten, wenn sie nicht breiter als 5 m sind, nicht mehr als 1,5 m vortreten

und von Nachbargrenzen mindestens 2 m entfernt bleiben. [2]Außerdem bleibt die nachträgliche Wärmedämmung eines bestehenden Gebäudes außer Betracht, wenn sie einschließlich der Bekleidung nicht mehr als 0,30 m vor die Außenwand tritt; führt eine nachträgliche Dämmung des Daches zu einer größeren Wandhöhe, ist die zusätzlich erforderliche Abstandsfläche auf dieses Maß anzurechnen.

(7) [1]Die Tiefe der Abstandsflächen beträgt
1. allgemein 0,4 der Wandhöhe,
2. in Kerngebieten, Dorfgebieten, urbanen Gebieten und in besonderen Wohngebieten 0,2 der Wandhöhe,
3. in Gewerbegebieten und in Industriegebieten sowie in Sondergebieten, die nicht der Erholung dienen, 0,125 der Wandhöhe.

[2]Sie darf jedoch 2,5 m, bei Wänden bis 5 m Breite 2 m nicht unterschreiten.

§ 6 Abstandsflächen in Sonderfällen

(1) [1]In den Abstandsflächen baulicher Anlagen sowie ohne eigene Abstandsflächen sind zulässig:
1. Gebäude oder Gebäudeteile, die eine Wandhöhe von nicht mehr als 1 m haben,
2. Garagen, Gewächshäuser und Gebäude ohne Aufenthaltsräume mit einer Wandhöhe bis 3 m und einer Wandfläche bis 25 m^2,

3. bauliche Anlagen, die keine Gebäude sind, soweit sie nicht höher als 2,5 m sind oder ihre Wandfläche nicht mehr als 25 m^2 beträgt,
4. landwirtschaftliche Gewächshäuser, die nicht unter Nummer 2 fallen, soweit sie mindestens 1 m Abstand zu Nachbargrenzen einhalten.

²Für die Ermittlung der Wandhöhe nach Satz 1 Nummer 2 ist der höchste Punkt der Geländeoberfläche zugrunde zu legen. ³Die Grenzbebauung im Falle des Satzes 1 Nummer 2 darf entlang den einzelnen Nachbargrenzen 9 m und insgesamt 15 m nicht überschreiten.

(2) Werden mit Gebäuden oder Gebäudeteilen nach Absatz 1 dennoch Abstandsflächen eingehalten, so müssen sie gegenüber Nachbargrenzen eine Tiefe von mindestens 0,5 m haben.

(3) ¹Geringere Tiefen der Abstandsflächen sind zuzulassen, wenn
1. in überwiegend bebauten Gebieten die Gestaltung des Straßenbildes oder besondere örtliche Verhältnisse dies erfordern oder
2. Beleuchtung mit Tageslicht sowie Belüftung in ausreichendem Maße gewährleistet bleiben, Gründe des Brandschutzes nicht entgegenstehen und nachbarliche Belange nicht erheblich beeinträchtigt werden.

²In den Fällen der Nummer 1 können geringere Tiefen der Abstandsflächen auch verlangt werden.

§ 7 Übernahme von Abständen und Abstandsflächen auf Nachbargrundstücke

¹Soweit nach diesem Gesetz oder nach Vorschriften auf Grund dieses Gesetzes Abstände und Abstandsflächen auf dem Grundstück selbst liegen müssen, dürfen sie sich ganz oder teilweise auf andere Grundstücke erstrecken, wenn durch Baulast gesichert ist, dass sie nicht überbaut werden und auf die auf diesen Grundstücken erforderlichen Abstandsflächen nicht angerechnet werden. ²Vorschriften, nach denen in den Abstandsflächen bauliche Anlagen zulässig sind oder ausnahmsweise zugelassen werden können, bleiben unberührt.

§ 8 Teilung von Grundstücken

(1) Durch die Teilung eines Grundstücks, das bebaut oder dessen Bebauung genehmigt ist, dürfen keine Verhältnisse geschaffen werden, die Vorschriften dieses Gesetzes oder auf Grund dieses Gesetzes widersprechen.

(2) [1]Die geplante Teilung eines Grundstücks nach Absatz 1 ist der unteren Baurechtsbehörde zwei Wochen vorher anzuzeigen; § 19 Absatz 1 BauGB gilt entsprechend. [2]Soll bei der Teilung von Vorschriften dieses Gesetzes oder auf Grund dieses Gesetzes abgewichen werden, ist § 56 entsprechend anzuwenden.

§ 9 Nichtüberbaute Flächen der bebauten Grundstücke, Kinderspielplätze

(1) [1]Die nichtüberbauten Flächen der bebauten Grundstücke müssen Grünflächen sein, soweit diese Flächen nicht für eine andere zulässige Verwendung benötigt werden. [2]Ist eine Begrünung oder Bepflanzung der Grundstücke nicht oder nur sehr eingeschränkt möglich, so sind die baulichen Anlagen zu begrünen, soweit ihre Beschaffenheit, Konstruktion und Gestaltung es zulassen und die Maßnahme wirtschaftlich zumutbar ist.*

(2) [1]Bei der Errichtung von Gebäuden mit mehr als drei Wohnungen, die jeweils mindestens zwei Aufenthaltsräume haben, ist auf dem Baugrundstück oder in unmittelbarer Nähe auf einem anderen geeigneten Grundstück, dessen dauerhafte Nutzung für diesen Zweck öffentlich-rechtlich gesichert sein muss, ein ausreichend großer Spielplatz für Kleinkinder anzulegen. [2]Die Art, Größe und Ausstattung der Kinderspielplätze bestimmt sich nach der Zahl und Größe der Wohnungen auf dem Grundstück. [3]Es genügt auch, eine öffentlich-rechtlich gesicherte, ausreichend große Grundstücksfläche von baulichen Anlagen, Bepflanzung und sonstiger Nutzung freizuhalten, die bei Bedarf mit festen oder mobilen Spielgeräten für Kleinkinder belegt werden kann. [4]Die Sätze 1 bis 3 gelten nicht,

* Vgl. dazu § 21a NatSchG, §§ 8a, c KSG BW und das Vorwort.

wenn die Art der Wohnungen einen Kinderspielplatz nicht erfordert.

(3) [1]Die Baurechtsbehörde kann mit Zustimmung der Gemeinde zulassen, dass der Bauherr zur Erfüllung seiner Verpflichtung nach Absatz 2 einen Geldbetrag an die Gemeinde zahlt. [2]Dieser Geldbetrag muss innerhalb eines angemessenen Zeitraums für die Errichtung oder den Ausbau eines nahegelegenen, gefahrlos erreichbaren kommunalen Kinderspielplatzes verwendet werden.

§ 10 Höhenlage des Grundstücks

Bei der Errichtung baulicher Anlagen kann verlangt werden, dass die Oberfläche des Grundstücks erhalten oder ihre Höhenlage verändert wird, um

1. eine Verunstaltung des Straßen-, Orts- oder Landschaftsbildes zu vermeiden oder zu beseitigen,
2. die Oberfläche des Grundstücks der Höhe der Verkehrsfläche oder der Höhe der Nachbargrundstücke anzugleichen oder
3. überschüssigen Bodenaushub zu vermeiden.

DRITTER TEIL
Allgemeine Anforderungen an die Bauausführung

§ 11 Gestaltung

(1) [1]Bauliche Anlagen sind mit ihrer Umgebung so in Einklang zu bringen, dass sie das Straßen-, Orts- oder Landschaftsbild nicht verunstalten oder deren beabsichtigte Gestaltung nicht beeinträchtigen. [2]Auf Kultur- und Naturdenkmale und auf erhaltenswerte Eigenarten der Umgebung ist Rücksicht zu nehmen.

(2) Bauliche Anlagen sind so zu gestalten, dass sie nach Form, Maßstab, Werkstoff, Farbe und Verhältnis der Baumassen und Bauteile zueinander nicht verunstaltet wirken.

(3) Die Absätze 1 und 2 gelten entsprechend für

1. Werbeanlagen, die keine baulichen Anlagen sind,
2. Automaten, die vom öffentlichen Verkehrsraum aus sichtbar sind,

3. andere Anlagen und Grundstücke im Sinne von § 1 Absatz 1 Satz 2.

(4) In reinen Wohngebieten, allgemeinen Wohngebieten, Dorfgebieten und Kleinsiedlungsgebieten sind nur für Anschläge bestimmte Werbeanlagen sowie Werbeanlagen an der Stätte der Leistung zulässig.

§ 12 Baustelle

(1) Baustellen sind so einzurichten, dass die baulichen Anlagen ordnungsgemäß errichtet oder abgebrochen werden können und Gefahren oder vermeidbare erhebliche Belästigungen nicht entstehen.

(2) [1]Bei der Ausführung genehmigungspflichtiger Vorhaben hat der Bauherr an der Baustelle den von der Baurechtsbehörde nach § 59 Absatz 1 erteilten Baufreigabeschein anzubringen. [2]Der Bauherr hat in den Baufreigabeschein Namen, Anschrift und Rufnummer der Unternehmer für die Rohbauarbeiten spätestens bei Baubeginn einzutragen; dies gilt nicht, wenn an der Baustelle ein besonderes Schild angebracht ist, das diese Angaben enthält. [3]Der Baufreigabeschein muss dauerhaft, leicht lesbar und von der öffentlichen Verkehrsfläche aus sichtbar angebracht sein.

(3) Bei Vorhaben im Kenntnisgabeverfahren hat der Bauherr spätestens bei Baubeginn an der Baustelle dauerhaft, leicht lesbar und von der öffentlichen Verkehrsfläche sichtbar anzugeben:
1. Die Bezeichnung des Vorhabens,
2. den Namen und die Anschrift des Entwurfsverfassers und des Bauleiters,
3. den Namen, die Anschrift und die Rufnummer der Unternehmer für die Rohbauarbeiten.

(4) Bäume, Hecken und sonstige Bepflanzungen, die auf Grund anderer Rechtsvorschriften zu erhalten sind, müssen während der Bauausführung geschützt werden.

§ 13 Standsicherheit

(1) [1]Bauliche Anlagen müssen sowohl im Ganzen als auch in ihren einzelnen Teilen sowie für sich allein standsicher sein. [2]Die Standsicherheit muss auch während der Errichtung sowie bei der Durchführung von Abbrucharbeiten gewährleistet sein. [3]Die Standsicherheit anderer baulicher Anlagen und die Tragfähigkeit des Baugrundes der Nachbargrundstücke dürfen nicht gefährdet werden.
(2) Die Verwendung gemeinsamer Bauteile für mehrere bauliche Anlagen ist zulässig, wenn durch Baulast und technisch gesichert ist, dass die gemeinsamen Bauteile beim Abbruch einer der aneinanderstoßenden baulichen Anlagen stehen bleiben können.

§ 14 Schutz baulicher Anlagen

(1) [1]Geräusche, Erschütterungen oder Schwingungen, die von ortsfesten Einrichtungen in einer baulichen Anlage ausgehen, sind so zu dämmen, dass Gefahren sowie erhebliche Nachteile oder Belästigungen nicht entstehen. [2]Gebäude müssen einen ihrer Nutzung entsprechenden Schallschutz haben.
(2) Bauliche Anlagen müssen so angeordnet, beschaffen und gebrauchstauglich sein, dass durch Wasser, Feuchtigkeit, pflanzliche und tierische Schädlinge sowie andere chemische, physikalische oder biologische Einflüsse Gefahren oder unzumutbare Belästigungen bei sachgerechtem Gebrauch nicht entstehen.
(3) Gebäude müssen einen ihrer Nutzung und den klimatischen Verhältnissen entsprechenden Wärmeschutz haben.

§ 15 Brandschutz

(1) Bauliche Anlagen sind so anzuordnen und zu errichten, dass der Entstehung eines Brandes und der Ausbreitung von Feuer und Rauch (Brandausbreitung) vorgebeugt wird und bei einem Brand die Rettung von Menschen und Tieren sowie wirksame Löscharbeiten möglich sind.

(2) Bauliche Anlagen, die besonders blitzgefährdet sind oder bei denen Blitzschlag zu schweren Folgen führen kann, sind mit dauernd wirksamen Blitzschutzanlagen zu versehen.

(3) Jede Nutzungseinheit muss in jedem Geschoss mit Aufenthaltsräumen über mindestens zwei voneinander unabhängige Rettungswege erreichbar sein; beide Rettungswege dürfen jedoch innerhalb eines Geschosses über denselben notwendigen Flur führen.

(4) [1]Der erste Rettungsweg muss in Nutzungseinheiten, die nicht zu ebener Erde liegen, über eine notwendige Treppe oder eine flache Rampe führen. [2]Der erste Rettungsweg für einen Aufenthaltsraum darf nicht über einen Raum mit erhöhter Brandgefahr führen.

(5) [1]Der zweite Rettungsweg kann eine weitere notwendige Treppe oder eine mit Rettungsgeräten der Feuerwehr erreichbare Stelle der Nutzungseinheit sein. [2]Ein zweiter Rettungsweg ist nicht erforderlich, wenn die Rettung über einen sicher erreichbaren Treppenraum möglich ist, in den Feuer und Rauch nicht eindringen können (Sicherheitstreppenraum).

(6) Zur Durchführung wirksamer Lösch- und Rettungsarbeiten durch die Feuerwehr müssen geeignete und von öffentlichen Verkehrsflächen erreichbare Aufstell- und Bewegungsflächen für die erforderlichen Rettungsgeräte vorhanden sein.

(7) [1]Aufenthaltsräume, in denen bestimmungsgemäß Personen schlafen, sowie Rettungswege von solchen Aufenthaltsräumen in derselben Nutzungseinheit sind jeweils mit mindestens einem Rauchwarnmelder auszustatten. [2]Die Rauchwarnmelder müssen so eingebaut oder angebracht werden, dass Brandrauch frühzeitig erkannt und gemeldet wird. [3]Eigentümerinnen und Eigentümer bereits bestehender Nutzungseinheiten sind verpflichtet, diese bis zum 31. Dezember 2014 entsprechend auszustatten. [4]Die Sicherstellung der Betriebsbereitschaft obliegt den unmittelbaren Besitzern, es sei denn, der Eigentümer übernimmt die Verpflichtung selbst.

(8) Gebäude zur Haltung von Tieren müssen über angemessene Einrichtungen zur Rettung der Tiere im Brandfall verfügen.

§ 16 Verkehrssicherheit

(1) Bauliche Anlagen sowie die dem Verkehr dienenden, nichtüberbauten Flächen von bebauten Grundstücken müssen verkehrssicher sein.
(2) Die Sicherheit und Leichtigkeit des öffentlichen Verkehrs darf durch bauliche Anlagen oder deren Nutzung nicht gefährdet werden.
(3) Umwehrungen müssen so beschaffen und angeordnet sein, dass sie Abstürze verhindern und das Überklettern erschweren.

§ 16a Bauarten

(1) Bauarten dürfen nur angewendet werden, wenn bei ihrer Anwendung die baulichen Anlagen bei ordnungsgemäßer Instandhaltung während einer dem Zweck entsprechenden angemessenen Zeitdauer die Anforderungen dieses Gesetzes oder auf Grund dieses Gesetzes erfüllen und für ihren Anwendungszweck tauglich sind.
(2) [1]Bauarten, die von Technischen Baubestimmungen nach § 73a Absatz 2 Nummer 2 oder 3 Buchstabe a wesentlich abweichen oder für die es allgemein anerkannte Regeln der Technik nicht gibt, dürfen bei der Errichtung, Änderung und Instandhaltung baulicher Anlagen nur angewendet werden, wenn für sie
1. eine allgemeine Bauartgenehmigung durch das Deutsche Institut für Bautechnik oder
2. eine vorhabenbezogene Bauartgenehmigung durch die oberste Baurechtsbehörde

erteilt worden ist. [2]§ 18 Absatz 2 bis 5 gilt entsprechend.
(3) [1]Anstelle einer allgemeinen Bauartgenehmigung genügt ein allgemeines bauaufsichtliches Prüfzeugnis für Bauarten, wenn die Bauart nach allgemein anerkannten Prüfverfahren beurteilt werden kann. [2]In den Technischen Baubestimmungen nach § 73a werden diese Bauarten mit der Angabe der maßgebenden technischen Regeln bekannt gemacht. [3]§ 19 Absatz 2 gilt entsprechend.
(4) Wenn Gefahren im Sinne des § 3 Absatz 1 Satz 1 nicht zu erwarten sind, kann die oberste Baurechtsbehörde im Einzelfall oder für

genau begrenzte Fälle allgemein festlegen, dass eine Bauartgenehmigung nicht erforderlich ist.

(5) [1]Bauarten bedürfen einer Bestätigung ihrer Übereinstimmung mit den Technischen Baubestimmungen nach § 73a Absatz 2, den allgemeinen Bauartgenehmigungen, den allgemeinen bauaufsichtlichen Prüfzeugnissen für Bauarten oder den vorhabenbezogenen Bauartgenehmigungen. [2]Als Übereinstimmung gilt auch eine Abweichung, die nicht wesentlich ist. [3]§ 21 Absatz 2 gilt für den Anwender der Bauart entsprechend.

(6) [1]Bei Bauarten, deren Anwendung in außergewöhnlichem Maß von der Sachkunde und Erfahrung der damit betrauten Personen oder von einer Ausstattung mit besonderen Vorrichtungen abhängt, kann in der Bauartgenehmigung oder durch Rechtsverordnung der obersten Baurechtsbehörde vorgeschrieben werden, dass der Anwender über solche Fachkräfte und Vorrichtungen verfügt und den Nachweis hierüber gegenüber einer Prüfstelle nach § 24 Satz 1 Nummer 6 zu erbringen hat. [2]In der Rechtsverordnung können Mindestanforderungen an die Ausbildung, die durch Prüfung nachzuweisende Befähigung und die Ausbildungsstätten einschließlich der Anerkennungsvoraussetzungen gestellt werden.

(7) Für Bauarten, die einer außergewöhnlichen Sorgfalt bei Ausführung oder Instandhaltung bedürfen, kann in der Bauartgenehmigung oder durch Rechtsverordnung der obersten Baurechtsbehörde die Überwachung dieser Tätigkeiten durch eine Überwachungsstelle nach § 24 Satz 1 Nummer 5 vorgeschrieben werden.

VIERTER TEIL
Bauprodukte

§ 16b Allgemeine Anforderungen für die Verwendung von Bauprodukten

(1) Bauprodukte dürfen nur verwendet werden, wenn bei ihrer Verwendung die baulichen Anlagen bei ordnungsgemäßer Instandhaltung während einer dem Zweck entsprechenden angemessenen

Zeitdauer die Anforderungen dieses Gesetzes oder auf Grund dieses Gesetzes erfüllen und gebrauchstauglich sind.

(2) Bauprodukte, die den in Vorschriften eines anderen Mitgliedstaats der Europäischen Union, eines anderen Vertragsstaats des Abkommens über den Europäischen Wirtschaftsraum oder der Schweiz oder der Türkei genannten technischen Anforderungen entsprechen, dürfen verwendet werden, wenn das geforderte Schutzniveau gemäß § 3 Absatz 1 Satz 1 gleichermaßen dauerhaft erreicht wird.

§ 16c Anforderungen für die Verwendung von CE-gekennzeichneten Bauprodukten

[1]Ein Bauprodukt, das die CE-Kennzeichnung trägt, darf verwendet werden, wenn die erklärten Leistungen den in diesem Gesetz oder auf Grund dieses Gesetzes festgelegten Anforderungen für diese Verwendung entsprechen. [2]Die §§ 17 bis 25 Absatz 1 gelten nicht für Bauprodukte, die die CE-Kennzeichnung auf Grund der Verordnung (EU) Nummer 305/2011 tragen.

§ 17 Verwendbarkeitsnachweise

(1) Ein Verwendbarkeitsnachweis (§§ 18 bis 20) ist für ein Bauprodukt erforderlich, wenn

1. es keine Technische Baubestimmung und keine allgemein anerkannte Regel der Technik gibt,
2. das Bauprodukt von einer Technischen Baubestimmung nach § 73 a Absatz 2 Nummer 3 wesentlich abweicht oder
3. eine Verordnung nach § 73 Absatz 7 a es vorsieht.

(2) Ein Verwendbarkeitsnachweis ist nicht erforderlich für ein Bauprodukt, das

1. von einer allgemein anerkannten Regel der Technik abweicht oder
2. für die Erfüllung der Anforderungen dieses Gesetzes oder auf Grund dieses Gesetzes nur eine untergeordnete Bedeutung hat.

(3) Die Technischen Baubestimmungen nach § 73 a enthalten eine nicht abschließende Liste von Bauprodukten, die keines Verwendbarkeitsnachweises nach Absatz 1 bedürfen.

§ 18 Allgemeine bauaufsichtliche Zulassung

(1) Das Deutsche Institut für Bautechnik erteilt unter den Voraussetzungen des § 17 Absatz 1 eine allgemeine bauaufsichtliche Zulassung für Bauprodukte, wenn deren Verwendbarkeit im Sinne des § 16 b Absatz 1 nachgewiesen ist.

(2) [1]Die zur Begründung des Antrags erforderlichen Unterlagen sind beizufügen. [2]Soweit erforderlich, sind Probestücke vom Antragsteller zur Verfügung zu stellen oder durch Sachverständige, die das Deutsche Institut für Bautechnik bestimmen kann, zu entnehmen oder Probeausführungen unter Aufsicht der Sachverständigen herzustellen. [3]Der Antrag kann zurückgewiesen werden, wenn die Unterlagen unvollständig sind oder erhebliche Mängel aufweisen.

(3) Das Deutsche Institut für Bautechnik kann für die Durchführung der Prüfung die sachverständige Stelle und für Probeausführungen die Ausführungsstelle und Ausführungszeit vorschreiben.

(4) [1]Die allgemeine bauaufsichtliche Zulassung wird widerruflich und für eine bestimmte Frist erteilt, die in der Regel fünf Jahre beträgt. [2]Die Zulassung kann mit Nebenbestimmungen erteilt werden. [3]Sie kann auf schriftlichen Antrag in der Regel um fünf Jahre verlängert werden; § 62 Absatz 2 Satz 2 gilt entsprechend.

(5) [1]Die Zulassung wird unbeschadet der Rechte Dritter erteilt. [2]Das Deutsche Institut für Bautechnik macht die von ihm erteilten allgemeinen bauaufsichtlichen Zulassungen nach Gegenstand und wesentlichem Inhalt öffentlich bekannt. [3]Allgemeine bauaufsichtliche Zulassungen nach dem Recht anderer Bundesländer gelten auch im Land Baden-Württemberg.

§ 19 Allgemeines bauaufsichtliches Prüfzeugnis

(1) [1]Bauprodukte, die nach allgemein anerkannten Prüfverfahren beurteilt werden, bedürfen anstelle einer allgemeinen bauaufsicht-

lichen Zulassung nur eines allgemeinen bauaufsichtlichen Prüfzeugnisses. [2]Dies wird mit der Angabe der maßgebenden technischen Regeln in den Technischen Baubestimmungen nach § 73 a bekanntgemacht.

(2) [1]Ein allgemeines bauaufsichtliches Prüfzeugnis wird von einer Prüfstelle nach § 24 Satz 1 Nummer 1 für Bauprodukte nach Absatz 1 erteilt, wenn deren Verwendbarkeit im Sinne des § 16 b Absatz 1 nachgewiesen ist. [2]§ 18 Absatz 2, 4 und 5 gilt entsprechend. [3]Die Anerkennungsbehörde für Stellen nach § 24 Satz 1 Nummer 1 sowie § 73 Absatz 6 Satz 1 Nummer 2 und Satz 2 kann allgemeine bauaufsichtliche Prüfzeugnisse zurücknehmen oder widerrufen; §§ 48 und 49 des Landesverwaltungsverfahrensgesetzes finden Anwendung.

§ 20 Nachweis der Verwendbarkeit von Bauprodukten im Einzelfall

[1]Mit Zustimmung der obersten Baurechtsbehörde dürfen unter den Voraussetzungen des § 17 Absatz 1 im Einzelfall Bauprodukte verwendet werden, wenn ihre Verwendbarkeit im Sinne des § 16 b Absatz 1 nachgewiesen ist. [2]Die Zustimmung kann auch für mehrere vergleichbare Fälle erteilt werden. [3]Wenn Gefahren im Sinne des § 3 Absatz 1 Satz 1 nicht zu erwarten sind, kann die oberste Baurechtsbehörde im Einzelfall oder allgemein erklären, dass ihre Zustimmung nicht erforderlich ist.

§ 21 Übereinstimmungsbestätigung

(1) Bauprodukte bedürfen einer Bestätigung ihrer Übereinstimmung mit den Technischen Baubestimmungen nach § 73 a Absatz 2, den allgemeinen bauaufsichtlichen Zulassungen, den allgemeinen bauaufsichtlichen Prüfzeugnissen oder den Zustimmungen im Einzelfall; als Übereinstimmung gilt auch eine Abweichung, die nicht wesentlich ist.

(2) Die Bestätigung der Übereinstimmung erfolgt durch Übereinstimmungserklärung des Herstellers (§ 22).

(3) Die Übereinstimmungserklärung hat der Hersteller durch Kennzeichnung der Bauprodukte mit dem Übereinstimmungszeichen (Ü-Zeichen) unter Hinweis auf den Verwendungszweck abzugeben.
(4) Das Ü-Zeichen ist auf dem Bauprodukt, auf einem Beipackzettel oder auf seiner Verpackung oder, wenn dies Schwierigkeiten bereitet, auf dem Lieferschein oder auf einer Anlage zum Lieferschein anzubringen.
(5) Ü-Zeichen aus anderen Bundesländern und aus anderen Staaten gelten auch im Land Baden-Württemberg.

§ 22 Übereinstimmungserklärung des Herstellers

(1) Der Hersteller darf eine Übereinstimmungserklärung nur abgeben, wenn er durch werkseigene Produktionskontrolle sichergestellt hat, dass das von ihm hergestellte Bauprodukt den maßgebenden technischen Regeln, der allgemeinen bauaufsichtlichen Zulassung, dem allgemeinen bauaufsichtlichen Prüfzeugnis oder der Zustimmung im Einzelfall entspricht.
(2) [1]In den Technischen Baubestimmungen nach § 73 a, in den allgemeinen bauaufsichtlichen Zulassungen, in den allgemeinen bauaufsichtlichen Prüfzeugnissen oder in den Zustimmungen im Einzelfall kann eine Prüfung der Bauprodukte durch eine Prüfstelle vor Abgabe der Übereinstimmungserklärung vorgeschrieben werden, wenn dies zur Sicherung einer ordnungsgemäßen Herstellung erforderlich ist. [2]In diesen Fällen hat die Prüfstelle das Bauprodukt daraufhin zu überprüfen, ob es den maßgebenden technischen Regeln, der allgemeinen bauaufsichtlichen Zulassung, dem allgemeinen bauaufsichtlichen Prüfzeugnis oder der Zustimmung im Einzelfall entspricht.
(3) [1]In den Technischen Baubestimmungen nach § 73 a, in den allgemeinen bauaufsichtlichen Zulassungen oder in den Zustimmungen im Einzelfall kann eine Zertifizierung vor Abgabe der Übereinstimmungserklärung vorgeschrieben werden, wenn dies zum Nachweis einer ordnungsgemäßen Herstellung eines Bauproduktes erforderlich ist. [2]Die oberste Baurechtsbehörde kann im Einzelfall

die Verwendung von Bauprodukten ohne Zertifizierung gestatten, wenn nachgewiesen ist, dass diese Bauprodukte den technischen Regeln, Zulassungen, Prüfzeugnissen oder Zustimmungen nach Absatz 1 entsprechen.

(4) Bauprodukte, die nicht in Serie hergestellt werden, bedürfen nur einer Übereinstimmungserklärung nach Absatz 1, sofern nichts anderes bestimmt ist.

§ 23 Zertifizierung

(1) Dem Hersteller ist ein Übereinstimmungszertifikat von einer Zertifizierungsstelle nach § 24 Satz 1 Nummer 3 zu erteilen, wenn das Bauprodukt

1. den Technischen Baubestimmungen nach § 73 a Absatz 2, der allgemeinen bauaufsichtlichen Zulassung, dem allgemeinen bauaufsichtlichen Prüfzeugnis oder der Zustimmung im Einzelfall entspricht und
2. einer werkseigenen Produktionskontrolle sowie einer Fremdüberwachung nach Maßgabe des Absatzes 2 unterliegt.

(2) [1]Die Fremdüberwachung ist von Überwachungsstellen nach § 24 Satz 1 Nummer 4 durchzuführen. [2]Die Fremdüberwachung hat regelmäßig zu überprüfen, ob das Bauprodukt den Technischen Baubestimmungen nach § 73 a Absatz 2, der allgemeinen bauaufsichtlichen Zulassung, dem allgemeinen bauaufsichtlichen Prüfzeugnis oder der Zustimmung im Einzelfall entspricht.

§ 24 Prüf-, Zertifizierungs- und Überwachungsstellen

[1]Die oberste Baurechtsbehörde kann eine natürliche oder juristische Person als

1. Prüfstelle für die Erteilung allgemeiner bauaufsichtlicher Prüfzeugnisse (§ 19 Absatz 2),
2. Prüfstelle für die Überprüfung von Bauprodukten vor Abgabe der Übereinstimmungserklärung (§ 22 Absatz 2),
3. Zertifizierungsstelle (§ 23 Absatz 1),
4. Überwachungsstelle für die Fremdüberwachung (§ 23 Absatz 2),

5. Überwachungsstelle für die Überwachung nach § 16a Absatz 7 und § 25 Absatz 2 oder
6. Prüfstelle für die Überprüfung nach § 16a Absatz 6 und § 25 Absatz 1

anerkennen, wenn sie oder die bei ihr Beschäftigten nach ihrer Ausbildung, Fachkenntnis, persönlichen Zuverlässigkeit, ihrer Unparteilichkeit und ihren Leistungen die Gewähr dafür bieten, dass diese Aufgaben den öffentlich-rechtlichen Vorschriften entsprechend wahrgenommen werden, und wenn sie über die erforderlichen Vorrichtungen verfügen. [2]Satz 1 ist entsprechend auf Behörden anzuwenden, wenn sie ausreichend mit geeigneten Fachkräften besetzt und mit den erforderlichen Vorrichtungen ausgestattet sind. [3]Die Anerkennung von Prüf-, Zertifizierungs- und Überwachungsstellen anderer Bundesländer gilt auch im Land Baden-Württemberg.

§ 25 Besondere Sachkunde- und Sorgfaltsanforderungen

(1) [1]Bei Bauprodukten, deren Herstellung in außergewöhnlichem Maß von der Sachkunde und Erfahrung der damit betrauten Personen oder von einer Ausstattung mit besonderen Vorrichtungen abhängt, kann in der allgemeinen bauaufsichtlichen Zulassung, in der Zustimmung im Einzelfall oder durch Rechtsverordnung der obersten Baurechtsbehörde bestimmt werden, dass der Hersteller über solche Fachkräfte und Vorrichtungen verfügt und den Nachweis hierüber gegenüber einer Prüfstelle nach § 24 Satz 1 Nummer 6 zu erbringen hat. [2]In der Rechtsverordnung können Mindestanforderungen an die Ausbildung, die durch Prüfung nachzuweisende Befähigung und die Ausbildungsstätten einschließlich der Anerkennungsvoraussetzungen gestellt werden.

(2) Für Bauprodukte, die wegen ihrer besonderen Eigenschaften oder ihres besonderen Verwendungszwecks einer außergewöhnlichen Sorgfalt bei Einbau, Transport, Instandhaltung oder Reinigung bedürfen, kann in der allgemeinen bauaufsichtlichen Zulassung, in der Zustimmung im Einzelfall oder durch Rechtsverordnung der obersten Baurechtsbehörde die Überwachung dieser Tätigkeiten

durch eine Überwachungsstelle nach § 24 Satz 1 Nummer 5 vorgeschrieben werden, soweit diese Tätigkeiten nicht bereits durch die Verordnung (EU) Nummer 305/2011 erfasst sind.

FÜNFTER TEIL
Der Bau und seine Teile

§ 26 Allgemeine Anforderungen an das Brandverhalten von Baustoffen und Bauteilen

(1) [1]Baustoffe werden nach den Anforderungen an ihr Brandverhalten unterschieden in
1. nichtbrennbare,
2. schwerentflammbare,
3. normalentflammbare.

[2]Baustoffe, die nicht mindestens normalentflammbar sind (leichtentflammbare Baustoffe), dürfen nicht verwendet werden; dies gilt nicht, wenn sie in Verbindung mit anderen Baustoffen nicht leichtentflammbar sind.

(2) [1]Bauteile werden nach den Anforderungen an ihre Feuerwiderstandsfähigkeit unterschieden in
1. feuerbeständige,
2. hochfeuerhemmende,
3. feuerhemmende;

die Feuerwiderstandsfähigkeit bezieht sich bei tragenden und aussteifenden Bauteilen auf deren Standsicherheit im Brandfall, bei raumabschließenden Bauteilen auf deren Widerstand gegen die Brandausbreitung. [2]Bauteile werden zusätzlich nach dem Brandverhalten ihrer Baustoffe unterschieden in
1. Bauteile aus nichtbrennbaren Baustoffen,
2. Bauteile, deren tragende und aussteifende Teile aus nichtbrennbaren Baustoffen bestehen und die bei raumabschließenden Bauteilen zusätzlich eine in Bauteilebene durchgehende Schicht aus nichtbrennbaren Baustoffen haben,

3. Bauteile, deren tragende und aussteifende Teile aus brennbaren Baustoffen bestehen und die allseitig eine brandschutztechnisch wirksame Bekleidung aus nichtbrennbaren Baustoffen (Brandschutzbekleidung) und Dämmstoffe aus nichtbrennbaren Baustoffen haben,
4. Bauteile aus brennbaren Baustoffen.

[3]Soweit in diesem Gesetz oder in Vorschriften auf Grund dieses Gesetzes nichts anderes bestimmt ist, müssen
1. Bauteile, die feuerbeständig sein müssen, mindestens den Anforderungen des Satzes 2 Nummer 2,
2. Bauteile, die hochfeuerhemmend sein müssen, mindestens den Anforderungen des Satzes 2 Nummer 3

entsprechen.

(3) Abweichend von Absatz 2 Satz 3 sind tragende oder aussteifende sowie raumabschließende Bauteile, die hochfeuerhemmend oder feuerbeständig sein müssen, aus brennbaren Baustoffen zulässig, wenn die hinsichtlich der Standsicherheit und des Raumabschlusses geforderte Feuerwiderstandsfähigkeit nachgewiesen und die Bauteile und ihre Anschlüsse ausreichend lang widerstandsfähig gegen die Brandausbreitung sind.

§ 27 Anforderungen an tragende, aussteifende und raumabschließende Bauteile

(1) Tragende und aussteifende Wände und Stützen müssen im Brandfall ausreichend lang standsicher sein.

(2) Außenwände und Außenwandteile wie Brüstungen und Schürzen sind so auszubilden, dass eine Brandausbreitung auf und in diesen Bauteilen ausreichend lang begrenzt ist.

(3) Trennwände müssen als raumabschließende Bauteile von Räumen oder Nutzungseinheiten innerhalb von Geschossen ausreichend lang widerstandsfähig gegen die Brandausbreitung sein.

(4) Brandwände müssen als raumabschließende Bauteile zum Abschluss von Gebäuden (Gebäudeabschlusswand) oder zur Unterteilung von Gebäuden in Brandabschnitte (innere Brandwand) ausrei-

chend lang die Brandausbreitung auf andere Gebäude oder Brandabschnitte verhindern.

(5) Decken und ihre Anschlüsse müssen als tragende und raumabschließende Bauteile zwischen Geschossen im Brandfall ausreichend lang standsicher und widerstandsfähig gegen die Brandausbreitung sein.

(6) Bedachungen müssen gegen eine Brandbeanspruchung von außen durch Flugfeuer und strahlende Wärme ausreichend lang widerstandsfähig sein (harte Bedachung).

§ 28 Anforderungen an Bauteile in Rettungswegen

(1) [1]Jedes nicht zu ebener Erde liegende Geschoss und der benutzbare Dachraum eines Gebäudes müssen über mindestens eine Treppe zugänglich sein (notwendige Treppe). [2]Statt notwendiger Treppen sind Rampen mit flacher Neigung zulässig. [3]Die nutzbare Breite der Treppenläufe und Treppenabsätze notwendiger Treppen muss für den größten zu erwartenden Verkehr ausreichen.

(2) [1]Jede notwendige Treppe muss zur Sicherstellung der Rettungswege aus den Geschossen ins Freie in einem eigenen, durchgehenden Treppenraum liegen (notwendiger Treppenraum). [2]Der Ausgang muss mindestens so breit sein wie die zugehörigen notwendigen Treppen. [3]Notwendige Treppenräume müssen so angeordnet und ausgebildet sein, dass die Nutzung der notwendigen Treppen im Brandfall ausreichend lang möglich ist. [4]Notwendige Treppen sind ohne eigenen Treppenraum zulässig

1. in Gebäuden der Gebäudeklassen 1 und 2,
2. für die Verbindung von höchstens zwei Geschossen innerhalb derselben Nutzungseinheit von insgesamt nicht mehr als 200 m^2, wenn in jedem Geschoss ein anderer Rettungsweg erreicht werden kann,
3. als Außentreppe, wenn ihre Nutzung ausreichend sicher ist und im Brandfall nicht gefährdet werden kann.

(3) Flure, über die Rettungswege aus Aufenthaltsräumen oder aus Nutzungseinheiten mit Aufenthaltsräumen zu Ausgängen in not-

wendige Treppenräume oder ins Freie führen (notwendige Flure), müssen so angeordnet und ausgebildet sein, dass die Nutzung im Brandfall ausreichend lang möglich ist.
(4) Türen und Fenster, die bei einem Brand der Rettung von Menschen dienen oder der Ausbreitung von Feuer und Rauch entgegenwirken, müssen so beschaffen und angeordnet sein, dass sie den Erfordernissen des Brandschutzes genügen.

§ 29 Aufzugsanlagen

(1) [1]Aufzugsanlagen müssen betriebssicher und brandsicher sein. [2]Sie sind so zu errichten und anzuordnen, dass die Brandweiterleitung ausreichend lange verhindert wird und bei ihrer Benutzung Gefahren oder unzumutbare Belästigungen nicht entstehen.
(2) [1]Gebäude mit einer Höhe nach § 2 Absatz 4 Satz 2 von mehr als 13 m müssen Aufzüge in ausreichender Zahl haben, von denen einer auch zur Aufnahme von Rollstühlen, Krankentragen und Lasten geeignet sein muss. [2]Zur Aufnahme von Rollstühlen bestimmte Aufzüge müssen von Menschen mit Behinderung ohne fremde Hilfe zweckentsprechend genutzt werden können.

§ 30 Lüftungsanlagen

Lüftungsanlagen, raumlufttechnische Anlagen und Warmluftheizungen müssen betriebssicher und brandsicher sein; sie dürfen den ordnungsgemäßen Betrieb von Feuerungsanlagen nicht beeinträchtigen.

§ 31 Leitungsanlagen

[1]Leitungen, Installationsschächte und -kanäle müssen brandsicher sein. [2]Sie sind so zu errichten und anzuordnen, dass die Brandweiterleitung ausreichend lange verhindert wird.

§ 32 Feuerungsanlagen, sonstige Anlagen zur Wärmeerzeugung, Brennstoffversorgung

(1) Feuerstätten und Abgasanlagen (Feuerungsanlagen) müssen betriebssicher und brandsicher sein.

(2) Feuerstätten dürfen in Räumen nur aufgestellt werden, wenn nach der Art der Feuerstätte und nach Lage, Größe, baulicher Beschaffenheit und Nutzung der Räume Gefahren nicht entstehen.

(3) [1]Abgase von Feuerstätten sind durch Abgasleitungen, Schornsteine und Verbindungsstücke (Abgasanlagen) so abzuführen, dass keine Gefahren oder unzumutbaren Belästigungen entstehen. [2]Abgasanlagen sind in solcher Zahl und Lage und so herzustellen, dass die Feuerstätten des Gebäudes ordnungsgemäß angeschlossen werden können. [3]Sie müssen leicht gereinigt werden können.

(4) [1]Behälter und Rohrleitungen für brennbare Gase und Flüssigkeiten müssen betriebssicher und brandsicher sein. [2]Diese Behälter sowie feste Brennstoffe sind so aufzustellen oder zu lagern, dass keine Gefahren oder unzumutbaren Belästigungen entstehen.

(5) Für die Aufstellung von ortsfesten Verbrennungsmotoren, Blockheizkraftwerken, Brennstoffzellen und Verdichtern sowie die Ableitung ihrer Verbrennungsgase gelten die Absätze 1 bis 3 entsprechend.

§ 33 Wasserversorgungs- und Wasserentsorgungsanlagen, Anlagen für Abfallstoffe und Reststoffe

(1) [1]Bauliche Anlagen dürfen nur errichtet werden, wenn die einwandfreie Beseitigung des Abwassers und des Niederschlagswassers dauernd gesichert ist. [2]Das Abwasser ist entsprechend den §§ 55 und 56 des Wasserhaushaltsgesetzes und § 46 des Wassergesetzes für Baden-Württemberg zu entsorgen.

(2) [1]Wasserversorgungsanlagen, Anlagen zur Beseitigung des Abwassers und des Niederschlagswassers sowie Anlagen zur vorübergehenden Aufbewahrung von Abfällen und Reststoffen müssen betriebssicher sein. [2]Sie sind so herzustellen und anzuordnen, dass Gefahren sowie erhebliche Nachteile oder Belästigungen, insbesondere durch Geruch oder Geräusch, nicht entstehen.

SECHSTER TEIL
Einzelne Räume, Wohnungen und besondere Anlagen

§ 34 Aufenthaltsräume

(1) Die lichte Höhe von Aufenthaltsräumen muss mindestens betragen:

1. 2,2 m über mindestens der Hälfte ihrer Grundfläche, wenn die Aufenthaltsräume ganz oder überwiegend im Dachraum liegen; dabei bleiben Raumteile mit einer lichten Höhe bis 1,5 m außer Betracht,
2. 2,3 m in allen anderen Fällen.

(2) [1]Aufenthaltsräume müssen ausreichend belüftet werden können; sie müssen unmittelbar ins Freie führende Fenster von solcher Zahl, Lage, Größe und Beschaffenheit haben, dass die Räume ausreichend mit Tageslicht beleuchtet werden können (notwendige Fenster). [2]Das Rohbaumaß der Fensteröffnungen muss mindestens ein Zehntel der Grundfläche des Raumes betragen; Raumteile mit einer lichten Höhe bis 1,5 m bleiben außer Betracht. [3]Ein geringeres Rohbaumaß ist bei geneigten Fenstern sowie bei Oberlichtern zulässig, wenn die ausreichende Beleuchtung mit Tageslicht gewährleistet bleibt.

(3) [1]Aufenthaltsräume, deren Fußboden unter der Geländeoberfläche liegt, sind zulässig, wenn das Gelände mit einer Neigung von höchstens 45° an die Außenwände vor notwendigen Fenstern anschließt. [2]Die Oberkante der Brüstung notwendiger Fenster muss mindestens 1,3 m unter der Decke liegen.

(4) Verglaste Vorbauten und Loggien sind vor notwendigen Fenstern zulässig, wenn eine ausreichende Beleuchtung mit Tageslicht gewährleistet bleibt.

(5) Bei Aufenthaltsräumen, die nicht dem Wohnen dienen, sind Abweichungen von den Anforderungen der Absätze 2 und 3 zuzulassen, wenn Nachteile nicht zu befürchten sind oder durch besondere Einrichtungen ausgeglichen werden können.

§ 35 Wohnungen

(1) [1]In Gebäuden mit mehr als zwei Wohnungen müssen die Wohnungen eines Geschosses barrierefrei erreichbar sein; diese Verpflichtung kann auch durch barrierefrei erreichbare Wohnungen in mehreren Geschossen erfüllt werden, wenn die gesamte Grundfläche dieser Wohnungen die Grundfläche der Nutzungseinheiten des Erdgeschosses nicht unterschreitet. [2]In diesen Wohnungen müssen die Wohn- und Schlafräume, eine Toilette, ein Bad und die Küche oder Kochnische barrierefrei nutzbar und mit dem Rollstuhl zugänglich sein. [3]Die Sätze 1 und 2 gelten nicht, soweit die Anforderungen insbesondere wegen schwieriger Geländeverhältnisse, wegen des Einbaus eines sonst nicht erforderlichen Aufzugs oder wegen ungünstiger vorhandener Bebauung nur mit unverhältnismäßigem Mehraufwand erfüllt werden können. [4]Die Sätze 1 bis 3 gelten nicht bei der Teilung von Wohnungen sowie bei Vorhaben zur Schaffung von zusätzlichem Wohnraum durch Ausbau, Anbau, Nutzungsänderung, Aufstockung oder Änderung des Daches, wenn die Baugenehmigung oder Kenntnisgabe für das Gebäude mindestens fünf Jahre zurückliegen.

(2) [1]Jede Wohnung muss eine Küche oder Kochnische haben. [2]Fensterlose Küchen oder Kochnischen sind zulässig, wenn sie für sich lüftbar sind.

(3) [1]Jede Wohnung muss einen eigenen Wasserzähler haben. [2]Dies gilt nicht bei Nutzungsänderungen, wenn die Anforderung nach Satz 1 nur mit unverhältnismäßigem Aufwand erfüllt werden kann.

(4) In Gebäuden mit mehr als zwei Wohnungen müssen zur gemeinschaftlichen Benutzung möglichst ebenerdig zugängliche oder durch Rampen oder Aufzüge leicht erreichbare Flächen zum Abstellen von Kinderwagen und Gehhilfen zur Verfügung stehen.

(5) Für jede Wohnung muss ein Abstellraum zur Verfügung stehen.

§ 36 Toilettenräume und Bäder

(1) Jede Nutzungseinheit muss mindestens eine Toilette haben.

(2) Toilettenräume und Bäder müssen eine ausreichende Lüftung haben.

§ 37 Stellplätze für Kraftfahrzeuge und Fahrräder, Garagen*

(1) [1]Bei der Errichtung von Gebäuden mit Wohnungen ist für jede Wohnung ein geeigneter Stellplatz für Kraftfahrzeuge herzustellen (notwendiger Kfz-Stellplatz). [2]Bei der Errichtung sonstiger baulicher Anlagen und anderer Anlagen, bei denen ein Zu- und Abfahrtsverkehr zu erwarten ist, sind notwendige Kfz-Stellplätze in solcher Zahl herzustellen, dass sie für die ordnungsgemäße Nutzung der Anlagen unter Berücksichtigung des öffentlichen Personennahverkehrs ausreichen. [3]Statt notwendiger Kfz-Stellplätze ist die Herstellung notwendiger Garagen zulässig; nach Maßgabe des Absatzes 8 können Garagen auch verlangt werden. [4]Bis zu einem Viertel der notwendigen Kfz-Stellplätze nach Satz 2 kann durch die Schaffung von Fahrradstellplätzen ersetzt werden. [5]Dabei sind für einen Kfz-Stellplatz vier Fahrradstellplätze herzustellen; eine Anrechnung der so geschaffenen Fahrradstellplätze auf die Verpflichtung nach Absatz 2 erfolgt nicht.

(2) [1]Bei der Errichtung baulicher Anlagen, bei denen ein Zu- und Abfahrtsverkehr mit Fahrrädern zu erwarten ist, sind Fahrradstellplätze herzustellen. [2]Ihre Zahl und Beschaffenheit richtet sich nach dem nach Art, Größe und Lage der Anlage regelmäßig zu erwartenden Bedarf (notwendige Fahrradstellplätze). [3]Notwendige Fahrradstellplätze müssen von der öffentlichen Verkehrsfläche leicht erreichbar und gut zugänglich sein und eine wirksame Diebstahlsicherung ermöglichen; soweit sie für Wohnungen herzustellen sind müssen sie außerdem wettergeschützt sein.

(3) [1]Bei Änderungen oder Nutzungsänderungen von Anlagen sind Stellplätze oder Garagen in solcher Zahl herzustellen, dass die infolge der Änderung zusätzlich zu erwartenden Kraftfahrzeuge und Fahrräder aufgenommen werden können. [2]Satz 1 gilt nicht bei der Teilung von Wohnungen sowie bei Vorhaben zur Schaffung von zusätzlichem Wohnraum durch Ausbau, Anbau, Nutzungsänderung, Aufstockung oder Änderung des Daches, wenn die Baugenehmigung oder Kenntnisgabe für das Gebäude mindestens fünf Jahre zurückliegt.

---

* Vgl. dazu §§ 8b, c KSG BW.

(4) [1]Die Baurechtsbehörde kann zulassen, dass notwendige Stellplätze oder Garagen erst innerhalb eines angemessenen Zeitraums nach Fertigstellung der Anlage hergestellt werden. [2]Sie hat die Herstellung auszusetzen, solange und soweit nachweislich ein Bedarf an Stellplätzen oder Garagen nicht besteht und die für die Herstellung erforderlichen Flächen für diesen Zweck durch Baulast gesichert sind.

(5) [1]Die notwendigen Stellplätze oder Garagen sind herzustellen
1. auf dem Baugrundstück,
2. auf einem anderen Grundstück in zumutbarer Entfernung oder
3. mit Zustimmung der Gemeinde auf einem Grundstück in der Gemeinde.

[2]Die Herstellung auf einem anderen als dem Baugrundstück muss für diesen Zweck durch Baulast gesichert sein. [3]Die Baurechtsbehörde kann, wenn Gründe des Verkehrs dies erfordern, mit Zustimmung der Gemeinde bestimmen, ob die Stellplätze oder Garagen auf dem Baugrundstück oder auf einem anderen Grundstück herzustellen sind.

(6) [1]Lassen sich notwendige Kfz-Stellplätze oder Garagen nach Absatz 5 nicht oder nur unter großen Schwierigkeiten herstellen, so kann die Baurechtsbehörde mit Zustimmung der Gemeinde zur Erfüllung der Stellplatzverpflichtung zulassen, dass der Bauherr einen Geldbetrag an die Gemeinde zahlt. [2]Der Geldbetrag muss von der Gemeinde innerhalb eines angemessenen Zeitraums verwendet werden für
1. die Herstellung öffentlicher Parkeinrichtungen, insbesondere an Haltestellen des öffentlichen Personennahverkehrs, oder privater Stellplätze zur Entlastung der öffentlichen Verkehrsflächen,
2. die Modernisierung und Instandhaltung öffentlicher Parkeinrichtungen, einschließlich der Herstellung von Ladestationen für Elektrofahrzeuge,
3. die Herstellung von Parkeinrichtungen für die gemeinschaftliche Nutzung von Kraftfahrzeugen oder

4. bauliche Anlagen, andere Anlagen oder Einrichtungen, die den Bedarf an Parkeinrichtungen verringern, wie Einrichtungen des öffentlichen Personennahverkehrs oder für den Fahrradverkehr.

[3]Die Gemeinde legt die Höhe des Geldbetrages fest.

(7) [1]Absatz 6 gilt nicht für notwendige Kfz-Stellplätze oder Garagen von Wohnungen. [2]Eine Abweichung von der Verpflichtung nach Absatz 1 Satz 1 ist zuzulassen, soweit die Herstellung

1. bei Ausschöpfung aller Möglichkeiten, auch unter Berücksichtigung platzsparender Bauarten der Kfz-Stellplätze oder Garagen, unmöglich oder unzumutbar ist oder
2. auf dem Baugrundstück aufgrund öffentlich-rechtlicher Vorschriften ausgeschlossen ist.

(8) [1]Kfz-Stellplätze und Garagen müssen so angeordnet und hergestellt werden, dass die Anlage von Kinderspielplätzen nach § 9 Absatz 2 nicht gehindert wird. [2]Die Nutzung der Kfz-Stellplätze und Garagen darf die Gesundheit nicht schädigen; sie darf auch das Spielen auf Kinderspielplätzen, das Wohnen und das Arbeiten, die Ruhe und die Erholung in der Umgebung durch Lärm, Abgase oder Gerüche nicht erheblich stören.

(9) Das Abstellen von Wohnwagen und anderen Kraftfahrzeuganhängern in Garagen ist zulässig.

§ 38 Sonderbauten

(1) [1]An Sonderbauten können zur Verwirklichung der allgemeinen Anforderungen nach § 3 Absatz 1 besondere Anforderungen im Einzelfall gestellt werden; Erleichterungen können zugelassen werden, soweit es der Einhaltung von Vorschriften wegen der besonderen Art oder Nutzung baulicher Anlagen oder Räume oder wegen besonderer Anforderungen nicht bedarf. [2]Die besonderen Anforderungen und Erleichterungen können insbesondere betreffen

1. die Abstände von Nachbargrenzen, von anderen baulichen Anlagen auf dem Grundstück, von öffentlichen Verkehrsflächen und von oberirdischen Gewässern,
2. die Anordnung der baulichen Anlagen auf dem Grundstück,

3. die Öffnungen nach öffentlichen Verkehrsflächen und nach angrenzenden Grundstücken,
4. die Bauart und Anordnung aller für die Standsicherheit, Verkehrssicherheit, den Brandschutz, Schallschutz oder Gesundheitsschutz wesentlichen Bauteile und die Verwendung von Baustoffen,
5. die Feuerungsanlagen und Heizräume,
6. die Zahl, Anordnung und Herstellung der Treppen, Treppenräume, Flure, Aufzüge, Ausgänge und Rettungswege,
7. die zulässige Benutzerzahl, Anordnung und Zahl der zulässigen Sitze und Stehplätze bei Versammlungsstätten, Tribünen und Fliegenden Bauten,
8. die Lüftung und Rauchableitung,
9. die Beleuchtung und Energieversorgung,
10. die Wasserversorgung,
11. die Aufbewahrung und Entsorgung von Abwasser sowie von Abfällen zur Beseitigung und zur Verwertung,
12. die Stellplätze und Garagen sowie ihre Zu- und Abfahrten,
13. die Anlage von Fahrradabstellplätzen,
14. die Anlage von Grünstreifen, Baum- und anderen Pflanzungen sowie die Begrünung oder Beseitigung von Halden und Gruben,
15. die Wasserdurchlässigkeit befestigter Flächen,
16. den Betrieb und die Nutzung einschließlich des organisatorischen Brandschutzes und der Bestellung und der Qualifikation eines Brandschutzbeauftragten,
17. Brandschutzanlagen, -einrichtungen und -vorkehrungen einschließlich der Löschwasserrückhaltung,
18. die Zahl der Toiletten für Besucher.

(2) Sonderbauten sind Anlagen und Räume besonderer Art oder Nutzung, die insbesondere einen der nachfolgenden Tatbestände erfüllen:

1. Hochhäuser (Gebäude mit einer Höhe nach § 2 Absatz 4 Satz 2 von mehr als 22 m),

2. Verkaufsstätten, deren Verkaufsräume und Ladenstraßen eine Grundfläche von insgesamt mehr als 400 m^2 haben,
3. bauliche Anlagen und Räume, die überwiegend für gewerbliche Betriebe bestimmt sind, mit einer Grundfläche von insgesamt mehr als 400 m^2,
4. Büro- und Verwaltungsgebäude mit einer Grundfläche von insgesamt mehr als 400 m^2,
5. Schulen, Hochschulen und ähnliche Einrichtungen,
6. Einrichtungen zur Betreuung, Unterbringung oder Pflege von Kindern, Menschen mit Behinderung oder alten Menschen, ausgenommen Tageseinrichtungen für Kinder und Kindertagespflege für nicht mehr als acht Kinder und ambulant betreute Wohngemeinschaften für nicht mehr als acht Personen ohne Intensivpflegebedarf,
7. Versammlungsstätten und Sportstätten,
8. Krankenhäuser und ähnliche Einrichtungen,
9. bauliche Anlagen mit erhöhter Brand-, Explosions-, Strahlen- oder Verkehrsgefahr,
10. bauliche Anlagen und Räume, bei denen im Brandfall mit einer Gefährdung der Umwelt gerechnet werden muss,
11. Fliegende Bauten,
12. Camping-, Wochenend- und Zeltplätze,
13. Gemeinschaftsunterkünfte und Beherbergungsstätten mit mehr als 12 Betten,
14. Freizeit- und Vergnügungsparks,
15. Gaststätten mit mehr als 40 Gastplätzen,
16. Spielhallen,
17. Justizvollzugsanstalten und bauliche Anlagen für den Maßregelvollzug,
18. Regallager mit einer Oberkante Lagerguthöhe von mehr als 7,50 m,
19. bauliche Anlagen mit einer Höhe von mehr als 30 m,
20. Gebäude mit mehr als 1600 m^2 Grundfläche des Geschosses mit der größten Ausdehnung, ausgenommen Wohngebäude und Gewächshäuser.

(3) Als Nachweis dafür, dass diese Anforderungen erfüllt sind, können Bescheinigungen verlangt werden, die bei den Abnahmen vorzulegen sind; ferner können Nachprüfungen und deren Wiederholung in bestimmten Zeitabständen verlangt werden.

§ 39 Barrierefreie Anlagen

(1) Bauliche Anlagen sowie andere Anlagen, die überwiegend von Menschen mit Behinderung oder alten Menschen genutzt werden, wie

1. Einrichtungen zur Frühförderung behinderter Kinder, Sonderschulen, Tages- und Begegnungsstätten, Einrichtungen zur Berufsbildung, Werkstätten, Wohnungen und Heime für Menschen mit Behinderung,
2. Altentagesstätten, Altenbegegnungsstätten, Altenwohnungen, Altenwohnheime, Altenheime und Altenpflegeheime,

sind so herzustellen, dass sie von diesen Personen zweckentsprechend ohne fremde Hilfe genutzt werden können (barrierefreie Anlagen).

(2) Die Anforderungen nach Absatz 1 gelten auch für

1. Gebäude der öffentlichen Verwaltung und Gerichte,
2. Schalter- und Abfertigungsräume der Verkehrs- und Versorgungsbetriebe, der Post- und Telekommunikationsbetriebe sowie der Kreditinstitute,
3. Kirchen und andere Anlagen für den Gottesdienst,
4. Versammlungsstätten,
5. Museen und öffentliche Bibliotheken,
6. Sport-, Spiel- und Erholungsanlagen, Schwimmbäder,
7. Camping- und Zeltplätze mit mehr als 50 Standplätzen,
8. Jugend- und Freizeitstätten,
9. Messe-, Kongress- und Ausstellungsbauten,
10. Krankenhäuser, Kureinrichtungen und Sozialeinrichtungen,
11. Bildungs- und Ausbildungsstätten aller Art, wie Schulen, Hochschulen, Volkshochschulen,
12. Kindertageseinrichtungen und Kinderheime,

13. öffentliche Bedürfnisanstalten,
14. Bürogebäude,
15. Verkaufsstätten und Ladenpassagen,
16. Beherbergungsbetriebe,
17. Gaststätten,
18. Praxen der Heilberufe und der Heilhilfsberufe,
19. Nutzungseinheiten, die in den Nummern 1 bis 18 nicht aufgeführt sind und nicht Wohnzwecken dienen, soweit sie eine Nutzfläche von mehr als 1 200 m^2 haben,
20. allgemein zugängliche Großgaragen sowie Stellplätze und Garagen für Anlagen nach Absatz 1 und Absatz 2 Nummer 1 bis 19.

(3) [1]Bei Anlagen nach Absatz 2 können im Einzelfall Ausnahmen zugelassen werden, soweit die Anforderungen nur mit einem unverhältnismäßigen Mehraufwand erfüllt werden können. [2]Bei Schulen und Kindertageseinrichtungen dürfen Ausnahmen nach Satz 1 nur bei Nutzungsänderungen und baulichen Änderungen zugelassen werden.

§ 40 Gemeinschaftsanlagen

(1) Die Herstellung, die Instandhaltung und die Verwaltung von Gemeinschaftsanlagen, für die in einem Bebauungsplan Flächen festgesetzt sind, obliegen den Eigentümern oder Erbbauberechtigten der Grundstücke, für die diese Anlagen bestimmt sind, sowie den Bauherrn.
(2) [1]Die Gemeinschaftsanlage muss hergestellt werden, sobald und soweit dies erforderlich ist. [2]Die Baurechtsbehörde kann durch schriftliche Anordnung den Zeitpunkt für die Herstellung bestimmen.

SIEBENTER TEIL
Am Bau Beteiligte, Baurechtsbehörden

§ 41 Grundsatz

Bei der Errichtung oder dem Abbruch einer baulichen Anlage sind der Bauherr und im Rahmen ihres Wirkungskreises die anderen nach den §§ 43 bis 45 am Bau Beteiligten dafür verantwortlich, dass die öffentlich-rechtlichen Vorschriften und die auf Grund dieser Vorschriften erlassenen Anordnungen eingehalten werden.

§ 42 Bauherr

(1) [1]Der Bauherr hat zur Vorbereitung, Überwachung und Ausführung eines genehmigungspflichtigen oder kenntnisgabepflichtigen Bauvorhabens einen geeigneten Entwurfsverfasser, geeignete Unternehmer und nach Maßgabe des Absatzes 3 einen geeigneten Bauleiter zu bestellen. [2]Dem Bauherrn obliegen die nach den öffentlich-rechtlichen Vorschriften erforderlichen Anzeigen an die Baurechtsbehörde. [3]Er hat die zur Erfüllung der Anforderungen dieses Gesetzes oder auf Grund dieses Gesetzes erforderlichen Nachweise und Unterlagen zu den verwendeten Bauprodukten und den angewandten Bauarten bereitzuhalten. [4]Werden Bauprodukte verwendet, die die CE-Kennzeichnung nach der Verordnung (EU) Nummer 305/2011 tragen, ist die Leistungserklärung bereitzuhalten.
(2) [1]Bei Bauarbeiten, die unter Einhaltung des Gesetzes zur Bekämpfung der Schwarzarbeit in Selbst-, Nachbarschafts- oder Gefälligkeitshilfe ausgeführt werden, ist die Bestellung von Unternehmern nicht erforderlich, wenn genügend Fachkräfte mit der nötigen Sachkunde, Erfahrung und Zuverlässigkeit mitwirken. [2]§§ 43 und 45 bleiben unberührt. [3]Kenntnisgabepflichtige Abbrucharbeiten dürfen nicht in Selbst-, Nachbarschafts- oder Gefälligkeitshilfe ausgeführt werden.
(3) Bei der Errichtung von Gebäuden mit Aufenthaltsräumen und bei Bauvorhaben, die technisch besonders schwierig oder besonders umfangreich sind, kann die Baurechtsbehörde die Bestellung eines Bauleiters verlangen.
(4) [1]Genügt eine vom Bauherrn bestellte Person nicht den Anforderungen der §§ 43 bis 45, so kann die Baurechtsbehörde vor und während der Bauausführung verlangen, dass sie durch eine geeignete Person ersetzt wird oder dass geeignete Sachverständige herangezo-

gen werden. [2]Die Baurechtsbehörde kann die Bauarbeiten einstellen, bis geeignete Personen oder Sachverständige bestellt sind.

(5) Die Baurechtsbehörde kann verlangen, dass ihr für bestimmte Arbeiten die Unternehmer benannt werden.

(6) Wechselt der Bauherr, so hat der neue Bauherr dies der Baurechtsbehörde unverzüglich mitzuteilen.

(7) [1]Treten bei einem Vorhaben mehrere Personen als Bauherr auf, so müssen sie auf Verlangen der Baurechtsbehörde einen Vertreter bestellen, der ihr gegenüber die dem Bauherrn nach den öffentlich-rechtlichen Vorschriften obliegenden Verpflichtungen zu erfüllen hat. [2]§ 18 Absatz 1 Sätze 2 und 3 und Absatz 2 des Landesverwaltungsverfahrensgesetzes findet Anwendung.

§ 43 Entwurfsverfasser

(1) [1]Der Entwurfsverfasser ist dafür verantwortlich, dass sein Entwurf den öffentlich-rechtlichen Vorschriften entspricht. [2]Zum Entwurf gehören die Bauvorlagen und die Ausführungsplanung; der Bauherr kann mit der Ausführungsplanung einen anderen Entwurfsverfasser beauftragen.

(2) [1]Hat der Entwurfsverfasser auf einzelnen Fachgebieten nicht die erforderliche Sachkunde und Erfahrung, so hat er den Bauherrn zu veranlassen, geeignete Fachplaner zu bestellen. [2]Diese sind für ihre Beiträge verantwortlich. [3]Der Entwurfsverfasser bleibt dafür verantwortlich, dass die Beiträge der Fachplaner entsprechend den öffentlich-rechtlichen Vorschriften aufeinander abgestimmt werden.

(3) Für die Errichtung von Gebäuden, die der Baugenehmigung oder der Kenntnisgabe bedürfen, darf als Entwurfsverfasser für die Bauvorlagen nur bestellt werden, wer

1. die Berufsbezeichnung „Architektin“ oder „Architekt“ führen darf,
2. die Berufsbezeichnung „Innenarchitektin“ oder „Innenarchitekt“ führen darf, jedoch nur für die Gestaltung von Innenräumen und die damit verbunden baulichen Änderungen von Gebäuden,

3. in die von der Ingenieurkammer Baden-Württemberg geführte Liste der Entwurfsverfasser der Fachrichtung Bauingenieurwesen eingetragen ist; Eintragungen anderer Länder gelten auch im Land Baden-Württemberg.

(4) [1]Für die Errichtung von
1. Wohngebäuden mit einem Vollgeschoss bis zu 150 m² Grundfläche,
2. eingeschossigen gewerblichen Gebäuden bis zu 250 m² Grundfläche und bis zu 5 m Wandhöhe, gemessen von der Geländeoberfläche bis zum Schnittpunkt von Außenwand und Dachhaut,
3. land- oder forstwirtschaftlich genutzten Gebäuden bis zu zwei Vollgeschossen und bis zu 250 m² Grundfläche

dürfen auch Angehörige der Fachrichtung Architektur, Innenarchitektur, Hochbau oder Bauingenieurwesen, die an einer Hochschule, Fachhochschule oder gleichrangigen Bildungseinrichtung das Studium erfolgreich abgeschlossen haben, staatlich geprüfte Technikerinnen oder Techniker der Fachrichtung Bautechnik sowie Personen, die in einem anderen Mitgliedstaat der Europäischen Union oder einem nach dem Recht der Europäischen Gemeinschaften gleichgestellten Staat eine gleichwertige Ausbildung abgeschlossen haben, als Entwurfsverfasser bestellt werden. [2]Das Gleiche gilt für Personen, die die Meisterprüfung des Maurer-, Betonbauer-, Stahlbetonbauer- oder Zimmererhandwerks abgelegt haben und für Personen, die diesen, mit Ausnahme von § 7 b der Handwerksordnung, handwerksrechtlich gleichgestellt sind.

(5) Die Absätze 3 und 4 gelten nicht für
1. Vorhaben, die nur aufgrund örtlicher Bauvorschriften kenntnisgabepflichtig sind,
2. Vorhaben, die von Beschäftigten im öffentlichen Dienst für ihren Dienstherrn geplant werden, wenn die Beschäftigten
   a) eine Berufsausbildung nach § 4 des Architektengesetzes haben oder
   b) die Eintragungsvoraussetzungen nach Absatz 6 erfüllen,
3. Garagen bis zu 100 m² Nutzfläche,

4. Behelfsbauten und untergeordnete Gebäude.

(6) [1]In die Liste der Entwurfsverfasser ist auf Antrag von der Ingenieurkammer Baden-Württemberg einzutragen, wer

1. einen berufsqualifizierenden Hochschulabschluss eines Studiums der Fachrichtung Hochbau (Artikel 49 Absatz 1 der Richtlinie 2005/36/EG des Europäischen Parlaments und des Rates vom 7. September 2005 über die Anerkennung von Berufsqualifikationen, ABl. L 255 vom 30. September 2005, S. 22) oder des Bauingenieurwesens nachweist und
2. danach mindestens zwei Jahre auf dem Gebiet der Entwurfsplanung von Gebäuden praktisch tätig gewesen ist.

[2]Dem Antrag sind die zur Beurteilung erforderlichen Unterlagen beizufügen. [3]Die Ingenieurkammer bestätigt unverzüglich den Eingang der Unterlagen und teilt gegebenenfalls mit, welche Unterlagen fehlen. [4]Die Eingangsbestätigung muss folgende Angaben enthalten:

1. die in Satz 5 genannte Frist,
2. die verfügbaren Rechtsbehelfe,
3. die Erklärung, dass der Antrag als genehmigt gilt, wenn über ihn nicht rechtzeitig entschieden wird und
4. im Fall der Nachforderung von Unterlagen die Mitteilung, dass die Frist nach Satz 5 erst beginnt, wenn die Unterlagen vollständig sind.

[5]Über den Antrag ist innerhalb von drei Monaten nach Vorlage der vollständigen Unterlagen zu entscheiden; die Ingenieurkammer kann die Frist gegenüber dem Antragsteller einmal um bis zu zwei Monate verlängern. [6]Die Fristverlängerung und deren Ende sind ausreichend zu begründen und dem Antragsteller vor Ablauf der ursprünglichen Frist mitzuteilen. [7]Der Antrag gilt als genehmigt, wenn über ihn nicht innerhalb der nach Satz 5 maßgeblichen Frist entschieden worden ist.

(7) [1]Personen, die in einem anderen Mitgliedstaat der Europäischen Union oder einem nach dem Recht der Europäischen Gemeinschaften gleichgestellten Staat als Bauvorlageberechtigte niedergelassen

sind, sind ohne Eintragung in die Liste nach Absatz 3 Nummer 3 bauvorlageberechtigt, wenn sie

1. eine vergleichbare Berechtigung besitzen und
2. dafür dem Absatz 6 Satz 1 vergleichbare Anforderungen erfüllen mussten.

[2]Sie haben das erstmalige Tätigwerden als Bauvorlageberechtigter vorher der Ingenieurkammer Baden-Württemberg anzuzeigen und dabei

1. eine Bescheinigung darüber, dass sie in einem Mitgliedstaat der Europäischen Union oder einem nach dem Recht der Europäischen Gemeinschaften gleichgestellten Staat rechtmäßig als Bauvorlageberechtigte niedergelassen sind und ihnen die Ausübung dieser Tätigkeiten zum Zeitpunkt der Vorlage der Bescheinigung nicht, auch nicht vorübergehend, untersagt ist, und
2. einen Nachweis darüber, dass sie im Staat ihrer Niederlassung für die Tätigkeit als Bauvorlageberechtigter mindestens die Voraussetzungen des Absatzes 6 Satz 1 erfüllen mussten,

vorzulegen; sie sind in einem Verzeichnis zu führen.[3]Die Ingenieurkammer hat auf Antrag zu bestätigen, dass die Anzeige nach Satz 2 erfolgt ist; sie kann das Tätigwerden als Bauvorlageberechtigter untersagen und die Eintragung in dem Verzeichnis nach Satz 2 löschen, wenn die Voraussetzungen des Satzes 1 nicht erfüllt sind.

(8) [1]Personen, die in einem anderen Mitgliedstaat der Europäischen Union oder einem nach dem Recht der Europäischen Gemeinschaften gleichgestellten Staat als Bauvorlageberechtigte niedergelassen sind, ohne im Sinne des Absatzes 7 Satz 1 Nummer 2 vergleichbar zu sein, sind bauvorlageberechtigt, wenn ihnen die Ingenieurkammer bescheinigt hat, dass sie die Anforderungen des Absatzes 6 Satz 1 Nummer 1 und 2 erfüllen; sie sind in einem Verzeichnis zu führen. [2]Die Bescheinigung wird auf Antrag erteilt. [3]Absatz 6 Satz 2 bis 7 ist entsprechend anzuwenden.

(9) [1]Anzeigen und Bescheinigungen nach den Absätzen 7 und 8 sind nicht erforderlich, wenn bereits in einem anderen Land eine Anzeige erfolgt ist oder eine Bescheinigung erteilt wurde; eine wei-

tere Eintragung in die von der Ingenieurkammer geführten Verzeichnisse erfolgt nicht. [2]Verfahren nach den Absätzen 6 bis 8 können über einen Einheitlichen Ansprechpartner im Sinne des Gesetzes über Einheitliche Ansprechpartner für das Land Baden-Württemberg abgewickelt werden; §§ 71 a bis 71 e des Landesverwaltungsverfahrensgesetzes in der jeweils geltenden Fassung finden Anwendung.

(10) Die oberste Baurechtsbehörde kann Entwurfsverfassern und Fachplanern nach Absatz 2 das Verfassen von Bauvorlagen ganz oder teilweise untersagen, wenn diese wiederholt und unter grober Verletzung ihrer Pflichten nach Absatz 1 und 2 bei der Erstellung von Bauvorlagen bauplanungsrechtliche oder bauordnungsrechtliche Vorschriften nicht beachtet haben.

§ 44 Unternehmer

(1) [1]Jeder Unternehmer ist dafür verantwortlich, dass seine Arbeiten den öffentlich-rechtlichen Vorschriften entsprechend ausgeführt und insoweit auf die Arbeiten anderer Unternehmer abgestimmt werden. [2]Er hat insoweit für die ordnungsgemäße Einrichtung und den sicheren Betrieb der Baustelle, insbesondere die Tauglichkeit und Betriebssicherheit der Gerüste, Geräte und der anderen Baustelleneinrichtungen sowie die Einhaltung der Arbeitsschutzbestimmungen zu sorgen. [3]Er hat die zur Erfüllung der Anforderungen dieses Gesetzes oder auf Grund dieses Gesetzes erforderlichen Nachweise und Unterlagen zu den verwendeten Bauprodukten und den angewandten Bauarten zu erbringen und auf der Baustelle bereitzuhalten. [4]Bei Bauprodukten, die die CE-Kennzeichnung nach der Verordnung (EU) Nummer 305/2011 tragen, ist die Leistungserklärung bereitzuhalten.

(2) [1]Hat der Unternehmer für einzelne Arbeiten nicht die erforderliche Sachkunde und Erfahrung, so hat er den Bauherrn zu veranlassen, geeignete Fachkräfte zu bestellen. [2]Diese sind für ihre Arbeiten verantwortlich. [3]Der Unternehmer bleibt dafür verantwortlich,

dass die Arbeiten der Fachkräfte entsprechend den öffentlich-rechtlichen Vorschriften aufeinander abgestimmt werden.
(3) Der Unternehmer und die Fachkräfte nach Absatz 2 haben auf Verlangen der Baurechtsbehörde für Bauarbeiten, bei denen die Sicherheit der baulichen Anlagen in außergewöhnlichem Maße von einer besonderen Sachkenntnis und Erfahrung oder von einer Ausstattung mit besonderen Einrichtungen abhängt, nachzuweisen, dass sie für diese Bauarbeiten geeignet sind und über die erforderlichen Einrichtungen verfügen.

§ 45 Bauleiter

(1) [1]Der Bauleiter hat darüber zu wachen, dass die Bauausführung den öffentlich-rechtlichen Vorschriften und den Entwürfen des Entwurfsverfassers entspricht. [2]Er hat im Rahmen dieser Aufgabe auf den sicheren bautechnischen Betrieb der Baustelle, insbesondere auf das gefahrlose Ineinandergreifen der Arbeiten der Unternehmer zu achten; die Verantwortlichkeit der Unternehmer bleibt unberührt. [3]Verstöße, denen nicht abgeholfen wird, hat er unverzüglich der Baurechtsbehörde mitzuteilen.
(2) [1]Hat der Bauleiter nicht für alle ihm obliegenden Aufgaben die erforderliche Sachkunde und Erfahrung, hat er den Bauherrn zu veranlassen, geeignete Fachbauleiter zu bestellen. [2]Diese treten insoweit an die Stelle des Bauleiters. [3]Der Bauleiter bleibt für das ordnungsgemäße Ineinandergreifen seiner Tätigkeiten mit denen der Fachbauleiter verantwortlich.

§ 46 Aufbau und Besetzung der Baurechtsbehörden

(1) Baurechtsbehörden sind
1. hinsichtlich der Regelungsgegenstände der §§ 13, 14, 16 a bis 25, 48 Absatz 4 sowie des § 68 das Umweltministerium und im Übrigen das Wirtschaftsministerium als oberste Baurechtsbehörden,
2. die Regierungspräsidien als höhere Baurechtsbehörden,

3. die unteren Verwaltungsbehörden und die in Absatz 2 genannten Gemeinden und Verwaltungsgemeinschaften als untere Baurechtsbehörden.

(2) [1]Untere Baurechtsbehörden sind
1. Gemeinden und
2. Verwaltungsgemeinschaften,

wenn sie die Voraussetzungen des Absatzes 4 erfüllen und die höhere Baurechtsbehörde auf Antrag die Erfüllung dieser Voraussetzungen feststellt. [2]Die Zuständigkeit und der Zeitpunkt des Aufgabenübergangs sind im Gesetzblatt bekanntzumachen.

(3) [1]Die Zuständigkeit erlischt im Falle des Absatzes 2 durch Erklärung der Gemeinde oder der Verwaltungsgemeinschaft gegenüber der höheren Baurechtsbehörde. [2]Sie erlischt ferner, wenn die in Absatz 2 Satz 1 genannten Voraussetzungen nicht mehr erfüllt sind und die höhere Baurechtsbehörde dies feststellt. [3]Das Erlöschen und sein Zeitpunkt sind im Gesetzblatt bekanntzumachen.

(4) [1]Die Baurechtsbehörden sind für ihre Aufgaben ausreichend mit geeigneten Fachkräften zu besetzen. [2]Jeder unteren Baurechtsbehörde muss mindestens ein Bauverständiger angehören, der das Studium der Fachrichtung Architektur oder Bauingenieurwesen an einer deutschen Universität oder Fachhochschule oder eine gleichwertige Ausbildung an einer ausländischen Hochschule oder gleichrangigen Lehreinrichtung erfolgreich abgeschlossen hat; die höhere Baurechtsbehörde kann von der Anforderung an die Ausbildung Ausnahmen zulassen. [3]Die Fachkräfte zur Beratung und Unterstützung der Landratsämter als Baurechtsbehörden sind vom Landkreis zu stellen.

§ 47 Aufgaben und Befugnisse der Baurechtsbehörden

(1) [1]Die Baurechtsbehörden haben darauf zu achten, dass die baurechtlichen Vorschriften sowie die anderen öffentlich-rechtlichen Vorschriften über die Errichtung und den Abbruch von Anlagen und Einrichtungen im Sinne des § 1 eingehalten und die auf Grund dieser Vorschriften erlassenen Anordnungen befolgt werden. [2]Sie ha-

ben zur Wahrnehmung dieser Aufgaben diejenigen Maßnahmen zu treffen, die nach pflichtgemäßem Ermessen erforderlich sind.

(2) Die Baurechtsbehörden können zur Erfüllung ihrer Aufgaben Sachverständige heranziehen.

(3) [1]Die mit dem Vollzug dieses Gesetzes beauftragten Personen sind berechtigt, in Ausübung ihres Amtes Grundstücke und bauliche Anlagen einschließlich der Wohnungen zu betreten. [2]Das Grundrecht der Unverletzlichkeit der Wohnung (Artikel 13 des Grundgesetzes) wird insoweit eingeschränkt.

(4) [1]Die den Gemeinden und den Verwaltungsgemeinschaften nach § 46 Absatz 2 übertragenen Aufgaben der unteren Baurechtsbehörden sind Pflichtaufgaben nach Weisung. [2]Für die Erhebung von Gebühren und Auslagen gilt das Kommunalabgabengesetz. [3]Abweichend hiervon gelten für die Erhebung von Gebühren und Auslagen für bautechnische Prüfungen die für die staatlichen Behörden maßgebenden Vorschriften.

(5) [1]Die für die Fachaufsicht zuständigen Behörden können den nachgeordneten Baurechtsbehörden unbeschränkt Weisungen erteilen. [2]Leistet eine Baurechtsbehörde einer ihr erteilten Weisung innerhalb der gesetzten Frist keine Folge, so kann an ihrer Stelle jede Fachaufsichtsbehörde die erforderlichen Maßnahmen auf Kosten des Kostenträgers der Baurechtsbehörde treffen. [3]§ 129 Absatz 5 der Gemeindeordnung gilt entsprechend.

§ 48 Sachliche Zuständigkeit

(1) Sachlich zuständig ist die untere Baurechtsbehörde, soweit nichts anderes bestimmt ist.

(2) [1]Anstelle einer Gemeinde als Baurechtsbehörde ist die nächsthöhere Baurechtsbehörde, bei den in § 46 Absatz 2 genannten Gemeinden die untere Verwaltungsbehörde zuständig, wenn es sich um ein Vorhaben der Gemeinde selbst handelt, gegen das Einwendungen erhoben werden, sowie bei einem Vorhaben, gegen das die Gemeinde als Beteiligte Einwendungen erhoben hat; an Stelle einer Verwaltungsgemeinschaft als Baurechtsbehörde ist in diesen Fällen

bei Vorhaben sowie bei Einwendungen der Verwaltungsgemeinschaft oder einer Gemeinde, die der Verwaltungsgemeinschaft angehört, die in § 28 Absatz 2 Nummer 1 oder 2 des Gesetzes über kommunale Zusammenarbeit genannte Behörde zuständig. [2]Für die Behandlung des Bauantrags, die Bauüberwachung und die Bauabnahme gilt Absatz 1.

(3) [1]Die Erlaubnis nach den auf Grund des § 34 des Produktsicherheitsgesetzes erlassenen Vorschriften schließt eine Genehmigung oder Zustimmung nach diesem Gesetz ein. [2]Die für die Erlaubnis zuständige Behörde entscheidet im Benehmen mit der Baurechtsbehörde der gleichen Verwaltungsstufe; die Bauüberwachung nach § 66 und die Bauabnahmen nach § 67 obliegen der Baurechtsbehörde.

(4) [1]Bei Anlagen nach § 7 des Atomgesetzes schließt die atomrechtliche Genehmigung eine Genehmigung oder Zustimmung nach diesem Gesetz ein. [2]Im Übrigen ist die oberste Baurechtsbehörde sachlich zuständig für alle baulichen Anlagen auf dem Betriebsgelände, soweit sie nicht im Einzelfall die Zuständigkeit einer nachgeordneten Baurechtsbehörde überträgt.

ACHTER TEIL
Verwaltungsverfahren, Baulasten

§ 49 Genehmigungspflichtige Vorhaben

Die Errichtung und der Abbruch baulicher Anlagen sowie der in § 50 aufgeführten anderen Anlagen und Einrichtungen bedürfen der Baugenehmigung, soweit in §§ 50, 51, 69 oder 70 nichts anderes bestimmt ist.

§ 50 Verfahrensfreie Vorhaben

(1) Die Errichtung der Anlagen und Einrichtungen, die im Anhang aufgeführt sind, ist verfahrensfrei.

(2) Die Nutzungsänderung ist verfahrensfrei, wenn
1. für die neue Nutzung keine anderen oder weitergehenden Anforderungen gelten als für die bisherige Nutzung oder
2. durch die neue Nutzung zusätzlicher Wohnraum in Wohngebäuden nach Gebäudeklasse 1 bis 3 im Innenbereich geschaffen wird.

(3) Der Abbruch ist verfahrensfrei bei
1. Anlagen nach Absatz 1,
2. freistehenden Gebäuden der Gebäudeklassen 1 und 3,
3. sonstigen Anlagen, die keine Gebäude sind, mit einer Höhe bis zu 10 m.

(4) Instandhaltungsarbeiten sind verfahrensfrei.

(5) [1]Verfahrensfreie Vorhaben müssen ebenso wie genehmigungspflichtige Vorhaben den öffentlich-rechtlichen Vorschriften entsprechen. [2]§ 57 findet entsprechende Anwendung.

§ 51 Kenntnisgabeverfahren

(1) [1]Das Kenntnisgabeverfahren kann durchgeführt werden bei der Errichtung von
1. Wohngebäuden,
2. sonstigen Gebäuden der Gebäudeklassen 1 bis 3, ausgenommen Gaststätten,
3. sonstigen baulichen Anlagen, die keine Gebäude sind,
4. Nebengebäuden und Nebenanlagen zu Bauvorhaben nach den Nummern 1 bis 3,

ausgenommen Sonderbauten, soweit die Vorhaben nicht bereits nach § 50 verfahrensfrei sind und die Voraussetzungen des Absatzes 2 vorliegen. [2]Satz 1 gilt nicht für die Errichtung von
1. einem oder mehreren Gebäuden, wenn die Größe der dem Wohnen dienenden Nutzungseinheiten insgesamt mehr als 5 000 m^2 Brutto-Grundfläche beträgt, und
2. baulichen Anlagen, die öffentlich zugänglich sind, wenn dadurch erstmals oder zusätzlich die gleichzeitige Nutzung durch mehr als 100 Personen zu erwarten ist,

wenn sie innerhalb des angemessenen Sicherheitsabstands gemäß § 3 Absatz 5 c des Bundes-Immissionsschutzgesetzes (BImSchG) eines Betriebsbereichs im Sinne von § 3 Absatz 5 a BImSchG liegen und dem Gebot, einen angemessenen Sicherheitsabstand zu wahren, nicht bereits auf der Ebene der Bauleitplanung Rechnung getragen wurde.

(2) [1]Die Vorhaben nach Absatz 1 müssen liegen

1. innerhalb des Geltungsbereichs eines Bebauungsplans im Sinne des § 30 Absatz 1 BauGB, der nach dem 29. Juni 1961 rechtsverbindlich geworden ist, oder im Geltungsbereich eines Bebauungsplans im Sinne der §§ 12, 30 Absatz 2 BauGB und
2. außerhalb des Geltungsbereichs einer Veränderungssperre im Sinne des § 14 BauGB.

[2]Sie dürfen den Festsetzungen des Bebauungsplans nicht widersprechen.

(3) Beim Abbruch von Anlagen und Einrichtungen wird das Kenntnisgabeverfahren durchgeführt, soweit die Vorhaben nicht bereits nach § 50 Absatz 3 verfahrensfrei sind.

(4) Kenntnisgabepflichtige Vorhaben müssen ebenso wie genehmigungspflichtige Vorhaben den öffentlich-rechtlichen Vorschriften entsprechen.

(5) Der Bauherr kann beantragen, dass bei Vorhaben, die Absatz 1 oder 3 entsprechen, ein Baugenehmigungsverfahren durchgeführt wird; bei Wohngebäuden der Gebäudeklassen 1 bis 3 sowie deren Nebengebäuden und Nebenanlagen ist als weiteres Verfahren nur das vereinfachte Baugenehmigungsverfahren nach § 52 eröffnet.

§ 52 Vereinfachtes Baugenehmigungsverfahren

(1) Das vereinfachte Baugenehmigungsverfahren kann bei Bauvorhaben nach § 51 Absatz 1 Satz 1 durchgeführt werden.

(2) Im vereinfachten Baugenehmigungsverfahren prüft die Baurechtsbehörde

1. die Übereinstimmung mit den Vorschriften über die Zulässigkeit der baulichen Anlagen nach den §§ 14 und 29 bis 38 BauGB,

2. die Übereinstimmung mit den §§ 5 bis 7,
3. andere öffentlich-rechtliche Vorschriften außerhalb dieses Gesetzes und außerhalb von Vorschriften auf Grund dieses Gesetzes,
   a) soweit in diesen Anforderungen an eine Baugenehmigung gestellt werden oder
   b) soweit es sich um Vorhaben im Außenbereich handelt, im Umfang des § 58 Absatz 1 Satz 2.

(3) Auch soweit Absatz 2 keine Prüfung vorsieht, müssen Bauvorhaben im vereinfachten Verfahren den öffentlich-rechtlichen Vorschriften entsprechen.
(4) Über Abweichungen, Ausnahmen und Befreiungen von Vorschriften nach diesem Gesetz oder auf Grund dieses Gesetzes, die nach Absatz 2 nicht geprüft werden, entscheidet die Baurechtsbehörde auf besonderen Antrag im Rahmen des vereinfachten Baugenehmigungsverfahrens.

§ 53 Bauvorlagen und Bauantrag

(1) [1]Alle für die Durchführung des Baugenehmigungsverfahrens oder des Kenntnisgabeverfahrens erforderlichen Unterlagen (Bauvorlagen) und Anträge auf Abweichungen, Ausnahmen und Befreiungen sind bei der Gemeinde einzureichen. [2]Bei genehmigungspflichtigen Vorhaben ist zusammen mit den Bauvorlagen der Antrag auf Baugenehmigung (Bauantrag) einzureichen.
(2) Der Bauantrag und die Bauvorlagen sind in Textform nach § 126 b des Bürgerlichen Gesetzbuchs einzureichen.
(3) [1]Zum Bauantrag wird die Gemeinde gehört, wenn sie nicht selbst Baurechtsbehörde ist.
(4) [1]Soweit es für die Feststellung notwendig ist, ob dem Vorhaben von der Baurechtsbehörde zu prüfende öffentlich-rechtliche Vorschriften im Sinne des § 58 Absatz 1 Satz 1 entgegenstehen, sollen die Stellen gehört werden, deren Aufgabenbereich berührt wird. [2]Ist die Beteiligung einer Stelle nur erforderlich, um das Vorliegen von fachtechnischen Voraussetzungen in öffentlich-rechtlichen Vorschriften zu prüfen, kann die Baurechtsbehörde mit Einverständnis

des Bauherrn und auf dessen Kosten dies durch Sachverständige prüfen lassen. [3]Sie kann vom Bauherrn die Bestätigung eines Sachverständigen verlangen, dass die fachtechnischen Voraussetzungen vorliegen.

(5) Im Kenntnisgabeverfahren hat die Gemeinde innerhalb von fünf Arbeitstagen

1. dem Bauherrn den Zeitpunkt des Eingangs der vollständigen Bauvorlagen schriftlich zu bestätigen und
2. die Bauvorlagen, wenn sie nicht selbst Baurechtsbehörde ist, unter Zurückbehaltung einer Ausfertigung an die Baurechtsbehörde weiterzuleiten.

(6) [1]Absatz 5 gilt nicht, wenn die Gemeinde feststellt, dass

1. die Bauvorlagen unvollständig sind,
2. die Erschließung des Vorhabens nicht gesichert ist,
3. eine hindernde Baulast besteht
   oder
4. das Vorhaben in einem förmlich festgelegten Sanierungsgebiet im Sinne des § 142 BauGB, in einem förmlich festgelegten städtebaulichen Entwicklungsbereich im Sinne des § 165 BauGB oder in einem förmlich festgelegten Gebiet im Sinne des § 171 d oder des § 172 BauGB liegt und die hierfür erforderlichen Genehmigungen nicht beantragt worden sind.

[2]Die Gemeinde hat dies dem Bauherrn innerhalb von fünf Arbeitstagen mitzuteilen.

§ 54 Fristen im Genehmigungsverfahren, gemeindliches Einvernehmen

(1) [1]Die Baurechtsbehörde hat innerhalb von zehn Arbeitstagen nach Eingang den Bauantrag und die Bauvorlagen auf Vollständigkeit zu überprüfen. [2]Sind sie unvollständig oder entsprechen sie nicht den Formanforderungen, hat die Baurechtsbehörde dem Bauherrn unverzüglich mitzuteilen, welche Ergänzungen erforderlich sind und dass ohne Behebung der Mängel innerhalb der dem Bauherrn gesetzten, angemessenen Frist der Bauantrag zurückgewiesen

werden kann. [3]Stellt sich heraus, dass der Bauantrag gemäß den eingereichten Bauvorlagen nicht genehmigungsfähig ist, aber die notwendigen Änderungen oder Ergänzungen keinen neuen Bauantrag erfordern, soll dem Bauherrn die Gelegenheit zur Nachbesserung gegeben werden; bis zum Eingang der nachgebesserten Bauvorlagen bei der Baurechtsbehörde sind alle Fristabläufe gehemmt.

(2) Sobald der Bauantrag und die Bauvorlagen vollständig sind, hat die Baurechtsbehörde unverzüglich

1. dem Bauherrn ihren Eingang und den nach Absatz 5 ermittelten Zeitpunkt der Entscheidung, jeweils mit Datumsangabe, in Textform mitzuteilen,
2. die Gemeinde und die berührten Stellen nach § 53 Absätze 3 und 4 zu hören.

(3) [1]Für die Abgabe der Stellungnahmen setzt die Baurechtsbehörde der Gemeinde und den berührten Stellen eine angemessene Frist; sie darf höchstens einen Monat betragen. [2]Äußern sich die Gemeinde oder die berührten Stellen nicht fristgemäß, kann die Baurechtsbehörde davon ausgehen, dass keine Bedenken bestehen. [3]Bedarf nach Landesrecht die Erteilung der Baugenehmigung des Einvernehmens oder der Zustimmung einer anderen Stelle, so gilt diese als erteilt, wenn sie nicht innerhalb eines Monats nach Eingang des Ersuchens unter Angabe der Gründe verweigert wird.

(4) [1]Hat eine Gemeinde ihr nach § 14 Absatz 2 Satz 2, § 22 Absatz 5 Satz 1, § 36 Absatz 1 Sätze 1 und 2 BauGB erforderliches Einvernehmen rechtswidrig versagt, hat die zuständige Genehmigungsbehörde das fehlende Einvernehmen nach Maßgabe der Sätze 2 bis 7 zu ersetzen. [2]§ 121 der Gemeindeordnung findet keine Anwendung. [3]Die Genehmigung gilt zugleich als Ersatzvornahme. [4]Sie ist insoweit zu begründen. [5]Widerspruch und Anfechtungsklage haben auch insoweit keine aufschiebende Wirkung, als die Genehmigung als Ersatzvornahme gilt. [6]Die Gemeinde ist vor der Erteilung der Genehmigung anzuhören. [7]Dabei ist ihr Gelegenheit zu geben, binnen

angemessener Frist erneut über das gemeindliche Einvernehmen zu entscheiden.

(5) [1]Die Baurechtsbehörde hat über den Bauantrag innerhalb von zwei Monaten, im vereinfachten Baugenehmigungsverfahren und in den Fällen des § 56 Absatz 6 sowie des § 57 Absatz 1 innerhalb eines Monats zu entscheiden. [2]Die Frist nach Satz 1 beginnt, sobald die vollständigen Bauvorlagen und alle für die Entscheidung notwendigen Stellungnahmen und Mitwirkungen vorliegen, spätestens jedoch nach Ablauf der Fristen nach Absatz 3 und nach § 36 Absatz 2 Satz 2 BauGB sowie nach § 12 Absatz 2 Sätze 2 und 3 des Luftverkehrsgesetzes.

(6) Die Fristen nach Absatz 3 dürfen nur ausnahmsweise bis zu einem Monat verlängert werden, im vereinfachten Baugenehmigungsverfahren jedoch nur, wenn das Einvernehmen der Gemeinde nach § 36 Absatz 1 Sätze 1 und 2 BauGB erforderlich ist.

§ 55 Beteiligung der Nachbarn und der Öffentlichkeit

(1) [1]Die Gemeinde benachrichtigt die Eigentümer angrenzender Grundstücke (Angrenzer) innerhalb von fünf Arbeitstagen ab dem Eingang der vollständigen Bauvorlagen von dem Bauvorhaben. [2]Die Benachrichtigung ist nicht erforderlich bei Angrenzern, die

1. eine schriftliche Zustimmungserklärung abgegeben oder die Bauvorlagen unterschrieben haben oder
2. durch das Vorhaben offensichtlich nicht berührt werden.

[3]Die Gemeinde kann auch sonstige Eigentümer benachbarter Grundstücke (sonstige Nachbarn), deren öffentlich-rechtlich geschützte nachbarliche Belange berührt sein können, innerhalb der Frist des Satzes 1 benachrichtigen. [4]Bei Eigentümergemeinschaften nach dem Wohnungseigentumsgesetz genügt die Benachrichtigung des Verwalters.

(2) [1]Einwendungen sind innerhalb von vier Wochen nach Zustellung der Benachrichtigung bei der Gemeinde in Textform oder zur Niederschrift vorzubringen. [2]Die vom Bauantrag durch Zustellung benachrichtigten Angrenzer und sonstigen Nachbarn werden mit al-

len Einwendungen ausgeschlossen, die im Rahmen der Beteiligung nicht fristgemäß geltend gemacht worden sind und sich auf von der Baurechtsbehörde zu prüfende öffentlich-rechtliche Vorschriften beziehen (materielle Präklusion). [3]Auf diese Rechtsfolge ist in der Benachrichtigung hinzuweisen. [4]Die Gemeinde leitet die bei ihr eingegangenen Einwendungen zusammen mit ihrer Stellungnahme innerhalb der Frist des § 54 Absatz 3 an die Baurechtsbehörde weiter.

(3) [1]Bei Vorhaben im Kenntnisgabeverfahren gilt Absatz 1 entsprechend. [2]Bedenken können innerhalb von zwei Wochen nach Zugang der Benachrichtigung bei der Gemeinde vorgebracht werden. [3]Die Gemeinde hat sie unverzüglich an die Baurechtsbehörde weiterzuleiten. [4]Für die Behandlung der Bedenken gilt § 47 Absatz 1. [5]Die Angrenzer und sonstigen Nachbarn werden über das Ergebnis unterrichtet.

(4) Bei der Errichtung von

1. einem oder mehreren Gebäuden, wenn die Größe der dem Wohnen dienenden Nutzungseinheiten insgesamt mehr als 5 000 m^2 Brutto-Grundfläche beträgt,
2. baulichen Anlagen, die öffentlich zugänglich sind, wenn dadurch erstmals oder zusätzlich die gleichzeitige Nutzung durch mehr als 100 Personen zu erwarten ist, und
3. Sonderbauten nach § 38 Absatz 2 Nummer 5, 6, 8, 12, 14 und 17

ist eine Öffentlichkeitsbeteiligung nach § 23 b Absatz 2 BImSchG durchzuführen, wenn die Bauvorhaben innerhalb des angemessenen Sicherheitsabstands gemäß § 3 Absatz 5 c BImSchG eines Betriebsbereichs im Sinne von § 3 Absatz 5 a BImSchG liegen und dem Gebot, einen angemessenen Sicherheitsabstand zu wahren, nicht bereits auf der Ebene der Bauleitplanung in einem öffentlichen Verfahren Rechnung getragen wurde.

§ 56 Abweichungen, Ausnahmen und Befreiungen

(1) Abweichungen von technischen Bauvorschriften sind zuzulassen, wenn auf andere Weise dem Zweck dieser Vorschriften nachweislich entsprochen wird.

(2) Ferner sind Abweichungen von den Vorschriften in den §§ 4 bis 37 dieses Gesetzes oder aufgrund dieses Gesetzes zuzulassen

1. zur Modernisierung von Wohnungen und Wohngebäuden, Teilung von Wohnungen oder Schaffung von zusätzlichem Wohnraum durch Ausbau, Anbau, Nutzungsänderung, Aufstockung oder Änderung des Daches, wenn die Baugenehmigung oder die Kenntnisgabe für die Errichtung des Gebäudes mindestens fünf Jahre zurückliegt,
2. zur Erhaltung und weiteren Nutzung von Kulturdenkmalen,
3. zur Verwirklichung von Vorhaben zur Energieeinsparung und zur Nutzung erneuerbarer Energien,
4. zur praktischen Erprobung neuer Bau- und Wohnformen im Wohnungsbau,

wenn die Abweichungen mit den öffentlichen Belangen vereinbar sind.

(3) Ausnahmen, die in diesem Gesetz oder in Vorschriften auf Grund dieses Gesetzes vorgesehen sind, können zugelassen werden, wenn sie mit den öffentlichen Belangen vereinbar sind und die für die Ausnahmen festgelegten Voraussetzungen vorliegen.

(4) Ferner können Ausnahmen von den Vorschriften in den §§ 4 bis 37 dieses Gesetzes oder auf Grund dieses Gesetzes zugelassen werden

1. bei Gemeinschaftsunterkünften, die der vorübergehenden Unterbringung oder dem vorübergehenden Wohnen dienen,
2. bei baulichen Anlagen, die nach der Art ihrer Ausführung für eine dauernde Nutzung nicht geeignet sind und die für eine begrenzte Zeit aufgestellt werden (Behelfsbauten),
3. bei kleinen, Nebenzwecken dienenden Gebäuden ohne Feuerstätten, wie Geschirrhütten,
4. bei freistehenden anderen Gebäuden, die allenfalls für einen zeitlich begrenzten Aufenthalt bestimmt sind, wie Gartenhäuser, Wochenendhäuser oder Schutzhütten.

(5) [1]Von den Vorschriften in den §§ 4 bis 39 dieses Gesetzes oder auf Grund dieses Gesetzes kann Befreiung erteilt werden, wenn

1. Gründe des allgemeinen Wohls die Abweichung erfordern oder
2. die Einhaltung der Vorschrift im Einzelfall zu einer offenbar nicht beabsichtigten Härte führen würde

und die Abweichung auch unter Würdigung nachbarlicher Interessen mit den öffentlichen Belangen vereinbar ist. [2]Gründe des allgemeinen Wohls liegen auch bei Vorhaben zur Deckung dringenden Wohnbedarfs vor. [3]Bei diesen Vorhaben kann auch in mehreren vergleichbaren Fällen eine Befreiung erteilt werden.

(6) [1]Ist für verfahrensfreie Vorhaben eine Abweichung, Ausnahme oder Befreiung erforderlich, so ist diese in Textform besonders zu beantragen. [2]§ 54 Absatz 4 findet entsprechende Anwendung.

§ 57 Bauvorbescheid

(1) [1]Vor Einreichen des Bauantrags kann auf Antrag des Bauherrn in Textform ein schriftlicher Bescheid zu einzelnen Fragen des Vorhabens erteilt werden (Bauvorbescheid). [2]Der Bauvorbescheid gilt drei Jahre.

(2) § 53 Absatz 1 bis 4, §§ 54, 55 Absatz 1 und 2, § 58 Absatz 1 bis 3 sowie § 62 Absatz 2 gelten entsprechend.

§ 58 Baugenehmigung

(1) [1]Die Baugenehmigung ist zu erteilen, wenn dem genehmigungspflichtigen Vorhaben keine von der Baurechtsbehörde zu prüfenden öffentlich-rechtlichen Vorschriften entgegenstehen. [2]Soweit nicht § 52 Anwendung findet, sind alle öffentlich-rechtlichen Vorschriften zu prüfen, die Anforderungen an das Bauvorhaben enthalten und über deren Einhaltung nicht eine andere Behörde in einem gesonderten Verfahren durch Verwaltungsakt entscheidet. [3]Die Baugenehmigung bedarf der Schriftform. [4]Erleichterungen, Abweichungen, Ausnahmen und Befreiungen sind ausdrücklich auszusprechen. [5]Die Baugenehmigung ist nur insoweit zu begründen, als sie Abweichungen, Ausnahmen oder Befreiungen von nachbarschützenden Vorschriften enthält und der Nachbar Einwendungen erhoben hat. [6]Eine Ausfertigung der mit Genehmigungsvermerk versehe-

nen Bauvorlagen ist dem Antragsteller mit der Baugenehmigung zuzustellen. [7]Eine Ausfertigung der Baugenehmigung ist auch Angrenzern und sonstigen Nachbarn zuzustellen, deren Einwendungen gegen das Vorhaben nicht entsprochen wird; auszunehmen sind solche Angaben, die wegen berechtigter Interessen der Beteiligten geheim zu halten sind.

(2) Die Baugenehmigung gilt auch für und gegen den Rechtsnachfolger des Bauherrn.

(3) Die Baugenehmigung wird unbeschadet privater Rechte Dritter erteilt.

(4) [1]Behelfsbauten dürfen nur befristet oder widerruflich genehmigt werden. [2]Nach Ablauf der gesetzten Frist oder nach Widerruf ist die Anlage ohne Entschädigung zu beseitigen und ein ordnungsgemäßer Zustand herzustellen.

(5) Die Gemeinde ist, wenn sie nicht Baurechtsbehörde ist, von jeder Baugenehmigung durch Übersendung einer Abschrift des Bescheides und der Pläne zu unterrichten.

(6) [1]Auch nach Erteilung der Baugenehmigung können Anforderungen gestellt werden, um Gefahren für Leben oder Gesundheit oder bei der Genehmigung nicht voraussehbare Gefahren oder erhebliche Nachteile oder Belästigungen von der Allgemeinheit oder den Benutzern der baulichen Anlagen abzuwenden. [2]Bei Gefahr im Verzug kann bis zur Erfüllung dieser Anforderungen die Benutzung der baulichen Anlage eingeschränkt oder untersagt werden.

§ 59 Baubeginn

(1) [1]Mit der Ausführung genehmigungspflichtiger Vorhaben darf erst nach Erteilung des Baufreigabescheins begonnen werden. [2]Der Baufreigabeschein ist zu erteilen, wenn die in der Baugenehmigung für den Baubeginn enthaltenen Auflagen und Bedingungen erfüllt sind. [3]Enthält die Baugenehmigung keine solchen Auflagen oder Bedingungen, so ist der Baufreigabeschein mit der Baugenehmigung zu erteilen. [4]Der Baufreigabeschein muss die Bezeichnung des Bauvorhabens und die Namen und Anschriften des Entwurfsverfassers und des Bauleiters enthalten und ist dem Bauherrn zuzustellen.

(2) Der Bauherr hat den Baubeginn genehmigungspflichtiger Vorhaben und die Wiederaufnahme der Bauarbeiten nach einer Unterbrechung von mehr als sechs Monaten vorher der Baurechtsbehörde in Textform mitzuteilen.

(3) [1]Vor Baubeginn müssen bei genehmigungspflichtigen Vorhaben Grundriss und Höhenlage der baulichen Anlage auf dem Baugrundstück festgelegt sein. [2]Die Baurechtsbehörde kann verlangen, dass diese Festlegungen durch einen Sachverständigen vorgenommen werden.

(4) Bei Vorhaben im Kenntnisgabeverfahren darf mit der Ausführung begonnen werden

1. bei Vorhaben, denen die Angrenzer schriftlich zugestimmt haben, zwei Wochen,
2. bei sonstigen Vorhaben ein Monat

nach Eingang der vollständigen Bauvorlagen bei der Gemeinde, es sei denn, der Bauherr erhält eine Mitteilung nach § 53 Absatz 6 oder der Baubeginn wird nach § 47 Absatz 1 oder vorläufig auf Grund von § 15 Absatz 1 Satz 2 BauGB untersagt.

(5) Bei Vorhaben im Kenntnisgabeverfahren hat der Bauherr vor Baubeginn

1. die bautechnischen Nachweise von einem Sachverständigen prüfen zu lassen, soweit nichts anderes bestimmt ist; die Prüfung muss vor Baubeginn, spätestens jedoch vor Ausführung der jeweiligen Bauabschnitte abgeschlossen sein,
2. Grundriss und Höhenlage von Gebäuden auf dem Baugrundstück durch einen Sachverständigen festlegen zu lassen, soweit nichts anderes bestimmt ist,
3. dem bevollmächtigten Bezirksschornsteinfeger technische Angaben über Feuerungsanlagen sowie über ortsfeste Blockheizkraftwerke und Verbrennungsmotoren in Gebäuden vorzulegen.

(6) Bei Vorhaben im Kenntnisgabeverfahren innerhalb eines förmlich festgelegten Sanierungsgebietes im Sinne des § 142 BauGB, eines förmlich festgelegten städtebaulichen Entwicklungsbereiches im Sinne des § 165 BauGB oder eines förmlich festgelegten Gebiets

im Sinne des § 171 d oder § 172 BauGB müssen vor Baubeginn die hierfür erforderlichen Genehmigungen vorliegen.

§ 60 Sicherheitsleistung

(1) Die Baurechtsbehörde kann die Leistung einer Sicherheit verlangen, soweit sie erforderlich ist, um die Erfüllung von Auflagen oder sonstigen Verpflichtungen zu sichern.
(2) Auf Sicherheitsleistungen sind die §§ 232, 234 bis 240 des Bürgerlichen Gesetzbuchs anzuwenden.

§ 61 Teilbaugenehmigung

(1) [1]Ist ein Bauantrag eingereicht, so kann der Beginn der Bauarbeiten für die Baugrube und für einzelne Bauteile oder Bauabschnitte auf Antrag in Textform schon vor Erteilung der Baugenehmigung schriftlich zugelassen werden, wenn nach dem Stand der Prüfung des Bauantrags gegen die Teilausführung keine Bedenken bestehen (Teilbaugenehmigung). [2]§§ 54, 58 Absatz 1 bis 5 sowie § 59 Absatz 1 bis 3 gelten entsprechend.
(2) In der Baugenehmigung können für die bereits genehmigten Teile des Vorhabens, auch wenn sie schon ausgeführt sind, zusätzliche Anforderungen gestellt werden, wenn sich bei der weiteren Prüfung der Bauvorlagen ergibt, dass die zusätzlichen Anforderungen nach § 3 Absatz 1 Satz 1 erforderlich sind.

§ 62 Geltungsdauer der Baugenehmigung

(1) Die Baugenehmigung und die Teilbaugenehmigung erlöschen, wenn nicht innerhalb von drei Jahren nach Erteilung der Genehmigung mit der Bauausführung begonnen oder wenn sie nach diesem Zeitraum ein Jahr unterbrochen worden ist.
(2) [1]Die Frist nach Absatz 1 kann auf Antrag in Textform jeweils bis zu drei Jahren schriftlich verlängert werden. [2]Die Frist kann auch rückwirkend verlängert werden, wenn der Antrag vor Fristablauf bei der Baurechtsbehörde eingegangen ist.

(3) [1]Wird die Nutzung einer Tierhaltungsanlage im Sinne der Geruchsimmissions-Richtlinie innerhalb eines im Zusammenhang bebauten Ortsteils während eines Zeitraums von mehr als sechs Jahren durchgehend unterbrochen, erlischt die Baugenehmigung für die unterbrochene Nutzung. [2]Die Frist kann auf schriftlichen Antrag um bis zu zwei Jahre verlängert werden. [3]Darüber hinaus kann sie bis auf insgesamt zehn Jahre verlängert werden, wenn ein berechtigtes Interesse an der Fortsetzung der Nutzungsunterbrechung besteht. [4]Die Frist kann auch rückwirkend verlängert werden, wenn der Antrag vor Fristablauf bei der Baurechtsbehörde eingegangen ist. [5]Wer ein berechtigtes Interesse an der Feststellung hat, kann beantragen, dass die Baurechtsbehörde das Erlöschen oder das Fortbestehen der Baugenehmigung feststellt.

§ 63 Verbot unrechtmäßig gekennzeichneter Bauprodukte

Sind Bauprodukte entgegen § 21 mit dem Ü-Zeichen gekennzeichnet, so kann die Baurechtsbehörde die Verwendung dieser Bauprodukte untersagen und deren Kennzeichnung entwerten oder beseitigen lassen.

§ 64 Einstellung von Arbeiten

(1) [1]Werden Anlagen im Widerspruch zu öffentlich-rechtlichen Vorschriften errichtet oder abgebrochen, so kann die Baurechtsbehörde die Einstellung der Arbeiten anordnen. [2]Dies gilt insbesondere, wenn

1. die Ausführung eines Vorhabens entgegen § 59 begonnen wurde,
2. das Vorhaben ohne die erforderlichen Bauabnahmen (§ 67) oder Nachweise (§ 66 Absatz 2 und 4) oder über die Teilbaugenehmigung (§ 61) hinaus fortgesetzt wurde,
3. bei der Ausführung eines Vorhabens
   a) von der erteilten Baugenehmigung oder Zustimmung,
   b) im Kenntnisgabeverfahren von den eingereichten Bauvorlagen abgewichen wird, es sei denn die Abweichung ist nach § 50 verfahrensfrei,

4. Bauprodukte verwendet werden, die entgegen der Verordnung (EU) Nummer 305/2011 keine CE-Kennzeichnung oder entgegen § 21 kein Ü-Zeichen tragen oder unberechtigt damit gekennzeichnet sind.

[3]Widerspruch und Anfechtungsklage gegen die Anordnung der Einstellung der Arbeiten haben keine aufschiebende Wirkung.

(2) Werden Arbeiten trotz schriftlich oder mündlich verfügter Einstellung fortgesetzt, so kann die Baurechtsbehörde die Baustelle versiegeln und die an der Baustelle vorhandenen Baustoffe, Bauteile, Baugeräte, Baumaschinen und Bauhilfsmittel in amtlichen Gewahrsam nehmen.

§ 65 Abbruchsanordnung und Nutzungsuntersagung

(1) [1]Der teilweise oder vollständige Abbruch einer Anlage, die im Widerspruch zu öffentlich-rechtlichen Vorschriften errichtet wurde, kann angeordnet werden, wenn nicht auf andere Weise rechtmäßige Zustände hergestellt werden können. [2]Werden Anlagen im Widerspruch zu öffentlich-rechtlichen Vorschriften genutzt, so kann diese Nutzung untersagt werden.

(2) Soweit bauliche Anlagen nicht genutzt werden und im Verfall begriffen sind, kann die Baurechtsbehörde die Grundstückseigentümer und Erbbauberechtigten verpflichten, die Anlage abzubrechen oder zu beseitigen; die Bestimmungen des Denkmalschutzgesetzes bleiben unberührt.

§ 66 Bauüberwachung

(1) [1]Die Baurechtsbehörde kann die Ordnungsmäßigkeit der Bauausführung und die ordnungsgemäße Erfüllung der Pflichten der am Bau Beteiligten nach den §§ 42 bis 45 überprüfen. [2]Sie kann verlangen, dass Beginn und Beendigung bestimmter Bauarbeiten angezeigt werden.

(2) [1]Die Ordnungsmäßigkeit der Bauausführung umfasst auch die Tauglichkeit der Gerüste und Absteifungen sowie die Bestimmungen zum Schutze der allgemeinen Sicherheit. [2]Die Baurechtsbe-

hörde und die von ihr Beauftragten können Proben von Bauprodukten, soweit erforderlich auch aus fertigen Bauteilen, entnehmen und prüfen oder prüfen lassen.

(3) [1]Den mit der Überwachung beauftragten Personen ist jederzeit Zutritt zu Baustellen und Betriebsstätten sowie Einblick in Genehmigungen und Zulassungen, Prüfzeugnisse, Übereinstimmungserklärungen, Übereinstimmungszertifikate, Überwachungsnachweise, Zeugnisse und Aufzeichnungen über die Prüfung von Bauprodukten, in die CE-Kennzeichnungen und Leistungserklärungen nach der Verordnung (EU) Nummer 305/2011, in die Bautagebücher und andere vorgeschriebene Aufzeichnungen zu gewähren. [2]Der Bauherr hat die für die Überwachung erforderlichen Arbeitskräfte und Geräte zur Verfügung zu stellen.

(4) Die Baurechtsbehörde kann einen Nachweis darüber verlangen, dass die Grundflächen, Abstände und Höhenlagen der Gebäude eingehalten sind.

(5) Die Baurechtsbehörde soll, soweit sie im Rahmen der Bauüberwachung Erkenntnisse über systematische Rechtsverstöße gegen die Verordnung (EU) Nummer 305/2011 erlangt, diese der für die Marktüberwachung zuständigen Stelle mitteilen.

§ 67 Bauabnahmen, Inbetriebnahme der Feuerungsanlagen

(1) Soweit es bei genehmigungspflichtigen Vorhaben zur Wirksamkeit der Bauüberwachung erforderlich ist, kann in der Baugenehmigung oder der Teilbaugenehmigung, aber auch noch während der Bauausführung die Abnahme

1. bestimmter Bauteile oder Bauarbeiten und
2. der baulichen Anlage nach ihrer Fertigstellung

vorgeschrieben werden.

(2) [1]Schreibt die Baurechtsbehörde eine Abnahme vor, hat der Bauherr rechtzeitig in Textform mitzuteilen, wann die Voraussetzungen für die Abnahme gegeben sind. [2]Der Bauherr oder die Unternehmer haben auf Verlangen die für die Abnahmen erforderlichen Arbeitskräfte und Geräte zur Verfügung zu stellen.

(3) [1]Bei Beanstandungen kann die Abnahme abgelehnt werden. [2]Über die Abnahme stellt die Baurechtsbehörde auf Verlangen des Bauherrn eine Bescheinigung aus (Abnahmeschein).
(4) [1]Die Baurechtsbehörde kann verlangen, dass bestimmte Bauarbeiten erst nach einer Abnahme durchgeführt oder fortgesetzt werden. [2]Sie kann aus den Gründen des § 3 Absatz 1 auch verlangen, dass eine bauliche Anlage erst nach einer Abnahme in Gebrauch genommen wird.
(5) [1]Bei genehmigungspflichtigen und bei kenntnisgabepflichtigen Vorhaben dürfen die Feuerungsanlagen erst in Betrieb genommen werden, wenn der bevollmächtigte Bezirksschornsteinfeger die Brandsicherheit und die sichere Abführung der Verbrennungsgase bescheinigt hat. [2]Satz 1 gilt für ortsfeste Blockheizkraftwerke und Verbrennungsmotoren in Gebäuden entsprechend.

§ 68 Typenprüfung

(1) [1]Für bauliche Anlagen oder Teile baulicher Anlagen, die in derselben Ausführung an mehreren Stellen errichtet oder verwendet werden sollen, können die Nachweise der Standsicherheit, des Schallschutzes oder der Feuerwiderstandsdauer der Bauteile allgemein geprüft werden (Typenprüfung). [2]Eine Typenprüfung kann auch erteilt werden für bauliche Anlagen, die in unterschiedlicher Ausführung, aber nach einem bestimmten System und aus bestimmten Bauteilen an mehreren Stellen errichtet werden sollen; in der Typenprüfung ist die zulässige Veränderbarkeit festzulegen.
(2) [1]Die Typenprüfung wird auf Antrag in Textform von einem Prüfamt für Baustatik durchgeführt. [2]Soweit die Typenprüfung ergibt, dass die Ausführung den öffentlich-rechtlichen Vorschriften entspricht, ist dies durch Bescheid festzustellen. [3]Die Typenprüfung darf nur widerruflich und für eine Frist von bis zu fünf Jahren erteilt oder verlängert werden. [4]§ 62 Absatz 2 Satz 2 gilt entsprechend.
(3) Die in der Typenprüfung entschiedenen Fragen werden von der Baurechtsbehörde nicht mehr geprüft.
(4) Typenprüfungen anderer Bundesländer gelten auch in Baden-Württemberg.

§ 69 Fliegende Bauten

(1) [1]Fliegende Bauten sind bauliche Anlagen, die geeignet und bestimmt sind, an verschiedenen Orten wiederholt aufgestellt und abgebaut zu werden. [2]Baustelleneinrichtungen und Baugerüste gelten nicht als Fliegende Bauten.

(2) [1]Fliegende Bauten bedürfen, bevor sie erstmals aufgestellt und in Gebrauch genommen werden, einer Ausführungsgenehmigung. [2]Dies gilt nicht für unbedeutende Fliegende Bauten, an die besondere Sicherheitsanforderungen nicht gestellt werden, sowie für Fliegende Bauten, die der Landesverteidigung dienen.

(3) Zuständig für die Erteilung der Ausführungsgenehmigung ist die von der obersten Baurechtsbehörde in einer Rechtsverordnung nach § 73 Absatz 8 Nummer 1 bestimmte Stelle.

(4) [1]Die Ausführungsgenehmigung wird für eine bestimmte Frist erteilt, die fünf Jahre nicht überschreiten soll. [2]Sie kann auf Antrag in Textform jeweils bis zu fünf Jahren verlängert werden. [3]§ 62 Absatz 2 Satz 2 gilt entsprechend. [4]Die Ausführungsgenehmigung und deren Verlängerung werden in ein Prüfbuch eingetragen, dem eine Ausfertigung der mit Genehmigungsvermerk versehenen Bauvorlagen beizufügen ist.

(5) [1]Der Inhaber der Ausführungsgenehmigung hat den Wechsel seines Wohnsitzes oder seiner gewerblichen Niederlassung oder die Übertragung eines Fliegenden Baues an Dritte der Behörde, die die Ausführungsgenehmigung erteilt hat, anzuzeigen. [2]Diese hat die Änderungen in das Prüfbuch einzutragen und sie, wenn mit den Änderungen ein Wechsel der Zuständigkeit verbunden ist, der nunmehr zuständigen Behörde mitzuteilen.

(6) [1]Fliegende Bauten, die nach Absatz 2 einer Ausführungsgenehmigung bedürfen, dürfen unbeschadet anderer Vorschriften nur in Gebrauch genommen werden, wenn ihre Aufstellung der Baurechtsbehörde des Aufstellungsortes unter Vorlage des Prüfbuches angezeigt ist. [2]Die Baurechtsbehörde kann die Inbetriebnahme von einer Gebrauchsabnahme abhängig machen. [3]Das Ergebnis der Abnahme ist in das Prüfbuch einzutragen. [4]Wenn eine Gefährdung im Sinne

des § 3 Absatz 1 nicht zu erwarten ist, kann in der Ausführungsgenehmigung bestimmt werden, dass Anzeigen nach Satz 1 nicht erforderlich sind.

(7) [1]Die für die Gebrauchsabnahme zuständige Baurechtsbehörde kann Auflagen machen oder die Aufstellung oder den Gebrauch Fliegender Bauten untersagen, soweit dies nach den örtlichen Verhältnissen oder zur Abwehr von Gefahren erforderlich ist, insbesondere weil

1. die Betriebs- oder Standsicherheit nicht gewährleistet ist,
2. von der Ausführungsgenehmigung abgewichen wird oder
3. die Ausführungsgenehmigung abgelaufen ist.

[2]Wird die Aufstellung oder der Gebrauch wegen Mängeln am Fliegenden Bau untersagt, so ist dies in das Prüfbuch einzutragen; ist die Beseitigung der Mängel innerhalb angemessener Frist nicht zu erwarten, so ist das Prüfbuch einzuziehen und der für die Erteilung der Ausführungsgenehmigung zuständigen Behörde zuzuleiten.

(8) [1]Bei Fliegenden Bauten, die längere Zeit an einem Aufstellungsort betrieben werden, kann die für die Gebrauchsabnahme zuständige Baurechtsbehörde Nachabnahmen durchführen. [2]Das Ergebnis der Nachabnahmen ist in das Prüfbuch einzutragen.

(9) § 47 Absatz 2, § 53 Absätze 1 bis 4 sowie § 54 Absatz 1 gelten entsprechend.

(10) Ausführungsgenehmigungen anderer Bundesländer gelten auch in Baden-Württemberg.

§ 70 Zustimmungsverfahren, Vorhaben der Landesverteidigung

(1) [1]An die Stelle der Baugenehmigung tritt die Zustimmung, wenn

1. der Bund, ein Land, eine andere Gebietskörperschaft des öffentlichen Rechts oder eine Kirche Bauherr ist und
2. der Bauherr die Leitung der Entwurfsarbeiten und die Bauüberwachung geeigneten Fachkräften seiner Baubehörde übertragen hat.

[2]Dies gilt entsprechend für Vorhaben Dritter, die in Erfüllung einer staatlichen Baupflicht vom Land durchgeführt werden.

(2) [1]Der Antrag auf Zustimmung ist bei der unteren Baurechtsbehörde einzureichen. [2]Hinsichtlich des Prüfungsumfangs gilt § 52 Absatz 2. [3]§ 52 Absatz 3, § 53 Absätze 1 bis 4, § 54 Absatz 1 und 4, § 55 Absatz 1, 2 und 4, §§ 56, 58, 59 Absatz 1 bis 3, §§ 61, 62, 64, 65 sowie § 67 Absatz 5 gelten entsprechend. [4]Die Fachkräfte nach Absatz 1 Satz 1 Nummer 2 sind der Baurechtsbehörde zu benennen. [5]Die bautechnische Prüfung sowie Bauüberwachung und Bauabnahmen finden nicht statt.

(3) [1]Vorhaben, die der Landesverteidigung dienen, bedürfen weder einer Baugenehmigung noch einer Kenntnisgabe nach § 51 noch einer Zustimmung nach Absatz 1. [2]Sie sind statt dessen der höheren Baurechtsbehörde vor Baubeginn in geeigneter Weise zur Kenntnis zu bringen.

(4) Der Bauherr ist dafür verantwortlich, dass Entwurf und Ausführung von Vorhaben nach den Absätzen 1 und 3 den öffentlich-rechtlichen Vorschriften entsprechen.

§ 71 Übernahme von Baulasten

(1) [1]Durch Erklärung gegenüber der Baurechtsbehörde können Grundstückseigentümer öffentlich-rechtliche Verpflichtungen zu einem ihre Grundstücke betreffenden Tun, Dulden oder Unterlassen übernehmen, die sich nicht schon aus öffentlich-rechtlichen Vorschriften ergeben (Baulasten). [2]Sie sind auch gegenüber dem Rechtsnachfolger wirksam.

(2) Die Erklärung nach Absatz 1 muss vor der Baurechtsbehörde oder vor der Gemeindebehörde abgegeben oder anerkannt werden; sie kann auch in öffentlich beglaubigter Form einer dieser Behörden vorgelegt werden.

(3) [1]Die Baulast erlischt durch schriftlichen Verzicht der Baurechtsbehörde. [2]Der Verzicht ist zu erklären, wenn ein öffentliches Interesse an der Baulast nicht mehr besteht. [3]Vor dem Verzicht sollen der Verpflichtete und die durch die Baulast Begünstigten gehört werden.

§ 72 Baulastenverzeichnis

(1) Die Baulasten sind auf Anordnung der Baurechtsbehörde in ein Verzeichnis einzutragen (Baulastenverzeichnis).

(2) In das Baulastenverzeichnis sind auch einzutragen, soweit ein öffentliches Interesse an der Eintragung besteht,

1. andere baurechtliche, altlastenrechtliche oder bodenschutzrechtliche Verpflichtungen des Grundstückseigentümers zu einem sein Grundstück betreffenden Tun, Dulden oder Unterlassen,
2. Bedingungen, Befristungen und Widerrufsvorbehalte.

(3) Das Baulastenverzeichnis wird von der Gemeinde geführt.

(4) Wer ein berechtigtes Interesse darlegt, kann in das Baulastenverzeichnis Einsicht nehmen und sich Abschriften erteilen lassen.

NEUNTER TEIL
Rechtsvorschriften, Ordnungswidrigkeiten, Übergangs- und Schlussvorschriften

§ 73 Rechtsverordnungen

(1) Zur Verwirklichung der in § 3 Absatz 1 Satz 1, § 16 a Absatz 1 und § 16 b Absatz 1 bezeichneten Anforderungen werden die obersten Baurechtsbehörden ermächtigt, durch Rechtsverordnung Vorschriften zu erlassen über

1. die nähere Bestimmung allgemeiner Anforderungen in den §§ 4 bis 37,
2. besondere Anforderungen oder Erleichterungen, die sich aus der besonderen Art oder Nutzung der baulichen Anlagen und Räume nach § 38 für ihre Errichtung, Unterhaltung und Nutzung ergeben, sowie über die Anwendung solcher Anforderungen auf bestehende bauliche Anlagen dieser Art,
3. eine von Zeit zu Zeit zu wiederholende Nachprüfung von Anlagen, die zur Verhütung erheblicher Gefahren oder Nachteile stän-

dig ordnungsgemäß unterhalten werden müssen, und die Erstreckung dieser Nachprüfungspflicht auf bestehende Anlagen,
4. die Anwesenheit fachkundiger Personen beim Betrieb technisch schwieriger baulicher Anlagen und Einrichtungen, wie Bühnenbetriebe und technisch schwierige Fliegende Bauten,
5. den Nachweis der Befähigung der in Nummer 4 genannten Personen,
6. die Förderung der Elektromobilität.

(2) [1]Die obersten Baurechtsbehörden werden ermächtigt, zum baurechtlichen Verfahren durch Rechtsverordnung Vorschriften zu erlassen über
1. Art, Inhalt, Beschaffenheit und Zahl der Bauvorlagen; dabei kann festgelegt werden, dass bestimmte Bauvorlagen von Sachverständigen oder sachverständigen Stellen zu verfassen sind,
2. die erforderlichen Anträge, Anzeigen, Nachweise und Bescheinigungen,
3. das Verfahren im Einzelnen.

[2]Sie können dabei für verschiedene Arten von Bauvorhaben unterschiedliche Anforderungen und Verfahren festlegen.

(3) Die oberste Baurechtsbehörde wird ermächtigt, durch Rechtsverordnung vorzuschreiben, dass die am Bau Beteiligten (§§ 42 bis 45) zum Nachweis der ordnungsgemäßen Bauausführung Bescheinigungen, Bestätigungen oder Nachweise des Entwurfsverfassers, der Unternehmer, des Bauleiters, von Sachverständigen, Fachplanern oder Behörden über die Einhaltung baurechtlicher Anforderungen vorzulegen haben.

(4) [1]Die Landesregierung wird ermächtigt, zur Vereinfachung, Erleichterung oder Beschleunigung der baurechtlichen Verfahren oder zur Entlastung der Baurechtsbehörde durch Rechtsverordnung Vorschriften zu erlassen über
1. den vollständigen oder teilweisen Wegfall der Prüfung öffentlich-rechtlicher Vorschriften über die technische Beschaffenheit bei bestimmten Arten von Bauvorhaben,

2. die Heranziehung von Sachverständigen oder sachverständigen Stellen,
3. die Übertragung von Prüfaufgaben im Rahmen des baurechtlichen Verfahrens einschließlich der Bauüberwachung und Bauabnahmen sowie die Übertragung sonstiger, der Vorbereitung baurechtlicher Entscheidungen dienenden Aufgaben und Befugnisse der Baurechtsbehörde auf Sachverständige oder sachverständige Stellen.

[2]Sie kann dafür bestimmte Voraussetzungen festlegen, die die Verantwortlichen nach § 43 zu erfüllen haben.

(5) Die obersten Baurechtsbehörden können durch Rechtsverordnung für Sachverständige, die nach diesem Gesetz oder nach Vorschriften auf Grund dieses Gesetzes tätig werden,
1. eine bestimmte Ausbildung, Sachkunde oder Erfahrung vorschreiben,
2. die Befugnisse und Pflichten bestimmen,
3. eine besondere Anerkennung vorschreiben,
4. die Zuständigkeit, das Verfahren und die Voraussetzungen für die Anerkennung, ihren Widerruf, ihre Rücknahme und ihr Erlöschen sowie die Vergütung der Sachverständigen regeln.

(6) [1]Die oberste Baurechtsbehörde wird ermächtigt, durch Rechtsverordnung die Befugnisse auf andere als in diesen Vorschriften aufgeführte Behörden zu übertragen für
1. die Zuständigkeit für die vorhabenbezogene Bauartgenehmigung nach § 16 a Absatz 2 Satz 1 Nummer 2 und den Verzicht darauf im Einzelfall nach § 16 a Absatz 4 sowie die Entscheidungen über Zustimmungen im Einzelfall (§ 20),
2. die Anerkennung von Prüf-, Zertifizierungs- und Überwachungsstellen (§ 24).

[2]Die Befugnis nach Nummer 2 kann auch auf eine Behörde eines anderen Landes übertragen werden, die der Aufsicht einer obersten Baurechtsbehörde untersteht oder an deren Willensbildung die oberste Baurechtsbehörde mitwirkt.

(7) Die oberste Baurechtsbehörde kann durch Rechtsverordnung

1. das Ü-Zeichen festlegen und zu diesem Zeichen zusätzliche Angaben verlangen,
2. das Anerkennungsverfahren nach § 24, die Voraussetzungen für die Anerkennung, ihren Widerruf und ihr Erlöschen regeln, insbesondere auch Altersgrenzen festlegen, sowie eine ausreichende Haftpflichtversicherung fordern.

(7 a) Die oberste Baurechtsbehörde kann durch Rechtsverordnung vorschreiben, dass für bestimmte Bauprodukte und Bauarten, auch soweit sie Anforderungen nach anderen Rechtsvorschriften unterliegen, hinsichtlich dieser Anforderungen § 16 a Absatz 2 und §§ 17 bis 25 ganz oder teilweise anwendbar sind, wenn die anderen Rechtsvorschriften dies verlangen oder zulassen.

(8) Die oberste Baurechtsbehörde wird ermächtigt, durch Rechtsverordnung zu bestimmen, dass

1. Ausführungsgenehmigungen für Fliegende Bauten nur durch bestimmte Behörden oder durch von ihr bestimmte Stellen erteilt und die in § 69 Absatz 6 bis 8 genannten Aufgaben der Baurechtsbehörde durch andere Behörden oder Stellen wahrgenommen werden; dabei kann die Vergütung dieser Stellen geregelt werden,
2. die Anforderungen der auf Grund des § 34 des Produktsicherheitsgesetzes und des § 49 Absatz 4 des Energiewirtschaftsgesetzes erlassenen Rechtsverordnungen entsprechend für Anlagen gelten, die nicht gewerblichen Zwecken dienen und nicht im Rahmen wirtschaftlicher Unternehmungen Verwendung finden; sie kann auch die Verfahrensvorschriften dieser Verordnungen für anwendbar erklären oder selbst das Verfahren bestimmen sowie Zuständigkeiten und Gebühren regeln; dabei kann sie auch vorschreiben, dass danach zu erteilende Erlaubnisse die Baugenehmigung oder die Zustimmung nach § 70 einschließlich der zugehörigen Abweichungen, Ausnahmen und Befreiungen einschließen, sowie dass § 35 Absatz 2 des Produktsicherheitsgesetzes insoweit Anwendung findet.

§ 73 a Technische Baubestimmungen

(1) [1]Die Anforderungen nach § 3 Absatz 1 Satz 1 können durch Technische Baubestimmungen konkretisiert werden. [2]Die Technischen Baubestimmungen sind zu beachten. [3]Von den in den Technischen Baubestimmungen enthaltenen Planungs-, Bemessungs- und Ausführungsregelungen kann abgewichen werden, wenn mit einer anderen Lösung in gleichem Maße die Anforderungen erfüllt werden und in der Technischen Baubestimmung eine Abweichung nicht ausgeschlossen ist; § 16 a Absatz 2 und § 17 Absatz 1 bleiben unberührt.

(2) Die Konkretisierungen können durch Bezugnahmen auf technische Regeln und deren Fundstellen oder auf andere Weise erfolgen, insbesondere in Bezug auf:

1. bestimmte bauliche Anlagen oder ihre Teile,
2. die Planung, Bemessung und Ausführung baulicher Anlagen und ihrer Teile,
3. die Leistung von Bauprodukten in bestimmten baulichen Anlagen oder ihren Teilen, insbesondere
   a) Planung, Bemessung und Ausführung baulicher Anlagen bei Einbau eines Bauprodukts,
   b) Merkmale von Bauprodukten, die sich für einen Verwendungszweck auf die Erfüllung der Anforderungen nach § 3 Absatz 1 Satz 1 auswirken,
   c) Verfahren für die Feststellung der Leistung eines Bauproduktes im Hinblick auf Merkmale, die sich für einen Verwendungszweck auf die Erfüllung der Anforderungen nach § 3 Absatz 1 Satz 1 auswirken,
   d) zulässige oder unzulässige besondere Verwendungszwecke,
   e) die Festlegung von Klassen und Stufen in Bezug auf bestimmte Verwendungszwecke,
   f) die für einen bestimmten Verwendungszweck anzugebende oder erforderliche und anzugebende Leistung in Bezug auf ein Merkmal, das sich für einen Verwendungszweck auf die Erfül-

lung der Anforderungen nach § 3 Absatz 1 Satz 1 auswirkt, soweit vorgesehen in Klassen und Stufen,
4. die Bauarten und die Bauprodukte, die nur eines allgemeinen bauaufsichtlichen Prüfzeugnisses nach § 16a Absatz 3 oder § 19 Absatz 1 bedürfen,
5. Voraussetzungen zur Abgabe der Übereinstimmungserklärung für ein Bauprodukt nach § 22,
6. die Art, den Inhalt und die Form technischer Dokumentation.

(3) Die Technischen Baubestimmungen sollen nach den Grundanforderungen gemäß Anhang I der Verordnung (EU) Nummer 305/2011 gegliedert sein.

(4) Die Technischen Baubestimmungen enthalten die in § 17 Absatz 3 genannte Liste.

(5) [1]Im gegenseitigen Einvernehmen machen die in § 46 Absatz 1 Nummer 1 bezeichneten obersten Baurechtsbehörden nach Anhörung der beteiligten Kreise zur Durchführung dieses Gesetzes und der auf Grund dieses Gesetzes erlassenen Rechtsverordnungen die Technischen Baubestimmungen nach Absatz 1 als Verwaltungsvorschrift bekannt. [2]Soweit diese Technischen Baubestimmungen einem vom Deutschen Institut für Bautechnik im Einvernehmen mit den obersten Bauaufsichtsbehörden der Länder veröffentlichten Muster einer Verwaltungsvorschrift über Technische Baubestimmungen entsprechen und zu diesem Muster bereits eine Anhörung der beteiligten Kreise durch das Deutsche Institut für Bautechnik erfolgt ist, ist eine Anhörung nach Satz 1 entbehrlich.

§ 74 Örtliche Bauvorschriften

(1) [1]Zur Durchführung baugestalterischer Absichten, zur Erhaltung schützenswerter Bauteile, zum Schutz bestimmter Bauten, Straßen, Plätze oder Ortsteile von geschichtlicher, künstlerischer oder städtebaulicher Bedeutung sowie zum Schutz von Kultur- und Naturdenkmalen können die Gemeinden im Rahmen dieses Gesetzes in bestimmten bebauten oder unbebauten Teilen des Gemeindegebiets durch Satzung örtliche Bauvorschriften erlassen über

1. Anforderungen an die äußere Gestaltung baulicher Anlagen einschließlich Regelungen über Gebäudehöhen und -tiefen sowie über die Begrünung,
2. Anforderungen an Werbeanlagen und Automaten; dabei können sich die Vorschriften auch auf deren Art, Größe, Farbe und Anbringungsort sowie auf den Ausschluss bestimmter Werbeanlagen und Automaten beziehen,
3. Anforderungen an die Gestaltung, Bepflanzung und Nutzung der unbebauten Flächen der bebauten Grundstücke und an die Gestaltung der Plätze für bewegliche Abfallbehälter sowie über Notwendigkeit oder Zulässigkeit und über Art, Gestaltung und Höhe von Einfriedungen,
4. die Beschränkung oder den Ausschluss der Verwendung von Außenantennen,
5. die Unzulässigkeit von Niederspannungsfreileitungen in neuen Baugebieten und Sanierungsgebieten,
6. das Erfordernis einer Kenntnisgabe für Vorhaben, die nach § 50 verfahrensfrei sind,
7. andere als die in § 5 Absatz 7 vorgeschriebenen Maße. Die Gemeinden können solche Vorschriften auch erlassen, soweit dies zur Verwirklichung der Festsetzungen einer städtebaulichen Satzung erforderlich ist und eine ausreichende Belichtung gewährleistet ist. Sie können zudem regeln, dass § 5 Absatz 7 keine Anwendung findet, wenn durch die Festsetzungen einer städtebaulichen Satzung Außenwände zugelassen oder vorgeschrieben werden, vor denen Abstandsflächen größerer oder geringerer Tiefe als nach diesen Vorschriften liegen müssten.

[2]Anforderungen nach Satz 1 Nummer 1, die allein zur Durchführung baugestalterischer Absichten gestellt werden, dürfen die Nutzung erneuerbarer Energien nicht ausschließen oder unangemessen beeinträchtigen.

(2) Soweit Gründe des Verkehrs oder städtebauliche Gründe oder Gründe sparsamer Flächennutzung dies rechtfertigen, können die

Gemeinden für das Gemeindegebiet oder für genau abgegrenzte Teile des Gemeindegebiets durch Satzung bestimmen, dass

1. die Stellplatzverpflichtung (§ 37 Absatz 1) eingeschränkt wird,
2. die Stellplatzverpflichtung für Wohnungen (§ 37 Absatz 1) auf bis zu zwei Stellplätze erhöht wird; für diese Stellplätze gilt § 37 entsprechend,
3. die Herstellung von Stellplätzen und Garagen eingeschränkt oder untersagt wird,
4. Stellplätze und Garagen auf anderen Grundstücken als dem Baugrundstück herzustellen sind,
5. Stellplätze und Garagen nur in einer platzsparenden Bauart hergestellt werden dürfen, zum Beispiel mehrgeschossig, als kraftbetriebene Hebebühnen oder als automatische Garagen,
6. Abstellplätze für Fahrräder in ausreichender Zahl und geeigneter Beschaffenheit herzustellen sind.

(3) Die Gemeinden können durch Satzung für das Gemeindegebiet oder genau abgegrenzte Teile des Gemeindegebiets bestimmen, dass

1. zur Vermeidung von überschüssigem Bodenaushub die Höhenlage der Grundstücke erhalten oder verändert wird,
2. Anlagen zum Sammeln, Verwenden oder Versickern von Niederschlagswasser oder zum Verwenden von Brauchwasser herzustellen sind, um die Abwasseranlagen zu entlasten, Überschwemmungsgefahren zu vermeiden und den Wasserhaushalt zu schonen, soweit gesundheitliche oder wasserwirtschaftliche Belange nicht beeinträchtigt werden.

(4) Durch Satzung können die Gemeinden für das Gemeindegebiet oder genau abgegrenzte Teile des Gemeindegebiets bestimmen, dass

1. für bestehende Gebäude Kinderspielplätze nach § 9 Absatz 2 Satz 1 anzulegen sind, wenn hierfür geeignete nichtüberbaute Flächen auf dem Grundstück vorhanden sind oder ohne wesentliche Änderung oder Abbruch baulicher Anlagen geschaffen werden können,
2. eine von § 9 Absatz 2 Satz 1 abweichende Wohnungszahl gilt.

(5) Anforderungen nach den Absätzen 1 bis 3 können in den örtlichen Bauvorschriften auch in Form zeichnerischer Darstellungen gestellt werden.

(6) [1]Die örtlichen Bauvorschriften werden nach den entsprechend geltenden Vorschriften des § 1 Absatz 3 Satz 2 und Absatz 8, § 3 Absatz 2, des § 4 Absatz 2, des § 9 Absatz 7 und des § 13 BauGB erlassen. [2]§ 10 Absatz 3 BauGB gilt entsprechend mit der Maßgabe, dass die Gemeinde in der Satzung auch einen späteren Zeitpunkt für das Inkrafttreten bestimmen kann.

(7) [1]Werden örtliche Bauvorschriften zusammen mit einem Bebauungsplan oder einer anderen städtebaulichen Satzung nach dem Baugesetzbuch beschlossen, richtet sich das Verfahren für ihren Erlass in vollem Umfang nach den für den Bebauungsplan oder die sonstige städtebauliche Satzung geltenden Vorschriften. [2]Dies gilt für die Änderung, Ergänzung und Aufhebung entsprechend.

§ 75 Ordnungswidrigkeiten

(1) Ordnungswidrig handelt, wer vorsätzlich oder fahrlässig

1. entgegen § 8 Absatz 2 Satz 1 die geplante Teilung eines Grundstücks nicht anzeigt,
2. Bauprodukte entgegen § 21 Absatz 3 ohne das Ü-Zeichen verwendet,
3. Bauarten entgegen § 16 a ohne Bauartgenehmigung oder allgemeines bauaufsichtliches Prüfzeugnis für Bauarten anwendet,
4. Bauprodukte mit dem Ü-Zeichen kennzeichnet, ohne dass dafür die Voraussetzungen nach § 21 Absatz 3 vorliegen,
5. als Bauherr entgegen § 42 Absatz 1 Satz 3 die erforderlichen Nachweise und Unterlagen zu den verwendeten Bauprodukten und den angewandten Bauarten nicht bereithält oder entgegen § 42 Absatz 2 Satz 3 kenntnisgabepflichtige Abbrucharbeiten ausführt oder ausführen lässt,
6. als Entwurfsverfasser entgegen § 43 Absatz 2 den Bauherrn nicht veranlasst, geeignete Fachplaner zu bestellen,

7. als Unternehmer entgegen § 44 Absatz 1 Satz 2 nicht für die ordnungsgemäße Einrichtung und den sicheren Betrieb der Baustelle sorgt oder entgegen § 44 Absatz 1 Satz 3 die erforderlichen Nachweise und Unterlagen zu den verwendeten Bauprodukten und den angewandten Bauarten nicht erbringt oder nicht bereithält,
8. als Bauleiter entgegen § 45 Absatz 1 nicht auf das gefahrlose Ineinandergreifen der Arbeiten der Unternehmer achtet,
9. als Bauherr, Unternehmer oder Bauleiter eine nach § 49 genehmigungspflichtige Anlage oder Einrichtung ohne Genehmigung errichtet, benutzt oder von der erteilten Genehmigung abweicht, obwohl *es** dazu einer Genehmigung bedurft hätte,
10. als Bauherr oder Bauleiter von den im Kenntnisgabeverfahren eingereichten Bauvorlagen abweicht, es sei denn, die Abweichung ist nach § 50 verfahrensfrei,
11. als Bauherr, Unternehmer oder Bauleiter entgegen § 59 Absatz 1 ohne Baufreigabeschein mit der Ausführung eines genehmigungspflichtigen Vorhabens beginnt, oder als Bauherr entgegen § 59 Absatz 2 den Baubeginn oder die Wiederaufnahme von Bauarbeiten nicht oder nicht rechtzeitig mitteilt, entgegen § 59 Absatz 3, 4 oder 5 mit der Bauausführung beginnt, entgegen § 67 Absatz 4 ohne vorherige Abnahme Bauarbeiten durchführt oder fortsetzt oder eine bauliche Anlage in Gebrauch nimmt oder entgegen § 67 Absatz 5 eine Feuerungsanlage in Betrieb nimmt,
12. Fliegende Bauten entgegen § 69 Absatz 2 ohne Ausführungsgenehmigung oder entgegen § 69 Absatz 6 ohne Anzeige und Abnahme in Gebrauch nimmt.

(2) Ordnungswidrig handelt auch, wer wider besseres Wissen

1. unrichtige Angaben macht oder unrichtige Pläne oder Unterlagen vorlegt, um einen nach diesem Gesetz vorgesehenen Verwaltungsakt zu erwirken oder zu verhindern, oder

* Text der Neubekanntmachung: *er.*

2. eine unrichtige bautechnische Prüfbestätigung nach § 17 Absatz 2 und 3 LBOVVO abgibt.

(3) Ordnungswidrig handelt ferner, wer vorsätzlich oder fahrlässig
1. als Bauherr oder Unternehmer einer vollziehbaren Verfügung der Baurechtsbehörde zuwiderhandelt,
2. einer auf Grund dieses Gesetzes ergangenen Rechtsverordnung oder örtlichen Bauvorschrift zuwiderhandelt, wenn die Rechtsverordnung oder örtliche Bauvorschrift für einen bestimmten Tatbestand auf diese Bußgeldvorschrift verweist.

(4) Die Ordnungswidrigkeit kann mit einer Geldbuße bis zu 100 000 Euro geahndet werden.

(5) Gegenstände, auf die sich eine Ordnungswidrigkeit nach Absatz 1 Nummern 2 oder 4 oder Absatz 2 bezieht, können eingezogen werden.

(6) [1]Verwaltungsbehörde im Sinne des § 36 Absatz 1 Nummer 1 des Gesetzes über Ordnungswidrigkeiten ist die untere Baurechtsbehörde. [2]Hat den zu vollziehenden Verwaltungsakt eine höhere oder oberste Landesbehörde erlassen, so ist diese Behörde zuständig.

§ 76 Bestehende bauliche Anlagen

(1) Werden in diesem Gesetz oder in den auf Grund dieses Gesetzes erlassenen Vorschriften andere Anforderungen als nach dem bisherigen Recht gestellt, so kann verlangt werden, dass rechtmäßig bestehende oder nach genehmigten Bauvorlagen bereits begonnene Anlagen den neuen Vorschriften angepasst werden, wenn Leben oder Gesundheit bedroht sind.

(2) Sollen rechtmäßig bestehende Anlagen wesentlich geändert werden, so kann gefordert werden, dass auch die nicht unmittelbar berührten Teile der Anlage mit diesem Gesetz oder den auf Grund dieses Gesetzes erlassenen Vorschriften in Einklang gebracht werden, wenn
1. die Bauteile, die diesen Vorschriften nicht mehr entsprechen, mit dem beabsichtigten Vorhaben in einem konstruktiven Zusammenhang stehen und

2. die Einhaltung dieser Vorschriften bei den von dem Vorhaben nicht berührten Teilen der Anlage keine unzumutbaren Mehrkosten verursacht.

§ 77 Übergangsvorschriften

(1) [1]Die vor Inkrafttreten dieses Gesetzes eingeleiteten Verfahren sind nach den bisherigen Verfahrensvorschriften weiterzuführen. [2]Die materiellen Vorschriften dieses Gesetzes sind in diesen Verfahren nur insoweit anzuwenden, als sie für den Antragsteller eine günstigere Regelung enthalten als das bisher geltende Recht. [3]§ 76 bleibt unberührt. [4]Die Sätze 1 bis 3 gelten für Änderungsgesetze zu diesem Gesetz entsprechend, soweit nichts Abweichendes geregelt ist.

(2) Wer bis zum Inkrafttreten dieses Gesetzes als Planverfasser für Bauvorlagen bestellt werden durfte, darf in bisherigem Umfang auch weiterhin als Entwurfsverfasser bestellt werden.

(3) Bis zum Ablauf des 30. November 2017 für Bauarten erteilte allgemeine bauaufsichtliche Zulassungen oder Zustimmungen im Einzelfall gelten als Bauartgenehmigung nach § 16a Absatz 2 fort.

(4) [1]Bestehende Anerkennungen von Prüf-, Überwachungs- und Zertifizierungsstellen bleiben in dem bis zum Ablauf des 30. November 2017 geregelten Umfang wirksam. [2]Bis zum Ablauf des 30. November 2017 gestellte Anträge auf Anerkennung von Prüf-, Überwachungs- und Zertifizierungsstellen gelten als Anträge nach diesem Gesetz.

(5) Bis zum 31. Dezember 2021 kann die zuständige Behörde abweichend von § 53 Absatz 2, § 56 Absatz 6 Satz 1, § 57 Absatz 1 Satz 1, § 61 Absatz 1 Satz 1 sowie § 68 Absatz 2 Satz 1 verlangen, dass elektronisch eingereichte Dokumente in Schriftform nachzureichen sind.

§ 78 Außerkrafttreten bisherigen Rechts

(1) Am 1. Januar 1996 treten außer Kraft

1. die Landesbauordnung für Baden-Württemberg (LBO) in der Fassung vom 28. November 1983 (GBl. S. 770, ber. 1984 S. 519), zuletzt geändert durch Artikel 14 der Verordnung vom 23. Juli 1993 (GBl. S. 533) mit Ausnahme der §§ 20 bis 24,
2. die Verordnung des Innenministeriums über den Wegfall der Genehmigungspflicht bei Wohngebäuden und Nebenanlagen (Baufreistellungsverordnung) vom 26. April 1990 (GBl. S. 144), geändert durch Verordnung vom 27. April 1995 (GBl. S. 371),
3. die Verordnung des Innenministeriums über den Wegfall der Genehmigungs- und Anzeigepflicht von Werbeanlagen während des Wahlkampfes (Werbeanlagenverordnung) vom 12. Juni 1969 (GBl. S. 122).

(2) Am Tage nach der Verkündung treten außer Kraft

1. die §§ 20 bis 24 der Landesbauordnung für Baden-Württemberg (LBO) in der Fassung vom 28. November 1983 (GBl. S. 770, ber. 1984 S. 519), zuletzt geändert durch Artikel 14 der Verordnung vom 23. Juli 1993 (GBl. S. 533),
2. die Verordnung des Innenministeriums über prüfzeichenpflichtige Baustoffe, Bauteile und Einrichtungen (Prüfzeichenverordnung) vom 13. Juni 1991 (GBl. S. 483),
3. die Verordnung des Innenministeriums über die Überwachung von Baustoffen und Bauteilen (Überwachungsverordnung) vom 30. September 1985 (GBl. S. 349).

§ 79 Inkrafttreten

[1]Dieses Gesetz tritt am 1. Januar 1996 in Kraft. [2]Abweichend hiervon treten die §§ 17 bis 25, § 77 Absatz 3 bis 8 sowie Vorschriften, die zum Erlass von Rechtsverordnungen oder örtlichen Bauvorschriften ermächtigen, am Tage nach der Verkündung in Kraft.

Anhang
(zu § 50 Absatz 1)

Verfahrensfreie Vorhaben

1. Gebäude und Gebäudeteile
   a) Gebäude ohne Aufenthaltsräume, Toiletten oder Feuerstätten, wenn die Gebäude weder Verkaufs- noch Ausstellungszwecken dienen, im Innenbereich bis 40 m^3, im Außenbereich bis 20 m^3 Brutto-Rauminhalt,
   b) Garagen einschließlich überdachter Stellplätze mit einer mittleren Wandhöhe bis zu 3 m und einer Grundfläche bis zu 30 m^2, außer im Außenbereich,
   c) Gebäude ohne Aufenthaltsräume, Toiletten oder Feuerstätten, die einem land- oder forstwirtschaftlichen Betrieb dienen und ausschließlich zur Unterbringung von Ernteerzeugnissen oder Geräten oder zum vorübergehenden Schutz von Menschen und Tieren bestimmt sind, bis 100 m^2 Grundfläche und einer mittleren traufseitigen Wandhöhe bis zu 5 m,
   d) Gewächshäuser bis zu 5 m Höhe, im Außenbereich nur landwirtschaftliche Gewächshäuser,
   e) Wochenendhäuser in Wochenendhausgebieten,
   f) Gartenhäuser in Gartenhausgebieten,
   g) Gartenlauben in Kleingartenanlagen im Sinne des § 1 Absatz 1 des Bundeskleingartengesetzes,
   h) Fahrgastunterstände, die dem öffentlichen Personenverkehr oder der Schülerbeförderung dienen,
   i) Schutzhütten und Grillhütten für Wanderer, wenn die Hütten jedermann zugänglich sind und keine Aufenthaltsräume haben,
   j) Gebäude für die Wasserwirtschaft, das Fernmeldewesen oder für die öffentliche Versorgung mit Wasser, Elektrizität, Gas, Öl oder Wärme im Innenbereich bis 30 m^2 Grundfläche und bis 5 m Höhe, im Außenbereich bis 20 m^2 Grundfläche und bis 3 m Höhe,

k) Vorbauten ohne Aufenthaltsräume im Innenbereich bis 40 m^3 Brutto-Rauminhalt,

l) Terrassenüberdachungen im Innenbereich bis 30 m^2 Grundfläche,

m) Balkonverglasungen sowie Balkonüberdachungen bis 30 m^2 Grundfläche;

2. tragende und nichttragende Bauteile

a) Die Änderung tragender oder aussteifender Bauteile innerhalb von Wohngebäuden der Gebäudeklassen 1 und 2,

b) nichttragende und nichtaussteifende Bauteile innerhalb von baulichen Anlagen,

c) Öffnungen in Außenwänden und Dächern von Wohngebäuden und Wohnungen,

d) Außenwandbekleidungen einschließlich Maßnahmen der Wärmedämmung, ausgenommen bei Hochhäusern, Verblendungen und Verputz baulicher Anlagen,

e) Bedachungen einschließlich Maßnahmen der Wärmedämmung, ausgenommen bei Hochhäusern,

f) sonstige unwesentliche Änderungen an oder in Anlagen oder Einrichtungen;

3. Feuerungs- und andere Energieerzeugungsanlagen

a) Feuerungsanlagen sowie ortsfeste Blockheizkraftwerke und Verbrennungsmotoren in Gebäuden mit der Maßgabe, dass dem bevollmächtigten Bezirksschornsteinfeger mindestens zehn Tage vor Beginn der Ausführung die erforderlichen technischen Angaben vorgelegt werden und er vor der Inbetriebnahme die Brandsicherheit und die sichere Abführung der Verbrennungsgase bescheinigt,

b) Wärmepumpen,

c) Anlagen zur photovoltaischen und thermischen Solarnutzung auf oder an Gebäuden sowie eine damit verbundene Änderung der Nutzung oder der äußeren Gestalt der Gebäude; gebäudeunabhängige Anlagen nur bis 3 m Höhe und einer Gesamtlänge bis zu 9 m,

d) Windenergieanlagen bis 10 m Höhe;

4. Anlagen der Ver- und Entsorgung
   a) Leitungen aller Art sowie Ladestationen für Elektrofahrzeuge,
   b) Abwasserbehandlungsanlagen für häusliches Schmutzwasser,
   c) Anlagen zur Verteilung von Wärme bei Warmwasser- und Niederdruckdampfheizungen,
   d) bauliche Anlagen, die dem Fernmeldewesen, der öffentlichen Versorgung mit Elektrizität, Gas, Öl oder Wärme dienen, bis 30 m^2 Grundfläche und 5 m Höhe, ausgenommen Gebäude,
   e) bauliche Anlagen, die der Aufsicht der Wasserbehörden unterliegen oder die Abfallentsorgungsanlagen sind, ausgenommen Gebäude,
   f) Be- und Entwässerungsanlagen auf land- oder forstwirtschaftlich genutzten Flächen;
5. Masten, Antennen und ähnliche bauliche Anlagen
   a) Masten und Unterstützungen für
      - Fernsprechleitungen,
      - Leitungen zur Versorgung mit Elektrizität,
      - Seilbahnen,
      - Leitungen sonstiger Verkehrsmittel,
      - Sirenen,
      - Fahnen,
      - Einrichtungen der Brauchtumspflege,
   b) Flutlichtmasten mit einer Höhe bis zu 10 m,
   c) Antennen einschließlich der Masten bis 10 m Höhe und zugehöriger Versorgungseinheiten bis 10 m^3 Brutto-Rauminhalt sowie, soweit sie in, auf oder an einer bestehenden baulichen Anlage errichtet werden, die damit verbundene Nutzungsänderung oder bauliche Änderung der Anlage; für Mobilfunkantennen gilt dies mit der Maßgabe, dass deren Errichtung mindestens acht Wochen vorher der Gemeinde angezeigt wird,
   d) Signalhochbauten der Landesvermessung,
   e) Blitzschutzanlagen;

6. Behälter, Wasserbecken, Fahrsilos
   a) Behälter für verflüssigte Gase mit einem Fassungsvermögen von weniger als 3 t, für nicht verflüssigte Gase mit einem Brutto-Rauminhalt bis zu 6 m^3,
   b) Gärfutterbehälter bis 6 m Höhe und Schnitzelgruben,
   c) Behälter für wassergefährdende Stoffe mit einem Brutto-Rauminhalt bis zu 10 m^3,
   d) sonstige drucklose Behälter mit einem Brutto-Rauminhalt bis zu 50 m^3 und 3 m Höhe,
   e) Wasserbecken bis 100 m^3 Beckeninhalt, im Außenbereich nur, wenn sie einer land- oder forstwirtschaftlichen Nutzung dienen,
   f) landwirtschaftliche Fahrsilos, Kompost- und ähnliche Anlagen;
7. Einfriedungen, Stützmauern
   a) Einfriedungen im Innenbereich,
   b) offene Einfriedungen ohne Fundamente und Sockel im Außenbereich, die einem land- oder forstwirtschaftlichen Betrieb dienen,
   c) Stützmauern bis 2 m Höhe;
8. bauliche Anlagen zur Freizeitgestaltung
   a) Wohnwagen, Zelte und bauliche Anlagen, die keine Gebäude sind, auf Camping-, Zelt- und Wochenendplätzen,
   b) Anlagen, die der Gartennutzung, der Gartengestaltung oder der zweckentsprechenden Einrichtung von Gärten dienen, ausgenommen Gebäude und Einfriedungen,
   c) Pergolen, im Außenbereich jedoch nur bis 10 m^2 Grundfläche,
   d) Anlagen, die der zweckentsprechenden Einrichtung von Spiel-, Abenteuerspiel-, Ballspiel- und Sportplätzen, Reit- und Wanderwegen, Trimm- und Lehrpfaden dienen, ausgenommen Gebäude und Tribünen,
   e) Sprungtürme, Sprungschanzen und Rutschbahnen bis 10 m Höhe,
   f) luftgetragene Schwimmbeckenüberdachungen bis 100 m^2 Grundfläche im Innenbereich;

9. Werbeanlagen, Automaten
   a) Werbeanlagen im Innenbereich bis 1 m² Ansichtsfläche,
   b) Werbeanlagen in durch Bebauungsplan festgesetzten Gewerbe-, Industrie- und vergleichbaren Sondergebieten an der Stätte der Leistung bis zu 10 m Höhe über der Geländeoberfläche,
   c) vorübergehend angebrachte oder aufgestellte Werbeanlagen im Innenbereich an der Stätte der Leistung oder für zeitlich begrenzte Veranstaltungen,
   d) Automaten;
10. Vorübergehend aufgestellte oder genutzte Anlagen
    a) Gerüste,
    b) Baustelleneinrichtungen einschließlich der Lagerhallen, Schutzhallen und Unterkünfte,
    c) Behelfsbauten, die der Landesverteidigung, dem Katastrophenschutz, der Unfallhilfe oder der Unterbringung Obdachloser dienen und nur vorübergehend aufgestellt werden,
    d) Verkaufsstände und andere bauliche Anlagen auf Straßenfesten, Volksfesten und Märkten, ausgenommen Fliegende Bauten,
    e) Toilettenwagen,
    f) bauliche Anlagen, die für höchstens drei Monate auf genehmigten Messe- oder Ausstellungsgeländen errichtet werden, ausgenommen Fliegende Bauten;
11. sonstige bauliche Anlagen und Teile baulicher Anlagen
    a) private Verkehrsanlagen, einschließlich Überbrückungen und Untertunnelungen mit nicht mehr als 5 m lichte Weite oder Durchmesser,
    b) Stellplätze bis 50 m² Nutzfläche je Grundstück im Innenbereich,
    c) Fahrradabstellanlagen,
    d) Regale mit einer Höhe bis zu 7,50 m Oberkante Lagergut,
    e) selbständige Aufschüttungen und Abgrabungen bis 2 m Höhe oder Tiefe, im Außenbereich nur, wenn die Aufschüttungen und Abgrabungen nicht mehr als 500 m² Fläche haben,

f) Denkmale und Skulpturen sowie Grabsteine, Grabkreuze und Feldkreuze,
g) Brunnenanlagen,
h) Ausstellungs-, Abstell- und Lagerplätze im Innenbereich bis 100 m^2 Nutzfläche,
i) unbefestigte Lager- und Abstellplätze bis 500 m^2 Nutzfläche, die einem land- oder forstwirtschaftlichen Betrieb dienen;

12. nicht aufgeführte Anlagen
    a) sonstige untergeordnete oder unbedeutende bauliche Anlagen,
    b) Anlagen und Einrichtungen, die mit den in den Nummern 1 bis 11 aufgeführten Anlagen und Einrichtungen vergleichbar sind.

Allgemeine Ausführungsverordnung des Wirtschaftsministeriums zur Landesbauordnung (LBOAVO)

vom 5. Februar 2010 (GBl. S. 24), geändert durch Artikel 217 der Verordnung vom 25. Januar 2012 (GBl. S. 65, 89), durch Artikel 2 des Gesetzes vom 11. November 2014 (GBl. S. 501, 505), durch Artikel 124 der 9. Anpassungsverordnung vom 23. Februar 2017 (GBl. S. 99, 113) und durch Artikel 1 der Verordnung vom 8. Dezember 2020 (GBl. S. 1182)

Auf Grund von § 73 Absatz 1 Nummer 1 und Absatz 8 Nummer 2 der Landesbauordnung für Baden-Württemberg (LBO) vom 8. August 1995 (GBl. S. 617), zuletzt geändert durch Artikel 1 Nummer 51 des Gesetzes vom 10. November 2009 (GBl. S. 615, 625), wird verordnet:

Inhaltsübersicht

§ 1 Kinderspielplätze

(Zu § 9 Absatz 2 LBO)

(1) [1]Kinderspielplätze müssen in geeigneter Lage und von anderen Anlagen, von denen Gefahren oder erhebliche Störungen ausgehen können, ausreichend entfernt oder gegen sie abgeschirmt sein. [2]Sie müssen für Kinder gefahrlos zu erreichen sein.

(2) [1]Die nutzbare Fläche der nach § 9 Absatz 2 LBO erforderlichen Kinderspielplätze muss mindestens 30 m^2 betragen. [2]Diese Fläche erhöht sich

1. ab der 11. bis zur 20. Wohnung um 2 m^2,
2. ab der 21. bis zur 30. Wohnung um 1,5 m^2 und
3. ab der 31. Wohnung um 1 m^2

je weiterer Wohnung. [3]Diese Spielplätze müssen für Kinder bis zu sechs Jahren geeignet und entsprechend dem Spielbedürfnis dieser Altersgruppe angelegt und ausgestattet sein.

§ 2 Flächen für die Feuerwehr, Löschwasserversorgung

(Zu § 15 Absatz 1 und 3 bis 6 LBO)

(1) [1]Gebäude, deren zweiter Rettungsweg über Rettungsgeräte der Feuerwehr führt, dürfen nur errichtet werden, wenn Zufahrt oder Zugang und geeignete Aufstellflächen für die erforderlichen Rettungsgeräte vorgesehen werden. [2]Ist für die Personenrettung der Einsatz von Hubrettungsfahrzeugen erforderlich, sind die dafür erforderlichen Aufstell- und Bewegungsflächen vorzusehen. [3]Bei Sonderbauten ist der zweite Rettungsweg über Rettungsgeräte der Feuerwehr nur zulässig, wenn keine Bedenken wegen der Personenrettung bestehen.

(2) [1]Von öffentlichen Verkehrsflächen ist insbesondere für die Feuerwehr ein Zu- oder Durchgang zu rückwärtigen Gebäuden zu schaffen; zu anderen Gebäuden ist er zu schaffen, wenn der zweite Rettungsweg dieser Gebäude über Rettungsgeräte der Feuerwehr führt. [2]Die Zu- oder Durchgänge müssen geradlinig und mindestens 1,25 m, bei Türöffnungen und anderen geringfügigen Einengungen

mindestens 1 m breit sein. [3]Die lichte Höhe muss mindestens 2,2 m, bei Türöffnungen und anderen geringfügigen Einengungen mindestens 2 m betragen.

(3) [1]Zu Gebäuden nach Absatz 1, bei denen die Oberkante der zum Anleitern bestimmten Stellen mehr als 8 m über Gelände liegt, ist anstelle eines Zu- oder Durchgangs eine Zu- oder Durchfahrt zu schaffen. [2]Hiervon kann eine Ausnahme zugelassen werden, wenn keine Bedenken wegen des Brandschutzes bestehen. [3]Bei Gebäuden, die ganz oder mit Teilen auf bisher unbebauten Grundstücken mehr als 50 m, auf bereits bebauten Grundstücken mehr als 80 m von einer öffentlichen Verkehrsfläche entfernt sind, sind Zu- oder Durchfahrten zu den vor und hinter den Gebäuden gelegenen Grundstücksteilen und Bewegungsflächen herzustellen, wenn sie aus Gründen des Feuerwehreinsatzes erforderlich sind. [4]Die Zu- oder Durchfahrten müssen mindestens 3 m breit sein und eine lichte Höhe von mindestens 3,5 m haben. [5]Werden die Zu- oder Durchfahrten auf eine Länge von mehr als 12 m beidseitig durch Bauteile begrenzt, so muss die lichte Breite mindestens 3,5 m betragen.

(4) [1]Zu- und Durchgänge, Zu- und Durchfahrten, Aufstellflächen und Bewegungsflächen müssen für die einzusetzenden Rettungsgeräte der Feuerwehr ausreichend befestigt und tragfähig sein; sie sind als solche zu kennzeichnen und ständig frei zu halten; die Kennzeichnung von Zufahrten muss von der öffentlichen Verkehrsfläche aus sichtbar sein. [2]Fahrzeuge dürfen auf den Flächen nach Satz 1 nicht abgestellt werden.

(5) [1]Zur Brandbekämpfung muss eine ausreichende Wassermenge zur Verfügung stehen. [2]§ 3 Feuerwehrgesetz (FwG) in der jeweils geltenden Fassung bleibt unberührt.

§ 3 Umwehrungen

(Zu § 16 Absatz 3 LBO)

(1) In, an und auf baulichen Anlagen sind zu umwehren oder mit Brüstungen zu versehen:

1. Flächen, die im Allgemeinen zum Begehen bestimmt sind und unmittelbar an mehr als 1 m tiefer liegende Flächen angrenzen; dies gilt nicht, wenn die Umwehrung dem Zweck der Flächen widerspricht,
2. nicht begehbare Oberlichte und Glasabdeckungen in Flächen, die im Allgemeinen zum Begehen bestimmt sind, wenn sie weniger als 0,50 m aus diesen Flächen herausragen,
3. Dächer oder Dachteile, die zum auch nur zeitweiligen Aufenthalt von Menschen bestimmt sind,
4. Öffnungen in begehbaren Decken sowie in Dächern oder Dachteilen nach Nummer 3, wenn sie nicht sicher abgedeckt sind,
5. nicht begehbare Glasflächen in Decken sowie in Dächern oder Dachteilen nach Nummer 3, wenn sie weniger als 0,50 m aus diesen Decken oder Dächern herausragen,
6. die freien Seiten von Treppenläufen, Treppenabsätzen und Treppenöffnungen (Treppenaugen), soweit sie an mehr als 1 m tiefer liegende Flächen angrenzen,
7. Lichtschächte und Betriebsschächte, die an Verkehrsflächen liegen, wenn sie nicht verkehrssicher abgedeckt sind.

(2) [1]In Verkehrsflächen liegende Lichtschächte und Betriebsschächte sind in Höhe der Verkehrsfläche verkehrssicher abzudecken. [2]An und in Verkehrsflächen liegende Abdeckungen müssen gegen unbefugtes Abheben gesichert sein. [3]Fenster, die unmittelbar an Treppen liegen und deren Brüstungen unter der notwendigen Umwehrungshöhe liegen, sind zu sichern.

(3) [1]Nach Absatz 1 notwendige Umwehrungen und Fensterbrüstungen müssen mindestens 0,9 m hoch sein. [2]Die Höhe darf auf 0,8 m verringert werden, wenn die Tiefe des oberen Abschlusses der Umwehrung mindestens 0,2 m beträgt. [3]Bei Fensterbrüstungen wird die Höhe von Oberkante Fußboden bis Unterkante lichte Fensteröffnung gemessen.

(4) Der Abstand zwischen den Umwehrungen nach Absatz 1 und den zu sichernden Flächen darf waagerecht gemessen nicht mehr als 6 cm betragen.

(5) [1]Öffnungen in Umwehrungen nach Absatz 1 dürfen bei Flächen, auf denen in der Regel mit der Anwesenheit von Kindern bis zu sechs Jahren gerechnet werden muss,

1. bei horizontaler Anordnung der Brüstungselemente bis zu einer Höhe der Umwehrung von 0,6 m nicht höher als 2 cm, darüber nicht höher als 12 cm sein,
2. bei vertikaler Anordnung der Brüstungselemente nicht breiter als 12 cm sein,
3. bei unregelmäßigen Öffnungen das Überklettern nicht erleichtern und in keiner Richtung größer als 12 cm sein.

[2]Der Abstand dieser Umwehrungen von der zu sichernden Fläche darf senkrecht gemessen nicht mehr als 12 cm betragen. [3]Die Sätze 1 und 2 gelten nicht bei Wohngebäuden der Gebäudeklassen 1 und 2 und bei Wohnungen.

§ 4 Tragende Wände und Stützen

(Zu § 27 Absatz 1 LBO)

(1) [1]Tragende und aussteifende Wände und Stützen müssen

1. in Gebäuden der Gebäudeklasse 5 feuerbeständig,
2. in Gebäuden der Gebäudeklasse 4 hochfeuerhemmend,
3. in Gebäuden der Gebäudeklassen 2 und 3 feuerhemmend

sein. [2]Satz 1 gilt

1. für Geschosse im Dachraum nur, wenn darüber noch Aufenthaltsräume möglich sind; § 6 Absatz 3 bleibt unberührt,
2. nicht für Balkone, ausgenommen offene Gänge, die als notwendige Flure dienen.

(2) In Kellergeschossen müssen tragende und aussteifende Wände und Stützen

1. in Gebäuden der Gebäudeklassen 3 bis 5 feuerbeständig,
2. in Gebäuden der Gebäudeklassen 1 und 2 feuerhemmend

sein.

§ 5 Außenwände

(Zu § 27 Absatz 2 LBO)

(1) [1]Nichttragende Außenwände und nichttragende Teile tragender Außenwände müssen aus nichtbrennbaren Baustoffen bestehen; sie sind außer bei Hochhäusern aus brennbaren Baustoffen zulässig, wenn sie als raumabschließende Bauteile feuerhemmend sind. [2]Satz 1 gilt nicht für Fenster, Türen und Fugendichtungen sowie brennbare Dämmstoffe in nichtbrennbaren geschlossenen und linienförmigen Profilen der Außenwandkonstruktion.

(2) [1]Oberflächen von Außenwänden sowie Außenwandbekleidungen müssen einschließlich der Dämmstoffe und Unterkonstruktionen schwerentflammbar sein. [2]Konstruktionen aus normalentflammbaren Baustoffen sind zulässig, wenn eine Brandausbreitung auf und in diesen Bauteilen ausreichend lang begrenzt ist. [3]Oberflächen von Außenwänden sowie Außenwandbekleidungen dürfen im Brandfall nicht brennend abtropfen. [4]Balkonbekleidungen, die über die erforderliche Umwehrungshöhe hinaus hochgeführt werden, müssen schwerentflammbar sein.

(3) [1]Bei Außenwandkonstruktionen mit geschossübergreifenden Hohl- oder Lufträumen wie hinterlüfteten Außenwandbekleidungen sind gegen die Brandausbreitung besondere Vorkehrungen zu treffen. [2]Satz 1 gilt für Doppelfassaden entsprechend.

(4) Die Absätze 1, 2 und 3 Satz 1 gelten nicht für Gebäude der Gebäudeklassen 1 bis 3; Absatz 3 Satz 2 gilt nicht für Gebäude der Gebäudeklassen 1 und 2.

§ 6 Trennwände

(Zu § 27 Absatz 3 LBO)

(1) Trennwände sind erforderlich

1. zwischen Nutzungseinheiten sowie zwischen Nutzungseinheiten und anders genutzten Räumen, ausgenommen notwendigen Fluren,
2. zum Abschluss von Räumen mit Explosions- oder erhöhter Brandgefahr,

3. zwischen Aufenthaltsräumen und anders genutzten Räumen im Kellergeschoss.

(2) [1]Trennwände nach Absatz 1 Nummer 1 und 3 müssen als raumabschließende Bauteile die Feuerwiderstandsfähigkeit der tragenden und aussteifenden Bauteile des Geschosses haben, jedoch mindestens feuerhemmend sein. [2]Trennwände nach Absatz 1 Nummer 2 müssen als raumabschließende Bauteile feuerbeständig sein.

(3) [1]Die Trennwände nach Absatz 1 sind bis zur Rohdecke, im Dachraum bis unter die Dachhaut zu führen. [2]Baustoffe in und an geschossübergreifenden Fugen müssen nichtbrennbar sein. [3]Werden in Dachräumen Trennwände nur bis zur Rohdecke geführt, ist diese Decke als raumabschließendes Bauteil einschließlich der sie tragenden und aussteifenden Bauteile feuerhemmend herzustellen.

(4) [1]Öffnungen in Trennwänden nach Absatz 1 sind nur zulässig, wenn sie auf die für die Nutzung erforderliche Zahl und Größe beschränkt sind. [2]Sie müssen feuerhemmende und selbstschließende Abschlüsse haben.

(5) Die Absätze 1 bis 4 gelten nicht für Wohngebäude der Gebäudeklassen 1 und 2.

§ 7 Brandwände

(Zu § 27 Absatz 4 LBO)

(1) Brandwände sind erforderlich

1. als Gebäudeabschlusswand, wenn diese Abschlusswände an oder mit einem Abstand von weniger als 2,50 m gegenüber der Nachbargrenze oder mit einem Abstand von weniger als 5 m zu bestehenden oder baurechtlich zulässigen Gebäuden auf demselben Grundstück errichtet werden, es sei denn, dass ein Abstand von mindestens 5 m zu bestehenden oder nach den baurechtlichen Vorschriften zulässigen künftigen Gebäuden gesichert ist,
2. als innere Brandwand zur Unterteilung ausgedehnter Gebäude in Abständen von nicht mehr als 40 m,
3. als innere Brandwand zur Unterteilung landwirtschaftlich genutzter Gebäude in Brandabschnitte von nicht mehr als

10 000 m³ Brutto-Rauminhalt, wobei größere Brandabschnitte mit Brandwandabständen bis 60 m möglich sind, wenn die Nutzung des Gebäudes dies erfordert und keine Bedenken wegen des Brandschutzes bestehen,
4. als Gebäudeabschlusswand zwischen Wohngebäuden und angebauten landwirtschaftlich genutzten Gebäuden sowie als innere Brandwand zwischen dem Wohnteil und dem landwirtschaftlich genutzten Teil eines Gebäudes.

(2) Absatz 1 Nummer 1 gilt nicht für
1. Vorbauten nach § 5 Absatz 6 Nummer 2 LBO, soweit ihre seitlichen Wände von dem Nachbargebäude oder der Nachbargrenze einen Abstand einhalten, der ihrer eigenen Ausladung entspricht, mindestens jedoch 1,25 m beträgt,
2. Wände bis 5 m Breite nach § 5 Absatz 7 Satz 2 LBO,
3. Gebäude oder Gebäudeteile, die nach § 6 Absatz 1 LBO in den Abstandsflächen sowie ohne eigene Abstandsflächen zulässig sind und zu Nachbargrenzen Wände ohne Öffnungen haben,
4. Wände, die gemäß § 5 Absatz 6 Satz 2 die Abstände nicht einhalten, soweit die verwendeten Dämmstoffe nichtbrennbar sind,
5. Wände, die gemäß § 6 Absatz 3 Satz 1 Nummer 2 LBO die Abstände nicht einhalten, wenn ohne Brandwand keine Bedenken wegen des Brandschutzes bestehen,
6. Wände, die mit einem Winkel von mehr als 75 ° zu Nachbargrenzen oder zu bestehenden oder baurechtlich zulässigen Gebäuden stehen, soweit Öffnungen in diesen Wänden zu Nachbargrenzen einen Abstand von 1,25 m beziehungsweise zu Öffnungen von bestehenden oder baurechtlich zulässigen Gebäuden einen Abstand von 2,5 m einhalten, und
7. seitliche Wände von grenzständigen oder grenznahen Terrassenüberdachungen, soweit die Terrassenüberdachungen nicht mehr als 3 m vor die Außenwand des anschließenden Geschosses vortreten.

(3) [1]Brandwände müssen auch unter zusätzlicher mechanischer Beanspruchung feuerbeständig sein und aus nichtbrennbaren Baustoffen bestehen. [2]Anstelle von Brandwänden nach Satz 1 sind zulässig

1. für Gebäude der Gebäudeklasse 4 Wände, die auch unter zusätzlicher mechanischer Beanspruchung hochfeuerhemmend sind,
2. für Gebäude der Gebäudeklassen 1 bis 3 hochfeuerhemmende Wände,
3. für Gebäude der Gebäudeklassen 1 bis 3 Gebäudeabschlusswände ohne Öffnungen, die von innen nach außen die Feuerwiderstandsfähigkeit der tragenden und aussteifenden Teile des Gebäudes, mindestens jedoch feuerhemmender Bauteile, und von außen nach innen die Feuerwiderstandsfähigkeit feuerbeständiger Bauteile haben,
4. in den Fällen des Absatzes 1 Nummer 4 feuerbeständige Wände, wenn der umbaute Raum des landwirtschaftlich genutzten Gebäudes oder Gebäudeteils nicht größer als 2 000 m^3 ist.

[3]In Wänden nach Satz 2 müssen Baustoffe in und an geschossübergreifenden Fugen nichtbrennbar sein.

(4) [1]Brandwände müssen bis zur Bedachung durchgehen und in allen Geschossen übereinander angeordnet sein. [2]Abweichend davon dürfen anstelle innerer Brandwände Wände geschossweise versetzt angeordnet werden, wenn

1. die Wände im Übrigen Absatz 3 Satz 1 entsprechen,
2. die Decken, soweit sie die Verbindung zwischen diesen Wänden herstellen, feuerbeständig sind, aus nichtbrennbaren Baustoffen bestehen und keine Öffnungen haben,
3. die Bauteile, die diese Wände und Decken unterstützen, feuerbeständig sind und aus nichtbrennbaren Baustoffen bestehen,
4. die Außenwände in der Breite des Versatzes in dem Geschoss oberhalb oder unterhalb des Versatzes feuerbeständig sind und
5. Öffnungen in den Außenwänden im Bereich des Versatzes so angeordnet oder andere Vorkehrungen so getroffen sind, dass eine Brandausbreitung in andere Brandabschnitte nicht zu befürchten ist.

[3]Für Wände nach Satz 2 gelten die Absätze 5 bis 9 sinngemäß.

(5) [1]Brandwände sind 0,30 m über die Bedachung zu führen oder in Höhe der Dachhaut mit einer beiderseits 0,50 m auskragenden feuerbeständigen Platte aus nichtbrennbaren Baustoffen abzuschließen; darüber dürfen brennbare Teile des Daches nicht hinweggeführt werden. [2]Bei Gebäuden der Gebäudeklassen 1 bis 3 sind Brandwände mindestens bis unter die Dachhaut zu führen. [3]Verbleibende Hohlräume sind vollständig mit nichtbrennbaren Baustoffen auszufüllen.

(6) [1]Müssen Gebäude oder Gebäudeteile, die über Eck zusammenstoßen, durch eine Brandwand getrennt werden, so muss der Abstand dieser Wand von der inneren Ecke mindestens 5 m betragen. [2]Dies gilt nicht, wenn der Winkel der inneren Ecke mehr als 120 Grad beträgt oder mindestens eine Außenwand auf 5 m Länge als öffnungslose feuerbeständige Wand aus nichtbrennbaren Baustoffen ausgebildet ist.

(7) [1]Bauteile mit brennbaren Baustoffen dürfen über Brandwände nicht hinweggeführt werden. [2]Außenwandkonstruktionen, die eine seitliche Brandausbreitung begünstigen können, wie Doppelfassaden oder hinterlüftete Außenwandbekleidungen, dürfen ohne besondere Vorkehrungen über Brandwände nicht hinweggeführt werden. [3]Bauteile dürfen in Brandwände nur soweit eingreifen, dass deren Feuerwiderstandsfähigkeit nicht beeinträchtigt wird; für Leitungen, Leitungsschlitze und Schornsteine gilt dies entsprechend.

(8) [1]Öffnungen in Brandwänden sind unzulässig. [2]Sie sind in inneren Brandwänden nur zulässig, wenn sie auf die für die Nutzung erforderliche Zahl und Größe beschränkt sind; die Öffnungen müssen selbstschließende Abschlüsse in der Feuerwiderstandsfähigkeit der Wand haben.

(9) In inneren Brandwänden sind feuerbeständige Verglasungen nur zulässig, wenn sie auf die für die Nutzung erforderliche Zahl und Größe beschränkt sind.

(10) Die Absätze 4 bis 9 gelten entsprechend auch für Wände, die nach Absatz 3 Satz 2 anstelle von Brandwänden zulässig sind.

§ 8 Decken

(Zu § 27 Absatz 5 LBO)

(1) [1]Decken und ihre Anschlüsse müssen

1. in Gebäuden der Gebäudeklasse 5 feuerbeständig,
2. in Gebäuden der Gebäudeklasse 4 hochfeuerhemmend,
3. in Gebäuden der Gebäudeklassen 2 und 3 feuerhemmend

sein. [2]Satz 1 gilt

1. für Geschosse im Dachraum nur, wenn darüber Aufenthaltsräume möglich sind; § 6 Absatz 3 bleibt unberührt,
2. nicht für Balkone, ausgenommen offene Gänge, die als notwendige Flure dienen.

(2) [1]Im Kellergeschoss müssen Decken

1. in Gebäuden der Gebäudeklassen 3 bis 5 feuerbeständig,
2. in Gebäuden der Gebäudeklassen 1 und 2 feuerhemmend

sein. [2]Decken müssen feuerbeständig sein

1. unter und über Räumen mit Explosions- oder erhöhter Brandgefahr, ausgenommen in Wohngebäuden der Gebäudeklassen 1 und 2,
2. zwischen dem landwirtschaftlich genutzten Teil und dem Wohnteil eines Gebäudes.

(3) Öffnungen in Decken, für die eine Feuerwiderstandsfähigkeit vorgeschrieben ist, sind nur zulässig

1. in Gebäuden der Gebäudeklassen 1 und 2,
2. innerhalb derselben Nutzungseinheit mit nicht mehr als insgesamt 400 m^2 in nicht mehr als zwei Geschossen,

im Übrigen, wenn sie auf die für die Nutzung erforderliche Zahl und Größe beschränkt sind und Abschlüsse mit der Feuerwiderstandsfähigkeit der Decke haben.

§ 9 Dächer

(Zu § 27 Absatz 6 und § 16 LBO)

(1) [1]Bedachungen, die die Anforderungen nach § 27 Absatz 6 LBO (harte Bedachung) nicht erfüllen, sind zulässig bei Gebäuden der Gebäudeklassen 1 bis 3, wenn die Gebäude

1. einen Abstand von der Grundstücksgrenze von mindestens 12 m,
2. von Gebäuden auf demselben Grundstück mit harter Bedachung einen Abstand von mindestens 15 m,
3. von Gebäuden auf demselben Grundstück mit Bedachungen, die die Anforderungen nach § 27 Absatz 6 LBO nicht erfüllen, einen Abstand von mindestens 24 m und
4. von Gebäuden auf demselben Grundstück ohne Aufenthaltsräume und ohne Feuerstätten mit nicht mehr als 50 m^3 Brutto-Rauminhalt einen Abstand von mindestens 5 m

einhalten. [2]Soweit Gebäude nach Satz 1 Abstand halten müssen, genügt bei Wohngebäuden der Gebäudeklassen 1 und 2 in den Fällen

1. von Satz 1 Nummer 1 ein Abstand von mindestens 6 m,
2. von Satz 1 Nummer 2 ein Abstand von mindestens 9 m,
3. von Satz 1 Nummer 3 ein Abstand von mindestens 12 m.

(2) § 27 Absatz 6 LBO und Absatz 1 gelten nicht für

1. Gebäude ohne Aufenthaltsräume und ohne Feuerstätten mit nicht mehr als 50 m^3 Brutto-Rauminhalt,
2. lichtdurchlässige Bedachungen aus nichtbrennbaren Baustoffen; brennbare Fugendichtungen und brennbare Dämmstoffe in nichtbrennbaren Profilen sind zulässig,
3. Lichtkuppeln und Oberlichte von Wohngebäuden,
4. Eingangsüberdachungen und Vordächer aus nichtbrennbaren Baustoffen,
5. Eingangsüberdachungen aus brennbaren Baustoffen, wenn die Eingänge nur zu Wohnungen führen,
6. Terrassenüberdachungen, soweit diese nicht mehr als 3 m vor die Außenwand des darüberliegenden Geschosses vortreten.

(3) Abweichend von Absatz 1 sind
1. lichtdurchlässige Teilflächen aus brennbaren Baustoffen in harten Bedachungen und
2. begrünte Bedachungen

zulässig, wenn eine Brandentstehung bei einer Brandbeanspruchung von außen durch Flugfeuer und strahlende Wärme nicht zu befürchten ist oder Vorkehrungen hiergegen getroffen werden.

(4) [1]Dachüberstände, Dachgesimse und Dachaufbauten, lichtdurchlässige Bedachungen, Lichtkuppeln und Oberlichte sind so anzuordnen und herzustellen, dass Feuer nicht auf andere Gebäudeteile und Nachbargrundstücke übertragen werden kann. [2]Von Brandwänden und von Wänden, die anstelle von Brandwänden zulässig sind, müssen mindestens 1,25 m entfernt sein
1. Oberlichte, Lichtkuppeln und Öffnungen in der Bedachung, wenn diese Wände nicht mindestens 30 cm über die Bedachung geführt sind,
2. Dachgauben und ähnliche Dachaufbauten aus brennbaren Baustoffen, wenn sie nicht durch diese Wände gegen Brandübertragung geschützt sind.

[3]Anlagen zur photovoltaischen oder thermischen Solarnutzung sind keine ähnlichen Dachaufbauten im Sinne von Satz 2 Nummer 2.

(5) [1]Dächer von traufseitig aneinander gebauten Gebäuden müssen als raumabschließende Bauteile für eine Brandbeanspruchung von innen nach außen einschließlich der sie tragenden und aussteifenden Bauteile feuerhemmend sein. [2]Öffnungen in diesen Dachflächen und Fenster in Dachaufbauten müssen waagerecht gemessen mindestens 2 m von der Brandwand oder der Wand, die anstelle der Brandwand zulässig ist, entfernt sein. [3]Bei traufseitig benachbarten Gebäuden müssen Öffnungen in Dachflächen und Fenster in Dachaufbauten 2 m Abstand zur Grenze beziehungsweise 4 m Abstand zu solchen Öffnungen des benachbarten Gebäudes auf demselben Grundstück einhalten.

(6) [1]Dächer, die an Außenwände mit höher liegenden Öffnungen oder ohne Feuerwiderstandsfähigkeit anschließen, müssen inner-

halb eines Abstands von 5 m von diesen Wänden als raumabschließende Bauteile für eine Brandbeanspruchung von innen nach außen einschließlich der sie tragenden und aussteifenden Bauteile die Feuerwiderstandsfähigkeit der Decken des Gebäudeteils haben, an den sie angebaut werden. [2]Dies gilt nicht für Anbauten an Wohngebäude der Gebäudeklassen 1 bis 3.
(7) Dächer an Verkehrsflächen und über Eingängen müssen Vorrichtungen zum Schutz gegen das Herabfallen von Schnee und Eis haben, wenn dies die Verkehrssicherheit erfordert.
(8) Für vom Dach aus vorzunehmende Arbeiten sind sicher benutzbare Vorrichtungen anzubringen.

§ 10 Treppen

(Zu § 28 Absatz 1 LBO)
(1) [1]Einschiebbare Treppen und Rolltreppen sind als notwendige Treppen unzulässig. [2]In Gebäuden der Gebäudeklassen 1 und 2 sind einschiebbare Treppen und Leitern als Zugang zu einem Dachraum ohne Aufenthaltsraum zulässig.
(2) [1]Notwendige Treppen sind in einem Zuge zu allen angeschlossenen Geschossen zu führen; sie müssen mit den Treppen zum Dachraum unmittelbar verbunden sein. [2]Dies gilt nicht für Treppen
1. in Gebäuden der Gebäudeklassen 1 bis 3,
2. nach § 28 Absatz 2 Satz 4 Nummer 2 LBO.

(3) [1]Die tragenden Teile notwendiger Treppen müssen
1. in Gebäuden der Gebäudeklasse 5 feuerhemmend und aus nichtbrennbaren Baustoffen,
2. in Gebäuden der Gebäudeklasse 4 aus nichtbrennbaren Baustoffen,
3. in Gebäuden der Gebäudeklasse 3 aus nichtbrennbaren Baustoffen oder feuerhemmend

sein. [2]Tragende Teile von Außentreppen nach § 28 Absatz 2 Satz 4 Nummer 3 LBO für Gebäude der Gebäudeklassen 3 bis 5 müssen aus nichtbrennbaren Baustoffen bestehen.

(4) [1]Die nutzbare Breite notwendiger Treppen muss mindestens 1 m, bei Treppen in Wohngebäuden der Gebäudeklassen 1 und 2 mindestens 0,8 m betragen. [2]Dies gilt nicht für Treppen in mehrgeschossigen Wohnungen. [3]Für Treppen mit geringer Benutzung können geringere Breiten zugelassen werden.

(5) [1]Treppen müssen mindestens einen festen und griffsicheren Handlauf haben. [2]Dies gilt nicht für Treppen

1. in mehrgeschossigen Wohnungen,
2. in Höhe des Geländes oder mit einer Absturzhöhe von nicht mehr als 1 m,
3. mit nicht mehr als fünf Stufen oder
4. von Anlagen, die nicht umwehrt werden müssen.

(6) [1]Treppenstufen dürfen nicht unmittelbar hinter einer Tür beginnen, die in Richtung der Treppe aufschlägt. [2]Zwischen Treppe und Tür ist in diesen Fällen ein Treppenabsatz anzuordnen, der mindestens so tief sein muss, wie die Tür breit ist.

§ 11 Notwendige Treppenräume, Ausgänge

(Zu § 28 Absatz 2 LBO)

(1) [1]Von jeder Stelle eines Aufenthaltsraumes sowie eines Kellergeschosses muss mindestens ein Ausgang in einen notwendigen Treppenraum oder ins Freie in höchstens 35 m Entfernung erreichbar sein. [2]Übereinander liegende Kellergeschosse müssen jeweils mindestens zwei Ausgänge in notwendige Treppenräume oder ins Freie haben. [3]Sind mehrere notwendige Treppenräume erforderlich, müssen sie so verteilt sein, dass sie möglichst entgegengesetzt liegen und dass die Rettungswege möglichst kurz sind.

(2) [1]Jeder notwendige Treppenraum muss an einer Außenwand liegen und einen unmittelbaren Ausgang ins Freie haben. [2]Innenliegende notwendige Treppenräume sind zulässig, wenn ihre Nutzung ausreichend lang nicht durch Raucheintritt gefährdet werden kann. [3]Sofern der Ausgang eines notwendigen Treppenraumes nicht unmittelbar ins Freie führt, muss der Raum zwischen dem notwendigen Treppenraum und dem Ausgang ins Freie

1. mindestens so breit sein wie die dazugehörigen Treppenläufe,
2. Wände haben, die die Anforderungen an die Wände des Treppenraumes erfüllen,
3. rauchdichte und selbstschließende Abschlüsse zu notwendigen Fluren haben und
4. ohne Öffnungen zu anderen Räumen, ausgenommen zu notwendigen Fluren, sein.

(3) [1]Die Wände notwendiger Treppenräume müssen als raumabschließende Bauteile

1. in Gebäuden der Gebäudeklasse 5 die Bauart von Brandwänden haben,
2. in Gebäuden der Gebäudeklasse 4 auch unter zusätzlicher mechanischer Beanspruchung hochfeuerhemmend sein und
3. in Gebäuden der Gebäudeklasse 3 feuerhemmend sein.

[2]Dies ist nicht erforderlich für Außenwände von Treppenräumen, die aus nichtbrennbaren Baustoffen bestehen und durch andere an diese Außenwände anschließende Gebäudeteile im Brandfall nicht gefährdet werden können. [3]Der obere Abschluss notwendiger Treppenräume muss als raumabschließendes Bauteil die Feuerwiderstandsfähigkeit der Decken des Gebäudes haben; dies gilt nicht, wenn der obere Abschluss das Dach ist und die Treppenraumwände bis unter die Dachhaut reichen.

(4) In notwendigen Treppenräumen und in Räumen nach Absatz 2 Satz 3 müssen

1. Bekleidungen, Putze, Dämmstoffe, Unterdecken und Einbauten aus nichtbrennbaren Baustoffen bestehen,
2. Wände und Decken aus brennbaren Baustoffen treppenraumseitig eine Bekleidung aus nichtbrennbaren Baustoffen haben, die über einen Zeitraum von mindestens 30 Minuten eine Brandbeteiligung der brennbaren Baustoffe verhindert,
3. Bodenbeläge, ausgenommen Gleitschutzprofile, aus mindestens schwerentflammbaren Baustoffen bestehen.

(5) [1]In notwendigen Treppenräumen und in Räumen nach Absatz 2 Satz 3 müssen Öffnungen

1. zu Räumen und Nutzungseinheiten mit einer Fläche von mehr als 200 m^2, ausgenommen Wohnungen, zu Kellergeschossen, zu nicht ausgebauten Dachräumen, Werkstätten, Läden, Lagerräumen und ähnlichen Räumen mindestens feuerhemmende, rauchdichte und selbstschließende Abschlüsse,
2. zu notwendigen Fluren rauchdichte und selbstschließende Abschlüsse,
3. zu sonstigen Räumen und Nutzungseinheiten, ausgenommen Wohnungen, mindestens dicht- und selbstschließende Abschlüsse und
4. zu Wohnungen mindestens dichtschließende Abschlüsse

haben. [2]Die Feuerschutz- und Rauchschutzabschlüsse dürfen lichtdurchlässige Seitenteile und Oberlichte enthalten, wenn der Abschluss insgesamt die Anforderungen nach Satz 1 erfüllt und nicht breiter als 2,50 m ist. An notwendige Treppenräume dürfen in einem Geschoss nicht mehr als vier Wohnungen oder Nutzungseinheiten vergleichbarer Größe unmittelbar angeschlossen sein.

(6) [1]Notwendige Treppenräume müssen zu beleuchten sein. [2]Innenliegende notwendige Treppenräume müssen in Gebäuden mit einer Höhe nach § 2 Absatz 4 Satz 2 LBO von mehr als 13 m eine Sicherheitsbeleuchtung haben.

(7) [1]Notwendige Treppenräume müssen belüftet werden können. [2]Für an der Außenwand liegende notwendige Treppenräume sind dafür in jedem oberirdischen Geschoss unmittelbar ins Freie führende Fenster mit einem freien Querschnitt von mindestens 0,50 m^2 erforderlich, die geöffnet werden können. [3]Für innenliegende notwendige Treppenräume und notwendige Treppenräume in Gebäuden mit einer Höhe nach § 2 Absatz 4 Satz 2 LBO von mehr als 13 m ist an der obersten Stelle eine Öffnung zur Rauchableitung mit einem freien Querschnitt von mindestens 1 m^2 erforderlich; sie muss vom Erdgeschoss sowie vom obersten Treppenabsatz aus geöffnet werden können.

(8) [1]Sicherheitstreppenräume nach § 15 Absatz 5 Satz 2 LBO müssen folgenden Anforderungen genügen:

1. Sie müssen an einer Außenwand liegen oder vom Gebäude abgesetzt sein und in allen angeschlossenen Geschossen ausschließlich über unmittelbar davor liegende offene Gänge erreichbar sein; diese offenen Gänge müssen im freien Luftstrom liegen.
2. Die Wände müssen auch als Raumabschluss denselben Feuerwiderstand wie tragende Wände haben und aus nichtbrennbaren Baustoffen bestehen. Öffnungen in diesen Wänden müssen ins Freie führen und dichte Abschlüsse aufweisen.
3. Die Treppen müssen aus nichtbrennbaren Baustoffen bestehen.
4. Die Türen müssen rauchdicht und selbstschließend, bei innenliegenden Sicherheitstreppenräumen feuerhemmend und selbstschließend sein.
5. Eine Sicherheitsbeleuchtung muss vorhanden sein.

[2]Innenliegende Sicherheitstreppenräume sind zulässig, wenn durch andere Maßnahmen sichergestellt ist, dass sie ebenso sicher sind wie Sicherheitstreppenräume nach Satz 1.

§ 12 Notwendige Flure, offene Gänge

(Zu § 28 Absatz 3 LBO)

(1) Notwendige Flure sind nicht erforderlich

1. in Wohngebäuden der Gebäudeklassen 1 und 2,
2. in sonstigen Gebäuden der Gebäudeklassen 1 und 2, ausgenommen in Kellergeschossen,
3. innerhalb von Wohnungen oder innerhalb von Nutzungseinheiten mit nicht mehr als 200 m^2,
4. innerhalb von Nutzungseinheiten, die einer Büro- oder Verwaltungsnutzung dienen, mit nicht mehr als 400 m^2; das gilt auch für Teile größerer Nutzungseinheiten, wenn diese Teile nicht größer als 400 m^2 sind, Trennwände nach § 6 Absatz 1 Nummer 1 haben und jeder Teil unabhängig von anderen Teilen Rettungswege nach § 15 Absatz 3 LBO hat.

(2) [1]Notwendige Flure müssen so breit sein, dass sie für den größten zu erwartenden Verkehr ausreichen, mindestens jedoch 1,25 m. [2]In den Fluren ist eine Folge von weniger als drei Stufen unzulässig. [3]Rampen mit einer Neigung bis zu 6 Prozent sind zulässig.

(3) [1]Notwendige Flure sind durch nichtabschließbare, rauchdichte und selbstschließende Abschlüsse in Rauchabschnitte zu unterteilen. [2]Die Rauchabschnitte sollen nicht länger als 30 m sein. [3]Die Abschlüsse sind bis an die Rohdecke zu führen; sie dürfen bis an die Unterdecke der Flure geführt werden, wenn die Unterdecke feuerhemmend ist. [4]Notwendige Flure mit nur einer Fluchtrichtung, die zu einem Sicherheitstreppenraum führen, dürfen nicht länger als 15 m sein. [5]Die Sätze 1 bis 4 gelten nicht für offene Gänge nach Absatz 5.

(4) [1]Die Wände notwendiger Flure müssen als raumabschließende Bauteile feuerhemmend, in Kellergeschossen, deren tragende und aussteifende Bauteile feuerbeständig sein müssen, feuerbeständig sein. [2]Die Wände sind bis an die Rohdecke zu führen. [3]Sie dürfen bis an die Unterdecke der Flure geführt werden, wenn die Unterdecke feuerhemmend und ein demjenigen nach Satz 1 vergleichbarer Raumabschluss sichergestellt ist. [4]Türen in diesen Wänden müssen dicht schließen; Öffnungen zu Lagerbereichen im Kellergeschoss müssen feuerhemmende und selbstschließende Abschlüsse haben.

(5) [1]Für Wände und Brüstungen notwendiger Flure mit nur einer Fluchtrichtung, die als offene Gänge vor den Außenwänden angeordnet sind, gilt Absatz 4 entsprechend. [2]Fenster sind in diesen Außenwänden ab einer Brüstungshöhe von 1,20 m zulässig.

(6) [1]In notwendigen Fluren sowie in offenen Gängen nach Absatz 5 müssen

1. Bekleidungen, Putze, Unterdecken und Dämmstoffe aus nichtbrennbaren Baustoffen bestehen,
2. Wände und Decken aus brennbaren Baustoffen eine Bekleidung aus nichtbrennbaren Baustoffen in ausreichender Dicke haben und
3. Bodenbeläge aus mindestens schwerentflammbaren Baustoffen bestehen; dies gilt nicht für Gebäude der Gebäudeklasse 3.

[2]Einbauten, Bekleidungen, Unterdecken und Dämmstoffe können aus schwerentflammbaren Baustoffen zugelassen werden, wenn keine Bedenken wegen des Brandschutzes bestehen.

§ 13 Fenster, Türen, sonstige Öffnungen

(Zu § 28 Absatz 4 und § 16 LBO)

(1) Können die Fensterflächen nicht gefahrlos vom Erdboden, vom Innern des Gebäudes, von Loggien oder Balkonen aus gereinigt werden, so sind Vorrichtungen wie Aufzüge, Halterungen oder Stangen anzubringen, die eine Reinigung von außen ermöglichen.

(2) [1]Glastüren und andere Glasflächen, die bis zum Fußboden allgemein zugänglicher Verkehrsflächen herabreichen, sind so zu kennzeichnen, dass sie leicht erkannt werden können. [2]Weitere Schutzmaßnahmen sind für größere Glasflächen vorzusehen, wenn dies die Verkehrssicherheit erfordert.

(3) [1]Jedes Kellergeschoss ohne Fenster muss mindestens eine Öffnung ins Freie haben, um eine Rauchableitung zu ermöglichen. [2]Gemeinsame Kellerlichtschächte für übereinander liegende Kellergeschosse sind unzulässig.

(4) [1]Fenster, die als Rettungswege nach § 15 Absatz 5 Satz 1 LBO dienen, müssen im Lichten mindestens 0,90 m breit und 1,20 m hoch sein und nicht höher als 1,20 m über der Fußbodenoberkante angeordnet sein; eine Unterschreitung dieser Maße bis minimal 0,6 m Breite im Lichten und 0,9 m Höhe im Lichten ist im Benehmen mit der für den Brandschutz zuständigen Dienststelle dann möglich, wenn das Rettungsgerät der Feuerwehr die betreffende Öffnung nicht einschränkt. [2]Sie müssen von innen ohne Hilfsmittel vollständig zu öffnen sein. [3]Liegen diese Fenster in Dachschrägen oder Dachaufbauten, so darf ihre Unterkante oder ein davor liegender Austritt von der Traufkante horizontal gemessen nicht mehr als 1,0 m entfernt sein.

§ 14 Aufzugsanlagen

(Zu § 29 LBO)

(1) [1]Aufzüge im Innern von Gebäuden müssen eigene Fahrschächte haben, um eine Brandausbreitung in andere Geschosse ausreichend lang zu verhindern. [2]In einem Fahrschacht dürfen bis zu drei Aufzüge liegen. [3]Aufzüge ohne eigene Fahrschächte sind zulässig

1. innerhalb eines notwendigen Treppenraumes, ausgenommen in Hochhäusern,
2. innerhalb von Räumen, die Geschosse überbrücken,
3. zur Verbindung von Geschossen, die offen miteinander in Verbindung stehen dürfen,
4. in Gebäuden der Gebäudeklassen 1 und 2;

sie müssen sicher umkleidet sein.

(2) [1]Die Fahrschachtwände müssen als raumabschließende Bauteile

1. in Gebäuden der Gebäudeklasse 5 feuerbeständig und aus nichtbrennbaren Baustoffen,
2. in Gebäuden der Gebäudeklasse 4 hochfeuerhemmend,
3. in Gebäuden der Gebäudeklasse 3 feuerhemmend

sein; Fahrschachtwände aus brennbaren Baustoffen müssen schachtseitig eine Bekleidung aus nichtbrennbaren Baustoffen in ausreichender Dicke haben. [2]Fahrschachttüren und andere Öffnungen in Fahrschachtwänden mit erforderlicher Feuerwiderstandsfähigkeit sind so herzustellen, dass die Anforderungen nach Absatz 1 Satz 1 nicht beeinträchtigt werden.

(3) [1]Fahrschächte müssen zu lüften sein und eine Öffnung zur Rauchableitung mit einem freien Querschnitt von mindestens 2,5 Prozent der Fahrschachtgrundfläche, mindestens jedoch 0,1 m^2 haben. [2]Die Lage der Rauchaustrittsöffnungen muss so gewählt werden, dass der Rauchaustritt durch Windeinfluss nicht beeinträchtigt wird.

(4) [1]Aufzüge nach § 29 Absatz 2 Satz 2 LBO müssen von allen Nutzungseinheiten in dem Gebäude und von der öffentlichen Verkehrsfläche aus stufenlos erreichbar sein. [2]Haltestellen im obersten Geschoss und in den Kellergeschossen sind nicht erforderlich, wenn sie nur unter besonderen Schwierigkeiten hergestellt werden können.

(5) [1]Fahrkörbe zur Aufnahme einer Krankentrage müssen eine nutzbare Grundfläche von mindestens 1,1 m Breite und 2,1 m Tiefe, zur Aufnahme eines Rollstuhls von mindestens 1,1 m Breite und 1,4 m

Tiefe haben; Türen müssen eine lichte Durchgangsbreite von mindestens 0,9 m haben. [2]In einem Aufzug für Rollstühle und Krankentragen darf der für Rollstühle nicht erforderliche Teil der Fahrkorbgrundfläche durch eine verschließbare Tür abgesperrt werden. [3]Vor den Aufzügen muss eine ausreichende Bewegungsfläche vorhanden sein.

(6) Aufzüge, die Haltepunkte in mehr als einem Rauchabschnitt haben, müssen über eine Brandfallsteuerung mit Brandmeldern an mindestens einem Haltepunkt in jedem Rauchabschnitt verfügen.

§ 15 Lüftungsanlagen, raumlufttechnische Anlagen, Warmluftheizungen

(Zu § 30 LBO)

(1) [1]Lüftungsleitungen sowie deren Bekleidungen und Dämmstoffe müssen aus nichtbrennbaren Baustoffen bestehen; brennbare Baustoffe sind zulässig, wenn ein Beitrag der Lüftungsleitung zur Brandentstehung und Brandweiterleitung nicht zu befürchten ist. [2]Lüftungsleitungen dürfen raumabschließende Bauteile, für die eine Feuerwiderstandsfähigkeit vorgeschrieben ist, nur überbrücken, wenn eine Brandausbreitung ausreichend lang nicht zu befürchten ist oder wenn Vorkehrungen hiergegen getroffen sind.

(2) Lüftungsanlagen sind so herzustellen, dass sie Gerüche und Staub nicht in andere Räume übertragen.

(3) [1]Lüftungsanlagen dürfen nicht in Abgasanlagen eingeführt werden; die gemeinsame Nutzung von Lüftungsleitungen zur Lüftung und zur Ableitung der Abgase von Feuerstätten ist zulässig, wenn keine Bedenken wegen der Betriebssicherheit und des Brandschutzes bestehen. [2]Die Abluft ist ins Freie zu führen. [3]Nicht zur Lüftungsanlage gehörende Einrichtungen sind in Lüftungsleitungen unzulässig.

(4) Die Absätze 1 und 2 gelten nicht
1. für Gebäude der Gebäudeklassen 1 und 2,
2. innerhalb von Wohnungen,

3. innerhalb derselben Nutzungseinheit mit nicht mehr als insgesamt 400 m^2 in nicht mehr als zwei Geschossen.

(5) Für raumlufttechnische Anlagen und Warmluftheizungen gelten die Absätze 1 bis 4 entsprechend.

§ 16 Leitungen, Installationsschächte und -kanäle

(Zu § 31 LBO)

(1) [1]Leitungen, Installationsschächte und -kanäle dürfen durch raumabschließende Bauteile, für die eine Feuerwiderstandsfähigkeit vorgeschrieben ist, nur hindurchgeführt werden, wenn eine Brandausbreitung ausreichend lang nicht zu befürchten ist oder Vorkehrungen hiergegen getroffen sind. [2]Dies gilt nicht

1. für Gebäude der Gebäudeklassen 1 und 2,
2. innerhalb von Wohnungen,
3. innerhalb derselben Nutzungseinheit mit nicht mehr als insgesamt 400 m^2 in nicht mehr als zwei Geschossen.

(2) In notwendigen Treppenräumen, in Räumen nach § 11 Absatz 2 Satz 3 und in notwendigen Fluren sind Leitungsanlagen nur zulässig, wenn eine Nutzung als Rettungsweg im Brandfall ausreichend lang möglich ist.

(3) Für Installationsschächte und -kanäle gilt § 15 Absatz 1 Satz 1 und Absatz 2 entsprechend.

§ 17 Kleinkläranlagen, Gruben, Anlagen für Abfall- und Reststoffe

(Zu § 33 LBO)

(1) [1]Kleinkläranlagen und Gruben müssen wasserdicht und ausreichend groß sein. [2]Sie müssen eine dichte und sichere Abdeckung sowie Reinigungs- und Entleerungsöffnungen haben. [3]Diese Öffnungen dürfen nur vom Freien aus zugänglich sein. [4]Die Anlagen sind so zu entlüften, dass Gesundheitsschäden oder unzumutbare Belästigungen nicht entstehen. [5]Die Zuleitungen zu Abwasserentsorgungsanlagen müssen geschlossen, dicht und, soweit erforderlich,

zum Reinigen eingerichtet sein. [6]Geschlossene Abwassergruben dürfen nur mit Zustimmung der Wasserbehörde zugelassen werden, wenn keine gesundheitlichen und wasserwirtschaftlichen Bedenken bestehen.

(2) [1]Abgänge aus Toiletten ohne Wasserspülung sind in eigene, geschlossene Gruben einzuleiten. [2]In diese Gruben darf kein Abwasser eingeleitet werden.

(3) [1]Zur vorübergehenden Aufbewahrung fester Abfall- und Reststoffe sind auf dem Grundstück geeignete Plätze für bewegliche Behälter vorzusehen oder geeignete Einrichtungen herzustellen. [2]Ortsfeste Behälter müssen dicht und aus nichtbrennbaren Baustoffen sein. [3]Sie sind außerhalb der Gebäude aufzustellen. [4]Die Anlagen sind so herzustellen und anzuordnen, dass Gefahren sowie erhebliche Nachteile oder Belästigungen, insbesondere durch Geruch oder Geräusch, nicht entstehen. [5]Feste Abfallstoffe dürfen innerhalb von Gebäuden vorübergehend aufbewahrt werden, in Gebäuden der Gebäudeklassen 3 bis 5 jedoch nur, wenn die dafür bestimmten Räume

1. Trennwände und Decken als raumabschließende Bauteile mit der Feuerwiderstandsfähigkeit der tragenden Wände aufweisen,
2. Öffnungen vom Gebäudeinnern zum Aufstellraum mit feuerhemmenden und selbstschließenden Abschlüssen haben,
3. unmittelbar vom Freien entleert werden können und
4. eine ständig wirksame Lüftung haben.

§ 18 Anwendung betriebssicherheitsrechtlicher Vorschriften

(Zu § 73 Absatz 8 Nummer 2 LBO)

(1) Für Aufzugsanlagen im Sinne des Anhang 2 Abschnitt 2 Nummer 2 der Verordnung über Sicherheit und Gesundheitsschutz bei der Verwendung von Arbeitsmitteln (Betriebssicherheitsverordnung – BetrSichV) vom 3. Februar 2015 (BGBl. I S. 49), die zuletzt durch Artikel 1 der Verordnung vom 30. April 2019 (BGBl. I S. 554) geändert worden ist, die weder gewerblichen noch wirtschaftlichen Zwecken dienen und in deren Gefahrenbereich auch keine Arbeitnehmer beschäftigt werden, gelten die §§ 2, 5, 6, ausgenommen Ab-

satz 1 Satz 2, §§ 8, 9, 15 bis 17, 19 Absätze 1, 2, 4 bis 6 und §§ 22 bis 24 BetrSichV entsprechend.

(2) Soweit durch die in Absatz 1 genannten betriebssicherheitsrechtlichen Vorschriften Zuständigkeitsregelungen berührt sind, entscheiden bei Anlagen im Anwendungsbereich der Landesbauordnung die Baurechtsbehörden im Benehmen mit den Gewerbeaufsichtsbehörden.

§ 19 Ordnungswidrigkeiten

(Zu § 75 Absatz 3 Nummer 2 LBO)

Ordnungswidrig nach § 75 Absatz 3 Nummer 2 LBO handelt, wer vorsätzlich oder fahrlässig

1. entgegen § 2 Absatz 2 Satz 2 oder Satz 3 oder Absatz 3 Satz 3 oder Satz 4 Zu- oder Durchgänge oder Zu- oder Durchfahrten für die Feuerwehr durch Einbauten einengt oder
2. entgegen § 2 Absatz 4 die Zu- oder Durchfahrten, Aufstellflächen oder Bewegungsflächen für die Feuerwehr nicht freihält.

§ 20 Inkrafttreten

[1]Diese Verordnung tritt am 1. März 2010 in Kraft. [2]Gleichzeitig tritt die Allgemeine Ausführungsverordnung des Wirtschaftsministeriums zur Landesbauordnung vom 17. November 1995 (GBl. S. 836), zuletzt geändert durch Artikel 69 der Verordnung vom 25. April 2007 (GBl. S. 252, 259), außer Kraft.

Verordnung der Landesregierung, des Wirtschaftsministeriums und des Umweltministeriums über das baurechtliche Verfahren (Verfahrensverordnung zur Landesbauordnung – LBOVVO)

vom 13. November 1995 (GBl. S. 794), zuletzt mehrfach geändert durch Art. 1 der Verordnung vom 28. Juli 2020 (GBl. S. 662).*

Auf Grund von § 73 Absatz 2, 4 und 5 der Landesbauordnung für Baden-Württemberg (LBO) vom 8. August 1995 (GBl. S. 617) wird verordnet:

Inhaltsübersicht

---

* Art. 1 Nr. 5b, Nr. 7 und Nr. 10 VO 28.7.2020 treten am ersten Tag des sechsten auf ihr Verkündung folgenden Monats (1.2.2021) in Kraft (Art. 2 Satz 1 VO 28.7.2020). Im Übrigen ist die VO vom 28.7.2020 bereits am 1.10.2020 in Kraft getreten.

ERSTER ABSCHNITT
Allgemeine Vorschriften zu den Bauvorlagen im Kenntnisgabeverfahren und im Genehmigungsverfahren

§ 1 Bauvorlagen im Kenntnisgabeverfahren

(1) Im Kenntnisgabeverfahren hat der Bauherr nach Maßgabe der folgenden Vorschriften als Bauvorlagen einzureichen:

1. den Lageplan (§§ 4 und 5),
2. die Bauzeichnungen (§ 6),
3. die Darstellung der Grundstücksentwässerung (§ 8),

* Hinweis: Der erst ab dem 1.2.2021 geltende und hier abgedruckte § 18 VI LBO VVO entspricht dem bis dahin geltenden § 18 V LBO VVO.

4. die Erklärung zum Standsicherheitsnachweis (§ 10 Abs. 1),
5. die Bestätigungen des Entwurfsverfassers und des Lageplanfertigers (§ 11),
6. die Bestätigung des Bauherrn, dass er die Bauherrschaft für das Vorhaben übernommen hat; Namen und Anschriften des Bauherrn und des Bauleiters, soweit ein solcher bestellt wurde, sind einzutragen.

(2) [1]Die Bauvorlagen sind in einfacher Ausfertigung bei der Gemeinde einzureichen; ist die Gemeinde nicht selbst Baurechtsbehörde, sind die Bauvorlagen nach Absatz 1 Satz 1 Nummer 1 bis 3 in zweifacher Ausfertigung einzureichen. [2]Werden die Bauvorlagen in elektronischer Form eingereicht, sind Mehrfertigungen in schriftlicher Form nicht erforderlich.
(3) Die Bauvorlagen sind vollständig im Sinne des § 53 Absatz 5 Satz 1 Nummer 1 LBO, wenn die in Absatz 1 genannten Bauvorlagen nach Art und Anzahl vorhanden sind.

§ 2 Bauvorlagen in Genehmigungsverfahren

(1) [1]In Genehmigungsverfahren hat der Bauherr dem Bauantrag nach Maßgabe der folgenden Vorschriften als Bauvorlagen beizufügen:
1. den Lageplan (§§ 4 und 5),
2. die Bauzeichnungen (§ 6),
3. die Baubeschreibung (§ 7),
4. die Darstellung der Grundstücksentwässerung (§ 8),
5. die bautechnischen Nachweise (§ 9) und im Fall des § 10 Absatz 2 die Erklärung zum Standsicherheitsnachweis (§ 10 Absatz 1), im vereinfachten Baugenehmigungsverfahren nur die Erklärung zum Standsicherheitsnachweis,
6. die Angabe von Name und Anschrift des Bauleiters, soweit ein solcher bestellt wurde.

[2]Die in Satz 1 Nr. 4 bis 6 genannten Bauvorlagen mit Ausnahme der Erklärung zum Standsicherheitsnachweis können nachgereicht werden; sie sind der Baurechtsbehörde vor Baubeginn vorzulegen.

[3]Die Darstellung der Grundstücksentwässerung und die bautechnischen Nachweise sind so rechtzeitig vorzulegen, daß sie noch vor Baubeginn geprüft werden können.

(2) [1]Die Bauvorlagen sind in zweifacher Ausfertigung bei der Gemeinde einzureichen. [2]Ist die Gemeinde nicht selbst Baurechtsbehörde, sind die Bauvorlagen mit Ausnahme der in Absatz 1 Satz 1 Nummern 5 und 6 genannten Vorlagen in dreifacher Ausfertigung einzureichen. [3]Die Gemeinde leitet den Bauantrag und die Bauvorlagen unter Zurückbehaltung einer Ausfertigung des Bauantrags und der Vorlagen nach Absatz 1 Satz 1 Nummern 1 bis 4 innerhalb von drei Arbeitstagen an die Baurechtsbehörde weiter. [4]Ist für die Prüfung des Bauantrags die Beteiligung anderer Behörden oder Dienststellen erforderlich, kann die Baurechtsbehörde die Einreichung weiterer Ausfertigungen verlangen. [5]Werden die Bauvorlagen elektronisch in Textform eingereicht, sind Mehrfertigungen nicht erforderlich; hinsichtlich der Weiterleitung gilt Satz 3 entsprechend.

(3) Die Baurechtsbehörde kann

1. weitere Unterlagen verlangen, wenn diese zur Beurteilung des Vorhabens erforderlich sind,
2. auf Bauvorlagen oder einzelne Angaben in den Bauvorlagen verzichten, wenn diese zur Beurteilung des Vorhabens nicht erforderlich sind,
3. zulassen, dass über Absatz 1 Sätze 2 und 3 hinaus einzelne Bauvorlagen nachgereicht werden,
4. verlangen, dass Bauvorlagen elektronisch in Textform einzureichen sind.

§ 3 Allgemeine Anforderungen an die Bauvorlagen

(1) [1]Die Bauvorlagen müssen aus dauerhaftem Papier lichtbeständig hergestellt sein; sie müssen einen Heftrand und die Größe von DIN A 4 haben oder auf diese Größe nach DIN 824 gefaltet sein. [2]Dies gilt nicht, wenn die Bauvorlagen elektronisch in Textform eingereicht werden.

(2) Hat die oberste Baurechtsbehörde Vordrucke öffentlich bekanntgemacht, so sind der Bauantrag und die betreffenden Bauvorlagen unter Verwendung dieser Vordrucke einzureichen.
(3) [1]Werden Bauvorlagen elektronisch in Textform eingereicht, sind sie in archivfähigem Portable Document Format (pdf/A) zu übermitteln. [2]Die Baurechtsbehörde kann andere dauerhaft archivierbare Dateiformate, die Inhalte zuverlässig wiedergeben und keine externen Inhalte einbeziehen, zulassen sowie Übermittlungswege und Dateistrukturen vorgeben.
(4) Bauzeichnungen nach § 6 und sonstige grafische Darstellungen entsprechen der Textform.

ZWEITER ABSCHNITT
Inhalt und Verfasser einzelner Bauvorlagen

§ 4 Lageplan

(1) Der Lageplan gliedert sich in einen zeichnerischen und einen schriftlichen Teil.
(2) [1]Der zeichnerische Teil ist auf der Grundlage eines nach dem neuesten Stand gefertigten Auszugs aus dem Liegenschaftskataster zu erstellen. [2]Der Lageplanfertiger hat die Übereinstimmung des zeichnerischen Teils mit dem Auszug aus dem Liegenschaftskataster und die vollständige Ergänzung nach Absatz 4 auf dem Lageplan zu bestätigen. [3]Der zeichnerische Teil muß das zu bebauende Grundstück und dessen Nachbargrundstücke umfassen. [4]Die Nachbargrundstücke sind nur insoweit aufzunehmen, als es für die Beurteilung des Vorhabens erforderlich ist. [5]Für den zeichnerischen Teil ist der Maßstab 1:500 zu verwenden. [6]Die Baurechtsbehörde kann einen anderen Maßstab verlangen oder zulassen, wenn dies für die Beurteilung des Vorhabens erforderlich oder ausreichend ist.
(3) Der zeichnerische Teil des Lageplans muß folgende Angaben aus dem Liegenschaftskataster enthalten:
1. den Maßstab und die Nordrichtung,

2. die katastermäßigen Grenzen des Grundstücks und der Nachbargrundstücke einschließlich der Verkehrsflächen,
3. die Bezeichnung des Grundstücks und der Nachbargrundstücke nach dem Liegenschaftskataster.

(4) [1]Über Absatz 3 hinaus sind im zeichnerischen Teil des Lageplans darzustellen:

1. die vorhandenen und die in einem Bebauungsplan enthaltenen Verkehrsflächen unter Angabe der Straßengruppe, der Breite, der Höhenlage, sowie die in Planfeststellungsbeschlüssen ausgewiesenen, noch nicht in einen Bebauungsplan übernommenen Verkehrsflächen,
2. soweit in einem Bebauungsplan festgesetzt, die Abgrenzung der überbaubaren Flächen und der Flächen für Garagen und Stellplätze auf dem Grundstück und den Nachbargrundstücken,
3. die bestehenden baulichen Anlagen auf dem Grundstück und den Nachbargrundstücken unter Angabe ihrer Nutzung, ihrer Zahl der Vollgeschosse oder Gebäudehöhe und ihrer Dachform,
4. die Kulturdenkmale und die Naturdenkmale auf dem Grundstück und den Nachbargrundstücken,
5. die geplante Anlage unter Angabe
   a) der Außenmaße,
   b) der Höhenlage, bei Gebäuden des Erdgeschoßfußbodens,
   c) der Abstände zu den Grundstücksgrenzen und zu anderen vorhandenen oder geplanten Gebäuden auf demselben Grundstück,
   d) der erforderlichen Abstandsflächen,
   e) der Zu- und Abfahrten,
   f) der für das Aufstellen von Feuerwehrfahrzeugen erforderlichen Flächen unter Angabe ihrer Höhenlage,
6. die Abstände der geplanten Anlage von benachbarten öffentlichen Grünflächen, Wasserflächen, Wäldern, Mooren und Heiden sowie von Anlagen und Einrichtungen, von denen nach öffentlichrechtlichen Vorschriften Mindestabstände einzuhalten sind, insbesondere von Verkehrsflächen und Bahnanlagen,

7. die Kinderspielplätze,
8. die Lage und Anzahl vorhandener und geplanter Stellplätze für Kraftfahrzeuge,
9. die Abgrenzung von Flächen, auf denen Baulasten oder sonstige für die Zulässigkeit des Vorhabens wesentliche öffentlich-rechtliche Lasten oder Beschränkungen für das Grundstück ruhen,
10. soweit erforderlich Hochspannungsleitungen, andere Leitungen und Einrichtungen für die Versorgung mit Elektrizität, Gas, Wärme, brennbaren Flüssigkeiten und Wasser sowie für das Fernmeldewesen,
11. Anlagen zur Aufnahme und Beseitigung von Abwasser und Fäkalien sowie Brunnen, Dungbehälter und Dungstätten,
12. die Lage vorhandener oder geplanter ortsfester Behälter für brennbare oder sonst schädliche Flüssigkeiten sowie deren Abstände zu der geplanten Anlage, zu Brunnen oder zu Wasserversorgungsanlagen.

[2]Die erforderlichen Abstandsflächen nach Nummer 5 Buchst. d sind auf einem besonderen Blatt darzustellen. [3]Die übrigen Angaben können auf besonderen Blättern dargestellt werden, wenn der zeichnerische Teil sonst unübersichtlich würde.

(5) [1]Der Inhalt des Lageplans nach den Absätzen 3 und 4 ist in schwarzer Strichzeichnung oder Beschriftung, bei Festsetzungen nach dem Baugesetzbuch mit den für die Ausarbeitung von Bauleitplänen vorgeschriebenen, nicht farbigen Planzeichen darzustellen. [2]Es sind farbig zu kennzeichnen:

1. die Grenzen des zu bebauenden Grundstücks: bestehend durch violette Außenbandierung, geplant durch unterbrochene violette Außenbandierung,
2. vorhandene Verkehrsflächen in goldocker Flächenfarbe,
3. vorhandene Anlagen, soweit sie nicht schraffiert sind, in grauer Flächenfarbe,
4. geplante Anlagen auf dem Grundstück in roter Flächenfarbe, auf den Nachbargrundstücken durch rote Innenbandierung,

5. Anlagen, deren Beseitigung beabsichtigt ist auf dem Grundstück in gelber Flächenfarbe, auf den Nachbargrundstücken durch gelbe Innenbandierung,
6. geplante Veränderungen bestehender Anlagen durch rote Schraffur.

(6) Im schriftlichen Teil des Lageplans sind anzugeben:
1. die Bezeichnung des Grundstücks nach Liegenschaftskataster und Grundbuchblatt unter Angabe des Eigentümers und des Flächeninhalts,
2. die Bezeichnung der Nachbargrundstücke nach dem Liegenschaftskataster,
3. der wesentliche Inhalt von Baulasten und von sonstigen öffentlichen Lasten oder Beschränkungen, die das Grundstück betreffen, insbesondere Zugehörigkeit zu einer unter Denkmalschutz gestellten Gesamtanlage, Lage in einem geschützten Grünbestand oder einem Grabungsschutz-, Naturschutz-, Landschaftsschutz-, Wasserschutz-, Überschwemmungs-, Flurbereinigungs- oder Umlegungsgebiet,
4. die Festsetzungen des Bebauungsplans, soweit sie das Grundstück betreffen und im zeichnerischen Teil nicht enthalten sind, insbesondere Bauweise, Art und Maß der baulichen Nutzung,
5. die vorhandene und geplante Art der baulichen Nutzung des Grundstücks,
6. eine Berechnung der Flächenbeanspruchung des Grundstücks nach Grundflächen-, Geschoßflächen- oder Baumassenzahl für vorhandene und geplante Anlagen, soweit Festsetzungen im Bebauungsplan enthalten sind.

(7) [1]Für die Änderungen von Gebäuden, bei denen die Außenwände und Dächer sowie die Nutzung nicht verändert werden, ist ein Lageplan nicht erforderlich. [2]Es genügt ein Übersichtsplan, der die in Absatz 3 vorgeschriebenen Angaben und die Lage des zu ändernden Gebäudes auf dem Grundstück enthält.

§ 5 Erstellung des Lageplans durch Sachverständige

(1) [1]Der Lageplan ist für die Errichtung von Gebäuden durch einen Sachverständigen zu erstellen, wenn

1. Gebäude an der Grundstücksgrenze oder so errichtet werden sollen, daß nur die in den §§ 5 und 6 LBO vorgeschriebenen Mindesttiefen der Abstandsflächen eingehalten oder
2. diese Mindesttiefen unterschritten werden sollen oder
3. Flächen für Abstände durch Baulast ganz oder teilweise auf Nachbargrundstücke übernommen werden sollen.

[2]Dies gilt nicht bei eingeschossigen Gebäuden ohne Aufenthaltsräume bis zu 50 m^2 Grundfläche.

(2) Sachverständige im Sinne dieser Vorschrift sind

1. Vermessungsbehörden (§§ 7 und 9 des Vermessungsgesetzes),
2. die zu Katastervermessungen befugten Stellen des Bundes und des Landes (§ 10 des Vermessungsgesetzes),
3. Öffentlich bestellte Vermessungsingenieure, auch außerhalb ihres Amtsbezirks,
4. Personen, die nach der württ. Verordnung des Staatsministeriums über die Ausführung und Prüfung von Vermessungsarbeiten mit öffentlichem Glauben vom 4. Juli 1929 (RegBl. S. 260), geändert durch württ.-bad. Verordnung Nr. 382 der Landesregierung vom 13. Dezember 1949 (RegBl. 1950 S. 2) und württ.-hohenz. Verordnung des Staatsministeriums vom 2. Mai 1950 (RegBl. S. 185), bestellt wurden,
5. Personen, die von einer Industrie- und Handelskammer nach § 7 des Gesetzes über die Industrie- und Handelskammern in Baden-Württemberg als Sachverständige für vermessungstechnische Ingenieurarbeiten bestellt sind,
6. Personen, die das Studium der Fachrichtung Vermessungswesen an einer deutschen oder ausländischen Universität oder Fachhochschule, einschließlich Vorgängereinrichtungen, erfolgreich abgeschlossen haben sowie über eine zweijährige Berufserfahrung auf dem Gebiet des Vermessungswesens verfügen,

7. Personen, die eine Bestätigung der höheren Baurechtsbehörde über die Sachverständigeneigenschaft nach § 2 Abs. 4 Buchst. a Nr. 7 der Bauvorlagenverordnung vom 2. April 1984 (GBl. S. 262), eingefügt durch Verordnung vom 8. Juli 1985 (GBl. S. 234), erhalten haben.

§ 6 Bauzeichnungen

(1) [1]Für die Bauzeichnungen ist der Maßstab 1:100 zu verwenden. [2]Die Baurechtsbehörde kann einen anderen Maßstab verlangen oder zulassen, wenn dies zur Beurteilung des Vorhabens erforderlich oder ausreichend ist.

(2) In den Bauzeichnungen sind darzustellen:

1. die Grundrisse aller Geschosse einschließlich des nutzbaren Dachraums mit Angabe der vorgesehenen Nutzung der Räume und mit Einzeichnung der
   a) Treppen,
   b) Schornsteine und Abgasleitungen unter Angabe der Reinigungsöffnungen,
   c) Feuerstätten, Verbrennungsmotoren und Wärmepumpen,
   d) ortsfesten Behälter für brennbare oder sonst schädliche Flüssigkeiten mit Angabe des Fassungsvermögens,
   e) Aufzugsschächte,
   f) Bauteile mit den Anforderungen hinsichtlich des Brandschutzes, wenn diese Anforderungen nicht bereits in anderen Bauvorlagen enthalten sind,
2. die Schnitte, mit Einzeichnung der
   a) Geschoßhöhen,
   b) lichten Raumhöhen,
   c) Treppen und Rampen,
   d) Anschnitte des vorhandenen und des künftigen Geländes,
3. die Ansichten der geplanten baulichen Anlage mit dem Anschluss an angrenzende Gebäude unter Angabe des vorhandenen und künftigen Geländes; an den Eckpunkten der Außenwände sind die Höhenlage des künftigen Geländes sowie die Wandhöhe,

bei geneigten Dächern auch die Dachneigung und die Firsthöhe anzugeben.

(3) In den Bauzeichnungen sind anzugeben:
1. der Maßstab,
2. die Maße,
3. bei Änderung baulicher Anlagen die zu beseitigenden und die neuen Bauteile.

(4) [1]In den Grundrissen und Schnitten sind farbig darzustellen:

1. neues Mauerwerk	rot,
2. neuer Beton oder Stahlbeton	blassgrün,
3. vorhandene Bauteile	grau,
4. zu beseitigende Bauteile	gelb.

[2]Sind die Bauteile und Bauarten auch ohne farbige Darstellung zweifelsfrei zu erkennen, so können sie auch in Schwarz-Weiß dargestellt werden.

§ 7 Baubeschreibung

(1) In der Baubeschreibung sind zu erläutern:
1. die Nutzung des Vorhabens,
2. die Konstruktion,
3. die Feuerungsanlagen,
4. die haustechnischen Anlagen,

soweit dies zur Beurteilung erforderlich ist und die notwendigen Angaben nicht in die Bauzeichnungen aufgenommen werden können.

(2) Für gewerbliche Anlagen, die keiner immissionsschutzrechtlichen Genehmigung bedürfen, muß die Baubeschreibung zusätzliche Angaben enthalten über
1. die Bezeichnung der gewerblichen Tätigkeit,
2. die Zahl der Beschäftigten,
3. Art, Zahl und Aufstellungsort von Maschinen oder Apparaten,
4. die Art der zu verwendenden Rohstoffe und der herzustellenden Erzeugnisse,

5. die Art der Lagerung der Rohstoffe, Erzeugnisse, Waren, Produktionsmittel und Produktionsrückstände, soweit diese feuer-, explosions-, gesundheitsgefährlich oder wassergefährdend sind,
6. chemische, physikalische und biologische Einwirkungen auf die Beschäftigten oder auf die Nachbarschaft, wie Gerüche, Gase, Dämpfe, Rauch, Ruß, Staub, Lärm, Erschütterungen, ionisierende Strahlen, Flüssigkeiten, Abwässer und Abfälle.

(3) In der Baubeschreibung sind ferner der umbaute Raum und die Baukosten der baulichen Anlage einschließlich der Kosten der Wasserversorgungs- und Abwasserbeseitigungsanlagen auf dem Grundstück anzugeben.

§ 8 Darstellung der Grundstücksentwässerung

(1) [1]Wenn nicht an eine öffentliche Kanalisation angeschlossen wird, sind Anlagen zur Beseitigung des Abwassers und des Niederschlagswassers in einem Entwässerungsplan im Maßstab 1 : 500 darzustellen. [2]Der Plan muß enthalten:
1. die Führung der vorhandenen und geplanten Leitungen außerhalb der Gebäude mit Schächten und Abscheidern,
2. die Lage der vorhandenen und geplanten Kleinkläranlagen, Gruben und ähnlichen Einrichtungen.

[3]Kleinkläranlagen, Gruben und ähnliche Einrichtungen sind, soweit erforderlich, durch besondere Bauzeichnungen darzustellen.

(2) Bei Anschluß an eine öffentliche Kanalisation sind darzustellen:
1. Lage, Abmessung, Gefälle der öffentlichen Kanalisation sowie die Sohlenhöhe und Einlaufhöhe an der Anschlußstelle,
2. Lage, Querschnitte, Gefälle und Höhe der Anschlußkanäle.

(3) Über die Absätze 1 und 2 hinaus sind darzustellen:
1. die Lage der vorhandenen und geplanten Brunnen,
2. die Lage der vorhandenen und geplanten Anlagen zur Reinigung oder Vorbehandlung von Abwasser unter Angabe des Fassungsvermögens,
3. besondere Anlagen zur Löschwasserversorgung.

§ 9 Bautechnische Nachweise

(1) Bautechnische Nachweise sind:
1. der Standsicherheitsnachweis unter Berücksichtigung der Anforderungen des Brandschutzes an tragende Bauteile,
2. der Schallschutznachweis.

(2) [1]Der Standsicherheitsnachweis ist durch eine statische Berechnung sowie durch die Darstellung aller für die Standsicherheit wesentlichen Bauteile in Konstruktionszeichnungen zu erbringen. [2]Berechnung und Konstruktionszeichnungen müssen übereinstimmen und gleiche Positionsangaben haben. [3]Die Beschaffenheit und Tragfähigkeit des Baugrundes sind anzugeben. [4]Soweit erforderlich, ist nachzuweisen, dass die Standsicherheit anderer baulicher Anlagen und die Tragfähigkeit des Baugrundes der Nachbargrundstücke nicht gefährdet werden.

(3) Der Schallschutznachweis ist durch Berechnungen zu erbringen und, soweit dies zur Beurteilung erforderlich ist, durch Zeichnungen zu ergänzen.

§ 10 Erklärung zum Standsicherheitsnachweis

(1) [1]Im Kenntnisgabeverfahren und im vereinfachten Baugenehmigungsverfahren hat der Bauherr diejenige Person zu benennen, die er mit der Erstellung des Standsicherheitsnachweises beauftragt hat. [2]Namen und Anschriften des Bauherrn und der beauftragten Person sind einzutragen. [3]Wenn die Voraussetzungen für den Wegfall der bautechnischen Prüfung nach § 18 vorliegen, hat die beauftragte Person in dieser Erklärung zu versichern, dass sie die Qualifikationsanforderungen nach § 18 Abs. 3 erfüllt.*

(2) In Genehmigungsverfahren, die nicht unter Absatz 1 fallen, ist eine Erklärung nach Absatz 1 abzugeben, wenn die Voraussetzungen für den Wegfall der bautechnischen Prüfung nach § 18 vorliegen.

* § 10 I 3 LBOVVO wird zum 1.2.2021 aufgehoben (Art. 2 VO).

§ 11 Bestätigungen des Entwurfsverfassers und des Lageplanfertigers

(1) Im Kenntnisgabeverfahren hat der Entwurfsverfasser unter Angabe von Name und Anschrift zu bestätigen, dass
1. die Voraussetzungen für das Kenntnisgabeverfahren nach § 51 Abs. 1 und 2 LBO vorliegen,
2. die erforderlichen Bauvorlagen unter Beachtung der öffentlich-rechtlichen Vorschriften verfasst worden sind, insbesondere die Festsetzungen im Bebauungsplan über die Art der baulichen Nutzung eingehalten und die nach § 15 Absatz 3 bis 5 LBO erforderlichen Rettungswege einschließlich der notwendigen Flächen für die Feuerwehr nach § 15 Absatz 6 LBO vorgesehen sind,
3. die Qualifikationsanforderungen nach § 43 LBO oder § 77 Absatz 2 LBO erfüllt sind.

(2) Im Kenntnisgabeverfahren hat der Lageplanfertiger unter Angabe von Name und Anschrift zu bestätigen, dass
1. der Lageplan unter Beachtung der öffentlich-rechtlichen Vorschriften verfasst worden ist, insbesondere die Vorschriften über die Abstandsflächen und die Festsetzungen über das Maß der baulichen Nutzung eingehalten sind,
2. in den Fällen des § 5 Absatz 1 die erforderlichen Qualifikationsanforderungen erfüllt sind.

(3) [1]Im vereinfachten Baugenehmigungsverfahren gilt Absatz 1 Nummer 2 entsprechend hinsichtlich der im Verfahren nicht zu prüfenden Vorschriften. [2]Bei einem Antrag nach § 52 Absatz 4 LBO müssen die davon betroffenen Bestätigungen nach § 11 Absatz 1 Nummer 2 unter dem Vorbehalt erfolgen, dass die beantragte Abweichung, Ausnahme oder Befreiung gewährt wird.

DRITTER ABSCHNITT

Bauvorlagen in besonderen Fällen

§ 12 Bauvorlagen für den Abbruch baulicher Anlagen

[1]Beim Abbruch baulicher Anlagen sind folgende Bauvorlagen einzureichen:

1. ein Übersichtsplan mit Bezeichnung des Grundstücks nach Straße und Hausnummer im Maßstab 1:500,
2. die Angabe von Lage und Nutzung der abzubrechenden Anlage,
3. die Bestätigung des vom Bauherrn bestellten Fachunternehmers, daß er
   a) über die notwendige Befähigung zur Durchführung der Abbrucharbeiten verfügt, insbesondere über ausreichende Kenntnisse in Standsicherheitsfragen, Fragen des Arbeits- und Gesundheitsschutzes sowie über ausreichende praktische Erfahrungen beim Abbruch baulicher Anlagen,
   b) über die für den Abbruch notwendigen Einrichtungen und Geräte verfügt,
4. die Bestätigung des Bauherrn, daß er die für den Abbruch erforderlichen Genehmigungen nach anderen öffentlich-rechtlichen Vorschriften, insbesondere nach den denkmalschutzrechtlichen Vorschriften, beantragt hat.

[2]Verfügt der Fachunternehmer nicht über die nach Satz 1 Nr. 3 Buchst. a geforderten Kenntnisse in Standsicherheitsfragen, hat er die Hinzuziehung eines geeigneten Tragwerksplaners zu bestätigen.

§ 13 Bauvorlagen für Werbeanlagen

(1) Bauvorlagen für die Errichtung von Werbeanlagen sind:

1. der Lageplan,
2. die Bauzeichnungen,
3. die Baubeschreibung,
4. soweit erforderlich eine fotografische Darstellung der Umgebung und die Bestätigung der Standsicherheit.

(2) [1]Für den Lageplan ist ein Maßstab nicht kleiner als 1 : 500 zu verwenden. [2]Der Lageplan muß enthalten:

1. die Bezeichnung des Grundstücks nach dem Liegenschaftskataster unter Angabe des Eigentümers mit Anschrift sowie nach Straße und Hausnummer,
2. die katastermäßigen Grenzen des Grundstücks,
3. den Ort der Errichtung der Werbeanlage,
4. die Festsetzungen des Bebauungsplans über die Art des Baugebiets,
5. die festgesetzten Baulinien, Baugrenzen und Bebauungstiefen,
6. die auf dem Grundstück vorhandenen baulichen Anlagen,
7. die Abstände der Werbeanlage zu öffentlichen Verkehrsflächen unter Angabe der Straßengruppe,
8. die Kulturdenkmale und die Naturdenkmale auf dem Grundstück und den Nachbargrundstücken,
9. die Lage innerhalb einer denkmalschutzrechtlichen Gesamtanlage, in einem geschützten Grünbestand, einem Naturschutz- oder Landschaftsschutzgebiet.

(3) [1]Für die Bauzeichnungen ist ein Maßstab nicht kleiner als 1 : 50 zu verwenden. [2]Die Bauzeichnungen müssen enthalten:

1. die Darstellung der Werbeanlage in Verbindung mit der baulichen Anlage, vor der oder in deren Nähe sie errichtet werden soll,
2. die farbgetreue Wiedergabe aller sichtbaren Teile der Werbeanlage,
3. die Ausführungsart der Werbeanlage.

(4) In der Baubeschreibung sind, soweit dies zur Beurteilung erforderlich ist und die notwendigen Angaben nicht in den Lageplan und die Bauzeichnungen aufgenommen werden können, anzugeben:

1. die Art und Größe der Werbeanlage,
2. die Farben der Werbeanlage,
3. benachbarte Signalanlagen und Verkehrszeichen.

VIERTER ABSCHNITT
Bauvorlagen in besonderen Verfahren

§ 14 Bauvorlagen für das Zustimmungsverfahren

Für den Antrag auf Zustimmung nach § 70 LBO gelten § 2 mit Ausnahme von Absatz 1 Satz 1 Nr. 5 und 6 und § 3 entsprechend.

§ 15 Bauvorlagen für den Bauvorbescheid

(1) Dem Antrag auf einen Bauvorbescheid nach § 57 LBO sind die Bauvorlagen beizufügen, die zur Beurteilung der durch den Vorbescheid zu entscheidenden Fragen des Bauvorhabens erforderlich sind.

(2) § 2 Absatz 2 und 3 und § 3 gelten entsprechend.

§ 16 Bauvorlagen für die Ausführungsgenehmigung Fliegender Bauten

(1) [1]Dem Antrag auf eine Ausführungsgenehmigung Fliegender Bauten nach § 69 LBO sind die in § 2 Absatz 1 Satz 1 Nummern 2 und 3 genannten Bauvorlagen sowie die bau- und maschinentechnischen Nachweise beizufügen. [2]Die Baubeschreibung muß ausreichende Angaben über die Konstruktion, den Aufbau und den Betrieb der Fliegenden Bauten enthalten.

(2) [1]Die Bauvorlagen sind in zweifacher Ausfertigung einzureichen. [2]§ 2 Absatz 3 und § 3 Absatz 1 Satz 1 gelten entsprechend; die Bauzeichnungen müssen aus Papier auf reißfester Unterlage hergestellt sein.

FÜNFTER ABSCHNITT

Erstellung der bautechnischen Nachweise, bautechnische Prüfung und bautechnische Prüfbestätigung

§ 16 a Erstellung der bautechnischen Nachweise

[1]Soweit die bautechnischen Nachweise nicht als Bauvorlagen einzureichen sind, müssen sie vor Baubeginn, spätestens jedoch vor Ausführung des jeweiligen Bauabschnitts erstellt sein; § 9 gilt entsprechend. [2]Ist im Kenntnisgabeverfahren oder im vereinfachten Baugenehmigungsverfahren eine bautechnische Prüfung durchzuführen, müssen die bautechnischen Nachweise so rechtzeitig erstellt sein, dass sie noch vor Baubeginn oder Ausführung des jeweiligen Bauabschnitts geprüft werden können. [3]Soweit keine bautechnische Prüfung durchzuführen ist, haben der Bauherr und seine Rechtsnachfolger die bautechnischen Nachweise bis zur Beseitigung der baulichen Anlage aufzubewahren.

§ 17 Bautechnische Prüfung, bautechnische Prüfbestätigung

(1) [1]Für bauliche Anlagen ist eine bautechnische Prüfung nach den Absätzen 2 bis 4 durchzuführen, soweit in § 18 oder § 19 nichts anderes bestimmt ist. [2]Die bautechnische Prüfung umfaßt:

1. die Prüfung der bautechnischen Nachweise (§ 9),
2. die Überwachung der Ausführung in konstruktiver Hinsicht.

(2) [1]Im Kenntnisgabeverfahren und im vereinfachten Baugenehmigungsverfahren hat der Bauherr eine prüfende Stelle nach § 4 Abs. 1 BauPrüfVO mit der bautechnischen Prüfung zu beauftragen. [2]Die prüfende Stelle muß unter Angabe von Name und Anschrift eine bautechnische Prüfbestätigung abgeben. [3]Die bautechnische Prüfbestätigung umfaßt:

1. die Bescheinigung der Vollständigkeit und Richtigkeit der bautechnischen Nachweise (Prüfbericht),
2. eine Fertigung der mit Prüfvermerk versehenen bautechnischen Nachweise.

[4]Der Bauherr hat die bautechnische Prüfbestätigung vor Baubeginn bei der Baurechtsbehörde einzureichen. [5] Der Prüfbericht kann auch für einzelne Bauabschnitte erteilt werden. [6] Er muß stets vor Ausführung des jeweiligen Bauabschnitts vorliegen und den geprüften Bauabschnitt genau bezeichnen.

(3) [1]In Genehmigungsverfahren, die nicht unter Absatz 2 fallen, hat der Bauherr die bautechnischen Nachweise der Baurechtsbehörde zur bautechnischen Prüfung vorzulegen. [2]Die Baurechtsbehörde kann die bautechnische Prüfung ganz oder teilweise einem Prüfamt für Baustatik (Prüfamt) oder einem Prüfingenieur übertragen; die Übertragung kann widerrufen werden. [3]Wird die bautechnische Prüfung übertragen, ist der Baurechtsbehörde eine bautechnische Prüfbestätigung vorzulegen.

(4) Mit der Prüfung der bautechnischen Nachweise und der Überwachung der Ausführung können auch verschiedene prüfende Stellen beauftragt werden.

§ 18 Wegfall der bautechnischen Prüfung*

(1) [1]Keiner bautechnischen Prüfung bedürfen

1. Wohngebäude der Gebäudeklassen 1 bis 3,
2. sonstige Gebäude der Gebäudeklassen 1 bis 3 bis 250 m^2 Grundfläche, die neben einer Wohnnutzung oder ausschließlich
   a) Büroräume,
   b) Räume für die Berufsausübung freiberuflich oder in ähnlicher Art Tätiger und
   c) anders genutzte Räume mit einer Nutzlast von jeweils bis 2 kN/m^2

   enthalten,
3. land- und forstwirtschaftlich genutzte Gebäude mit einer maximalen Gebäudehöhe von bis zu 7,50 m, gemessen ab der Oberkante des Rohfußbodens im Erdgeschoss, und einer Grundfläche

* **Hinweis:** Die hier abgedruckten Absätze 3 und 4 des § 18 LBOVVO treten erst am 1.2.2021 in Kraft (Art. 2 VO). Die hier abgedruckten Absätze 5 bis 7 des § 18 LBOVVO entsprechen den bis dahin geltenden Absätzen 4 bis 6 des § 18 LBOVVO.

a) bis zu 250 m^2,
b) bis zu 1200 m^2, wenn die freie Spannweite der Dachbinder nicht mehr als 10 m beträgt,

4. nichtgewerbliche eingeschossige Gebäude mit Aufenthaltsräumen bis zu 250 m^2 Grundfläche,
5. Gebäude ohne Aufenthaltsräume
   a) bis zu 250 m^2 Grundfläche und mit nicht mehr als einem Geschoss,
   b) bis zu 100 m^2 Grundfläche und mit nicht mehr als zwei Geschossen,
6. Nebenanlagen zu Nummer 1 bis 5, ausgenommen Gebäude.

[2]Bei der Berechnung der Grundfläche nach Satz 1 bleibt die Grundfläche untergeordneter Bauteile und Vorbauten nach § 5 Absatz 6 LBO außer Betracht.
[3]Satz 1 gilt nur dann, wenn

1. die genannten Gebäude nicht auf Garagen mit einer Nutzfläche von insgesamt mehr als 200 m^2 errichtet werden, die sich ganz oder teilweise unter dem Gebäude befinden,
2. die genannten Gebäude über nicht mehr als ein Untergeschoss verfügen und
3. bei einseitiger Erddruckbelastung die Höhendifferenz zwischen den Geländeoberflächen maximal 4 m beträgt.

(2) Außer bei den in Absatz 1 genannten Gebäuden entfällt die bautechnische Prüfung auch bei

1. Erweiterungen bestehender Gebäude durch Anbau, wenn der Anbau Absatz 1 entspricht,
2. sonstigen Änderungen von Wohngebäuden und anderen Gebäuden nichtgewerblicher Nutzung, wenn nicht infolge der Änderung die wesentlichen Teile der baulichen Anlage statisch nachgerechnet werden müssen.

(3) Standsicherheitsnachweise von Vorhaben nach den Absätzen 1 und 2 müssen von einer Person verfasst sein, die in die von der Ingenieurkammer Baden-Württemberg geführte Liste nachweisbe-

rechtigter Personen im Bereich der Standsicherheit eingetragen ist; Eintragungen anderer Länder gelten auch im Land Baden-Württemberg.

(4) [1]In die Liste nachweisberechtigter Personen im Bereich der Standsicherheit ist auf Antrag von der Ingenieurkammer Baden-Württemberg einzutragen, wer

1. einen berufsqualifizierenden Hochschulabschluss eines Studiums der Fachrichtung Hochbau nach Artikel 49 Absatz 1 der Richtlinie 2005/36/EG des Europäischen Parlaments und des Rates vom 7. September 2005 über die Anerkennung von Berufsqualifikationen (ABl. L 255 vom 30.9.2005, S. 22, zuletzt ber. ABl. L 305 vom 24.10.2014, S. 115), die zuletzt durch Delegierten Beschluss (EU) Nr. 2020/548 vom 23. Januar 2020 (ABl. L 131 vom 24.4.2020, S. 1) geändert worden ist, oder des Bauingenieurwesens nachweist und danach mindestens drei Jahre auf dem Gebiet der Tragwerksplanung innerhalb der letzten sechs Jahre vor Antrag auf Eintragung praktisch tätig gewesen ist,
2. Prüfingenieurin oder Prüfingenieur nach §§ 1 oder 14 der Bauprüfverordnung ist,
3. Bauingenieurin oder Bauingenieur mit einer vor dem 1. Februar 2022 erworbenen Berufserfahrung auf dem Gebiet der Baustatik von mindestens fünf Jahren ist oder
4. in den letzten fünf Jahren vor dem 31. Mai 1985 hauptberuflich auf dem Gebiet der Baustatik ohne wesentliche Beanstandungen Standsicherheitsnachweise verfasst hat und eine Bestätigung darüber von der höheren Baurechtsbehörde ausgestellt und diese Bestätigung bis zum 31. Mai 1986 beantragt worden ist.

[2]§ 43 Absatz 6 Satz 2 bis 7 sowie Absatz 7 bis 9 der Landesbauordnung finden entsprechende Anwendung.

(5) Wurde der Standsicherheitsnachweis bei einem Vorhaben nach Absatz 1 oder 2 nicht von einer in Absatz 3 genannten Person verfasst, beschränkt sich die bautechnische Prüfung auf die Prüfung des Standsicherheitsnachweises.

(6) [1]Die Absätze 1 bis 5 gelten in den in der Anlage aufgeführten besonders erdbebengefährdeten Gemeinden und Gemeindeteilen nur bei Vorhaben nach Absatz 1 Nummern 5 und 6. [2]Bei sonstigen Vorhaben nach Absatz 1 oder 2 beschränkt sich die bautechnische Prüfung auf die Prüfung der Standsicherheitsnachweise und die Überwachung der Ausführung in konstruktiver Hinsicht.

(7) Abweichend von den Absätzen 1 und 2 kann die zuständige Baurechtsbehörde eine bautechnische Prüfung verlangen, insbesondere wenn eine Beeinträchtigung einer benachbarten baulichen Anlage oder öffentlicher Verkehrsanlagen zu erwarten ist oder wenn es wegen des Schwierigkeitsgrads der Konstruktion oder wegen schwieriger Baugrund- oder Grundwasserverhältnisse erforderlich ist.

§ 19 Verzicht auf bautechnische Bauvorlagen sowie bautechnische Prüfbestätigungen

(1) Bauvorlagen nach §§ 9 und 10 sowie bautechnische Prüfbestätigungen brauchen nicht vorgelegt zu werden,

1. soweit zur Ausführung des Bauvorhabens nach Maßgabe der bautechnischen Anforderungen die Aufstellung statischer und anderer bautechnischer Berechnungen nicht notwendig ist oder
2. wenn das Bauvorhaben unter der Leitung und Bauüberwachung geeigneter Fachkräfte der Baubehörden von Gebietskörperschaften oder Kirchen ausgeführt wird.

(2) Darüber hinaus kann die Baurechtsbehörde im Genehmigungsverfahren auf die Vorlage der in Absatz 1 genannten Bauvorlagen und gegebenenfalls auf die bautechnische Prüfung nach § 17 verzichten, soweit sie die bautechnischen Anforderungen aus der Erfahrung beurteilen kann.

SECHSTER ABSCHNITT
Festlegung von Grundriß und Höhenlage der Gebäude auf dem Baugrundstück

§ 20 Festlegung nach § 59 Absatz 5 LBO im Kenntnisgabeverfahren

Abweichend von § 59 Absatz 5 Nummer 2 LBO braucht die Festlegung von Grundriss und Höhenlage bei Gebäuden nach § 5 Absatz 1 Satz 2 nicht durch einen Sachverständigen vorgenommen zu werden.

SIEBTER ABSCHNITT
Ordnungswidrigkeiten, Inkrafttreten

§ 21 Ordnungswidrigkeiten

Ordnungswidrig nach § 75 Abs. 3 Nr. 2 LBO handelt, wer vorsätzlich oder fahrlässig
1. als Bauherr eine unrichtige Erklärung nach § 10 abgibt,
2. als Entwurfsverfasser oder Lageplanfertiger eine unrichtige Bestätigung (§ 11) abgibt,
3. als Bauherr eine unrichtige Bestätigung (§ 12 Satz 1 Nr. 4) abgibt,
4. als Bauherr entgegen § 16 a Satz 1 mit dem Bau beginnt oder Bauarbeiten fortsetzt, bevor der dafür erforderliche Standsicherheitsnachweis erstellt ist,
5. als Bauherr entgegen § 17 Abs. 2 Sätze 4 bis 6 mit dem Bau beginnt oder Bauarbeiten fortsetzt, bevor er die danach erforderliche bautechnische Prüfbestätigung vorgelegt hat.

§ 22 Inkrafttreten, Übergangsvorschrift*

(1) Diese Verordnung tritt am 1. Januar 1996 in Kraft. Gleichzeitig treten die Verordnung des Innenministeriums über Bauvorlagen im baurechtlichen Verfahren (Bauvorlagenverordnung – BauVorlVO)

* § 22 I 1 LBOVVO betrifft das Inkrafttreten der LBOVVO in der urprünglichen Fassung.

vom 2. April 1984 (GBl. S. 262, ber. S. 519), geändert durch Verordnung vom 8. Juli 1985 (GBl. S. 234), sowie die §§ 1 und 1 a der Verordnung des Innenministeriums über die bautechnische Prüfung genehmigungspflichtiger Vorhaben (Bauprüfverordnung – BauPrüfVO) vom 11. August 1977 (GBl. S. 387), zuletzt geändert durch Verordnung vom 18. Oktober 1990 (GBl. S. 324) außer Kraft.

(2) Die vor dem Inkrafttreten von Änderungen zu dieser Verordung eingeleiteten Verfahren bei den Baurechtsbehörden sind nach den bisherigen Vorschriften weiterzuführen. Auf Antrag des Bauherrn sind die neuen Vorschriften anzuwenden.

Anlage
Zu § 18 Absatz 6*

Gemeinden und Gemeindeteile in besonders erdbebengefährdeten Gebieten

1. Regierungsbezirk Freiburg
   - Binzen
   - Efringen-Kirchen ohne die Gemarkung
   - Blansingen
   - Eimeldingen
   - Fischingen
   - Grenzach-Wyhlen
   - Inzlingen
   - Irndorf
   - Kandern nur die Gemarkungen
   - Holzen und Wollbach
   - Lörrach
   - Rheinfelden (Baden) nur die Gemarkungen
   - Adelhausen, Degerfelden, Eichsel und Herten
   - Rümmingen
   - Schallbach
   - Steinen nur die Gemarkung Hüsingen
   - Weil am Rhein
   - Wittlingen
2. Regierungsbezirk Tübingen
   - Albstadt
   - Ammerbuch nur die Gemarkungen Entringen,
   - Pfäffingen und Poltringen
   - Balingen
   - Beuron nur die Gemarkung Hausen
   - Bingen nur die Gemarkungen Hochberg und
   - Hornstein
   - Bisingen

---

* **Hinweis:** Der erst ab dem 1.2.2021 geltende § 18 VI LBOVVO entspricht dem bis dahin geltenden § 18 V LBOVVO.

- Bitz
- Bodelshausen
- Burladingen
- Dußlingen
- Gammertingen ohne die Gemarkung Kettenacker
- Geislingen (Zollernalbkreis) ohne die Gemarkungen Erlaheim und Binsdorf
- Gomaringen
- Grosselfingen
- Haigerloch nur die Gemarkungen Hart, Owingen und Stetten
- Hausen am Tann
- Hechingen
- Hettingen ohne die Gemarkung Inneringen
- Hirrlingen
- Inzigkofen ohne die Gemarkung Engelswies
- Jungingen
- Kirchentellinsfurt
- Kusterdingen
- Leibertingen nur die Gemarkung
- Kreenheinstetten
- Meßstetten
- Mössingen
- Nehren
- Neufra
- Neustetten ohne die Gemarkung Wolfenhausen
- Nusplingen
- Obernheim
- Ofterdingen
- Pfullingen ohne die östliche Teilfläche (Gemarkung Pfullingen, Gewanne Übersberg, Hülbenwald und Gerstenberg)
- Rangendingen
- Reutlingen nur die Gemarkungen Bronnweiler,
- Degerschlacht, Gönningen, Ohmenhausen,
- Reutlingen und Reutlingen-Betzingen

- Rottenburg am Neckar ohne die Gemarkungen
- Baisingen, Eckenweiler, Ergenzingen,
- Hailfingen und Seebronn
- Schwenningen
- Sigmaringen
- Sonnenbühl
- Starzach nur die Gemarkung Wachendorf
- Stetten am kalten Markt
- Straßberg
- Trochtelfingen ohne die Gemarkung Wilsingen
- Tübingen
- Veringenstadt
- Wannweil
- Winterlingen

3. Exklaven anderer Gemeinden, die vom Gebiet der aufgeführten Gemeinden und Gemeindeteile umschlossen sind.

Verordnung des Umweltministeriums über die bautechnische Prüfung baulicher Anlagen (Bauprüfverordnung – BauPrüfVO)

vom 10. Mai 2010 (GBl. S. 446)*, mehrfach geändert durch Artikel 126 der Verordnung vom 25. Januar 2012 (GBl. S. 65, 80), durch Artikel 3 der Verordnung vom 11. März 2019 (GBl. S. 97, 98), ber. 2019 (GBl. S. 126), geändert durch Verordnung vom 8. Oktober 2019 (GBl. S. 422)

Es wird verordnet auf Grund von

1. § 17 Absatz 5 und 6, § 21 Absatz 1 Satz 4 und § 73 Absatz 2, 5 und 7 Nummer 2 der Landesbauordnung für Baden-Württemberg (LBO) vom 8. August 1995 (GBl. S. 617), zuletzt geändert durch Gesetz vom 10. November 2009 (GBl. S. 615),
2. § 4 Absatz 2 des Landesgebührengesetzes (LGebG) vom 14. Dezember 2004 (GBl. S. 895):

Inhaltsübersicht

---

* Artikel 1 der Verordnung des Wirtschaftsministeriums über die bautechnische Prüfung baulicher Anlagen (Bauprüfverordnung – BauPrüfVO), über die Anerkennung als Prüf-, Überwachungs- und Zertifizierungsstelle nach Bauordnungsrecht (PÜZ-Anerkennungsverordnung – PÜZAVO) und zur Änderung der Gebührenverordnung Wirtschaftsministerium sowie der Hersteller- und Anwenderverordnung LBO. Gemäß Artikel 5 Satz 1 dieser Verordnung ist die BauPrüfVO am 23. Juni 2010 in Kraft getreten.

ERSTER TEIL
Allgemeine Vorschriften

§ 1 Prüfingenieurinnen und Prüfingenieure für Bautechnik

(1) [1]Als Prüfingenieurin und Prüfingenieur für Bautechnik (prüfende Person) darf nur tätig werden, wer durch das Umweltministerium anerkannt oder gemäß § 14 hierzu befugt ist. [2]Die Aufgaben umfassen die Prüfung von bautechnischen Nachweisen sowie die Überwachung der Bauausführung in konstruktiver Hinsicht auf Grund der Landesbauordnung für Baden-Württemberg (LBO).
(2) [1]Prüfende Personen werden auf Antrag für folgende Fachrichtungen anerkannt:
1. Metallbau,
2. Massivbau,
3. Holzbau.

[2]Die Anerkennung kann für eine oder mehrere Fachrichtungen erteilt werden. [3]Wer anerkannt worden ist, darf die Bezeichnung

„Prüfingenieur für Bautechnik" beziehungsweise „Prüfingenieurin für Bautechnik" führen.

(3) [1]Prüfende Personen dürfen die bautechnische Prüfung für bauliche Anlagen und Teile davon, die zu einer Fachrichtung gehören, für die sie nicht anerkannt sind, nur vornehmen, wenn diese

1. statisch und konstruktiv nicht schwierig sind; hiervon ist in der Regel auszugehen, wenn die baulichen Anlagen oder Teile hiervon den Bauwerksklassen 1 und 2 gemäß Nummer 15.5 der Anlage zur Gebührenverordnung UM zuzurechnen sind, und
2. keine Fachkenntnisse erfordern, die über die von jeder prüfenden Person zu fordernden Grundkenntnisse hinausgehen.

[2]Andernfalls haben sie den Prüfauftrag zurückzugeben oder eine für diese Fachrichtung anerkannte prüfende Person hinzuzuziehen und darüber den Auftraggeber zu informieren. [3]Bei der bautechnischen Prüfung und der Überwachung der Bauausführung ist von prüfenden Personen der Fachrichtung Massivbau bei Verbundkonstruktionen in Stahl/Stahlbeton- beziehungsweise Holz/Stahlbetonbauweise stets eine prüfende Person der Fachrichtung Metallbau beziehungsweise Holzbau hinzuzuziehen.

(4) Prüfende Personen dürfen Prüfaufträge nur annehmen, wenn sie unter Berücksichtigung des Umfangs ihrer Prüftätigkeit und der Zeit, die sie benötigen, um auf der Baustelle anwesend zu sein, die Überwachung der ordnungsgemäßen Bauausführung nach § 66 LBO sicherstellen können.

(5) [1]Prüfende Personen dürfen bei ihrer Tätigkeit nur befähigte und bei ihnen angestellte Beschäftigte zu Prüfungsaufgaben einsetzen, in zeitlich begrenztem Umfang auch bis zu zwei freie Mitarbeiterinnen und Mitarbeiter. [2]Prüfende Personen dürfen nur so viele Mitarbeiterinnen und Mitarbeiter einsetzen, dass sie deren Tätigkeit in vollem Umfang überwachen und die volle Verantwortung für die ordnungsgemäße Prüfung übernehmen können. [3]Sie können sich nur durch eine prüfende Person vertreten lassen, die für die gleiche Fachrichtung anerkannt ist.

(6) Sind prüfende Personen in Bürogemeinschaft tätig oder im Rahmen ihrer sonstigen beruflichen Tätigkeit Gesellschafter einer Personen- oder Kapitalgesellschaft, so dürfen sie bei ihrer Tätigkeit auch Mitglieder der Bürogemeinschaft oder Mitgesellschafter sowie Angestellte anderer Mitglieder der Bürogemeinschaft oder der Personen- oder Kapitalgesellschaft einsetzen, soweit diese die entsprechende Befähigung besitzen, am selben Geschäftssitz tätig und im Rahmen der bautechnischen Prüfung an Weisungen der prüfenden Person gebunden sind.

(7) Prüfende Personen dürfen in der Bundesrepublik Deutschland nur eine Niederlassung errichten und unterhalten, an der Prüftätigkeiten im Sinne dieser Verordnung ausgeführt werden.

(8) [1]Prüfende Personen haben ihre Tätigkeit unparteiisch und gewissenhaft zu erfüllen. [2]Sie dürfen die bautechnische Prüfung nicht vornehmen, wenn sie oder ihre Beschäftigten die bautechnischen Nachweise aufgestellt oder dabei mitgewirkt haben. [3]Das gleiche gilt, wenn prüfende Personen oder ihre Beschäftigten selbst Bauherrschaft sind, zur Bauherrschaft in einer wirtschaftlichen Beziehung stehen oder aus einem sonstigen Grunde befangen sind. [4]Prüfende Personen, die aus wichtigem Grund einen Auftrag nicht annehmen können, müssen unverzüglich die Ablehnung erklären.

(9) Erfolgt im Kenntnisgabeverfahren beziehungsweise im vereinfachten Baugenehmigungsverfahren die Beauftragung der prüfenden Person durch die Bauherrschaft, so ist die prüfende Person im Rahmen der ihr obliegenden Pflichten unabhängig und an Weisungen des Auftraggebers nicht gebunden.

(10) Prüfende Personen müssen mit einer Haftungssumme von mindestens 500 000 Euro für Personen- sowie für Sach- und Vermögensschäden je Schadensfall, die mindestens zweimal im Versicherungsjahr zur Verfügung stehen muss, bei einem in einem Mitgliedsstaat der Europäischen Union oder einem Vertragsstaat des Abkommens über den Europäischen Wirtschaftsraum ansässigen Kreditinstitut oder Versicherungsunternehmen haftpflichtversichert sein; die Anerkennungsbehörde ist zuständige Stelle im Sinne von § 117 Absatz 2 des Versicherungsvertragsgesetzes.

(11) [1]Die prüfenden Personen sind verpflichtet, sich fachlich fortzubilden. [2]Sie müssen über die für die Aufgabenerfüllung erforderlichen Geräte und Hilfsmittel verfügen.
(12) [1]Prüfende Personen unterliegen in fachlicher Hinsicht den Weisungen des Umweltministeriums. [2]Sie haben ihr uneingeschränkt Auskunft über ihre Tätigkeit als prüfende Person sowie über Art und Umfang ihrer fachlichen Fortbildung zu geben.

§ 2 Prüfämter

(1) Prüfämter sind das Regierungspräsidium Tübingen – Landesstelle für Bautechnik – und die von dem Umweltministerium bestimmten Stellen.
(2) [1]Die Prüfämter müssen mit geeigneten Ingenieurinnen und Ingenieuren besetzt und von auf den Gebieten des konstruktiven Ingenieurbaus und der Bauphysik besonders vorgebildeten und erfahrenen Beamtinnen oder Beamten des höheren bautechnischen Verwaltungsdienstes geleitet werden. [2]Die Bestellung der Leitung erfolgt im Einvernehmen mit dem Umweltministerium.
(3) Die Prüfämter unterliegen in fachlicher Hinsicht den Weisungen des Umweltministeriums.
(4) § 1 Absatz 11 gilt entsprechend.

§ 3 Untere Baurechtsbehörden

(1) [1]Untere Baurechtsbehörden, die bautechnische Prüfungen durchführen, müssen mit geeigneten Ingenieurinnen und Ingenieuren besetzt sein. [2]Sie unterliegen bezüglich der bautechnischen Prüfung den Weisungen des Umweltministeriums.
(2) § 1 Absatz 11 gilt entsprechend.

§ 4 Prüfung der bautechnischen Nachweise

(1) [1]Bei der Prüfung der bautechnischen Nachweise nach § 17 der Verfahrensverordnung zur Landesbauordnung (LBOVVO) durch eine untere Baurechtsbehörde, ein Prüfamt oder eine prüfende Person (prüfende Stelle) sind die öffentlich-rechtlichen Vorschriften zu

beachten. [2]Werden Abweichungen von den nach § 73a Absatz 5 LBO bekannt gemachten Technischen Baubestimmungen für gerechtfertigt gehalten, ist dies im Prüfbericht zu begründen.

(2) [1]Die prüfende Stelle ist für die Vollständigkeit und Richtigkeit der durchgeführten Prüfung verantwortlich. [2]Die Art der Prüfung der statischen Berechnungen ist der prüfenden Stelle freigestellt.

(3) [1]Die prüfende Stelle kann fehlende Berechnungen oder Zeichnungen unmittelbar bei der Verfasserin oder beim Verfasser der bautechnischen Nachweise anfordern. [2]Werden fehlende Berechnungen und Zeichnungen nicht nachgereicht oder Beanstandungen nicht ausgeräumt, so hat die prüfende Stelle im Kenntnisgabeverfahren beziehungsweise im vereinfachten Baugenehmigungsverfahren die Bauherrschaft und die zuständige Baurechtsbehörde, im Genehmigungsverfahren die Bauherrschaft und die beauftragende Baurechtsbehörde zu benachrichtigen.

(4) [1]Wird bei der Prüfung festgestellt, dass ein nach § 17 Absatz 1 LBO erforderlicher Verwendbarkeitsnachweis nicht vorliegt, hat die prüfende Stelle die zuständige Baurechtsbehörde und die Bauherrschaft davon unverzüglich zu unterrichten. [2]Für Bauarten gilt Satz 1 entsprechend.

(5) Verfügt die prüfende Stelle nicht über die zur Beurteilung der Gründung erforderliche Sachkunde oder hat sie Zweifel hinsichtlich der getroffenen Annahmen oder den Angaben zu den bodenmechanischen Kenngrößen, sind von ihr im Einvernehmen mit der auftraggebenden Stelle Gutachterinnen oder Gutachter für Erd- und Grundbau hinzuzuziehen.

§ 5 Bautechnische Prüfbestätigung

(1) Die nach § 17 Absatz 2 und 3 LBOVVO vorgeschriebene bautechnische Prüfbestätigung ist von der prüfenden Stelle nach Maßgabe der Absätze 2 bis 6 abzufassen und zweifach (je eine Fertigung für die Baurechtsbehörde und die Bauherrschaft) auszustellen.

(2) [1]Im Prüfbericht bescheinigt die prüfende Stelle die Vollständigkeit und Richtigkeit der bautechnischen Nachweise. [2]Im Prüfbericht

ist anzugeben, welche Annahmen den Berechnungen zugrunde liegen.

(3) [1]Ist für eine Bauart nach § 16 a Absatz 2 oder 3 LBO eine allgemeine Bauartgenehmigung, eine vorhabenbezogene Bauartgenehmigung oder ein allgemeines bauaufsichtliches Prüfzeugnis erforderlich, ist dies im Prüfbericht zu vermerken. [2]Ist für ein Bauprodukt nach § 17 Absatz 1 LBO ein Verwendbarkeitsnachweis erforderlich, gilt Satz 1 entsprechend.

(4) [1]Im Prüfbericht ist auf Besonderheiten hinzuweisen, die bei der Ausführung oder der Überwachung der Ausführung in konstruktiver Hinsicht zu beachten sind. [2]Hängt die Herstellung bestimmter Bauteile nach § 25 Absatz 1 LBO von der besonderen Sachkunde und Erfahrung der damit betrauten Personen oder von einer Ausstattung mit besonderen Vorrichtungen ab, so ist anzugeben, welche Nachweise das herstellende Unternehmen und die ausführenden Unternehmen vorzulegen haben.

(5) Wird die Prüfung der bautechnischen Nachweise abschnittsweise durchgeführt, ist in Teilprüfberichten anzugeben, welche Bauteile ausgeführt werden dürfen und zu vermerken, dass die Prüfung noch nicht abgeschlossen ist.

(6) Jede geprüfte statische Berechnung und jede geprüfte Konstruktionszeichnung ist mit einem Prüfvermerk der prüfenden Stelle zu versehen, bei den geprüften Berechnungen ist zusätzlich auf jeder Seite der Stempel der prüfenden Stelle anzubringen.

§ 6 Überwachung der Ausführung in konstruktiver Hinsicht

(1) [1]Die Überwachung der Ausführung baulicher Anlagen in konstruktiver Hinsicht durch die prüfende Stelle kann sich auf Stichproben beschränken; sie ist jedoch in einem Umfang und einer Häufigkeit vorzunehmen, dass ein ausreichender Einblick in die Bauausführung gewährleistet ist. [2]Insbesondere ist zu überprüfen, ob Übereinstimmung mit den geprüften Nachweisen besteht und die nach § 42 Absatz 1 Satz 3 und 4 LBO erforderlichen Unterlagen zu den verwendeten Bauprodukten und angewandten Bauarten vorliegen.

(2) [1]Bei der Überwachung ist ein entsprechender Nachweis zu verlangen, wenn

1. für die Herstellung eines Bauprodukts auf Grund von § 25 Absatz 1 LBO vorgeschrieben ist, dass das herstellende Unternehmen über Fachkräfte mit besonderer Sachkunde und Erfahrung oder eine Ausstattung mit besonderen Vorrichtungen verfügt oder
2. für den Transport oder Einbau eines Bauprodukts auf Grund von § 25 Absatz 2 LBO die Überwachung dieser Tätigkeiten durch eine Überwachungsstelle nach § 24 LBO vorgeschrieben ist.

[2]Weitere Verpflichtungen der am Bau Beteiligten zum Nachweis der ordnungsgemäßen Bauausführungen bleiben unberührt.

(3) Werden bei der Überwachung festgestellte Beanstandungen nicht behoben, so hat die prüfende Stelle die Bauherrschaft und die Baurechtsbehörde unverzüglich zu unterrichten.

(4) Art, Umfang und Ergebnis der Überwachung sind von der prüfenden Stelle in einem Überwachungsbericht festzuhalten, der im Genehmigungsverfahren der Baurechtsbehörde und im Kenntnisgabeverfahren beziehungsweise im vereinfachten Baugenehmigungsverfahren der Bauherrschaft zuzuleiten ist.

§ 7 Prüfverzeichnisse, Feststellungen des Regierungspräsidiums Tübingen – Landesstelle für Bautechnik –

(1) [1]Die prüfenden Stellen haben Verzeichnisse über die von ihnen durchgeführten bautechnischen Prüfungen im Genehmigungs-, vereinfachten Baugenehmigungs- und Kenntnisgabeverfahren zu führen. [2]Das Hinzuziehen einer weiteren prüfenden Stelle ist im Prüfverzeichnis kenntlich zu machen. [3]Die Prüfverzeichnisse der prüfenden Personen und Prüfämter sind jährlich bis zum 31. Januar des folgenden Jahres dem Regierungspräsidium Tübingen – Landesstelle für Bautechnik – zu übermitteln. [4]Die Prüfverzeichnisse der Baurechtsbehörden sind nur auf Verlangen zu übermitteln.

(2) Das Regierungspräsidium Tübingen – Landesstelle für Bautechnik – trifft Feststellungen über die fachliche Richtigkeit bautechni-

scher Prüfungen der prüfenden Stellen, wertet die ihr nach Absatz 1 vorzulegenden Prüfverzeichnisse nach fachlichen und statistischen Gesichtspunkten aus und berichtet dem Umweltministerium über das Ergebnis.

§ 8 Prüfgebühren

(1) [1]Die prüfenden Stellen erheben für die bautechnische Prüfung Gebühren und Auslagen. [2]Für die Erhebung von Gebühren und Auslagen gelten die Bestimmungen des Zweiten und Dritten Abschnitts des Landesgebührengesetzes (LGebG) in der jeweils geltenden Fassung, mit Ausnahme der §§ 9 bis 11, sowie die Bestimmungen von Nummer 15 der Anlage zur Gebührenverordnung UM in der jeweils geltenden Fassung entsprechend. [3]Bei der Gebührenerhebung durch prüfende Personen ist im Genehmigungsverfahren der Gebührensatz nach der Gebührentabelle Nummer 15.4.15 und 15.8 der Anlage zur Gebührenverordnung UM mit einer von dem Umweltministerium bekannt zu machenden Indexzahl zu vervielfachen. [4]Im Kenntnisgabeverfahren beziehungsweise im vereinfachten Baugenehmigungsverfahren erhöht sich die Gebühr für die bautechnische Prüfung um die gesetzliche Umsatzsteuer, die in der Gebührenfestsetzung gesondert auszuweisen ist.

(2) [1]Prüfende Personen können insbesondere ihre Reisekosten als Auslagen erheben; § 14 LGebG gilt insoweit nicht. [2]Der Reisekostenersatz ist nach den für Landesbeamtinnen und -beamte geltenden Bestimmungen zu bemessen. [3]Für die Benutzung eines eigenen Kraftfahrzeuges kann eine Wegstreckenentschädigung nach § 6 Abs. 2 des Landesreisekostengesetzes in der jeweils geltenden Fassung erhoben werden. [4]Die Reisekostenvergütung soll, einschließlich der für Fahrzeiten gemäß Nummer 15.4.15 Spalte 2 Satz 1 Buchst. f der Anlage zur Gebührenverordnung UM festgesetzten Gebühr, für jeden Auftrag die Hälfte der für diesen Auftrag berechneten Grundgebühr nach Nummer 15.8 der Anlage zur Gebührenverordnung UM nicht übersteigen; Abweichungen hiervon sind nur in besonders begründeten Einzelfällen zulässig. [5]Bei Verbindung mehrerer Aufträge werden die Reisekosten anteilig erhoben.

(3) [1]Hat die Baurechtsbehörde den Auftrag erteilt, ist diese Gebühren- und Auslagenschuldner; die Gebühren können auch unmittelbar beim Bauherrn erhoben werden. [2]Hat der Bauherr den Auftrag erteilt, ist dieser Gebühren- und Auslagenschuldner.

ZWEITER TEIL

Anerkennung als Prüfingenieurin und Prüfingenieur für Bautechnik

§ 9 Geschäftssitz

[1]Die Anerkennung wird für den Geschäftssitz der prüfenden Person erteilt. [2]Der Geschäftssitz kann verlegt werden. [3]Eine Änderung der Anschrift ist dem Umweltministerium mitzuteilen.

§ 10 Voraussetzung für die Anerkennung

(1) Als prüfende Personen werden nur natürliche Personen anerkannt, die

1. zum Zeitpunkt der Antragstellung das 35. Lebensjahr vollendet haben,
2. das Studium des Bauingenieurwesens an einer Technischen Universität, Hochschule oder Fachhochschule, dessen Abschlussprüfung ein Regelstudium von mindestens vier Jahren voraussetzt, oder an einer als gleichwertig anerkannten Lehranstalt mit Erfolg abgeschlossen haben,
3. mindestens während der letzten zehn Jahre vor Stellung des Antrages praktische Erfahrung gesammelt haben,
   a) davon mindestens sieben Jahre in verantwortlicher Stellung bei der Anfertigung von bautechnischen Nachweisen für statisch und konstruktiv überwiegend schwierige Bauvorhaben tätig gewesen sind und
   b) bei der Bauleitung oder der Überwachung statisch und konstruktiv schwieriger Bauvorhaben mitgewirkt haben;

diese Voraussetzung gilt nicht für Antragstellende, die hauptberuflich als Professorin oder Professor an einer deutschen Hochschule oder an einer als gleichwertig anerkannten Lehranstalt auf dem Gebiet des konstruktiven Ingenieurbaus lehren,
4. die für die Ausübung der Tätigkeit als prüfende Person erforderlichen Fachkenntnisse besitzen,
5. die deutsche Sprache in Wort und Schrift beherrschen und
6. nach ihrer Persönlichkeit Gewähr dafür bieten, dass sie den Aufgaben einer prüfenden Person gewachsen sind und sie unparteiisch und gewissenhaft erfüllen werden.

(2) [1]Außerdem werden nur Personen anerkannt, die eigenverantwortlich und unabhängig als Bauingenieurin oder Bauingenieur tätig sind. [2]Eigenverantwortlich tätig ist,
1. wer seine berufliche Tätigkeit als einzige Inhaberin oder einziger Inhaber eines Büros selbstständig auf eigene Rechnung und Verantwortung ausübt,
2. wer
   a) sich mit anderen prüfenden Personen, Ingenieurinnen, Ingenieuren, Architektinnen oder Architekten zusammengeschlossen hat,
   b) innerhalb dieses Zusammenschlusses Vorstand, Geschäftsführerin, Geschäftsführer, persönlich haftende Gesellschafterin oder Gesellschafter mit einer rechtlich gesicherten leitenden Stellung ist und
   c) kraft Satzung, Statut oder Gesellschaftervertrag dieses Zusammenschlusses seine Aufgaben als prüfende Person selbstständig auf eigene Rechnung und Verantwortung und frei von Weisungen ausüben kann oder
3. wer als Professorin oder Professor im Rahmen einer Nebentätigkeit in selbstständiger Beratung tätig ist.

[3]Unabhängig tätig ist, wer bei Ausübung seiner Tätigkeit weder eigene Produktions-, Handels- oder Lieferinteressen hat noch fremde Interessen dieser Art vertritt, die unmittelbar oder mittelbar im Zusammenhang mit seiner Tätigkeit stehen.

(3) Als prüfende Person kann nicht anerkannt werden, wer

1. angestellt im öffentlichen Dienst oder verbeamtet, aber nicht im Ruhestand ist. Abweichend hiervon kann als prüfende Person anerkannt werden, wer hauptberuflich als Professorin oder Professor an einer deutschen Hochschule oder als gleichwertig anerkannten Lehranstalt auf dem Gebiet des konstruktiven Ingenieurbaus lehrt,
2. die Fähigkeit zur Bekleidung öffentlicher Ämter verloren hat,
3. durch gerichtliche Anordnung in der Verfügung über sein Vermögen beschränkt ist,
4. als Unternehmerin oder Unternehmer auf dem Gebiet der Bauwirtschaft tätig ist,
5. an einem auf dem Gebiet der Bauwirtschaft tätigen Unternehmen beteiligt ist oder zu einem solchen Unternehmen in einer engen wirtschaftlichen Bindung steht,
6. sonst in einem beruflichen, finanziellen oder sonstigen Abhängigkeitsverhältnis steht, das seine unparteiische Prüftätigkeit beeinflussen kann oder
7. wem in Baden-Württemberg oder in einem anderen Bundesland die Anerkennung endgültig versagt wurde.

(4) Die Anerkennung als prüfende Person kann von Bedingungen abhängig gemacht und mit Auflagen verbunden werden.

(5) [1]Die Anerkennung kann bei Bewerberinnen und Bewerbern, die nicht Deutsche im Sinne von Artikel 116 Absatz 1 des Grundgesetzes sind, versagt werden, wenn die Gegenseitigkeit nicht gewahrt ist. [2]Dies gilt nicht für Bewerberinnen oder Bewerber, welche die Staatsangehörigkeit eines Mitgliedstaats der Europäischen Union besitzen oder nach dem Recht der Europäischen Gemeinschaften wie Angehörige der Europäischen Union zu behandeln sind.

§ 11 Antrag auf Anerkennung

(1) [1]Der Antrag auf Anerkennung als prüfende Person ist schriftlich an das Umweltministerium zu richten. [2]Im Antrag ist anzugeben, für welche Fachrichtungen im Sinne von § 1 Absatz 2 Satz 1 die Aner-

kennung beantragt wird und in welcher Gemeinde der Antragstellende sich als prüfende Person niederlassen will. [3]Ferner ist anzugeben, ob und wenn ja, wie oft der Antragstellende sich bereits erfolglos auch in einem anderen Bundesland einem Anerkennungsverfahren unterzogen hat.

(2) [1]Dem Antrag sind folgende Unterlagen beizufügen:

1. eine tabellarische Übersicht mit lückenlosen Angaben über den fachlichen Werdegang, die berufliche Tätigkeit und die berufliche Stellung im Zeitpunkt der Antragstellung,
2. ein Nachweis über den Antrag auf Erteilung eines Führungszeugnisses zur Vorlage bei einer Behörde (Belegart O oder P) oder ein gleichwertiges Dokument eines Mitgliedstaates der Europäischen Union, der nicht älter als drei Monate sein soll,
3. beglaubigte Abschriften aller Zeugnisse über Ausbildung und bisherige Tätigkeit; werden im Herkunftsstaat beglaubigte Unterlagen nicht ausgestellt, so können sie durch eine Versicherung an Eides statt des Antragstellenden oder nach dem Recht des Herkunftsstaat vergleichbare Handlungen ersetzt werden,
4. ein Verzeichnis von mindestens zehn, in ihrer Nutzung und Konstruktion unterschiedlichen, während der letzten zehn Jahre vor Stellung des Antrages vom Antragstellenden in der beantragten Fachrichtung verantwortlich bearbeiteten statisch und konstruktiv schwierigen Bauvorhaben mit Angaben über Ort, Zeit, Bauherrschaft und Ausführungsart sowie die Stelle, die die bautechnische Prüfung durchgeführt hat, und Begründung, warum die angeführten Bauvorhaben vom Antragstellenden als statisch und konstruktiv schwierig angesehen werden; bei Antragstellung für die zweite beziehungsweise dritte Fachrichtung reduziert sich die Zahl der vorzulegenden Projekte auf mindestens acht beziehungsweise sechs Bauvorhaben,
5. eine Erklärung, dass Hinderungsgründe nach § 10 Absatz 3 nicht vorliegen,
6. Angaben über eine etwaige Beteiligung an einer Gesellschaft, deren Zweck die Planung oder Durchführung von Bauvorhaben ist,

7. Angaben über etwaige sonstige Niederlassungen, auch in anderer Funktion, und
8. Angaben über die Zahl der Beschäftigten.

[2]Soweit es zur Bearbeitung des Antrags erforderlich ist, kann das Umweltministerium weitere Angaben und Nachweise verlangen.

(3) [1]Das Umweltministerium bestätigt unverzüglich den Eingang der Unterlagen und teilt gegebenenfalls mit, welche Unterlagen fehlen. [2]Die Eingangsbestätigung enthält folgende Angaben:

1. die in § 13 Absatz 7 Satz 3 genannte Frist,
2. die verfügbaren Rechtsbehelfe,
3. die Erklärung, dass die Anerkennung als erteilt gilt, wenn über sie nicht rechtzeitig entschieden wird und
4. im Fall der Nachforderung von Unterlagen die Mitteilung, dass die Frist nach Nummer 1 erst beginnt, wenn die Unterlagen vollständig sind.

§ 12 Anerkennungsausschuss

(1) [1]Das Umweltministerium richtet für die Mitwirkung im Anerkennungsverfahren einen Ausschuss für die Anerkennung von Prüfingenieurinnen und Prüfingenieuren für Bautechnik (Anerkennungsausschuss) ein und regelt dessen Geschäftsführung. [2]Der Anerkennungsausschuss besteht aus

1. einer Vertreterin oder einem Vertreter des Umweltministeriums, die oder der dem Ausschuss vorsitzt,
2. hauptberuflichen Professorinnen und Professoren der Fachrichtungen Baustatik, Massivbau, Stahlbau und Holzbau an einer deutschen Hochschule im Sinne von § 1 Satz 1 Hochschulrahmengesetz (HRG),
3. jeweils einer von folgenden Institutionen oder Gruppen zu benennenden Person:
   a) Landesstelle für Bautechnik beim Regierungspräsidium Tübingen,
   b) Ingenieurkammer Baden-Württemberg,

c) Landesvereinigung der Prüfingenieure für Bautechnik Baden-Württemberg,
d) Bauindustrie,
e) Straßenbauverwaltung Baden-Württemberg,

4. weiteren fachlich geeigneten Personen.

(2) [1]Das Umweltministerium beruft die Mitglieder des Ausschusses für eine Dauer von fünf Jahren; Wiederberufung ist möglich. [2]Abweichend von Satz 1 endet die Mitgliedschaft im Anerkennungsausschuss, wenn die Voraussetzungen für die Berufung nicht mehr vorliegen oder mit Vollendung des 70. Lebensjahres. [3]Der Abschluss eines bereits eingeleiteten Prüfungsverfahrens bleibt von dieser Regelung unberührt.

(3) [1]Die Mitglieder des Ausschusses sind unabhängig und an Weisungen nicht gebunden. [2]Sie sind zu Unparteilichkeit und Verschwiegenheit verpflichtet. [3]Sie sind ehrenamtlich tätig.

§ 13 Anerkennungsverfahren

(1) [1]Aus dem nach § 11 Absatz 2 Satz 1 Nummer 4 vorgelegten Verzeichnis wählt das Regierungspräsidium Tübingen – Landesstelle für Bautechnik – geeignete Vorhaben aus, die von mindestens zwei Mitgliedern des Anerkennungsausschusses fachlich beurteilt werden. [2]Wird von diesen die für die beantragte Anerkennung erforderliche praktische Erfahrung im Sinne von § 10 Absatz 1 Nummer 3 verneint, ist der Antrag abzulehnen.

(2) [1]Die Antragstellenden haben ihre Fachkenntnisse insbesondere auf den Gebieten des Baurechts, der Baustatik, des Massivbaus, des Stahlbaus, des Holzbaus sowie allgemeinen Fragen des Bauwesens in einer schriftlichen Prüfung und in einem Fachgespräch nachzuweisen. [2]Die schriftliche Prüfung und das Fachgespräch werden in der Regel jedes Jahr, bei einer geringen Zahl von Antragstellenden jedes zweite Jahr durchgeführt. [3]Antragstellende, die eine Erweiterung ihrer Anerkennung für eine zusätzliche Fachrichtung im Sinne von § 1 Absatz 2 Satz 1 beantragt haben, brauchen nur an einem Fachgespräch teilzunehmen.

(3) Abweichend von Absatz 2 kann im Einzelfall das Umweltministerium Professorinnen und Professoren, die zum Zeitpunkt der Antragstellung hauptberuflich an einer Hochschule im Sinne von § 1 Satz 1 HRG im Master- beziehungsweise Diplomstudiengang in den Vertiefungsfächern Baustatik, Massivbau, Metallbau oder Holzbau lehren, vom Nachweis der Kenntnisse durch eine schriftliche Prüfung und ein Fachgespräch befreien.

(4) [1]In der schriftlichen Prüfung ist das Grundwissen auf den Gebieten nach Absatz 2 Satz 1 nachzuweisen. [2]Die schriftliche Prüfung besteht aus den von dem Umweltministerium gestellten Aufgaben, die von den Antragstellenden mit den von dem Umweltministerium zugelassenen Hilfsmitteln innerhalb von zwei Stunden unter Aufsicht zu bearbeiten sind.

(5) [1]Die schriftliche Prüfungsarbeit wird von einem von dem Umweltministerium bestimmten Prüfenden begutachtet und bewertet. [2]Bei einer Bewertung mit weniger als 60 Prozent der erreichbaren Punktzahl, ist der Antrag auf Anerkennung als prüfende Person abzulehnen. [3]Wird die Prüfungsarbeit mit mindestens 60 Prozent der erreichbaren Punktzahl bewertet, werden die Antragstellenden zu einem Fachgespräch eingeladen.

(6) [1]In dem Fachgespräch ist insbesondere das vertiefte Wissen auf dem Gebiet der Baustatik und der nach § 1 Absatz 2 Satz 1 bezeichneten Fachrichtung nachzuweisen. [2]Die Dauer des Fachgesprächs beträgt bei einem Antrag auf Anerkennung für eine Fachrichtung etwa 60 Minuten, bei einem Antrag auf Anerkennung für mehrere Fachrichtungen verlängert sie sich um etwa 20 Minuten je zusätzlicher Fachrichtung. [3]Jeder Antragstellende wird einzeln geprüft. [4]Unter dem Vorsitz einer Vertreterin oder eines Vertreters des Umweltministeriums wirken aus dem Anerkennungsausschuss an dem Fachgespräch mit

1. eine Professorin oder ein Professor für Baustatik,
2. eine Professorin oder ein Professor für die nach § 1 Absatz 2 Satz 1 beantragte Fachrichtung,
3. ein Mitglied der Ingenieurkammer Baden-Württemberg,

4. eine von der Landesvereinigung der Prüfingenieure für Bautechnik vorgeschlagene Person,
5. bis zu drei weitere von dem Umweltministerium benannte Mitglieder des Anerkennungsausschusses.

[5]Ist eine der in Satz 4 genannten Personen verhindert, kann das Umweltministerium eine andere sachverständige Person hinzuziehen. [6]Die in Satz 4 und 5 genannten Personen beurteilen im Anschluss an das Fachgespräch die festgestellten Kenntnisse des Antragstellenden.

(7) [1]Auf Grund der Beurteilungen nach Absatz 1 Satz 1, Absatz 5 Satz 3 und Absatz 6 Satz 6 gibt der Anerkennungsausschuss gegenüber dem Umweltministerium eine Empfehlung zur fachlichen Eignung des Antragstellenden ab. [2]Das Umweltministerium entscheidet über die Anerkennung als prüfende Person. [3]Sie hat ihre Entscheidung innerhalb von drei Monaten nach Vorlage der vollständigen Unterlagen sowie der Empfehlung des Anerkennungsausschusses zu treffen; das Umweltministerium kann die Frist gegenüber dem Antragstellenden einmal um bis zu zwei Monate verlängern. [4]Die Fristverlängerung und deren Ende sind ausreichend zu begründen und dem Antragstellenden vor Ablauf der ursprünglichen Frist mitzuteilen. [5]Die Anerkennung gilt als erteilt, wenn über sie nicht innerhalb der nach Satz 3 maßgeblichen Frist entschieden worden ist.

(8) [1]Wer die Anerkennung nicht erhalten hat, kann die schriftliche Prüfung und das Fachgespräch für die beantragten Fachrichtungen, unter Anrechnung erfolgloser Versuche, auch solcher in anderen Bundesländern, je zweimal wiederholen. [2]Wird das erste Fachgespräch als nicht bestanden bewertet, sind Wiederholungen nur innerhalb von drei Jahren möglich. [3]Die Anerkennung wird in der Regel abgelehnt, wenn das Anerkennungsverfahren nicht innerhalb von fünf Jahren seit der ersten Zulassung zur schriftlichen Prüfung abgeschlossen ist.

§ 14 Prüfingenieurinnen und Prüfingenieure aus anderen Bundesländern und EU-Mitgliedstaaten

(1) Eine bereits in einem anderen Bundesland anerkannte prüfende Person kann, sofern gleichwertige Anerkennungsvoraussetzungen bestehen und sie das 67. Lebensjahr nicht überschritten hat, im Falle der Verlegung ihres Geschäftssitzes nach Baden-Württemberg, von dem Umweltministerium ohne Anerkennungsverfahren nach § 13 als prüfende Person anerkannt werden.

(2) Die zuständige Baurechtsbehörde kann eine in einem anderen Bundesland anerkannte prüfende Person für eine Prüftätigkeit im Einzelfall zulassen.

(3) [1]Natürliche Personen, die in einem anderen Mitgliedstaat der Europäischen Union oder einem nach dem Recht der Europäischen Gemeinschaften gleichgestellten Staat zur Wahrnehmung von Aufgaben im Sinne dieser Verordnung niedergelassen sind, sind berechtigt, als prüfende Person Aufgaben nach dieser Verordnung auszuführen, wenn sie

1. hinsichtlich des Tätigkeitsbereiches eine vergleichbare Berechtigung besitzen,
2. dafür hinsichtlich der Anerkennungsvoraussetzungen und des Nachweises von Kenntnissen vergleichbare Anforderungen erfüllen mussten und
3. die deutsche Sprache in Wort und Schrift beherrschen.

[2]Sie haben das erstmalige Tätigwerden vorher dem Umweltministerium anzuzeigen und dabei

1. eine Bescheinigung darüber, dass sie in einem Mitgliedstaat der Europäischen Union oder einem nach dem Recht der Europäischen Gemeinschaften gleichgestellten Staat rechtmäßig zur Wahrnehmung von Aufgaben im Sinne dieser Verordnung niedergelassen sind und ihnen die Ausübung dieser Tätigkeiten zum Zeitpunkt der Vorlage der Bescheinigung nicht, auch nicht vorübergehend, untersagt ist, und
2. einen Nachweis darüber, dass sie im Staat Ihrer Niederlassung dafür die Voraussetzungen des Satzes 1 Nr. 2 erfüllen mussten,

vorzulegen. [3]Das Umweltministerium soll das Tätigwerden untersagen, wenn die Voraussetzungen des Satzes 1 nicht erfüllt sind; sie hat auf Antrag zu bestätigen, dass die Anzeige nach Satz 2 erfolgt ist.

(4) [1]Natürliche Personen, die in einem anderen Mitgliedstaat der Europäischen Union oder einem nach dem Recht der Europäischen Gemeinschaften gleichgestellten Staat zur Wahrnehmung von Aufgaben im Sinne dieser Verordnung niedergelassen sind, ohne im Sinne des Absatzes 3 Satz 1 Nr. 1 und 2 vergleichbar zu sein, sind berechtigt, als prüfende Person Aufgaben nach dieser Verordnung auszuführen, wenn ihnen das Umweltministerium bescheinigt hat, dass sie die Anforderungen hinsichtlich der Anerkennungsvoraussetzungen, des Nachweises von Kenntnissen und des Tätigkeitsbereiches nach dieser Verordnung erfüllen. [2]Die Bescheinigung wird auf Antrag erteilt, dem die zur Beurteilung erforderlichen Unterlagen beizufügen sind. [3]Das Umweltministerium bestätigt unverzüglich den Eingang der Unterlagen und teilt gegebenenfalls mit, welche Unterlagen fehlen. [4]Die Eingangsbestätigung muss folgende Angaben enthalten:

1. die in Satz 6 genannte Frist,
2. die verfügbaren Rechtsbehelfe,
3. die Erklärung, dass der Antrag auf Erteilung der Bescheinigung als genehmigt gilt, wenn über ihn nicht rechtzeitig entschieden wird, und
4. im Fall der Nachforderung von Unterlagen die Mitteilung, dass die Frist nach Satz 6 erst beginnt, wenn die Unterlagen vollständig sind.

[5]Das Umweltministerium kann sich im Rahmen eines Gespräches mit dem Antragsstellenden vom Vorliegen der persönlichen Voraussetzungen überzeugen. [6]Über die Erteilung der Bescheinigung ist innerhalb von drei Monaten nach Vorlage der vollständigen Unterlagen zu entscheiden; das Umweltministerium kann die Frist gegenüber dem Antragstellenden einmal um bis zu zwei Monate verlängern. [7]Die Fristverlängerung und deren Ende sind ausreichend zu begründen und dem Antragstellenden vor Ablauf der ursprüngli-

chen Frist mitzuteilen. [8]Der Antrag auf Erteilung der Bescheinigung gilt als genehmigt, wenn über ihn nicht innerhalb der nach Satz 6 maßgeblichen Frist entschieden worden ist.

(5) Anzeigen und Bescheinigungen nach den Absätzen 3 und 4 sind nicht erforderlich, wenn bereits in einem anderen Bundesland eine Anzeige erfolgt ist oder eine Bescheinigung erteilt wurde.

(6) Errichtet eine prüfende Person, die auf der Grundlage der Absätze 3 und 4 tätig wird, eine Niederlassung, so hat sie die Anschrift dem Umweltministerium mitzuteilen.

§ 15 Abwicklung von Verfahren über den Einheitlichen Ansprechpartner

Verfahren nach den §§ 11 bis 13 sowie § 14 Absatz 3 und 4 können über einen Einheitlichen Ansprechpartner im Sinne des Gesetzes über Einheitliche Ansprechpartner für das Land Baden-Württemberg abgewickelt werden; die §§ 71a bis 71e des Landesverwaltungsverfahrensgesetzes (LVwVfG) in der jeweils geltenden Fassung finden Anwendung.

DRITTER TEIL
Erlöschen und Widerruf der Anerkennung, Ordnungswidrigkeiten

§ 16 Erlöschen und Widerruf der Anerkennung

(1) Die Anerkennung erlischt

1. durch schriftlichen Verzicht gegenüber dem Umweltministerium,
2. mit der Verlegung des Geschäftssitzes in ein anderes Bundesland,
3. mit der Verbeamtung oder mit dem Eingehen eines Angestelltenverhältnisses im öffentlichen Dienst, ausgenommen Professorinnen und Professoren im Sinne von § 10 Absatz 3 Nummer 1,
4. mit Vollendung des 70. Lebensjahres,

5. mit dem Verlust der Fähigkeit zur Bekleidung öffentlicher Ämter,
6. bei Verurteilung wegen eines Verbrechens oder eines vorsätzlichen Vergehens zu einer Freiheitsstrafe von mehr als einem Jahr oder
7. durch gerichtliche Anordnung der Beschränkung in der Verfügung über das Vermögen der prüfenden Person.

(2) Die Anerkennung ist zu widerrufen, wenn festgestellt wird, dass die im Zuge des Anerkennungsverfahrens gemachten Angaben mehr als nur in unerheblichem Maße wahrheitswidrig sind oder die prüfende Person nicht mehr angemessen versichert ist.

(3) [1]Die Anerkennung kann widerrufen werden, wenn die prüfende Person mindestens zweimal vorsätzlich oder dreimal grob fahrlässig ihre Pflichten verletzt hat, und dies jeweils nach § 17 Nummer 2 geahndet worden ist. [2]Sie kann auch widerrufen werden, wenn die prüfende Person, auch nachdem das Umweltministerium bereits Mängel in von ihr durchgeführten Prüfungen festgestellt und ihr dies mitgeteilt hat, weiterhin in deutlich überdurchschnittlichem Umfang Prüfaufträge annimmt, und eine ordnungsgemäße Erfüllung ihrer Pflichten aus diesem Grunde nicht zu erwarten ist.

(4) Im Übrigen bleiben die §§ 48 und 49 des LVwVfG unberührt.

(5) [1]Prüfende Personen dürfen keine neuen Prüfaufträge mehr annehmen, die nicht vor dem Datum des Unwirksamwerdens der Anerkennung abgeschlossen werden können. [2]Die Baurechtsbehörde kann im Einzelfall gestatten, dass Prüfaufträge, die vor dem Zeitpunkt des Erlöschens der Anerkennung gemäß Absatz 1 Nummer 2 und 4 erteilt worden sind, über diesen Zeitpunkt hinaus zu Ende geführt werden. [3]In diesem Fall müssen Prüfberichte und Prüfvermerke von noch nicht vollständig abgeschlossenen Prüfaufträgen von einer für die jeweilige Fachrichtung anerkannten prüfenden Person gegengezeichnet werden.

§ 17 Ordnungswidrigkeiten

Ordnungswidrig nach § 75 Absatz 3 Nummer 2 LBO handelt, wer vorsätzlich oder fahrlässig

1. entgegen § 1 Absatz 2 Satz 3 die Bezeichnung „Prüfingenieur für Bautechnik“ oder „Prüfingenieurin für Bautechnik“ führt oder
2. als prüfende Person ihre Pflichten nach § 1 Absatz 3 bis 5, 7, 8 und 11, §§ 4, 5, 6, § 7 Absatz 1 und § 9 Satz 3 verletzt.

VIERTER TEIL
Übergangs- und Schlussvorschriften

§ 18 Übergangsvorschriften

(1) Vor dem Inkrafttreten dieser Verordnung gestellte Anträge auf Anerkennung werden nach dieser Verordnung weiterbehandelt.
(2) [1]Eine Anerkennung als Prüfingenieurin oder Prüfingenieur auf Grund der Verordnung des Innenministeriums über die bautechnische Prüfung genehmigungspflichtiger Vorhaben vom 13. Januar 1965 (GBl. S. 6), der Bauprüfverordnung vom 11. August 1977 (GBl. S. 387), zuletzt geändert durch Verordnung vom 13. November 1995 (GBl. S. 794), oder der Bauprüfverordnung vom 21. Mai 1996 (GBl. S. 410), zuletzt geändert durch Verordnung vom 12. Juli 2007 (GBl. S. 355) gilt als Anerkennung im Sinne dieser Verordnung. [2]Die Bezeichnung „Prüfingenieurin für Baustatik“ oder „Prüfingenieur für Baustatik“ darf weitergeführt werden. [3]Eine Weiterführung genehmigter Zweigniederlassungen, über das Erlöschen der Anerkennung der Prüfingenieurin oder des Prüfingenieurs für Bautechnik hinaus, ist nicht zulässig.
(3) Personen, deren Anerkennung innerhalb eines Jahres vor dem 24. Oktober 2019 durch Vollendung des 68. Lebensjahres erloschen ist, werden auf Antrag ohne erneutes Anerkennungsverfahren nach § 13 als Prüfingenieurin oder Prüfingenieur für Bautechnik anerkannt.

Verordnung des Wirtschaftsministeriums über Garagen und Stellplätze (Garagenverordnung – GaVO)

vom 7. Juli 1997 (GBl. S. 332), mehrfach geändert durch Artikel 3 der Verordnung vom 5. Januar 2011 (GBl. S. 25, 27), durch Artikel 233 der Verordnung vom 25. Januar 2012 (GBl. S. 65, 90), durch Artikel 131 der 9. Anpassungsverordnung vom 23. Februar 2017 (GBl. S. 99, 114) und durch Artikel 4 der Verordnung vom 8. Dezember 2020 (GBl. S. 1182, 1191).

Auf Grund von § 73 Absatz 1 Nummer 1 und 3 und Absatz 2 Satz 1 Nummer 1 der Landesbauordnung für Baden-Württemberg (LBO) vom 8. August 1995 (GBl. S. 617) wird verordnet:

Inhaltsübersicht

§ 1 Begriffe

(1) Offene Garagen sind Garagen, die

1. unmittelbar ins Freie führende unverschließbare Öffnungen in einer Größe von insgesamt mindestens einem Drittel der Gesamtfläche der Umfassungswände haben,
2. diese Öffnungen in mindestens zwei sich gegenüberliegenden und nicht mehr als 70 m voneinander entfernten Umfassungswänden haben und
3. eine ständige Querlüftung haben.

(2) Geschlossene Garagen sind Garagen, die die Voraussetzungen des Absatzes 1 nicht erfüllen.

(3) Oberirdische Garagen sind Garagen, deren Fußboden im Mittel nicht mehr als 1,5 m unter der Geländeoberfläche liegt.

(4) Automatische Garagen sind Garagen ohne Personen- und Fahrverkehr, in denen die Kraftfahrzeuge mit mechanischen Förderanlagen von der Garagenzufahrt zu den Garagenstellplätzen befördert und ebenso zum Abholen an die Garagenausfahrt zurückbefördert werden.

(5) Garagenstellplätze sind Flächen zum Abstellen von Kraftfahrzeugen in Garagen.

(6) Verkehrsflächen einer Garage sind alle ihre allgemein befahr- und begehbaren Flächen, ausgenommen Garagenstellplätze.

(7) [1]Die Nutzfläche einer Garage ist die Summe aller miteinander verbundenen Flächen der Garagenstellplätze und der Verkehrsflächen. [2]Die Nutzfläche einer automatischen Garage ist die Summe der Flächen aller Garagenstellplätze. [3]Stellplätze auf Dächern (Dachstellplätze) und die dazugehörigen Verkehrsflächen werden der Nutzfläche nicht zugerechnet, soweit in § 2 Absatz 5 nichts anderes bestimmt ist.

(8) Es sind Garagen mit einer Nutzfläche

1. bis 100 m^2 Kleingaragen,
2. über 100 m^2 bis 1000 m^2 Mittelgaragen,
3. über 1000 m^2 Großgaragen.

§ 2 Zu- und Abfahrten

(1) Zwischen Garagen und öffentlichen Verkehrsflächen können Zu- und Abfahrten als Stauraum für wartende Kraftfahrzeuge verlangt werden, wenn dies wegen der Sicherheit oder Ordnung des Verkehrs erforderlich ist.

(2) [1]Die Fahrbahnen von Zu- und Abfahrten vor Mittel- und Großgaragen müssen mindestens 2,75 m breit sein; bei Kurven muß der Radius des inneren Fahrbahnrandes mindestens 5 m betragen. [2]Breitere Fahrbahnen können in Kurven mit Innenradien von weniger als 10 m verlangt werden, wenn dies wegen der Sicherheit oder Ordnung des Verkehrs erforderlich ist. [3]Für Fahrbahnen im Bereich von Zu- und Abfahrtssperren genügt eine Breite von 2,3 m.

(3) [1]Großgaragen müssen getrennte Fahrbahnen für Zu- und Abfahrten haben. [2]Bei Garagen mit geringer Frequenz kann im Einzelfall eine Trennung über zeitversetzte Richtungsfreigabe zugelassen werden.

(4) [1]Bei Großgaragen ist neben den Fahrbahnen der Zu- und Abfahrten ein mindestens 0,8 m breiter Gehweg erforderlich, soweit nicht für den Fußgängerverkehr besondere Fußwege vorhanden sind. [2]Der Gehweg muß gegenüber der Fahrbahn erhöht oder mindestens durch Markierungen am Boden leicht erkennbar und dauerhaft abgegrenzt sein.

(5) In den Fällen der Absätze 1 bis 4 sind die Dachstellplätze und die dazugehörigen Verkehrsflächen der Nutzfläche zuzurechnen.

(6) Für Zu- und Abfahrten von Stellplätzen gelten die Absätze 1 bis 4 entsprechend.

§ 3 Rampen

(1) [1]Rampen von Mittel- und Großgaragen dürfen nicht mehr als 15 vom Hundert geneigt sein. [2]Die Breite der Fahrbahnen auf diesen Rampen muß mindestens 2,75 m, die in gewendelten Rampenbereichen mindestens 3,5 m betragen. [3]Gewendelte Rampenteile müssen eine Querneigung von mindestens 3 vom Hundert haben. [4]Der Halbmesser des inneren Fahrbahnrandes muß mindestens 5 m betragen.

[5]Die Anforderungen an gewendelte Rampenbereiche gelten bezüglich Breite und Halbmesser des inneren Fahrbahnrandes entsprechend, wenn unmittelbar vor der Rampe eine Kurvenfahrt vorgesehen ist.

(2) [1]Zwischen öffentlicher Verkehrsfläche und einer Rampe mit mehr als 10 vom Hundert Neigung muß eine Fläche von mindestens 3 m Länge liegen, deren Neigung nicht mehr als 10 vom Hundert betragen darf. [2]Bei Rampen von Kleingaragen können Ausnahmen zugelassen werden, wenn keine Bedenken wegen der Sicherheit oder Ordnung des Verkehrs bestehen.

(3) [1]In Großgaragen müssen Rampen, die von Fußgängern benutzt werden, einen mindestens 0,8 m breiten Gehweg haben, der gegenüber der Fahrbahn erhöht oder mindestens durch Markierungen am Boden leicht erkennbar und dauerhaft abgegrenzt sein muß. [2]An Rampen, die von Fußgängern nicht benutzt werden dürfen, ist auf das Verbot hinzuweisen.

(4) [1]Bei Neigungswechseln mit einer Neigungsdifferenz von mehr als 8 Prozent und bis zu 15 Prozent ist bei Kuppen ein 1,5 m langer Übergangsbereich und bei Wannen ein 2,5 m langer Übergangsbereich vorzusehen, der die halbe Neigungsdifferenz aufweist. [2]Neigungsdifferenzen werden bei gegenläufig geneigten Rampen durch Addition der jeweiligen Neigungen ermittelt. [3]Bei Neigungsdifferenzen von über 15 Prozent ist die Befahrbarkeit durch eine geeignete Ausrundung sicherzustellen.

(5) Für Rampen von Stellplätzen gelten die Absätze 1 bis 3 entsprechend.

(6) Kraftbetriebene geneigte Hebebühnen sind keine Rampen.

§ 4 Stellplätze und Fahrgassen, Frauenparkplätze

(1) Garagenstellplätze müssen mindestens 5 m, hintereinander und parallel zur Fahrgasse angeordnete Garagenstellplätze mindestens 6 m lang sein.

(2) [1]Garagenstellplätze müssen mindestens 2,3 m breit sein. [2]Diese Breite darf bis zu 0,1 m Abstand von jeder Längsseite der Stellplätze

nicht durch Wände, Stützen, andere Bauteile oder Einrichtungen begrenzt sein. [3]Satz 2 gilt nicht für Garagenstellplätze auf kraftbetriebenen Hebebühnen. [4]Garagenstellplätze für Behinderte müssen mindestens 3,50 m breit sein.

(3) [1]Die Breite von Fahrgassen, die unmittelbar der Zu- oder Abfahrt von Garagenstellplätzen dienen, muß mindestens den Anforderungen der folgenden Tabelle entsprechen; Zwischenwerte sind zulässig:

Anordnung der Garagenstellplätze zur Fahrgasse im Winkel von	Erforderliche Fahrgassenbreite (in m) bei einer Breite des Garagenstellplatzes von		
	2,3 m	2,4 m	2,5 m
90°	6,5	6	5,5
75°	5,5	5	5
60°	4,5	4	4
45°	3,5	3	3
bis 30°	3	3	3

[2]Für Stellplätze, die am Ende der Fahrgasse in einem Winkel von 90° angeordnet sind, muss die Einfahrtsbreite mindestens 2,75 m betragen. [3]Vor kraftbetriebenen Hebebühnen müssen die Fahrgassen mindestens 8 m breit sein, wenn die Hebebühnen Fahrspuren haben oder beim Absenken in die Fahrgasse hineinragen.

(4) Fahrgassen, die nicht unmittelbar der Zu- oder Abfahrt von Garagenstellplätzen dienen, müssen mindestens 2,75 m, Fahrgassen mit Gegenverkehr mindestens 5 m breit sein.

(5) [1]In Mittel- und Großgaragen sind die einzelnen Garagenstellplätze und die Fahrgassen mindestens durch Markierungen am Boden leicht erkennbar und dauerhaft gegeneinander abzugrenzen. [2]In jedem Geschoß müssen leicht erkennbare und dauerhafte Hinweise auf Fahrtrichtungen und Ausfahrten vorhanden sein. [3]Satz 1 gilt

nicht für Garageneinstellplätze auf kraftbetriebenen Hebebühnen und auf horizontal verschiebbaren Plattformen.

(6) Für Garagenstellplätze auf horizontal verschiebbaren Plattformen können Ausnahmen von den Absätzen 1 und 2 zugelassen werden, wenn keine Bedenken wegen der Sicherheit oder Ordnung des Verkehrs bestehen und eine Breite der Fahrgasse von mindestens 2,75 m erhalten bleibt.

(7) In Großgaragen sind die einzelnen Garagenstellplätze leicht erkennbar und dauerhaft durch Nummern, Markierungen oder durch andere geeignete Maßnahmen so zu kennzeichnen, daß abgestellte Kraftfahrzeuge in den einzelnen Geschossen ohne Schwierigkeiten wieder aufgefunden werden können.

(8) [1]In allgemein zugänglichen geschlossenen Großgaragen sind mindestens 10 vom Hundert der Stellplätze als Frauenparkplätze einzurichten. [2]Diese sind ausschließlich der Benutzung durch Frauen vorbehalten. [3]Frauenparkplätze sind in der Nähe der Zufahrten anzuordnen. [4]Frauenparkplätze sind als solche zu kennzeichnen.

(9) [1]In allgemein zugänglichen Großgaragen sind 1 vom Hundert, mindestens aber zwei der Stellplätze als Stellplätze für Menschen mit Mobilitätseinschränkungen einzurichten. [2]Sie sind in der Nähe der barrierefreien Erschließung anzuordnen und zu kennzeichnen.

(10) [1]Die Absätze 1 bis 8 gelten nicht für automatische Garagen. [2]Für Stellplätze gelten die Absätze 1 bis 6 entsprechend.

§ 5 Lichte Höhe und Leitungen

(1) [1]Mittel- und Großgaragen müssen in zum Begehen bestimmten Bereichen, auch unter Unterzügen, Lüftungsleitungen, sonstigen Bauteilen und Einrichtungen, eine lichte Höhe von mindestens 2 m haben. [2]Dies gilt nicht für Garagenstellplätze auf kraftbetriebenen Hebebühnen. [3]Leitungen für brennbare Stoffe und elektrische Leitungen mit einer Spannung ab 1 000 Volt müssen vor mechanischen Beanspruchungen geschützt werden.

(2) [1]Wenn Leitungen für brennbare Stoffe oder elektrische Leitungen mit einer Spannung ab 1 000 Volt durch geschlossene Mittel- und Großgaragen geführt werden, müssen diese Leitungen an einer

für die Feuerwehr zugänglichen Stelle außerhalb der Garage abgesperrt werden können. [2]Die Absperrvorrichtung darf gegen Missbrauch gesichert werden. [3]Ist eine Brandmeldeanlage vorhanden, so ist die Absperrvorrichtung automatisch anzusteuern.

§ 6 Wände, Decken, Dächer und Stützen

(1) [1]Für Wände, Decken, Dächer und Stützen gelten die Anforderungen der §§ 4 bis 6, 8 und 9 der Allgemeinen Ausführungsverordnung des Wirtschaftsministeriums zur Landesbauordnung (LBOAVO), soweit in den Absätzen 2 bis 8 nichts anderes bestimmt ist. [2]Befinden sich über Garagen Geschosse mit Aufenthaltsräumen und ergeben sich deshalb aus den §§ 4, 5, 7 und 8 LBOAVO, aus einer Regelung nach § 38 Absatz 1 LBO oder aus einer Rechtsverordnung auf Grund von § 73 Absatz 1 Nummer 2 LBO weitergehende Anforderungen, gelten insoweit anstelle der Absätze 2 bis 4 die weitergehenden Anforderungen.

(2) Tragende Wände, Decken und Stützen von offenen Mittel- und Großgaragen müssen folgendes Brandverhalten aufweisen:

1. keine Anforderungen bei Garagen in nicht mehr als einem Geschoß, auch mit Dachstellplätzen,
2. nichtbrennbar bei sonstigen Garagen, soweit die tragenden Wände, Decken und Stützen nicht feuerbeständig sind.

(3) Tragende Wände, Decken und Stützen von geschlossenen Mittel- und Großgaragen müssen folgendes Brandverhalten aufweisen:

1. feuerhemmend bei oberirdischen Garagen in nicht mehr als einem Geschoß, auch mit Dachstellplätzen,
2. feuerhemmend und aus nichtbrennbaren Baustoffen bei sonstigen oberirdischen Garagen,
3. feuerbeständig und aus nichtbrennbaren Baustoffen bei unterirdischen Garagen.

(4) Brandwände von Mittel- und Großgaragen nach § 7 Absatz 1 Nummer 1 LBOAVO sind abweichend von § 7 Absatz 3 LBOAVO mit einem Brandverhalten wie die tragenden Wände, mindestens feuer-

hemmend, aus nichtbrennbaren Baustoffen und ohne Öffnungen herzustellen.

(5) Innenwände von Mittel- und Großgaragen müssen folgendes Brandverhalten aufweisen:

1. bei Trennwänden notwendiger Treppenräume nichtbrennbar mit einem Feuerwiderstand wie die tragenden Wände, mindestens jedoch feuerhemmend,
2. bei Trennwänden zwischen Garagen und nicht zur Garage gehörenden Räumen nichtbrennbar und mit einem Feuerwiderstand wie die tragenden Wände,
3. bei anderen Wänden nichtbrennbar.

(6) Befahrbare Dächer müssen abweichend von § 4 Absatz 1 Satz 2 Nummer 1 und § 8 Absatz 1 Satz 2 Nummer 1 LBOAVO hinsichtlich ihres Brandverhaltens den Anforderungen an Decken entsprechen.

(7) § 9 Absatz 6 LBOAVO findet auf Dächer von Kleingaragen und offenen Garagen keine Anwendung.

(8) Untere Verkleidungen von Decken und Dächern müssen

1. in Mittelgaragen mindestens schwerentflammbar,
2. in Großgaragen nichtbrennbar sein; schwerentflammbare Verkleidungen sind zulässig, wenn sie überwiegend aus nichtbrennbaren Bestandteilen bestehen und unmittelbar unter der Decke oder dem Dach angebracht sind.

§ 7 Rauchabschnitte, Brandabschnitte

(1) [1]Geschlossene Großgaragen müssen durch mindestens feuerhemmende Wände aus nichtbrennbaren Baustoffen in Rauchabschnitte unterteilt sein, die

1. in oberirdischen Garagen höchstens 5000 m^2,
2. in unterirdischen Garagen höchstens 2500 m^2

groß sein dürfen. [2]Ein Rauchabschnitt darf sich über mehrere Geschosse erstrecken.

(2) [1]Die Rauchabschnitte nach Absatz 1 dürfen höchstens doppelt so groß sein, wenn sie

1. Öffnungen oder Schächte für den Rauch- und Wärmeabzug mit einem freien Gesamtquerschnitt von mindestens 1000 cm^2 je Garagenstellplatz haben, die höchstens 20 m voneinander entfernt sind, oder
2. maschinelle Rauch- und Wärmeabzugsanlagen haben, die sich bei Raucheinwirkung selbsttätig einschalten, die mindestens für eine Stunde einer Temperatur von 300 °C standhalten, deren elektrische Leitungen bei Brandeinwirkung für mindestens die gleiche Zeit funktionsfähig bleiben und die in der Stunde einen mindestens zehnfachen Luftwechsel, jedoch nicht mehr als 70 000 m^3 gewährleisten; eine ausreichende Versorgung mit Zuluft muß vorhanden sein, oder
3. Sprinkleranlagen haben.

[2]In sonst anders genutzten Gebäuden dürfen bei Garagengeschossen, deren Fußboden im Mittel mehr als 4 m unter der Geländeoberfläche liegt, die Rauchabschnitte nur dann verdoppelt werden, wenn sowohl Maßnahmen für einen Rauch- und Wärmeabzug nach Nummer 1 oder 2 durchgeführt werden, als auch Sprinkleranlagen nach Nummer 3 vorhanden sind.

(3) [1]Öffnungen in den Wänden zwischen den Rauchabschnitten müssen mit mindestens rauchdichten und selbstschließenden Abschlüssen aus nichtbrennbaren Baustoffen versehen sein. [2]Die Abschlüsse müssen Feststellanlagen haben, die bei Raucheinwirkung ein selbsttätiges Schließen bewirken; sie müssen auch von Hand geschlossen werden können.

(4) [1]Automatische Garagen müssen durch Brandwände in Brandabschnitte von höchstens 6 000 m^3 Brutto-Rauminhalt unterteilt sein. [2]Die Absätze 1 bis 3 gelten nicht für automatische Garagen.

(5) § 7 Absatz 1 Nummer 2 und Absatz 3 Satz 2 LBOAVO gelten nicht für Garagen.

§ 8 Verbindung mit anderen Räumen

(1) Kleingaragen dürfen mit anders genutzten Räumen sowie mit anderen Gebäuden unmittelbar nur durch Öffnungen mit mindestens

dichtschließenden Türen verbunden sein; dies gilt nicht für Türen in Wänden, die keine Brandschutzanforderungen erfüllen müssen.

(2) Offene Mittel- und Großgaragen dürfen mit nicht zur Garage gehörenden Räumen sowie mit anderen Gebäuden unmittelbar nur durch Öffnungen mit mindestens feuerhemmenden und selbstschließenden Türen verbunden sein.

(3) Geschlossene Mittel- und Großgaragen dürfen verbunden sein

1. mit Fluren, Treppenräumen und Aufzügen, die nicht nur der Garage dienen, nur durch Räume mit feuerbeständigen Wänden und Decken sowie mindestens feuerhemmenden und selbstschließenden, in Fluchtrichtung aufschlagenden Türen (Sicherheitsschleusen); zwischen Sicherheitsschleusen und Fluren oder Treppenräumen sowie Aufzugsvorräumen genügen selbstschließende und rauchdichte Türen, zwischen Sicherheitsschleusen und Aufzügen in Fahrschächten Fahrschachttüren,
2. mit anderen Räumen sowie mit anderen Gebäuden unmittelbar nur durch Öffnungen mit mindestens feuerhemmenden und selbstschließenden Türen, soweit sich aus einer Regelung nach § 38 Absatz 1 LBO oder aus einer Rechtsverordnung auf Grund von § 73 Absatz 1 Nummer 2 LBO keine weitergehenden Anforderungen ergeben.

(4) Automatische Garagen dürfen mit nicht zur Garage gehörenden Räumen sowie mit anderen Gebäuden nicht verbunden sein.

§ 9 Rettungswege

(1) [1]Jede Mittel- und Großgarage muß in jedem Geschoß mindestens zwei voneinander unabhängige Rettungswege nach § 15 Absatz 3 LBO haben. [2]Der zweite Rettungsweg darf auch über eine Rampe führen. [3]In oberirdischen Mittel- und Großgaragen genügt ein Rettungsweg, wenn ein Ausgang ins Freie in höchstens 10 m Entfernung erreichbar ist.

(2) [1]Von jeder Stelle einer Mittel- und Großgarage muß in jedem Geschoß mindestens eine notwendige Treppe oder ein Ausgang ins Freie

1. bei offenen Mittel- und Großgaragen in einer Entfernung von höchstens 50 m,
2. bei geschlossenen Mittel- und Großgaragen in einer Entfernung von höchstens 30 m

erreichbar sein. [2]Die Entfernung ist in der Luftlinie, jedoch nicht durch Bauteile zu messen.

(3) Bei oberirdischen Mittel- und Großgaragen, deren Garagenstellplätze im Mittel nicht mehr als 3 m über der Geländeoberfläche liegen, sind Treppenräume für notwendige Treppen nicht erforderlich.

(4) In Mittel- und Großgaragen müssen dauerhafte und leicht erkennbare Hinweise auf die Ausgänge vorhanden sein.

(5) [1]Für Dachstellplätze gelten die Absätze 1 bis 4 entsprechend. [2]Die Absätze 1 bis 4 gelten nicht für automatische Garagen.

§ 10 Beleuchtung

(1) In Mittel- und Großgaragen muß eine allgemeine elektrische Beleuchtung vorhanden sein, die in den Rettungswegen und den Fahrgassen eine Beleuchtungsstärke von mindestens 20 Lux sicherstellt.

(2) In geschlossenen Großgaragen muß über die Anforderung in Absatz 1 hinaus zur Beleuchtung der Rettungswege vorhanden sein

1. eine Sicherheitsbeleuchtung, die eine vom Versorgungsnetz unabhängige, bei Ausfall des Netzstroms sich selbsttätig einschaltende Ersatzstromquelle hat, die für einen mindestens einstündigen Betrieb und eine Beleuchtungsstärke von mindestens 1 Lux ausgelegt ist, oder
2. nachleuchtende Markierungen, die für mindestens eine Stunde eine entsprechende Beleuchtungsstärke gewährleisten und leicht erkennbar zu den Ausgängen führen.

(3) Die Absätze 1 und 2 gelten nicht für automatische Garagen.

§ 11 Lüftung

(1) Eine natürliche Lüftung ist ausreichend in
1. Kleingaragen,
2. offenen Mittel- und Großgaragen,

3. geschlossenen Mittel- und Großgaragen mit geringem Zu- und Abgangsverkehr, wie Wohnhausgaragen, wenn sie den Anforderungen des Absatzes 2 entsprechen,
4. geschlossenen Mittel- und Großgaragen mit geringem Zu- und Abgangsverkehr, wenn sie den Voraussetzungen des Absatzes 3 entsprechen.

(2) In geschlossenen Mittel- und Großgaragen mit geringem Zu- und Abgangsverkehr ist eine natürliche Lüftung ausreichend, wenn eine ständige Querlüftung gesichert ist durch
1. unverschließbare Lüftungsöffnungen oder bis zu 2 m hohe Lüftungsschächte jeweils mit einem freien Gesamtquerschnitt von mindestens 1500 cm^2 je Garagenplatz,
2. einen Abstand der einander gegenüberliegenden Außenwände mit Lüftungsöffnungen oder Lüftungsschächten von höchstens 35 m und
3. einen Abstand zwischen den einzelnen Lüftungsöffnungen oder Lüftungsschächten von höchstens 20 m.

(3) Für geschlossene Mittel- und Großgaragen mit geringem Zu- und Abgangsverkehr, die den Anforderungen des Absatzes 2 nicht entsprechen, ist eine natürliche Lüftung ausreichend, wenn
1. nach dem Gutachten eines anerkannten Sachverständigen nach § 1 der Verordnung des Wirtschaftsministeriums über anerkannte Sachverständige für die Prüfung technischer Anlagen und Einrichtungen nach Bauordnungsrecht (BauSVO) zu erwarten ist, daß der Halbstundenmittelwert des Volumengehalts an Kohlenmonoxyd in der Luft unter Berücksichtigung der regelmäßigen Verkehrsspitzen im Mittel nicht mehr als 100 ppm beträgt, und
2. dies nach Inbetriebnahme auf der Grundlage von ununterbrochenen Messungen über einen Zeitraum von mindestens einem Monat von einem anerkannten Sachverständigen nach § 1 BauSVO bestätigt wird.

(4) [1]Maschinelle Abluftanlagen sind in geschlossenen Mittel- und Großgaragen erforderlich, soweit sich aus den Absätzen 2 und 3 nichts anderes ergibt. [2]Die Zuluftöffnungen müssen so verteilt sein,

daß alle Teile der Garage ausreichend gelüftet werden; bei nicht ausreichenden Zuluftöffnungen muß eine maschinelle Zuluftanlage vorhanden sein.

(5) [1]Die maschinellen Abluftanlagen sind so zu bemessen, daß der Halbstundenmittelwert des Volumengehalts an Kohlenmonoxyd in der Luft, gemessen in einer Höhe von 1,5 m über dem Fußboden, nicht mehr als 100 ppm beträgt. [2]Diese Forderung gilt als erfüllt, wenn die Abluftanlagen

1. in Garagen mit geringem Zu- und Abgangsverkehr mindestens 6 m^3,
2. in anderen Garagen mindestens 12 m^3 Abluft in der Stunde je m^2 Garagennutzfläche abführen können.

[3]Für Garagen mit regelmäßig besonders hohen Verkehrsspitzen, wie Garagen für Versammlungsstätten, kann im Einzelfall ein rechnerischer Nachweis darüber verlangt werden, daß die Forderung nach Satz 1 erfüllt ist; der Nachweis ist durch einen nach § 1 BauSVO anerkannten Sachverständigen zu erbringen.

(6) [1]Maschinelle Abluftanlagen müssen in jedem Lüftungssystem mindestens zwei gleich große Ventilatoren haben, die bei gleichzeitigem Betrieb zusammen den erforderlichen Gesamtvolumenstrom erbringen. [2]Jeder Ventilator einer maschinellen Zu- oder Abluftanlage muß aus einem eigenen Stromkreis gespeist werden, an dem andere elektrische Anlagen nicht angeschlossen werden dürfen. [3]Soll das Lüftungssystem zeitweise nur mit einem Ventilator betrieben werden, müssen die Ventilatoren so geschaltet sein, daß sich bei Ausfall eines Ventilators der andere selbsttätig einschaltet.

(7) [1]Geschlossene Großgaragen mit nicht nur geringem Zu- und Abgangsverkehr müssen CO-Anlagen zur Messung und Warnung (CO-Warnanlagen) haben. [2]Die CO-Warnanlagen müssen so beschaffen sein, daß die Benutzer der Garagen bei einem CO-Gehalt der Luft von mehr als 250 ppm über ein akustisches Signal und durch Blinkzeichen dazu aufgefordert werden, die Motoren abzustellen. [3]Die CO-Warnanlagen müssen an eine Ersatzstromquelle angeschlossen sein.

(8) In geschlossenen Mittel- und Großgaragen müssen an der Zufahrt und in jedem Geschoß leicht erkennbar und dauerhaft folgende Hinweise vorhanden sein: „Abgase gefährden die Gesundheit. Vermeiden Sie längeren Aufenthalt!“.
(9) Die Absätze 1 bis 8 gelten nicht für automatische Garagen.

§ 12 Feuerlöschanlagen, Rauch- und Wärmeabzug, Brandmeldeanlagen

(1) [1]Großgaragen müssen in unterirdischen Geschossen und in oberirdischen Geschossen, deren Fußboden im Mittel mehr als 15 m über der Geländeoberfläche liegt, in unmittelbarer Nähe jedes Treppenraumzugangs eine Löschwasseranlage „nass“, „trocken“ oder „nass/trocken“ haben. [2]Auf Wandhydranten kann im Einvernehmen mit der Brandschutzdienststelle verzichtet werden.
(2) Unterirdische Geschosse von Großgaragen müssen
1. Öffnungen oder Schächte für den Rauch- und Wärmeabzug mit einem freien Gesamtquerschnitt von mindestens 1000 cm^2 je Garagenstellplatz haben, die höchstens 20 m voneinander entfernt sind, oder
2. maschinelle Rauch- und Wärmeabzugsanlagen haben, die sich bei Raucheinwirkung selbsttätig einschalten, die mindestens für eine Stunde einer Temperatur von 300 °C standhalten, deren elektrische Leitungen bei Brandeinwirkung für mindestens die gleiche Zeit funktionsfähig bleiben und die in der Stunde einen mindestens zehnfachen Luftwechsel, jedoch nicht mehr als 70 000 m^3 gewährleisten; eine ausreichende Versorgung mit Zuluft muß vorhanden sein, oder
3. Sprinkleranlagen haben.

(3) [1]Automatische Garagen mit mehr als 20 Stellplätzen müssen Sprinkleranlagen haben. [2]Bei automatischen Garagen mit weniger als 20 Stellplätzen, bei kraftbetriebenen Hebebühnen, mit denen Kraftfahrzeuge übereinander angeordnet werden können, und bei von der Fahrgasse durch Abschlüsse abgetrennten Stellplätzen sind nichtselbsttätige Feuerlöschanlagen vorzusehen, deren Art im Ein-

zelfall im Benehmen mit der für den Brandschutz zuständigen Stelle festzulegen ist, wenn innerhalb der Garage nicht alle Stellplätze in jedem Betriebszustand mit einem Löschmittel erreichbar sind.

(4) Geschlossene Mittel- und Großgaragen müssen Brandmeldeanlagen haben, wenn sie in Verbindung mit baulichen Anlagen oder Räumen stehen, für die Brandmeldeanlagen erforderlich sind.

§ 13 Zusätzliche Bauvorlagen, Feuerwehrpläne

(1) Bauvorlagen für Mittel- und Großgaragen müssen zusätzliche Angaben enthalten über:

1. die Zahl, Abmessung und Kennzeichnung der Garagenstellplätze und Fahrgassen (§ 4 Absatz 1 bis 8),
2. die maschinellen Rauchabzugsanlagen (§ 7 Absatz 2 Satz 1 Nummer 2, § 12 Absatz 2 Nummer 2),
3. die Feuerlöschanlagen (§ 7 Absatz 2 Satz 1 Nummer 3, § 12 Absatz 1, Absatz 2 Nummer 3 und Absatz 3),
4. die Beleuchtung der Rettungswege (§ 10 Absatz 2),
5. die maschinellen Zu- und Abluftanlagen (§ 11 Absatz 4 und 5),
6. die CO-Warnanlagen (§ 11 Absatz 7).

(2) [1]Soweit es für den Einsatz der Feuerwehr erforderlich ist, können bei geschlossenen Großgaragen Feuerwehrpläne verlangt werden mit Angaben über:

1. die Zufahrten und die Löschwasserversorgung auf dem Grundstück,
2. die Angriffswege für die Feuerwehr im Gebäude,
3. die Art und Lage der Feuerlöschanlagen, der maschinellen Rauchabzugsanlagen sowie erforderlicher Absperrvorrichtungen.

[2]Auch bei geschlossenen Mittelgaragen können Feuerwehrpläne verlangt werden soweit es für den Einsatz der Feuerwehr erforderlich ist, wenn Leitungen für brennbare Stoffe oder elektrische Leitungen mit einer Spannung ab 1 000 Volt durch diese Garagen geführt werden. [3]Weitere Angaben können verlangt werden, wenn dies zur Beurteilung des Vorhabens erforderlich ist.

§ 14 Betriebsvorschriften

(1) [1]Maschinelle Abluftanlagen müssen so betrieben werden, daß der Halbstundenmittelwert des Volumengehalts an Kohlenmonoxyd in der Luft unter Berücksichtigung der regelmäßig zu erwartenden Verkehrsspitzen, gemessen in einer Höhe von 1,5 m über dem Fußboden, nicht mehr als 100 ppm beträgt. [2]CO-Warnanlagen müssen ständig eingeschaltet sein.

(2) [1]In Kleingaragen dürfen bis zu 200 l Dieselkraftstoff und bis zu 20 l Benzin in dicht verschlossenen, bruchsicheren Behältern außerhalb von Kraftfahrzeugen aufbewahrt werden. [2]In Mittel- und Großgaragen ist die Aufbewahrung von Kraftstoffen außerhalb von Kraftfahrzeugen unzulässig; andere brennbare Stoffe dürfen in diesen Garagen nur aufbewahrt werden, wenn sie zum Fahrzeugzubehör zählen oder der Unterbringung von Fahrzeugzubehör dienen.

(3) Damit der Volumengehalt an Kohlenmonoxyd in der Luft durch einen unnötig langen Aufenthalt an Abfahrtssperren nicht erhöht wird, muß sichergestellt sein, daß in geschlossenen Großgaragen, deren Benutzung entgeltlich ist, die Entgelte entrichtet werden, bevor die abgestellten Kraftfahrzeuge die Garagenstellplätze verlassen.

§ 15 Abstellen von Kraftfahrzeugen in anderen Räumen als Garagen

(1) Kraftfahrzeuge dürfen in Treppenräumen und allgemein zugänglichen Fluren nicht abgestellt werden.

(2) Kraftfahrzeuge dürfen in sonstigen Räumen, die keine Garagen sind, nur abgestellt werden, wenn

1. die Kraftfahrzeuge Arbeitsmaschinen sind oder
2. die Kraftfahrzeuge dem Transport von Personal, Arbeitsgerät oder Arbeitsmaterial dienen und die Räume keine erhöhte Brandgefahr aufweisen oder
3. die Räume der Instandsetzung, der Ausstellung oder dem Verkauf von Kraftfahrzeugen dienen oder
4. die Räume Lagerräume sind, in denen Kraftfahrzeuge mit leeren Kraftstoffbehältern abgestellt werden, oder

5. das Fassungsvermögen der Kraftstoffbehälter insgesamt nicht mehr als 12 l beträgt, Kraftstoff außer dem Inhalt der Kraftstoffbehälter in diesen Räumen nicht aufbewahrt wird und diese Räume keine Zündquellen oder leicht entzündliche Stoffe enthalten.

§ 16 Prüfungen

(1) [1]In geschlossenen Mittel- und Großgaragen müssen folgende Anlagen und Einrichtungen vor der ersten Inbetriebnahme und nach einer wesentlichen Änderung durch einen nach § 1 BauSVO anerkannten Sachverständigen auf ihre Wirksamkeit und Betriebssicherheit geprüft werden:

1. die maschinellen Rauchabzugsanlagen (§ 7 Absatz 2 Satz 1 Nummer 2, § 12 Absatz 2 Nummer 2),
2. die Feuerlöschanlagen (§ 7 Absatz 2 Satz 1 Nummer 3, § 12 Absatz 1, Absatz 2 Nummer 3 und Absatz 3),
3. die Sicherheitsbeleuchtung einschließlich Sicherheitsstromversorgung (§ 10 Absatz 2 Nummer 1),
4. die maschinellen Zu- und Abluftanlagen (§ 11 Absatz 4 und 5),
5. die CO-Warnanlagen einschließlich Sicherheitsstromversorgung (§ 11 Absatz 7).

[2]Die Prüfungen sind alle drei Jahre zu wiederholen.

(2) Der Betreiber hat

1. die Prüfungen nach Absatz 1 zu veranlassen,
2. die hierzu nötigen Vorrichtungen und fachlich geeignete Arbeitskräfte bereitzustellen sowie die erforderlichen Unterlagen bereitzuhalten,
3. die von dem Sachverständigen festgestellten Mängel unverzüglich beseitigen zu lassen und dem Sachverständigen die Beseitigung mitzuteilen sowie
4. die Berichte über die Prüfungen mindestens fünf Jahre aufzubewahren und der Baurechtsbehörde auf Verlangen vorzulegen.

(3) Der Sachverständige hat der Baurechtsbehörde mitzuteilen,
1. wann er die Prüfungen nach Absatz 1 durchgeführt hat und
2. welche hierbei festgestellten Mängel der Betreiber nicht unverzüglich hat beseitigen lassen.

§ 17 Besondere Anforderungen

Soweit die Vorschriften dieser Verordnung zur Verhinderung oder Beseitigung von Gefahren nicht ausreichen, können besondere Anforderungen gestellt werden
1. für Garagen oder Stellplätze, die für Kraftfahrzeuge mit einer Länge von mehr als 5 m und einer Breite von mehr als 2 m bestimmt sind,
2. für Garagen in Geschossen, deren Fußboden mehr als 22 m über der Geländeoberfläche liegt.

§ 18 Ordnungswidrigkeiten

Ordnungswidrig nach § 75 Absatz 3 Nummer 2 LBO handelt, wer vorsätzlich oder fahrlässig
1. entgegen § 14 Absatz 1 maschinelle Abluftanlagen nicht so betreibt, daß der dort genannte Wert des CO-Gehaltes der Luft eingehalten wird,
2. entgegen § 16 Absatz 1 die vorgeschriebenen Prüfungen nicht oder nicht rechtzeitig durchführen läßt.

§ 19 Übergangsvorschriften

(1) Auf die zum Zeitpunkt des Inkrafttretens dieser Verordnung bestehenden Garagen sind die Betriebsvorschriften nach § 14 Absatz 1 und 2 sowie die Vorschriften über Prüfungen nach § 16 entsprechend anzuwenden.
(2) Bei bestehenden geschlossenen Mittel- und Großgaragen müssen Absperrvorrichtungen für Leitungen nach § 5 Absatz 2 bis zum 31. Dezember 2014 nachgerüstet werden.

§ 20 Inkrafttreten

(1) Diese Verordnung tritt am ersten Tage des auf die Verkündung folgenden Monats in Kraft.

(2) Gleichzeitig tritt die Verordnung des Innenministeriums über Garagen und Stellplätze (Garagenverordnung – GaVO) vom 13. September 1989 (GBl. S. 458, ber. S. 496) außer Kraft.

Verordnung des Wirtschaftsministeriums über Anforderungen an Feuerungsanlagen, Wärme- und Brennstoffversorgungsanlagen (Feuerungsverordnung – FeuVO)*

vom 8. Dezember 2020 (GBl. S. 1182, 1184)

Inhaltsübersicht

Auf Grund von § 73 Absatz 1 Nummern 1 und 2 und Absatz 8 Nummer 2 der Landesbauordnung für Baden-Württemberg (LBO) in der Fassung vom 5. März 2010 (GBl. S. 357, 358, ber. S. 416), die zuletzt durch Gesetz vom 18. Juli 2019 (GBl. S. 313) geändert worden ist, wird verordnet:

---

* Notifiziert gemäß der Richtlinie (EU) 2015/1535 des Europäischen Parlaments und des Rates vom 9. September 2015 über ein Informationsverfahren auf dem Gebiet der technischen Vorschriften und der Vorschriften für die Dienste der Informationsgesellschaft (ABl. L 241 vom 17.9.2015, S. 1).

§ 1 Einschränkung des Anwendungsbereichs

[1]Für Feuerstätten, Wärmepumpen und Blockheizkraftwerke gilt die Verordnung nur, soweit diese Anlagen der Beheizung von Räumen oder der Warmwasserversorgung dienen oder Gas-Haushalts-Kochgeräte sind. [2]Die Verordnung gilt nicht für Brennstoffzellen und ihre Anlagen zur Abführung der Prozessgase.

§ 2 Begriffe

(1) Als Nennleistung gilt
1. die auf dem Typenschild der Feuerstätte angegebene höchste Leistung, bei Blockheizkraftwerken die Gesamtleistung,
2. die in den Grenzen des auf dem Typenschild angegebenen Leistungsbereiches festeingestellte und auf einem Zusatzschild angegebene höchste nutzbare Leistung der Feuerstätte oder
3. bei Feuerstätten ohne Typenschild die aus dem Brennstoffdurchsatz mit einem Wirkungsgrad von 80 vom Hundert ermittelte Leistung.

(2) [1]Raumluftunabhängig sind Feuerstätten, denen die Verbrennungsluft über Leitungen oder Schächte nur direkt vom Freien zugeführt wird und bei denen kein Abgas in gefahrdrohender Menge in den Aufstellraum austreten kann. [2]Andere Feuerstätten sind raumluftabhängig.

§ 3 Verbrennungsluftversorgung von Feuerstätten

(1) Für raumluftabhängige Feuerstätten ist eine ausreichende Verbrennungsluftversorgung aus dem Freien erforderlich.

(2) Für raumluftabhängige Feuerstätten mit einer Nennleistung von insgesamt nicht mehr als 50 kW reicht die Verbrennungsluftversorgung aus, wenn jeder Aufstellraum eine ins Freie führende Öffnung mit einem lichten Querschnitt von mindestens 150 cm^2 oder zwei Öffnungen von je mindestens 75 cm^2 oder Leitungen ins Freie mit strömungstechnisch äquivalenten Querschnitten hat.

(3) [1]Für raumluftabhängige Feuerstätten mit einer Nennleistung von insgesamt mehr als 50 kW reicht die Verbrennungsluftversor-

gung aus, wenn jeder Aufstellraum eine ins Freie führende Öffnung oder Leitung hat. [2]Der Querschnitt der Öffnung muss mindestens 150 cm^2 und für jedes über 50 kW hinausgehende Kilowatt 2 cm^2 mehr betragen. [3]Leitungen müssen strömungstechnisch äquivalent bemessen sein. [4]Der erforderliche Querschnitt darf auf höchstens zwei Öffnungen oder Leitungen aufgeteilt sein.

(4) [1]Verbrennungsluftöffnungen und -leitungen dürfen nicht verschlossen oder zugestellt werden, sofern nicht durch besondere Sicherheitseinrichtungen gewährleistet ist, dass die Feuerstätten nur bei geöffnetem Verschluss betrieben werden können. [2]Der erforderliche Querschnitt darf durch den Verschluss oder durch Gitter nicht verengt werden.

(5) Abweichend von den Absätzen 2 und 3 kann für raumluftabhängige Feuerstätten eine ausreichende Verbrennungsluftversorgung auf andere Weise nachgewiesen werden; das ist der Fall, wenn ein Volumenstrom von mindestens 1,6 m^3/h pro kW Nennleistung verfügbar ist.

(6) [1]Absatz 2 gilt nicht für Gas-Haushalts-Kochgeräte. [2]Die Absätze 2 und 3 gelten nicht für offene Kamine.

§ 4 Aufstellung von Feuerstätten, Gasleitungsanlagen

(1) Feuerstätten dürfen nicht aufgestellt werden

1. in notwendigen Treppenräumen, in Räumen zwischen notwendigen Treppenräumen und Ausgängen ins Freie und in notwendigen Fluren,
2. in Garagen, ausgenommen raumluftunabhängige Feuerstätten, deren Oberflächentemperatur bei Nennleistung nicht mehr als 300 °C beträgt.

(2) [1]Die Betriebssicherheit von raumluftabhängigen Feuerstätten darf durch den Betrieb von raumluftabsaugenden Anlagen wie Lüftungs- oder Warmluftheizungsanlagen, Dunstabzugshauben, Abluft-Wäschetrockner nicht beeinträchtigt werden. [2]Dies gilt als erfüllt, wenn

1. ein gleichzeitiger Betrieb der Feuerstätten und der luftabsaugenden Anlagen durch Sicherheitseinrichtungen verhindert wird,
2. die Abgasführung durch besondere Sicherheitseinrichtungen überwacht wird,
3. die Abgase der Feuerstätten über die luftabsaugenden Anlagen abgeführt werden oder
4. anlagentechnisch sichergestellt ist, dass während des Betriebes der Feuerstätten kein gefährlicher Unterdruck entstehen kann.

(3) [1]Feuerstätten für gasförmige Brennstoffe ohne Flammenüberwachung dürfen nur in Räumen aufgestellt werden, wenn durch mechanische Lüftungsanlagen während des Betriebes der Feuerstätten stündlich mindestens ein fünffacher Luftwechsel sichergestellt ist. [2]Für Gas-Haushalts-Kochgeräte genügt ein Außenluftvolumenstrom von 100 m^3/h.

(4) Feuerstätten für gasförmige Brennstoffe mit Strömungssicherung dürfen unbeschadet des § 3 in Räumen aufgestellt werden,
1. mit einem Rauminhalt von mindestens 1 m^3 je kW Nennleistung dieser Feuerstätten, soweit sie gleichzeitig betrieben werden können,
2. in denen durch unten und oben angeordnete Öffnungen mit einem Mindestquerschnitt von jeweils 75 cm^2 ins Freie eine Durchlüftung sichergestellt ist oder
3. in denen durch andere Maßnahmen wie beispielsweise unten und oben in derselben Wand angeordnete Öffnungen mit einem Mindestquerschnitt von jeweils 150 cm^2 zu unmittelbaren Nachbarräumen ein zusammenhängender Rauminhalt der Größe nach Nummer 1 eingehalten wird.

(5) [1]Gasleitungsanlagen in Räumen müssen so beschaffen, angeordnet oder mit Vorrichtungen ausgerüstet sein, dass bei einer äußeren thermischen Beanspruchung von bis zu 650 °C über einen Zeitraum von 30 Minuten keine gefährlichen Gas-Luft-Gemische entstehen können. [2]Alle Gasentnahmestellen müssen mit einer Vorrichtung ausgerüstet sein, die im Brandfall die Brennstoffzufuhr selbsttätig verhindert. [3]Satz 2 gilt nicht, wenn Gasleitungsanlagen durch Aus-

rüstung mit anderen selbsttätigen Vorrichtungen die Anforderungen nach Satz 1 erfüllen.

(6) Feuerstätten für Flüssiggas (Propan, Butan und deren Gemische) dürfen in Räumen, deren Fußboden an jeder Stelle mehr als 1 m unter der Geländeoberfläche liegt, nur aufgestellt werden, wenn

1. die Feuerstätten eine Flammenüberwachung haben und
2. sichergestellt ist, dass auch bei abgeschalteter Feuerungseinrichtung Flüssiggas aus den im Aufstellraum befindlichen Brennstoffleitungen in gefahrdrohender Menge nicht austreten kann oder über eine mechanische Lüftungsanlage sicher abgeführt wird.

(7) [1]Feuerstätten müssen von Bauteilen aus brennbaren Baustoffen so weit entfernt oder so abgeschirmt sein, dass an diesen bei Nennleistung der Feuerstätten keine höheren Temperaturen als 85 °C auftreten können. [2]Dies gilt als erfüllt, wenn mindestens die vom Hersteller angegebenen Abstandsmaße eingehalten werden oder, wenn diese Angaben fehlen, ein Mindestabstand von 40 cm eingehalten wird.

(8) [1]Vor den Feuerungsöffnungen von Feuerstätten für feste Brennstoffe sind Fußböden aus brennbaren Baustoffen in einem ausreichenden Abstand durch einen Belag aus nichtbrennbaren Baustoffen zu schützen. [2]Dies gilt als erfüllt, wenn der Belag sich nach vorne auf mindestens 50 cm und seitlich auf mindestens 30 cm über die Feuerungsöffnung hinaus erstreckt, die Maßgaben des Herstellers eingehalten sind oder ein nicht brennbarer Belag gemäß Herstellerangaben nicht erforderlich ist.

(9) [1]Bauteile aus brennbaren Baustoffen müssen von den Feuerraumöffnungen offener Kamine nach oben und nach den Seiten einen Abstand von mindestens 80 cm haben. [2]Bei Anordnung eines beiderseits belüfteten Strahlungsschutzes genügt ein Abstand von 40 cm.

§ 5 Aufstellräume für Feuerstätten

(1) In einem Raum dürfen Feuerstätten mit einer Nennleistung von insgesamt mehr als 100 kW, die gleichzeitig betrieben werden sollen, nur aufgestellt werden, wenn dieser Raum

1. nicht anderweitig genutzt wird, ausgenommen zur Aufstellung von Wärmepumpen, Blockheizkraftwerken und ortsfesten Verbrennungsmotoren sowie für zugehörige Installationen und zur Lagerung von Brennstoffen,
2. gegenüber anderen Räumen keine Öffnungen, ausgenommen Öffnungen für Türen, hat,
3. dicht- und selbstschließende Türen hat und
4. gelüftet werden kann.

In einem Raum nach Satz 1 dürfen Feuerstätten für feste Brennstoffe jedoch nur aufgestellt werden, wenn deren Nennleistung insgesamt nicht mehr als 50 kW beträgt.

(2) [1]Feuerstätten für gasförmige Brennstoffe mit einer Nennleistung von mehr als 100 kW, die mit Überdruck betrieben werden und deren Abgase mit Überdruck abgeführt werden, müssen innerhalb von Gebäuden in Räumen aufgestellt werden, die zwei unmittelbar ins Freie führende, unten und oben angeordnete, Öffnungen mit einem Mindestquerschnitt von je 150 cm^2 aufweisen zuzüglich 1 cm^2 für jedes über 100 kW hinausgehende kW. [2]Dies gilt nicht, wenn diese Feuerstätten der Bauart nach so beschaffen sind, dass Abgase in gefahrdrohender Menge nicht austreten können.

(3) [1]Brenner und Brennstofffördereinrichtungen der Feuerstätten für flüssige und gasförmige Brennstoffe mit einer Nennleistung von insgesamt mehr als 100 kW müssen durch einen außerhalb des Aufstellraumes angeordneten Schalter (Notschalter) jederzeit abgeschaltet werden können. [2]Bei dem Notschalter muss ein Schild mit der Aufschrift „NOTSCHALTER – FEUERUNG“ sichtbar angebracht sein.

(4) Wird in dem Aufstellraum nach Absatz 1 Heizöl gelagert oder ist der Raum für die Heizöllagerung nur von diesem Aufstellraum zugänglich, muss die Heizölzufuhr von der Stelle des Notschalters nach Absatz 3 aus durch eine entsprechend gekennzeichnete Absperreinrichtung unterbrochen werden können.

(5) Abweichend von Absatz 1 dürfen die Feuerstätten auch in anderen Räumen aufgestellt werden, wenn die Nutzung dieser Räume dies erfordert und die Feuerstätten sicher betrieben werden können.

§ 6 Heizräume

(1) [1]Feuerstätten für feste Brennstoffe mit einer Nennleistung von insgesamt mehr als 50 kW, die gleichzeitig betrieben werden sollen, dürfen nur in besonderen Räumen (Heizräumen) aufgestellt werden. [2]§ 5 Absatz 4 und Absatz 5 gelten entsprechend. [3]Die Heizräume dürfen

1. nicht anderweitig genutzt werden, ausgenommen zur Aufstellung von Feuerstätten für flüssige und gasförmige Brennstoffe, Wärmepumpen, Blockheizkraftwerken, ortsfesten Verbrennungsmotoren und für zugehörige Installationen sowie zur Lagerung von Brennstoffen und
2. mit Aufenthaltsräumen, ausgenommen solche für das Betriebspersonal, sowie mit notwendigen Treppenräumen, Räumen zwischen notwendigen Treppenräumen und dem Ausgang ins Freie, Sicherheitsschleusen und Vorräumen von Feuerwehraufzügen nicht in unmittelbarer Verbindung stehen.

[3]Wenn in Heizräumen Feuerstätten für flüssige und gasförmige Brennstoffe aufgestellt werden, gilt § 5 Absatz 3 entsprechend.

(2) Heizräume müssen

1. mindestens einen Rauminhalt von 8 m^3 und eine lichte Höhe von 2 m,
2. einen Ausgang, der ins Freie oder in einen Flur führt, der die Anforderungen an notwendige Flure erfüllt, und
3. Türen, die in Fluchtrichtung aufschlagen,

haben.

(3) [1]Wände, ausgenommen nichttragende Außenwände, und Stützen von Heizräumen sowie Decken über und unter ihnen müssen feuerbeständig sein. [2]Öffnungen in Decken und Wänden müssen, soweit sie nicht unmittelbar ins Freie führen, mindestens feuerhemmende und selbstschließende Abschlüsse haben. [3]Die Sätze 1 und 2 gelten nicht für Trennwände zwischen Heizräumen und den zum Betrieb der Feuerstätten gehörenden Räumen, wenn diese Räume die Anforderungen der Sätze 1 und 2 erfüllen.

(4) [1]Heizräume müssen zur Raumlüftung jeweils eine obere und eine untere Öffnung ins Freie mit einem Querschnitt von mindestens je 150 cm^2 oder Leitungen ins Freie mit strömungstechnisch äquivalenten Querschnitten haben. [2]§ 3 Absatz 4 gilt sinngemäß. [3]Der Querschnitt einer Öffnung oder Leitung darf auf die Verbrennungsluftversorgung nach § 3 Absatz 3 angerechnet werden.
(5) [1]Lüftungsleitungen für Heizräume müssen eine Feuerwiderstandsdauer von mindestens 90 Minuten haben, soweit sie durch andere Räume führen, ausgenommen angrenzende, zum Betrieb der Feuerstätten gehörende Räume, die die Anforderungen nach Absatz 3 Sätze 1 und 2 erfüllen. [2]Die Lüftungsleitungen dürfen mit anderen Lüftungsanlagen nicht verbunden sein und nicht der Lüftung anderer Räume dienen.
(6) Lüftungsleitungen, die der Lüftung anderer Räume dienen, müssen, soweit sie durch Heizräume führen, eine Feuerwiderstandsdauer von mindestens 90 Minuten oder selbsttätige Absperrvorrichtungen mit einer Feuerwiderstandsdauer von mindestens 90 Minuten haben und ohne Öffnungen sein.

§ 7 Abgasanlagen

(1) Abgasanlagen müssen nach lichtem Querschnitt und Höhe, soweit erforderlich auch nach Wärmedurchlasswiderstand und Beschaffenheit der inneren Oberfläche, so bemessen sein, dass die Abgase bei allen bestimmungsgemäßen Betriebszuständen ins Freie abgeführt werden und gegenüber Räumen kein gefährlicher Überdruck auftreten kann.
(2) [1]Die Abgase von Feuerstätten für feste Brennstoffe müssen in Schornsteine, die Abgase von Feuerstätten für flüssige oder gasförmige Brennstoffe dürfen auch in Abgasleitungen eingeleitet werden. [3]§ 15 Absatz 3 der Allgemeinen Ausführungsverordnung zur Landesbauordnung bleibt unberührt.
(3) [1]Abweichend von Absatz 2 Satz 1 sind Feuerstätten für gasförmige Brennstoffe ohne Abgasanlage zulässig, wenn durch einen sicheren Luftwechsel im Aufstellraum gewährleistet ist, dass Gefah-

ren oder unzumutbare Belästigungen nicht entstehen. [2]Dies gilt insbesondere als erfüllt, wenn

1. durch maschinelle Lüftungsanlagen während des Betriebs der Feuerstätten ein Luftvolumenstrom von mindestens $30 m^3/h$ je kW Nennleistung aus dem Aufstellraum ins Freie abgeführt wird oder
2. besondere Sicherheitseinrichtungen verhindern, dass die Kohlenmonoxidkonzentration in den Aufstellräumen einen Wert von 30 ppm überschreitet;
3. bei Gas-Haushalts-Kochgeräten, soweit sie gleichzeitig betrieben werden können, mit einer Nennleistung von insgesamt nicht mehr als 11 kW der Aufstellraum einen Rauminhalt von mehr als $15 m^3$ aufweist und mindestens eine Tür ins Freie oder ein Fenster hat, das geöffnet werden kann.

(4) Mehrere Feuerstätten dürfen an einen gemeinsamen Schornstein, an eine gemeinsame Abgasleitung oder an ein gemeinsames Verbindungsstück nur angeschlossen werden, wenn

1. durch die Bemessung nach Absatz 1 und die Beschaffenheit der Abgasanlage die Ableitung der Abgase für jeden Betriebszustand sichergestellt ist,
2. eine Übertragung von Abgasen zwischen den Aufstellräumen und ein Austritt von Abgasen über andere Feuerstätten ausgeschlossen sind,
3. die gemeinsame Abgasleitung aus nichtbrennbaren Baustoffen besteht oder eine Brandübertragung zwischen den Geschossen durch selbsttätige Absperrvorrichtungen oder andere Maßnahmen verhindert wird und
4. die Anforderungen des § 4 Absatz 2 für alle angeschlossenen Feuerstätten gemeinsam erfüllt sind.

(5) [1]In Gebäuden muss jede Abgasleitung, die Geschosse überbrückt, in einem eigenen Schacht angeordnet sein. [2]Dies gilt nicht

1. für Abgasleitungen in Gebäuden der Gebäudeklassen 1 und 2, die durch nicht mehr als eine Nutzungseinheit führen,

2. für einfach belegte Abgasleitungen im Aufstellraum der Feuerstätte und
3. für Abgasleitungen, die eine Feuerwiderstandsdauer von mindestens 90 Minuten, in Gebäuden der Gebäudeklassen 1 und 2 eine Feuerwiderstandsdauer von mindestens 30 Minuten, haben.

Schächte für Abgasleitungen dürfen nicht anderweitig genutzt werden. [3]Die Anordnung mehrerer Abgasleitungen in einem gemeinsamen Schacht ist zulässig, wenn
1. die Abgasleitungen aus nichtbrennbaren Baustoffen bestehen,
2. die zugehörigen Feuerstätten in demselben Geschoss aufgestellt sind oder
3. eine Brandübertragung zwischen den Geschossen durch selbsttätige Absperrvorrichtungen oder andere Maßnahmen verhindert wird.

[4]Die Schächte müssen für die Verwendung als Schächte für Abgasleitungen geeignet sein und eine Feuerwiderstandsdauer von mindestens 90 Minuten, in Gebäuden der Gebäudeklassen 1 und 2 von mindestens 30 Minuten haben.

(6) [1]Abgasleitungen aus normalentflammbaren Baustoffen innerhalb von Gebäuden müssen, soweit sie nicht gemäß Absatz 5 in Schächten zu verlegen sind, zum Schutz gegen mechanische Beanspruchung von außen in Schutzrohren aus nichtbrennbaren Baustoffen angeordnet oder mit vergleichbaren Schutzvorkehrungen aus nichtbrennbaren Baustoffen ausgestattet sein. [2]Dies gilt nicht für Abgasleitungen im Aufstellraum der Feuerstätten. [3]§ 8 bleibt unberührt.

(7) Schornsteine müssen
1. gegen Rußbrände beständig sein,
2. in Gebäuden, in denen sie Geschosse überbrücken, eine Feuerwiderstandsdauer von mindestens 90 Minuten haben oder in durchgehenden Schächten, die für die Verwendung als Schächte für Schornsteine geeignet sind und die eine Feuerwiderstandsdauer von 90 Minuten haben, angeordnet sein,
3. grundsätzlich unmittelbar auf dem Baugrund gegründet oder auf einem feuerbeständigen Unterbau errichtet sein; es genügt ein

Unterbau aus nichtbrennbaren Baustoffen für Schornsteine in Gebäuden der Gebäudeklassen 1 bis 3, für Schornsteine, die oberhalb der obersten Geschossdecke beginnen sowie für Schornsteine an Gebäuden,
4. durchgehend, insbesondere nicht durch Decken unterbrochen sein und
5. für die Reinigung Öffnungen mit Schornsteinreinigungsverschlüssen haben.

(8) Schornsteine, Abgasleitungen und Verbindungsstücke, die unter Überdruck betrieben werden, müssen innerhalb von Gebäuden
1. in vom Freien dauernd gelüfteten Räumen liegen,
2. in Räumen liegen, die § 3 Absatz 2 entsprechen,
3. soweit sie in Schächten liegen, über die gesamte Länge und den ganzen Umfang hinterlüftet sein oder
4. der Bauart nach so beschaffen sein, dass Abgase in gefahrdrohender Menge nicht austreten können.

(9) Verbindungsstücke dürfen nicht in Decken, Wänden oder unzugänglichen Hohlräumen angeordnet sowie nicht in andere Geschosse oder Nutzungseinheiten geführt werden.

(10) [1]Luft-Abgas-Systeme sind zur Abgasabführung nur zulässig, wenn sie getrennte, durchgehende Luft- und Abgasführungen haben. [2]An diese Systeme dürfen nur raumluftunabhängige Feuerstätten angeschlossen werden, deren Bauart sicherstellt, dass sie für diese Betriebsweise geeignet sind. [3]Im Übrigen gelten für Luft-Abgas-Systeme die Absätze 4 bis 9 sinngemäß.

§ 8 Abstände von Abgasanlagen zu brennbaren Bauteilen

(1) Abgasanlagen müssen zu Bauteilen aus brennbaren Baustoffen so weit entfernt oder so abgeschirmt sein, dass an den genannten Bauteilen
1. bei Nennleistung keine höheren Temperaturen als 85 °C und
2. bei Rußbränden in Schornsteinen keine höheren Temperaturen als 100 °C

auftreten können.

(2) [1]Die Anforderungen von Absatz 1 gelten insbesondere als erfüllt, wenn

1. die aufgrund von harmonisierten technischen Spezifikationen angegebenen Mindestabstände eingehalten sind,
2. bei Abgasanlagen für Abgastemperaturen der Feuerstätten bei Nennleistung bis zu 400 °C, deren Wärmedurchlasswiderstand mindestens 0,12 m^2K/W und deren Feuerwiderstandsdauer mindestens 90 Minuten beträgt, ein Mindestabstand von 5 cm eingehalten ist; dieser Abstand gilt auch für Schächte, in denen Abgasanlagen für Abgastemperaturen der Feuerstätten bei Nennleistung bis zu 400 °C verlegt sind und die allein oder zusammen mit den Abgasanlagen die zuvor genannten Eigenschaften aufweisen,
3. bei Abgasanlagen für Abgastemperaturen der Feuerstätten bei Nennleistung bis zu 400 °C ein Mindestabstand von 40 cm eingehalten ist oder
4. die Abgasleitungen in feuerwiderstandsfähigen Schächten verlegt sind und die Abgastemperatur der Feuerstätten bei Nennleistung nicht mehr als 120 °C betragen kann oder bei Abgastemperaturen der Feuerstätte bei Nennleistung von nicht mehr als 200 °C eine Hinterlüftung im Schacht von mindestens 2 cm bei runder Abgasleitung in rechteckigem Schacht und ansonsten 3 cm gewährleistet ist.

Im Falle von Satz 1 Nummer 2 ist

1. zu Holzbalken und Bauteilen entsprechender Abmessungen ein Mindestabstand von 2 cm ausreichend,
2. zu Bauteilen mit geringer Fläche wie Fußleisten und Dachlatten, soweit die Ableitung der Wärme aus diesen Bauteilen nicht durch Wärmedämmung behindert wird, kein Mindestabstand erforderlich.

[2]Abweichend von Satz 1 Nummer 3 genügt bei Abgasleitungen für Abgastemperaturen der Feuerstätten bei Nennleistung bis zu 300 °C außerhalb von Schächten

1. ein Mindestabstand von 20 cm oder

2. wenn die Abgasleitungen mindestens 2 cm dick mit nichtbrennbaren Baustoffen mit geringer Wärmeleitfähigkeit ummantelt sind oder die Abgastemperatur der Feuerstätte bei Nennleistung nicht mehr als 160 °C betragen kann, ein Mindestabstand von 5 cm.

[3]Abweichend von Satz 1 Nummer 3 genügt für Verbindungsstücke ein Mindestabstand von 10 cm, wenn die Verbindungsstücke mindestens 2 cm dick mit nichtbrennbaren Baustoffen mit geringer Wärmeleitfähigkeit ummantelt sind. [4]Die Mindestabstände gelten für den Anwendungsfall der Hinterlüftung.

(3) [1]Bei Abgasleitungen und Verbindungsstücken für Abgastemperaturen der Feuerstätten bei Nennleistung bis zu 400 °C, die durch Bauteile aus brennbaren Baustoffen führen, gelten die Anforderungen von Absatz 1 insbesondere als erfüllt, wenn diese Leitungen und Verbindungsstücke

1. in einem Mindestabstand von 20 cm mit einem Schutzrohr aus nichtbrennbaren Baustoffen versehen oder
2. in einer Dicke von mindestens 20 cm mit nichtbrennbaren Baustoffen mit geringer Wärmeleitfähigkeit ummantelt werden.

[2]Abweichend von Satz 1 genügt bei Feuerstätten für flüssige und gasförmige Brennstoffe ein Maß von 5 cm, wenn die Abgastemperatur bei Nennleistung der Feuerstätte nicht mehr als 160 °C betragen kann.

(4) Werden bei Durchführungen von Abgasanlagen durch Bauteile aus brennbaren Baustoffen Zwischenräume verschlossen, müssen dafür nichtbrennbare Baustoffe mit geringer Wärmeleitfähigkeit verwendet und die Anforderungen des Absatzes 1 erfüllt werden.

§ 9 Abführung von Abgasen

(1) [1]Die Mündungen von Abgasanlagen müssen

1. den First um mindestens 40 cm überragen oder von der Dachfläche mindestens 1 m entfernt sein; ein Abstand von der Dachfläche von 40 cm genügt, wenn nur raumluftunabhängige Feuerstätten für flüssige und gasförmige Brennstoffe angeschlossen sind,

die Summe der Nennleistungen der angeschlossenen Feuerstätten nicht mehr als 50 kW beträgt und das Abgas durch Ventilatoren abgeführt wird,
2. Dachaufbauten, Gebäudeteile, Öffnungen zu Räumen und ungeschützte Bauteile aus brennbaren Baustoffen, ausgenommen Bedachungen, um mindestens 1 m überragen, soweit deren Abstand zu den Abgasanlagen weniger als 1,5 m beträgt,
3. bei Feuerstätten für feste Brennstoffe in Gebäuden, deren Bedachung überwiegend nicht den Anforderungen des § 27 Absatz 6 LBO entspricht, am First des Daches austreten und diesen um mindestens 80 cm überragen.

[2]Satz 1 Nummer 2 gilt nicht für Abgasleitungen untereinander, sofern diese die gleiche Temperaturklasse aufweisen und die Abgastemperaturen der Feuerstätten bei Nennleistung 160 °C nicht überschreiten.

(2) [1]Die Abgase von raumluftunabhängigen Feuerstätten für gasförmige Brennstoffe dürfen nur dann durch die Außenwand ins Freie geleitet werden, wenn keine Gefahren oder unzumutbare Belästigungen entstehen können. [2]Die Abführung der Abgase muss so in den freien Luftstrom erfolgen, dass sie nicht in Räume eintreten oder in diese rückgeführt werden können.

§ 10 Wärmepumpen, Blockheizkraftwerke und ortsfeste Verbrennungsmotoren

(1) Für die Aufstellung von
1. Sorptionswärmepumpen mit feuerbeheizten Austreibern,
2. Blockheizkraftwerken in Gebäuden und
3. ortsfesten Verbrennungsmotoren

gelten § 3 Absatz 1 bis 5 sowie § 4 Absatz 1 bis 7 entsprechend.

(2) [1]Es dürfen
1. Sorptionswärmepumpen mit einer Nennleistung der Feuerung von insgesamt mehr als 50 kW,
2. Wärmepumpen, die die Abgaswärme von Feuerstätten mit einer Nennleistung von insgesamt mehr als 50 kW nutzen,

3. Kompressionswärmepumpen mit elektrisch angetriebenen Verdichtern mit Antriebsleistungen von insgesamt mehr als 50 kW,
4. Blockheizkraftwerke mit insgesamt mehr als 35 kW Nennleistung in Gebäuden,
5. Kompressionswärmepumpen mit Verbrennungsmotoren und
6. ortsfeste Verbrennungsmotoren

nur in Räumen aufgestellt werden, die die Anforderungen nach § 5 erfüllen. [2]Dies gilt auch für Kombinationen von Feuerstätten und Anlagen nach Satz 1 Nummer 1 bis 4, die gemeinsam betrieben werden sollen mit insgesamt mehr als 100 kW Nennleistung.

(3) [1]Die Verbrennungsgase von Blockheizkraftwerken und ortsfesten Verbrennungsmotoren in Gebäuden sind durch eigene, dichte Leitungen über Dach abzuleiten. [2]Mehrere Verbrennungsmotoren dürfen an eine gemeinsame Leitung nach Maßgabe des § 7 Absatz 4 angeschlossen werden. [3]Die Leitungen müssen außerhalb der Aufstellräume der Verbrennungsmotoren nach Maßgabe von § 7 Absatz 5 und 8 sowie § 8 beschaffen und angeordnet sein.

(4) [1]Die Einleitung der Verbrennungsgase von Blockheizkraftwerken oder ortsfesten Verbrennungsmotoren in Abgasanlagen für Feuerstätten ist zulässig, wenn die einwandfreie Abführung der Verbrennungsgase und, soweit Feuerstätten angeschlossen sind, auch die einwandfreie Abführung der Abgase nachgewiesen ist. [2]§ 7 Absatz 1 gilt entsprechend.

(5) Für die Abführung der Abgase von Sorptionswärmepumpen mit feuerbeheizten Austreibern und Abgaswärmepumpen gelten die §§ 7 bis 9 entsprechend.

§ 11 Brennstofflagerung in Brennstofflagerräumen

(1) [1]Je Gebäude oder Brandabschnitt darf die Lagerung von

1. Holzpellets von mehr als 6.500 kg,
2. sonstigen festen Brennstoffen in einer Menge von mehr als 15.000 kg,
3. Heizöl und Dieselkraftstoff in Behältern mit mehr als insgesamt 5.000 l oder

4. Flüssiggas in Behältern mit einem Füllgewicht von mehr als insgesamt 16 kg

nur in besonderen Räumen (Brennstofflagerräumen) erfolgen, die nicht zu anderen Zwecken genutzt werden dürfen. [2]Das Fassungsvermögen der Behälter darf insgesamt 100 000 l Heizöl oder Dieselkraftstoff oder 6 500 l Flüssiggas je Brennstofflagerraum und 30 000 l Flüssiggas je Gebäude oder Brandabschnitt nicht überschreiten.

(2) [1]Wände und Stützen von Brennstofflagerräumen sowie Decken über oder unter ihnen müssen feuerbeständig sein. [2]Öffnungen in Decken und Wänden müssen, soweit sie nicht unmittelbar ins Freie führen, mindestens feuerhemmende und selbstschließende Abschlüsse haben. [3]Durch Decken und Wände von Brennstofflagerräumen dürfen keine Leitungen geführt werden, ausgenommen Leitungen, die zum Betrieb dieser Räume erforderlich sind, sowie Heizrohrleitungen, Wasserleitungen und Abwasserleitungen. [4]Die Sätze 1 und 2 gelten nicht für Trennwände zwischen Brennstofflagerräumen und Heizräumen.

(3) Brennstofflagerräume für flüssige Brennstoffe müssen

1. gelüftet werden können,
2. an den Zugängen mit der Aufschrift „HEIZÖLLAGERUNG“ oder „DIESELKRAFTSTOFFLAGERUNG“ gekennzeichnet sein.

Bei Lagerung von mehr als 20 000 l Heizöl kann verlangt werden, dass der Brennstofflagerraum von der Feuerwehr vom Freien aus beschäumt werden kann.

(4) Brennstofflagerräume für Flüssiggas

1. müssen über eine ständig wirksame Lüftung verfügen,
2. dürfen keine Öffnungen zu anderen Räumen, ausgenommen Öffnungen für Türen, und keine offenen Schächte und Kanäle haben,
3. dürfen mit ihren Fußböden nicht allseitig unterhalb der Geländeoberfläche liegen,
4. dürfen in ihren Fußböden keine Öffnungen haben,
5. müssen an ihren Zugängen mit der Aufschrift „FLÜSSIGGASANLAGE“ gekennzeichnet sein und

6. dürfen nur mit Geräten und Schutzsystemen zur bestimmungsgemäßen Verwendung in explosionsgefährdeten Bereichen ausgestattet werden, die der Explosionsschutzprodukteverordnung vom 6. Januar 2016 (BGBl. I S. 39) entsprechen.

(5) [1]Brennstofflagerräume für Holzpellets müssen vor dem Betreten ausreichend gelüftet werden können. [2]Die Brennstofflagerräume sind an ihren Zugängen mit der Aufschrift „Holzpelletlagerraum – Lebensgefahr durch giftige Gase – Vor Betreten ausreichend lüften!“ zu kennzeichnen. [3]Absatz 4 Nummer 6 gilt entsprechend. [4]Für bestehende Brennstofflagerräume für Holzpellets sind die Anforderungen nach Satz 1 und Satz 2 innerhalb von einem Jahr nach Inkrafttreten der Verordnung zu erfüllen.

(6) [1]Durch technische Lösungen über freie oder maschinelle Lüftung ist sicherzustellen, dass der Brennstofflagerraum gefahrlos betreten werden kann. [2]Dies gilt als erfüllt, wenn die aufgrund von technischen Regeln angegebenen Anforderungen an die Lagerraumbelüftung eingehalten sind oder vor dem Betreten des Lagerraums in 60 Minuten ein mindestens 10-facher Luftwechsel erfolgt.

§ 12 Brennstofflagerung außerhalb von Brennstofflagerräumen

(1) Feste Brennstoffe sowie Behälter zur Lagerung von brennbaren Gasen und Flüssigkeiten dürfen nicht in notwendigen Treppenräumen, in Räumen zwischen notwendigen Treppenräumen und Ausgängen ins Freie und in notwendigen Fluren gelagert oder aufgestellt werden.

(2) Heizöl oder Dieselkraftstoff dürfen gelagert werden

1. in Wohnungen bis zu 100 l,
2. in Räumen außerhalb von Wohnungen bis zu 1 000 l,
3. in Räumen außerhalb von Wohnungen bis zu 5 000 l je Gebäude oder Brandabschnitt, wenn diese Räume gelüftet werden können und gegenüber anderen Räumen keine Öffnungen, ausgenommen Öffnungen mit dichtschließenden Türen, haben,

4. in Räumen in Gebäuden der Gebäudeklasse 1 mit nicht mehr als einer Nutzungseinheit, die keine Aufenthaltsräume sind und den Anforderungen nach Nummer 3 genügen bis zu 5 000 l.

(3) [1]Sind in den Räumen nach Absatz 2 Nummer 2 bis 4 Feuerstätten aufgestellt, müssen diese außerhalb erforderlicher Auffangräume für auslaufenden Brennstoff stehen. [2]Behälter für Heizöl oder Dieselkraftstoff müssen einen Abstand von mindestens 1 m zur Feuerungsanlage haben. [3]Dieser Abstand kann bis auf die Hälfte verringert werden, wenn ein beiderseits belüfteter Strahlungsschutz vorhanden ist. [4]Ein Abstand von 0,1 m zur Feuerstätte genügt, wenn nachgewiesen ist, dass deren Oberflächentemperatur 40 °C nicht überschreitet.

(4) Flüssiggas darf in Wohnungen und in Räumen außerhalb von Wohnungen jeweils in einem Behälter mit einem Füllgewicht von nicht mehr als 16 kg gelagert werden, wenn die Fußböden allseitig oberhalb der Geländeoberfläche liegen und außer Abläufen mit Flüssigkeitsverschluss keine Öffnungen haben.

(5) Für die Lagerung von mehr als 500 kg Holzpellets gilt § 11 Absatz 5 und 6 entsprechend.

§ 13 Druckbehälter für Flüssiggas

(1) [1]Druckbehälter für Flüssiggas, die weder gewerblichen noch wirtschaftlichen Zwecken dienen oder durch die keine Beschäftigten gefährdet werden können, dürfen nur errichtet werden, wenn sie der Druckgeräteverordnung vom 13. Mai 2015 (BGBl. I S. 692), die durch Artikel 2 der Verordnung vom 6. April 2016 (BGBl. I S. 597, 603) geändert worden ist, entsprechen. [2]Die materiellen Anforderungen und Festlegungen über erstmalige Prüfungen vor Inbetriebnahme und wiederkehrende Prüfungen nach den §§ 15 und 16 der Betriebssicherheitsverordnung vom 3. Februar 2015 (BGBl. I S. 49), die zuletzt durch Artikel 1 der Verordnung vom 30. April 2019 (BGBl. I S. 554) geändert worden ist, gelten entsprechend. [3]Dies gilt nicht für die in diesen Vorschriften genannten Druckbehälter, auf die diese Vorschriften keine Anwendung finden. [4]Eine Ermittlung

der Prüffristen nach § 3 Absatz 6 Betriebssicherheitsverordnung ist nicht erforderlich; es gelten die Höchstfristen.

(2) Soweit durch die in Absatz 1 genannten arbeitsschutzrechtlichen Vorschriften Zuständigkeitsregelungen berührt sind, entscheiden bei Anlagen im Anwendungsbereich der Landesbauordnung die Baurechtsbehörden im Benehmen mit den Gewerbeaufsichtsbehörden.

§ 14 Inkrafttreten, Außerkrafttreten

[1]Diese Verordnung tritt am ersten Tag des zweiten auf die Verkündung folgenden Monats in Kraft. [2]Gleichzeitig tritt die Feuerungsverordnung vom 24. November 1995 (GBl. S. 806), die zuletzt durch Artikel 133 der Verordnung vom 23. Februar 2017 (GBl. S. 99, 114) geändert worden ist, außer Kraft.

Verordnung des Wirtschaftsministeriums über den Bau von Betriebsräumen für elektrische Anlagen (EltBauVO)

vom 8. Dezember 2020 (GBl. S. 1182/1192)

Aufgrund von § 73 Absatz 1 Nummern 1 und 2 der Landesbauordnung für Baden-Württemberg (LBO) in der Fassung vom 5. März 2010 (GBl. S. 357, 358, ber. S. 416), die zuletzt durch Gesetz vom 18. Juli 2019 (GBl. S. 313) geändert worden ist, wird verordnet:

§ 1 Geltungsbereich

Diese Verordnung gilt für die Aufstellung von

1. Transformatoren und Schaltanlagen für Nennspannungen über 1 kV,
2. ortsfesten Stromerzeugungsaggregaten für bauordnungsrechtlich vorgeschriebene sicherheitstechnische Anlagen und Einrichtungen und
3. zentralen Batterieanlagen für bauordnungsrechtlich vorgeschriebene sicherheitstechnische Anlagen und Einrichtungen

in Gebäuden.

§ 2 Begriffsbestimmung

Betriebsräume für elektrische Anlagen (elektrische Betriebsräume) sind Räume, die ausschließlich zur Unterbringung von Einrichtungen im Sinne des § 1 dienen.

§ 3 Allgemeine Anforderungen

[1]Innerhalb von Gebäuden müssen elektrische Anlagen nach § 1 in jeweils eigenen elektrischen Betriebsräumen untergebracht sein. [2]Ein elektrischer Betriebsraum ist nicht erforderlich für die in § 1 Nummer 1 genannten elektrischen Anlagen in

1. freistehenden Gebäuden und

2. durch Brandwände abgetrennten Gebäudeteilen,

wenn diese nur die in § 1 Nummer 1 aufgezählten elektrischen Anlagen enthalten.

§ 4 Anforderungen an elektrische Betriebsräume

(1) [1]Elektrische Betriebsräume müssen so angeordnet sein, dass sie im Gefahrenfall von allgemein zugänglichen Räumen oder vom Freien leicht und sicher erreichbar sind und durch nach außen aufschlagende Türen jederzeit ungehindert verlassen werden können; sie dürfen von notwendigen Treppenräumen nicht unmittelbar zugänglich sein. [2]Der Rettungsweg innerhalb elektrischer Betriebsräume bis zu einem Ausgang darf nicht länger als 35 m sein.

(2) [1]Elektrische Betriebsräume müssen so groß sein, dass die elektrischen Anlagen ordnungsgemäß errichtet und betrieben werden können; sie müssen eine lichte Höhe von mindestens 2 m haben. [2]Über Bedienungs- und Wartungsgängen muss eine Durchgangshöhe von mindestens 1,80 m vorhanden sein.

(3) Elektrische Betriebsräume müssen den betrieblichen Anforderungen entsprechend wirksam be- und entlüftet werden.

(4) [1]In elektrischen Betriebsräumen dürfen Leitungen und Einrichtungen, die nicht zum Betrieb der jeweiligen elektrischen Anlagen erforderlich sind, nicht vorhanden sein. [2]Satz 1 gilt nicht für die zur Sicherheitsstromversorgung aus der Batterieanlage erforderlichen Installationen in elektrischen Betriebsräumen nach § 1 Nummer 3.

§ 5 Zusätzliche Anforderungen an elektrische Betriebsräume für Transformatoren und Schaltanlagen mit Nennspannungen über 1 kV

(1) [1]Raumabschließende Bauteile elektrischer Betriebsräume für Transformatoren und Schaltanlagen mit Nennspannungen über 1 kV, ausgenommen Außenwände, sind feuerbeständig auszuführen. [2]Der erforderliche Raumabschluss zu anderen Räumen darf durch einen Druckstoß aufgrund eines Kurzschlusslichtbogens nicht gefährdet werden.

(2) [1]Türen müssen mindestens feuerhemmend, selbstschließend und rauchdicht sein sowie im Wesentlichen aus nichtbrennbaren Baustoffen bestehen; soweit sie ins Freie führen, genügen selbstschließende Türen aus nichtbrennbaren Baustoffen. [2]An den Türen muss außen ein Hochspannungswarnschild angebracht sein.

(3) [1]Bei elektrischen Betriebsräumen für Transformatoren mit Mineralöl oder einer synthetischen Flüssigkeit mit einem Brennpunkt unter 300 °C als Kühlmittel muss mindestens ein Ausgang unmittelbar ins Freie oder über einen Vorraum ins Freie führen. [2]Der Vorraum darf auch mit dem Schaltraum, jedoch nicht mit anderen Räumen in Verbindung stehen.

(4) [1]Elektrische Betriebsräume nach Absatz 3 Satz 1 dürfen sich nicht in Geschossen befinden, deren Fußboden mehr als 4 m unter der festgelegten Geländeoberfläche liegt. [2]Sie dürfen auch nicht in Geschossen über dem Erdgeschoss liegen.

(5) [1]Elektrische Betriebsräume müssen unmittelbar oder über eigene Lüftungsleitungen wirksam aus dem Freien be- und in das Freie entlüftet werden. [2]Lüftungsleitungen, die durch andere Räume führen, sind feuerbeständig herzustellen. [3]Öffnungen von Lüftungsleitungen zum Freien müssen Schutzgitter haben.

(6) Fußböden müssen aus nichtbrennbaren Baustoffen bestehen; dies gilt nicht für Fußbodenbeläge.

(7) [1]Unter Transformatoren muss auslaufende Isolier- und Kühlflüssigkeit sicher aufgefangen werden können. [2]Für höchstens drei Transformatoren mit jeweils bis zu 1 000 l Isolierflüssigkeit in einem elektrischen Betriebsraum genügt es, wenn die Wände in der erforderlichen Höhe sowie der Fußboden undurchlässig ausgebildet sind; an den Türen müssen entsprechend hohe, undurchlässige Schwellen vorhanden sein.

§ 6 Zusätzliche Anforderungen an elektrische Betriebsräume für ortsfeste Stromerzeugungsaggregate

(1) [1]Raumabschließende Bauteile von elektrischen Betriebsräumen für ortsfeste Stromerzeugungsaggregate zur Versorgung bauord-

nungsrechtlich vorgeschriebener sicherheitstechnischer Anlagen und Einrichtungen, ausgenommen Außenwände, müssen in einer dem erforderlichen Funktionserhalt der zu versorgenden Anlagen entsprechenden Feuerwiderstandsfähigkeit ausgeführt sein. [2]§ 5 Absatz 5 Sätze 1 und 3 und Absatz 6 gelten sinngemäß; für Lüftungsleitungen, die durch andere Räume führen, gilt Satz 1 entsprechend. [3]Die Feuerwiderstandsfähigkeit der Türen muss derjenigen der raumabschließenden Bauteile entsprechen; die Türen müssen selbstschließend sein.

(2) Elektrische Betriebsräume nach Absatz 1 Satz 1 müssen frostfrei sein oder beheizt werden können.

§ 7 Zusätzliche Anforderungen an Batterieräume

(1) [1]Raumabschließende Bauteile von elektrischen Betriebsräumen für zentrale Batterieanlagen zur Versorgung bauordnungsrechtlich vorgeschriebener sicherheitstechnischer Anlagen und Einrichtungen, ausgenommen Außenwände, müssen in einer dem erforderlichen Funktionserhalt der zu versorgenden Anlagen entsprechenden Feuerwiderstandsfähigkeit ausgeführt sein. [2]§ 5 Absatz 5 Sätze 1 und 3 und § 6 Absatz 2 gelten sinngemäß; für Lüftungsleitungen, die durch andere Räume führen, gilt Satz 1 entsprechend. [3]Die Feuerwiderstandsfähigkeit der Türen muss derjenigen der raumabschließenden Bauteile entsprechen; die Türen müssen selbstschließend sein. [4]An den Türen muss ein Schild „Batterieraum“ angebracht sein.

(2) Fußböden von elektrischen Betriebsräumen nach Absatz 1 Satz 1, in denen geschlossene Zellen aufgestellt werden, müssen an allen Stellen für elektrostatische Ladungen einheitlich und ausreichend ableitfähig sein.

§ 8 Zusätzliche Bauvorlagen

[1]Die Bauvorlagen müssen Angaben über die Lage der elektrischen Betriebsräume und die Art der elektrischen Anlagen enthalten. [2]So-

weit erforderlich, müssen sie ferner Angaben über die Schallschutzmaßnahmen enthalten.

§ 9 Inkrafttreten, Außerkrafttreten

[1]Diese Verordnung tritt am ersten Tag des zweiten auf die Verkündung folgenden Monats in Kraft. [2]Gleichzeitig tritt die Verordnung des Wirtschaftsministeriums über elektrische Betriebsräume vom 28. Oktober 1975 (GBl. S. 788, ber. 1976 S. 256), die zuletzt durch Artikel 132 der Verordnung vom 23. Februar 2017 (GBl. S. 99, 114) geändert worden ist, außer Kraft.

Verordnung des Wirtschaftsministeriums über den Bau und Betrieb von Verkaufsstätten (Verkaufsstättenverordnung – VkVO)

vom 11. Februar 1997 (GBl. S. 84), geändert durch Artikel 2 der Verordnung vom 5. Januar 2011 (GBl. S. 25, 27), durch Artikel 221 der Verordnung vom 25. Januar 2012 (GBl. S. 65, 89) und durch Artikel 129 der 9. Anpassungsverordnung vom 23. Februar 2017 (GBl. S. 99, 114)

Auf Grund von § 73 Absatz 1 Nummer 2, 3 und 4 und Absatz 2 der Landesbauordnung für Baden-Württemberg (LBO) vom 8. August 1995 (GBl. S. 617) wird verordnet:

Inhaltsübersicht

§ 1 Anwendungsbereich

Die Vorschriften dieser Verordnung gelten für jede Verkaufsstätte, deren Verkaufsräume und Ladenstraßen einschließlich ihrer Bauteile eine Fläche von insgesamt mehr als 2 000 m² haben.

§ 2 Begriffe

(1) [1]Verkaufsstätten sind Gebäude oder Gebäudeteile, die
1. ganz oder teilweise dem Verkauf von Waren dienen,
2. mindestens einen Verkaufsraum haben und
3. keine Messebauten sind.

[2]Zu einer Verkaufsstätte gehören alle Räume, die unmittelbar oder mittelbar, insbesondere durch Aufzüge oder Ladenstraßen, miteinander in Verbindung stehen; als Verbindung gilt nicht die Verbindung durch Treppenräume notwendiger Treppen sowie durch Leitungen, Schächte und Kanäle haustechnischer Anlagen.

(2) Erdgeschossige Verkaufsstätten sind Gebäude mit nicht mehr als einem Geschoß, dessen Fußboden an keiner Stelle mehr als 1 m unter der Geländeoberfläche liegt; dabei bleiben Treppenraumerweiterungen sowie Geschosse außer Betracht, die ausschließlich der Unterbringung haustechnischer Anlagen und Feuerungsanlagen dienen.

(3) [1]Verkaufsräume sind Räume, in denen Waren zum Verkauf oder sonstige Leistungen angeboten werden oder die dem Kundenverkehr dienen, ausgenommen Treppenräume notwendiger Treppen,

Treppenraumerweiterungen sowie Garagen. [2]Ladenstraßen gelten nicht als Verkaufsräume.

(4) Ladenstraßen sind überdachte oder überdeckte Flächen, an denen Verkaufsräume liegen und die dem Kundenverkehr dienen.

(5) Treppenraumerweiterungen sind Räume, die Treppenräume mit Ausgängen ins Freie verbinden.

§ 3 Tragende Wände und Stützen

[1]Tragende Wände und Stützen müssen feuerbeständig, bei erdgeschossigen Verkaufsstätten ohne Sprinkleranlagen mindestens feuerhemmend sein. [2]Dies gilt nicht für erdgeschossige Verkaufsstätten mit Sprinkleranlagen.

§ 4 Außenwände

Außenwände müssen bestehen aus

1. nichtbrennbaren Baustoffen, soweit sie nicht feuerbeständig sind, bei Verkaufsstätten ohne Sprinkleranlagen,
2. mindestens schwerentflammbaren Baustoffen, soweit sie nicht feuerbeständig sind, bei Verkaufsstätten mit Sprinkleranlagen,
3. mindestens schwerentflammbaren Baustoffen, soweit sie nicht feuerhemmend sind, bei erdgeschossigen Verkaufsstätten.

§ 5 Trennwände

(1) Trennwände zwischen einer Verkaufsstätte und Räumen, die nicht zur Verkaufsstätte gehören, müssen feuerbeständig sein und dürfen keine Öffnungen haben.

(2) [1]In Verkaufsstätten ohne Sprinkleranlagen sind Lagerräume mit einer Fläche von jeweils mehr als 100 m^2 sowie Werkräume mit erhöhter Brandgefahr, wie Schreinereien, Maler- oder Dekorationswerkstätten, von anderen Räumen durch feuerbeständige Wände zu trennen. [2]Diese Werk- und Lagerräume müssen durch feuerbeständige Trennwände so unterteilt werden, daß Abschnitte von nicht mehr als 500 m^2 entstehen. [3]Öffnungen in den Trennwänden müssen mindestens feuerhemmende und selbstschließende Abschlüsse haben.

§ 6 Brandabschnitte

(1) [1]Verkaufsstätten sind durch Brandwände in Brandabschnitte zu unterteilen. [2]Die Fläche der Brandabschnitte darf je Geschoß betragen in

1. erdgeschossigen Verkaufsstätten mit Sprinkleranlagen nicht mehr als 10 000 m^2,
2. sonstigen Verkaufsstätten mit Sprinkleranlagen nicht mehr als 5 000 m^2,
3. erdgeschossigen Verkaufsstätten ohne Sprinkleranlagen nicht mehr als 3 000 m^2,
4. sonstigen Verkaufsstätten ohne Sprinkleranlagen nicht mehr als 1 500 m^2, wenn sich die Verkaufsstätten über nicht mehr als drei Geschosse erstrecken und die Gesamtfläche aller Geschosse innerhalb eines Brandabschnitts nicht mehr als 3 000 m^2 beträgt.

(2) Abweichend von Absatz 1 können Verkaufsstätten mit Sprinkleranlagen auch durch Ladenstraßen in Brandabschnitte unterteilt werden, wenn

1. die Ladenstraßen mindestens 10 m breit sind (vgl. Anhang Abb. 1 und 2),
2. die Ladenstraßen Rauchabzugsanlagen haben,
3. das Tragwerk der Dächer der Ladenstraßen aus nichtbrennbaren Baustoffen besteht und
4. die Bedachung der Ladenstraßen aus nichtbrennbaren Baustoffen oder, soweit sie lichtdurchlässig ist, aus mindestens schwer entflammbaren Baustoffen besteht; sie darf im Brandfall nicht brennend abtropfen.

(3) In Verkaufsstätten mit Sprinkleranlagen brauchen Brandwände abweichend von Absatz 1 im Kreuzungsbereich mit Ladenstraßen nicht hergestellt werden, wenn

1. die Ladenstraßen eine Breite von mindestens 10 m über eine Länge von mindestens 10 m beiderseits der Brandwände haben (vgl. Anhang Abb. 3) und
2. die Anforderungen nach Absatz 2 Nummer 2 und 3 in diesem Bereich erfüllt sind.

(4) [1]Öffnungen in den Brandwänden nach Absatz 1 sind zulässig, wenn sie selbstschließende und feuerbeständige Abschlüsse haben. [2]Die Abschlüsse müssen Feststellanlagen haben, die bei Raucheinwirkung ein selbsttätiges Schließen bewirken.

(5) Brandwände sind mindestens 30 cm über Dach zu führen oder in Höhe der Dachhaut mit einer beiderseits 50 cm auskragenden feuerbeständigen Platte aus nichtbrennbaren Baustoffen abzuschließen; darüber dürfen brennbare Teile des Daches nicht hinweggeführt werden.

§ 7 Decken

(1) [1]Decken müssen feuerbeständig sein und aus nichtbrennbaren Baustoffen bestehen. [2]Decken über Geschossen, deren Fußboden an keiner Stelle mehr als 1 m unter der Geländeoberfläche liegt, brauchen nur

1. feuerhemmend zu sein und aus nichtbrennbaren Baustoffen zu bestehen in erdgeschossigen Verkaufsstätten ohne Sprinkleranlagen,
2. aus nichtbrennbaren Baustoffen zu bestehen in erdgeschossigen Verkaufsstätten mit Sprinkleranlagen.

[3]Für die Beurteilung der Feuerwiderstandsdauer bleiben abgehängte Unterdecken außer Betracht.

(2) [1]Unterdecken einschließlich ihrer Aufhängungen müssen in Verkaufsräumen, Treppenräumen, Treppenraumerweiterungen, notwendigen Fluren und in Ladenstraßen aus nichtbrennbaren Baustoffen bestehen. [2]In Verkaufsräumen mit Sprinkleranlagen dürfen Unterdecken aus brennbaren Baustoffen bestehen, wenn auch der Deckenhohlraum durch die Sprinkleranlagen geschützt ist.

(3) [1]In Decken sind Öffnungen unzulässig. [2]Dies gilt nicht für Öffnungen zwischen Verkaufsräumen, zwischen Verkaufsräumen und Ladenstraßen sowie zwischen Ladenstraßen

1. in Verkaufsstätten mit Sprinkleranlagen,
2. in Verkaufsstätten ohne Sprinkleranlagen, soweit die Öffnungen für nicht notwendige Treppen erforderlich sind.

§ 8 Dächer

(1) Das Tragwerk von Dächern, die den oberen Abschluß von Räumen der Verkaufsstätten bilden oder die von diesen Räumen nicht durch feuerbeständige Bauteile getrennt sind, muß

1. aus nichtbrennbaren Baustoffen bestehen in Verkaufsstätten mit Sprinkleranlagen, ausgenommen in erdgeschossigen Verkaufsstätten,
2. mindestens feuerhemmend sein in erdgeschossigen Verkaufsstätten ohne Sprinkleranlagen,
3. feuerbeständig sein in sonstigen Verkaufsstätten ohne Sprinkleranlagen.

(2) Bedachungen müssen

1. gegen Flugfeuer und strahlende Wärme widerstandsfähig sein und
2. bei Dächern, die den oberen Abschluß von Räumen der Verkaufsstätten bilden oder die von diesen Räumen nicht durch feuerbeständige Bauteile getrennt sind, aus nichtbrennbaren Baustoffen bestehen mit Ausnahme der Dachhaut und der Dampfsperre.

(3) [1]Lichtdurchlässige Bedachungen über Verkaufsräumen und Ladenstraßen dürfen abweichend von Absatz 2 Nummer 1

1. schwerentflammbar sein bei Verkaufsstätten mit Sprinkleranlagen,
2. nichtbrennbar sein bei Verkaufsstätten ohne Sprinkleranlagen.

[2]Sie dürfen im Brandfall nicht brennend abtropfen.

§ 9 Verkleidungen, Dämmstoffe

(1) Außenwandverkleidungen einschließlich der Dämmstoffe und Unterkonstruktionen müssen bestehen aus

1. mindestens schwerentflammbaren Baustoffen bei Verkaufsstätten mit Sprinkleranlagen und bei erdgeschossigen Verkaufsstätten,
2. nichtbrennbaren Baustoffen bei sonstigen Verkaufsstätten ohne Sprinkleranlagen.

(2) Deckenverkleidungen einschließlich der Dämmstoffe und Unterkonstruktionen müssen aus nichtbrennbaren Baustoffen bestehen.

(3) Wandverkleidungen einschließlich der Dämmstoffe und Unterkonstruktionen müssen in Treppenräumen, Treppenraumerweiterungen, notwendigen Fluren und in Ladenstraßen aus nichtbrennbaren Baustoffen bestehen.

§ 10 Rettungswege in Verkaufsstätten

(1) [1]Für jeden Verkaufsraum, Aufenthaltsraum und für jede Ladenstraße müssen in demselben Geschoß mindestens zwei voneinander unabhängige Rettungswege zu Ausgängen ins Freie oder zu Treppenräumen notwendiger Treppen vorhanden sein. [2]Anstelle eines dieser Rettungswege darf ein Rettungsweg über Außentreppen ohne Treppenräume, Rettungsbalkone, Terrassen und begehbare Dächer auf das Grundstück führen, wenn hinsichtlich des Brandschutzes keine Bedenken bestehen; dieser Rettungsweg gilt als Ausgang ins Freie.

(2) Von jeder Stelle

1. eines Verkaufsraumes in höchstens 25 m Entfernung,
2. eines sonstigen Raumes oder einer Ladenstraße in höchstens 35 m Entfernung

muß mindestens ein Ausgang ins Freie oder ein Treppenraum notwendiger Treppen erreichbar sein (erster Rettungsweg).

(3) Der erste Rettungsweg darf, soweit er über eine Ladenstraße führt, auf der Ladenstraße eine zusätzliche Länge von höchstens 35 m haben, wenn die Ladenstraße Rauchabzugsanlagen hat und der nach Absatz 1 erforderliche zweite Rettungsweg für Verkaufsräume mit einer Fläche von mehr als 100 m^2 nicht über diese Ladenstraße führt.

(4) In Verkaufsstätten mit Sprinkleranlagen oder in erdgeschossigen Verkaufsstätten darf der Rettungsweg nach Absatz 2 und 3 innerhalb von Brandabschnitten eine zusätzliche Länge von höchstens 35 m haben, soweit er über einen notwendigen Flur für Kunden mit ei-

nem unmittelbaren Ausgang ins Freie oder in einen Treppenraum notwendiger Treppen führt.

(5) Von jeder Stelle eines Verkaufsraumes muß ein Hauptgang oder eine Ladenstraße in höchstens 10 m Entfernung erreichbar sein.

(6) [1]In Rettungswegen ist nur eine Folge von mindestens drei Stufen zulässig. [2]Die Stufen müssen eine Stufenbeleuchtung haben.

(7) [1]An Kreuzungen der Ladenstraßen und der Hauptgänge sowie an Türen im Zuge von Rettungswegen ist deutlich und dauerhaft auf die Ausgänge durch Sicherheitszeichen hinzuweisen. [2]Die Sicherheitszeichen müssen beleuchtet sein.

(8) Die Entfernungen nach den Absätzen 2 bis 5 sind in der Luftlinie, jedoch nicht durch Bauteile zu messen.

§ 11 Treppen

(1) [1]Notwendige Treppen müssen feuerbeständig sein, aus nichtbrennbaren Baustoffen bestehen und an den Unterseiten geschlossen sein. [2]Dies gilt nicht für notwendige Treppen nach § 10 Absatz 1 Satz 2, wenn keine Bedenken wegen des Brandschutzes bestehen.

(2) [1]Notwendige Treppen für Kunden müssen mindestens 2 m breit sein und dürfen eine Breite von höchstens 2,50 m nicht überschreiten. [2]Für notwendige Treppen für Kunden genügt eine Breite von mindestens 1,25 m, wenn die Treppen für Verkaufsräume bestimmt sind, deren Fläche insgesamt nicht mehr als 500 m^2 beträgt.

(3) Notwendige Treppen brauchen nicht in Treppenräumen zu liegen und die Anforderungen nach Absatz 1 Satz 1 nicht zu erfüllen in Verkaufsräumen, die

1. eine Fläche von nicht mehr als 100 m^2 haben oder
2. eine Fläche von mehr als 100 m^2, aber nicht mehr als 500 m^2 haben, wenn diese Treppen im Zuge nur eines der zwei erforderlichen Rettungswege liegen.

(4) [1]Notwendige Treppen mit gewendelten Läufen sind in Verkaufsräumen unzulässig. [2]Dies gilt nicht für notwendige Treppen nach Absatz 3.

(5) [1]Treppen für Kunden müssen auf beiden Seiten Handläufe ohne freie Enden haben. [2]Die Handläufe müssen fest und griffsicher sein und sind über Treppenabsätze fortzuführen.

§ 12 Notwendige Treppenräume, Treppenraumerweiterungen

(1) Innenliegende Treppenräume notwendiger Treppen sind in Verkaufsstätten zulässig.

(2) [1]Die Wände von Treppenräumen notwendiger Treppen müssen in der Bauart von Brandwänden hergestellt sein. [2]Bodenbeläge müssen in Treppenräumen notwendiger Treppen aus nichtbrennbaren Baustoffen bestehen.

(3) [1]Treppenraumerweiterungen müssen

1. die Anforderungen an notwendige Treppenräume erfüllen,
2. feuerbeständige Decken aus nichtbrennbaren Baustoffen haben und
3. mindestens so breit sein wie die notwendigen Treppen, mit denen sie in Verbindung stehen.

[2]Sie dürfen nicht länger als 35 m sein und keine Öffnungen zu anderen Räumen haben.

§ 13 Ladenstraßen, Flure, Hauptgänge

(1) Ladenstraßen müssen mindestens 5 m breit sein.

(2) [1]Wände und Decken notwendiger Flure für Kunden müssen

1. feuerbeständig sein und aus nichtbrennbaren Baustoffen bestehen in Verkaufsstätten ohne Sprinkleranlagen,
2. mindestens feuerhemmend sein und in den wesentlichen Teilen aus nichtbrennbaren Baustoffen bestehen in Verkaufsstätten mit Sprinkleranlagen.

[2]Bodenbeläge in notwendigen Fluren für Kunden müssen mindestens schwer entflammbar sein.

(3) [1]Notwendige Flure für Kunden müssen mindestens 2 m breit sein. [2]Für notwendige Flure für Kunden genügt eine Breite von

1,40 m, wenn die Flure für Verkaufsräume bestimmt sind, deren Fläche insgesamt nicht mehr als 500 m ^{2} beträgt.

(4) [1]Hauptgänge müssen mindestens 2 m breit sein. [2]Sie müssen auf möglichst kurzem Wege zu Ausgängen ins Freie, zu Treppenräumen notwendiger Treppen, zu notwendigen Fluren für Kunden oder zu Ladenstraßen führen. [3]Verkaufsstände an Hauptgängen müssen unverrückbar sein.

(5) Ladenstraßen, notwendige Flure für Kunden und Hauptgänge dürfen innerhalb der nach den Absätzen 1, 3 und 4 erforderlichen Breiten nicht durch Einbauten oder Einrichtungen eingeengt sein.

(6) Die Anforderungen an sonstige notwendige Flure nach § 12 LBOAVO bleiben unberührt.

§ 14 Ausgänge

(1) [1]Jeder Verkaufsraum, Aufenthaltsraum und jede Ladenstraße müssen mindestens zwei Ausgänge haben, die ins Freie oder zu Treppenräumen notwendiger Treppen führen. [2]Für Verkaufs- und Aufenthaltsräume, die eine Fläche von nicht mehr als 100 m^2 haben, genügt ein Ausgang.

(2) [1]Ausgänge aus Verkaufsräumen müssen mindestens 2 m breit sein; für Ausgänge aus Verkaufsräumen, die eine Fläche von nicht mehr als 500 m^2 haben, genügt eine Breite von 1 m. [2]Ein Ausgang, der in einen Flur führt, darf nicht breiter sein als der Flur.

(3) [1]Die Ausgänge aus einem Geschoß einer Verkaufsstätte ins Freie oder in Treppenräume notwendiger Treppen müssen eine Breite von mindestens 30 cm je 100 m^2 der Flächen der Verkaufsräume haben; dabei bleiben die Flächen von Ladenstraßen außer Betracht. [2]Ausgänge aus Geschossen einer Verkaufsstätte müssen mindestens 2 m breit sein. [3]Ein Ausgang, der in einen Treppenraum führt, darf nicht breiter sein als die notwendige Treppe.

(4) Ausgänge aus Treppenräumen notwendiger Treppen ins Freie oder in Treppenraumerweiterungen müssen mindestens so breit sein wie die notwendigen Treppen.

§ 15 Türen in Rettungswegen

(1) In Verkaufsstätten ohne Sprinkleranlagen müssen Türen von Treppenräumen notwendiger Treppen und von notwendigen Fluren für Kunden mindestens feuerhemmend, rauchdicht und selbstschließend sein, ausgenommen Türen, die ins Freie führen.

(2) In Verkaufsstätten mit Sprinkleranlagen müssen Türen von Treppenräumen notwendiger Treppen und von notwendigen Fluren für Kunden rauchdicht und selbstschließend sein, ausgenommen Türen, die ins Freie führen.

(3) [1]Türen nach den Absätzen 1 und 2 sowie Türen, die ins Freie führen, dürfen nur in Fluchtrichtung aufschlagen und keine Schwellen haben. [2]Sie müssen während der Betriebszeit von innen leicht und in voller Breite zu öffnen sein. [3]Elektrische Verriegelungen von Türen in Rettungswegen sind nur zulässig, wenn die Türen im Gefahrenfall jederzeit geöffnet werden können.

(4) Türen, die selbstschließend sein müssen, dürfen offengehalten werden, wenn sie Feststellanlagen haben, die bei Raucheinwirkung ein selbsttätiges Schließen der Türen bewirken; sie müssen auch von Hand geschlossen werden können.

(5) [1]Dreh- und Schiebetüren sind in Rettungswegen unzulässig; dies gilt nicht für automatische Dreh- und Schiebetüren, die die Rettungswege im Brandfall nicht beeinträchtigen. [2]Pendeltüren müssen in Rettungswegen Schließvorrichtungen haben, die ein Durchpendeln der Türen verhindern.

(6) Rolläden, Scherengitter oder ähnliche Abschlüsse von Tür- und Toröffnungen oder Durchfahrten im Zuge von Rettungswegen müssen so beschaffen sein, daß sie von Unbefugten nicht geschlossen werden können.

§ 16 Rauchabführung

(1) In Verkaufsstätten ohne Sprinkleranlagen müssen Verkaufsräume ohne notwendige Fenster nach § 34 Absatz 2 LBO sowie Ladenstraßen Rauchabzugsanlagen haben.

(2) In Verkaufsstätten mit Sprinkleranlagen müssen Lüftungsanlagen in Verkaufsräumen und Ladenstraßen im Brandfall so betrieben werden können, daß sie nur entlüften, soweit es die Zweckbestimmung der Absperrvorrichtungen gegen Brandübertragung zuläßt.

(3) [1]Rauchabzugsanlagen müssen von Hand und automatisch durch Rauchmelder ausgelöst werden können und sind an den Bedienungsstellen mit der Aufschrift „Rauchabzug“ zu versehen. [2]An den Bedienungseinrichtungen muß erkennbar sein, ob die Rauchabzugsanlage betätigt wurde.

(4) [1]Innenliegende Treppenräume notwendiger Treppen müssen Rauchabzugsanlagen haben. [2]Sonstige Treppenräume notwendiger Treppen, die durch mehr als zwei Geschosse führen, müssen an ihrer obersten Stelle eine Rauchabzugsvorrichtung mit einem freien Querschnitt von mindestens 5 vom Hundert der Grundfläche der Treppenräume, jedoch nicht weniger als 1 m^2 haben. [3]Die Rauchabzugsvorrichtungen müssen von jedem Geschoß aus zu öffnen sein.

§ 17 Beheizung

Feuerstätten dürfen in Verkaufsräumen, Ladenstraßen, Lager- und Werkräumen zur Beheizung nicht aufgestellt werden.

§ 18 Sicherheitsbeleuchtung

[1]Verkaufsstätten müssen eine Sicherheitsbeleuchtung haben. [2]Sie muß vorhanden sein

1. in Verkaufsräumen,
2. in Treppenräumen, Treppenraumerweiterungen und Ladenstraßen sowie in notwendigen Fluren für Kunden,
3. in Arbeits- und Pausenräumen,
4. in Toilettenräumen mit einer Fläche von mehr als 50 m^2,
5. in elektrischen Betriebsräumen und Räumen für haustechnische Anlagen,
6. für Sicherheitszeichen, die auf Ausgänge hinweisen, und für die Stufenbeleuchtung.

§ 19 Blitzschutzanlagen

Gebäude mit Verkaufsstätten müssen Blitzschutzanlagen haben.

§ 20 Feuerlöscheinrichtungen, Brandmeldeanlagen und Alarmierungseinrichtungen

(1) [1]Verkaufsstätten müssen Sprinkleranlagen haben. [2]Dies gilt nicht für

1. erdgeschossige Verkaufsstätten nach § 6 Absatz 1 Satz 2 Nummer 3,
2. sonstige Verkaufsstätten nach § 6 Absatz 1 Satz 2 Nummer 4.

[3]Geschosse einer Verkaufsstätte nach Satz 2 Nummer 2 müssen Sprinkleranlagen haben, wenn sie mit ihrem Fußboden im Mittel mehr als 3 m unter der Geländeoberfläche liegen und Verkaufsräume mit einer Fläche von mehr als 500 m^2 haben.

(2) In Verkaufsstätten müssen vorhanden sein:

1. geeignete Feuerlöscher und geeignete Wandhydranten in ausreichender Zahl, gut sichtbar und leicht zugänglich,
2. Brandmeldeanlagen mit nichtautomatischen Brandmeldern zur unmittelbaren Alarmierung der dafür zuständigen Stelle und
3. Alarmierungseinrichtungen, durch die alle Betriebsangehörigen alarmiert und Anweisungen an sie und an die Kunden gegeben werden können.

§ 21 Sicherheitsstromversorgungsanlagen

Verkaufsstätten müssen eine Sicherheitsstromversorgungsanlage haben, die bei Ausfall der allgemeinen Stromversorgung den Betrieb der sicherheitstechnischen Anlagen und Einrichtungen übernimmt, insbesondere der

1. Sicherheitsbeleuchtung,
2. Beleuchtung der Stufen und Sicherheitszeichen,
3. Sprinkleranlagen,
4. Rauchabzugsanlagen,
5. Schließeinrichtungen für Feuerschutzabschlüsse (z. B. Rolltore),

6. Brandmeldeanlagen und
7. Alarmierungseinrichtungen.

§ 22 Lage der Verkaufsräume

[1]Verkaufsräume, ausgenommen Gaststätten, dürfen mit ihrem Fußboden nicht mehr als 22 m über der Geländeoberfläche liegen. [2]Verkaufsräume dürfen mit ihrem Fußboden im Mittel nicht mehr als 5 m unter der Geländeoberfläche liegen.

§ 23 Räume für Abfälle

[1]Verkaufsstätten müssen für Abfälle besondere Räume haben, die mindestens den Abfall von zwei Tagen aufnehmen können. [2]Die Räume müssen feuerbeständige Wände und Decken sowie mindestens feuerhemmende und selbstschließende Türen haben.

§ 24 Gefahrenverhütung

(1) [1]Das Rauchen und das Verwenden von offenem Feuer ist in Verkaufsräumen und Ladenstraßen verboten. [2]Dies gilt nicht für Bereiche, in denen Getränke oder Speisen verabreicht oder Besprechungen abgehalten werden. [3]Auf das Verbot ist dauerhaft und leicht erkennbar hinzuweisen.

(2) [1]In Treppenräumen notwendiger Treppen, in Treppenraumerweiterungen und in notwendigen Fluren dürfen keine Dekorationen vorhanden sein. [2]In diesen Räumen sowie auf Ladenstraßen und Hauptgängen innerhalb der nach § 13 Absatz 1 und 4 erforderlichen Breiten dürfen keine Gegenstände abgestellt sein.

§ 25 Rettungswege auf dem Grundstück, Flächen für die Feuerwehr

(1) Kunden und Betriebsangehörige müssen aus der Verkaufsstätte unmittelbar oder über Flächen auf dem Grundstück auf öffentliche Verkehrsflächen gelangen können.

(2) Die erforderlichen Zu- und Durchfahrten sowie Aufstell- und Bewegungsflächen für die Feuerwehr müssen vorhanden sein.

(3) [1]Die als Rettungswege dienenden Flächen auf dem Grundstück sowie die Flächen für die Feuerwehr nach Absatz 2 müssen ständig freigehalten werden. [2]Hierauf ist dauerhaft und leicht erkennbar hinzuweisen.

§ 26 Verantwortliche Personen

(1) Während der Betriebszeit einer Verkaufsstätte muß der Betreiber oder ein von ihm bestimmter Vertreter ständig anwesend sein.

(2) [1]Der Betreiber einer Verkaufsstätte hat

1. einen Brandschutzbeauftragten und
2. für Verkaufsstätten, deren Verkaufsräume eine Fläche von insgesamt mehr als 15 000 m^2 haben, Selbsthilfekräfte für den Brandschutz

zu bestellen. [2]Die Namen dieser Personen und jeder Wechsel sind der für den Brandschutz zuständigen Dienststelle auf Verlangen mitzuteilen. [3]Der Betreiber hat für die Ausbildung dieser Personen im Einvernehmen mit der für den Brandschutz zuständigen Dienststelle zu sorgen.

(3) Der Brandschutzbeauftragte hat für die Einhaltung des § 13 Absatz 5, der §§ 24, 25 Absatz 3, des § 26 Absatz 5 und des § 27 zu sorgen.

(4) Die erforderliche Anzahl der Selbsthilfekräfte für den Brandschutz ist von der Baurechtsbehörde im Einvernehmen mit der für den Brandschutz zuständigen Dienststelle festzulegen.

(5) Selbsthilfekräfte für den Brandschutz müssen in erforderlicher Anzahl während der Betriebszeit der Verkaufsstätte anwesend sein.

§ 27 Brandschutzordnung

(1) [1]Der Betreiber einer Verkaufsstätte hat im Einvernehmen mit der für den Brandschutz zuständigen Dienststelle eine Brandschutzordnung aufzustellen. [2]In der Brandschutzordnung sind insbesondere die Aufgaben des Brandschutzbeauftragten und der Selbsthilfe-

kräfte für den Brandschutz sowie die Maßnahmen festzulegen, die zur Rettung behinderter Menschen, insbesondere Rollstuhlbenutzer, erforderlich sind.

(2) Die Betriebsangehörigen sind bei Beginn des Arbeitsverhältnisses und danach mindestens einmal jährlich zu belehren über

1. die Lage und die Bedienung der Feuerlöschgeräte, Brandmelde- und Feuerlöscheinrichtungen und
2. die Brandschutzordnung, insbesondere über das Verhalten bei einem Brand oder bei einer Panik.

(3) Im Einvernehmen mit der für den Brandschutz zuständigen Dienststelle sind Feuerwehrpläne anzufertigen und der örtlichen Feuerwehr zur Verfügung zu stellen.

§ 28 Stellplätze für Menschen mit Mobilitätseinschränkung

[1]Mindestens 3 vom Hundert der notwendigen Stellplätze, mindestens jedoch ein Stellplatz, müssen für Menschen mit Mobilitätseinschränkungen vorgesehen sein. [2]Auf diese Stellplätze ist dauerhaft und leicht erkennbar hinzuweisen.

§ 29 Zusätzliche Bauvorlagen

Die Bauvorlagen müssen zusätzliche Angaben enthalten über

1. eine Berechnung der Flächen der Verkaufsräume und der Brandabschnitte,
2. eine Berechnung der erforderlichen Breiten der Ausgänge aus den Geschossen ins Freie oder in Treppenräume notwendiger Treppen,
3. die Sprinkleranlagen, die sonstigen Feuerlöscheinrichtungen und die Feuerlöschgeräte,
4. die Brandmeldeanlagen,
5. die Alarmierungseinrichtungen,
6. die Sicherheitsbeleuchtung und die Sicherheitsstromversorgung,
7. die Rauchabzugsvorrichtungen und Rauchabzugsanlagen,

8. die Rettungswege auf dem Grundstück und die Flächen für die Feuerwehr.

§ 30 Prüfungen

(1) Folgende Anlagen müssen vor der ersten Inbetriebnahme der Verkaufsstätte, unverzüglich nach einer wesentlichen Änderung sowie jeweils mindestens alle 3 Jahre durch einen nach § 1 der Bausachverständigenverordnung anerkannten Sachverständigen auf ihre Wirksamkeit und Betriebssicherheit geprüft werden:
1. Sprinkleranlagen,
2. Rauchabzugsanlagen und Rauchabzugsvorrichtungen (§ 16),
3. Sicherheitsbeleuchtung (§ 18),
4. Brandmeldeanlagen (§ 20) und
5. Sicherheitsstromversorgungsanlagen (§ 21).

(2) [1]Der Betreiber hat
1. die Prüfungen nach Absatz 1 zu veranlassen,
2. die hierzu nötigen Vorrichtungen und fachlich geeignete Arbeitskräfte bereitzustellen sowie die erforderlichen Unterlagen bereitzuhalten,
3. die von dem Sachverständigen festgestellten Mängel unverzüglich beseitigen zu lassen und dem Sachverständigen die Beseitigung mitzuteilen sowie
4. die Berichte über die Prüfungen mindestens fünf Jahre aufzubewahren und der Baurechtsbehörde auf Verlangen vorzulegen.

(3) Der Sachverständige hat der Baurechtsbehörde mitzuteilen,
1. wann er die Prüfungen nach Absatz 1 durchgeführt hat und
2. welche hierbei festgestellten Mängel der Betreiber nicht unverzüglich hat beseitigen lassen.

§ 31 Weitergehende Anforderungen

An Lagerräume, deren lichte Höhe mehr als 9 m beträgt, können aus Gründen des Brandschutzes weitergehende Anforderungen gestellt werden.

§ 32 Übergangsvorschriften

Auf die im Zeitpunkt des Inkrafttretens der Verordnung bestehenden Verkaufsstätten sind § 13 Absatz 4 und 5 und die §§ 24 bis 27 sowie § 30 anzuwenden.

§ 33 Ordnungswidrigkeiten

Ordnungswidrig nach § 75 Absatz 3 Nummer 2 LBO handelt, wer vorsätzlich oder fahrlässig

1. Rettungswege entgegen § 13 Absatz 5 einengt oder einengen läßt,
2. Türen im Zuge von Rettungswegen entgegen § 15 Absatz 3 während der Betriebszeit abschließt oder abschließen läßt,
3. in Treppenräumen notwendiger Treppen, in Treppenraumerweiterungen oder in notwendigen Fluren entgegen § 24 Absatz 3 Dekorationen anbringt oder anbringen läßt oder Gegenstände abstellt oder abstellen läßt,
4. auf Ladenstraßen oder Hauptgängen entgegen § 24 Absatz 2 Gegenstände abstellt oder abstellen läßt,
5. Rettungswege auf dem Grundstück oder Flächen für die Feuerwehr entgegen § 25 Absatz 3 nicht freihält oder freihalten läßt,
6. als Betreiber oder dessen Vertreter entgegen § 26 Absatz 1 während der Betriebszeit nicht ständig anwesend ist,
7. als Betreiber entgegen § 26 Absatz 2 den Brandschutzbeauftragten und die Selbsthilfekräfte für den Brandschutz in der erforderlichen Anzahl nicht bestellt,
8. als Betreiber entgegen § 26 Absatz 5 nicht sicherstellt, daß die Selbsthilfekräfte für den Brandschutz in der erforderlichen Anzahl während der Betriebszeit anwesend sind oder
9. die vorgeschriebenen Prüfungen entgegen § 30 Absatz 1 nicht durchführen oder nach § 30 Absatz 2 Nummer 3 festgestellte Mängel nicht unverzüglich beseitigen läßt.

§ 34 Inkrafttreten

[1]Diese Verordnung tritt am ersten Tage des auf die Verkündung folgenden Monats in Kraft. [2]Gleichzeitig tritt die Verordnung des In-

nenministeriums über Waren- und sonstige Geschäftshäuser (Geschäftshausverordnung – GHVO) vom 15. August 1969 (GBl. S. 229) außer Kraft.

Abbildung 1 zu § 6 Absatz 2 Nummer 1 VkVO

Bildung von Brandabschnitten durch Ladenstraße und Brandwände

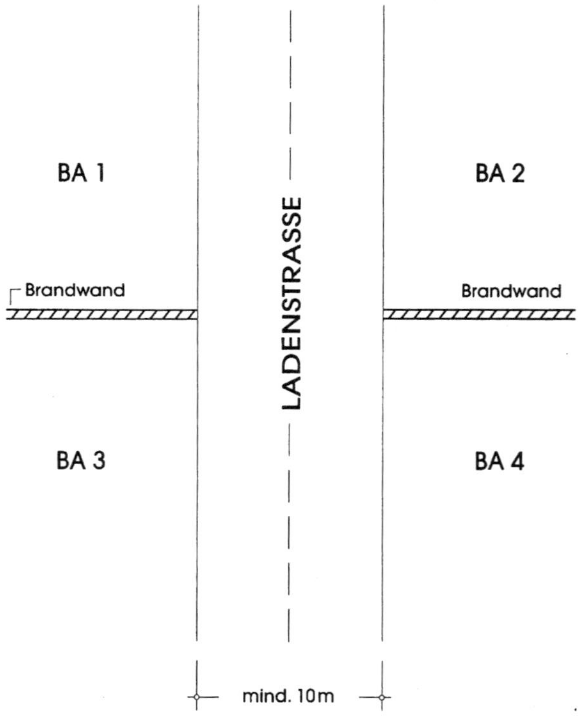

BA = BRANDABSCHNITT

Abbildung 2 zu § 6 Absatz 2 Nummer 1 VkVO

Bildung von Brandabschnitten durch Ladenstraßen

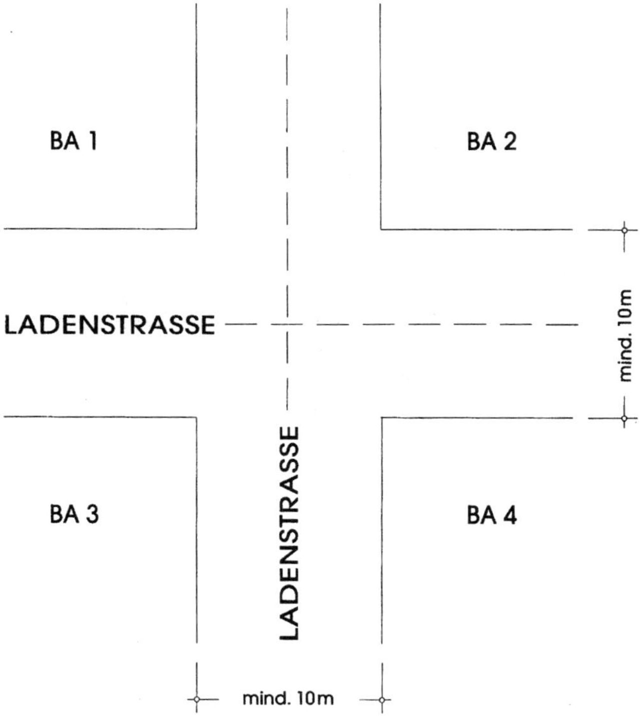

BA = BRANDABSCHNITT

Abbildung 3 zu § 6 Absatz 3 Nummer 1 VkVO

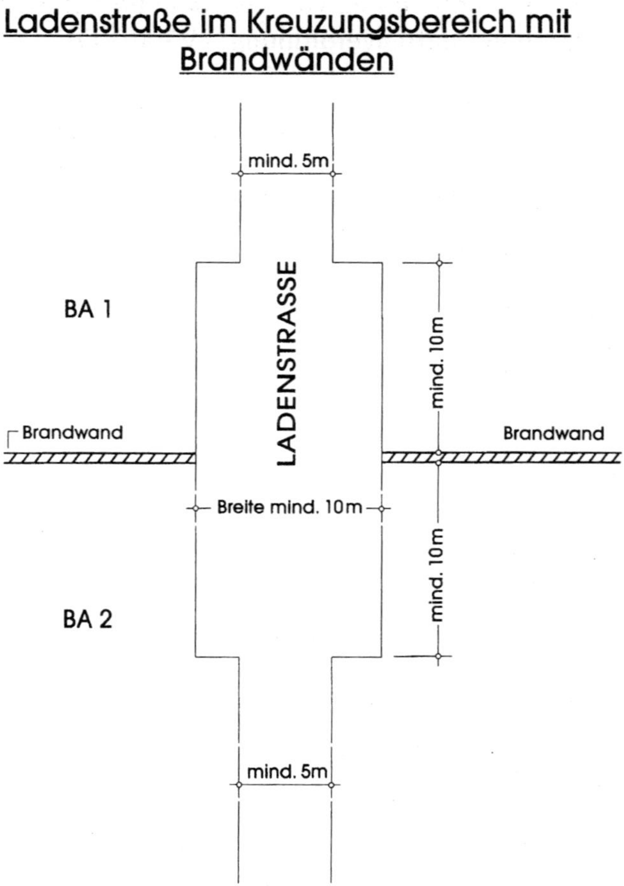

BA = BRANDABSCHNITT

Verordnung des Wirtschaftsministeriums über den Bau und Betrieb von Versammlungsstätten (Versammlungsstättenverordnung – VStättVO)*

vom 28. April 2004 (GBl. S. 311, ber. S. 653), mehrfach geändert durch Artikel 1 der Verordnung vom 5. Januar 2011 (GBl. S. 25), durch Artikel 222 der Verordnung vom 25. Januar 2012 (GBl. S. 65, 90), durch Artikel 130 der 9. Anpassungsverordnung vom 23. Februar 2017 (GBl. S. 99, 114) und durch Artikel 3 der Verordnung vom 8. Dezember 2020 (GBl. S. 1182, 1191)

Inhaltsübersicht

* Die Verpflichtungen aus der Richtlinie 98/34/EG des Europäischen Parlaments und des Rates vom 22. Juni 1998 über ein Informationsverfahren auf dem Gebiet der Normen und technischen Vorschriften (ABl. EG Nummer L 204 S. 37), zuletzt geändert durch die Richtlinie 98/48/EG des Europäischen Parlaments und des Rates vom 20. Juli 1998 (ABl. EG Nummer L 217 S. 18), sind beachtet worden.

Anlagen:
Anlage 1
Anlage 2

Auf Grund von § 73 Absatz 1 Nummer 2 bis 5 und Absatz 2 der Landesbauordnung für Baden-Württemberg (LBO) vom 8. August 1995 (GBl. S. 617) wird verordnet:

TEIL 1
Allgemeine Vorschriften

§ 1 Anwendungsbereich

(1) Die Vorschriften dieser Verordnung gelten für den Bau und Betrieb von

1. Versammlungsstätten mit Versammlungsräumen, die einzeln mehr als 200 Besucher fassen. Sie gelten auch für Versammlungsstätten mit mehreren Versammlungsräumen, die insgesamt mehr als 200 Besucher fassen, wenn diese Versammlungsräume gemeinsame Rettungswege haben;
2. Versammlungsstätten im Freien mit Szenenflächen, deren Besucherbereich mehr als 1 000 Besucher fasst und ganz oder teilweise aus baulichen Anlagen besteht;
3. Sportstadien, die mehr als 5 000 Besucher fassen.

(2) [1]Die Anzahl der Besucher ist wie folgt zu bemessen:

1. für Sitzplätze an Tischen:
   ein Besucher je m^2 Grundfläche des Versammlungsraumes,
2. für Sitzplätze in Reihen und für Stehplätze:
   zwei Besucher je m^2 Grundfläche des Versammlungsraumes,
3. für Stehplätze auf Stufenreihen:
   zwei Besucher je laufendem Meter Stufenreihe,
4. bei Ausstellungsräumen:
   ein Besucher je m^2 Grundfläche des Versammlungsraumes.

[2]Für Besucher nicht zugängliche Flächen werden in die Berechnung nicht einbezogen. [3]Für Versammlungsstätten im Freien und für Sportstadien gelten Satz 1 Nummer 1 bis 3 und Satz 2 entsprechend.

(3) Die Vorschriften dieser Verordnung gelten nicht für
1. Räume, die dem Gottesdienst gewidmet sind,
2. Unterrichts- und Besprechungsräume bis jeweils 100 m^2 Grundfläche,
3. Ausstellungsräume in Museen,
4. Fliegende Bauten.

(4) [1]Soweit in dieser Verordnung nichts Abweichendes geregelt ist, sind auf tragende und aussteifende sowie auf raumabschließende Bauteile die Anforderungen der Landesbauordnung für Baden-Württemberg an diese Bauteile in Gebäuden der Gebäudeklasse 5 anzuwenden. [2]Die Erleichterungen des § 7 Absatz 3 Satz 2, § 8 Absatz 3 Nummer 1 und 2, § 12 Absatz 1 Nummer 2, § 14 Absatz 1 Satz 3 Nummer 4, § 15 Absatz 4 Nummer 1 und 3 sowie des § 16 Absatz 1 Satz 2 Nummer 1 und 3 der Allgemeinen Ausführungsverordnung des Wirtschaftsministeriums zur Landesbauordnung (LBOAVO) sind nicht anzuwenden.

(5) Bauprodukte, Bauarten und Prüfverfahren, die den in Vorschriften anderer Mitgliedsstaaten der Europäischen Union oder anderer Vertragsstaaten des Abkommens über den Europäischen Wirtschaftsraum genannten technischen Anforderungen entsprechen, dürfen verwendet werden, wenn das geforderte Schutzniveau in Bezug auf Sicherheit, Gesundheit und Gebrauchstauglichkeit gleichermaßen dauerhaft erreicht und die Verwendbarkeit nachgewiesen wird.

§ 2 Begriffe

(1) Versammlungsstätten sind bauliche Anlagen oder Teile baulicher Anlagen, die für die gleichzeitige Anwesenheit vieler Menschen bei Veranstaltungen, insbesondere erzieherischer, wirtschaftlicher, geselliger, kultureller, künstlerischer, politischer, sportlicher oder unterhaltender Art, bestimmt sind, sowie Schank- und Speisewirtschaften.

(2) Erdgeschossige Versammlungsstätten sind Gebäude mit nur einem Geschoss ohne Ränge oder Emporen, dessen Fußboden an kei-

ner Stelle mehr als 1 m unter der Geländeoberfläche liegt; dabei bleiben Geschosse außer Betracht, die ausschließlich der Unterbringung technischer Anlagen und Einrichtungen dienen.

(3) [1]Versammlungsräume sind Räume für Veranstaltungen oder für den Verzehr von Speisen und Getränken. [2]Hierzu gehören auch Aulen und Foyers, Vortrags- und Hörsäle sowie Studios.

(4) Szenenflächen sind Flächen für künstlerische und andere Darbietungen; für Darbietungen bestimmte Flächen unter 20 m^2 gelten nicht als Szenenflächen.

(5) In Versammlungsstätten mit einem Bühnenhaus ist

1. das Zuschauerhaus der Gebäudeteil, der die Versammlungsräume und die mit ihnen in baulichem Zusammenhang stehenden Räume umfasst,
2. das Bühnenhaus der Gebäudeteil, der die Bühnen und die mit ihnen in baulichem Zusammenhang stehenden Räume umfasst,
3. die Bühnenöffnung die Öffnung in der Trennwand zwischen der Hauptbühne und dem Versammlungsraum,
4. die Bühne der hinter der Bühnenöffnung liegende Raum mit Szenenflächen; zur Bühne zählen die Hauptbühne sowie die Hinter- und Seitenbühnen einschließlich der jeweils zugehörigen Ober- und Unterbühnen,
5. eine Großbühne eine Bühne
   a) mit einer Szenenfläche hinter der Bühnenöffnung von mehr als 200 m^2,
   b) mit einer Oberbühne mit einer lichten Höhe von mehr als 2,5 m über der Bühnenöffnung oder
   c) mit einer Unterbühne,
6. die Unterbühne der begehbare Teil des Bühnenraumes unter dem Bühnenboden, der zur Unterbringung einer Untermaschinerie geeignet ist,
7. die Oberbühne der Teil des Bühnenraumes über der Bühnenöffnung, der zur Unterbringung einer Obermaschinerie geeignet ist.

(6) Mehrzweckhallen sind überdachte Versammlungsstätten für verschiedene Veranstaltungsarten.

(7) Studios sind Produktionsstätten für Film, Fernsehen oder Hörfunk mit Besucherplätzen.
(8) Foyers sind Empfangs- und Pausenräume für Besucher.
(9) [1]Ausstattungen sind Bestandteile von Bühnen- oder Szenenbildern. [2]Hierzu gehören insbesondere Wand-, Fußboden- und Deckenelemente, Bildwände, Treppen und sonstige Bühnenbildteile.
(10) [1]Requisiten sind bewegliche Einrichtungsgegenstände von Bühnen- oder Szenenbildern. [2]Hierzu gehören insbesondere Möbel, Leuchten, Bilder und Geschirr.
(11) [1]Ausschmückungen sind vorübergehend eingebrachte Dekorationsgegenstände. [2]Zu den Ausschmückungen gehören insbesondere Drapierungen, Girlanden, Fahnen und künstlicher Pflanzenschmuck.
(12) Sportstadien sind Versammlungsstätten mit Tribünen für Besucher und mit nicht überdachten Sportflächen.
(13) Tribünen sind bauliche Anlagen mit ansteigenden Steh- oder Sitzplatzreihen (Stufenreihen) für Besucher.
(14) Innenbereich ist die von Tribünen umgebene Fläche für Darbietungen.

TEIL 2
Allgemeine Bauvorschriften

ABSCHNITT 1
Bauteile und Baustoffe

§ 3 Bauteile

(1) [1]Tragende und aussteifende Bauteile, wie Wände, Stützen und Decken, müssen feuerbeständig, in erdgeschossigen Versammlungsstätten mindestens feuerhemmend sein. [2]Satz 1 gilt nicht für erdgeschossige Versammlungsstätten mit automatischen Feuerlöschanlagen.
(2) Außenwände mehrgeschossiger Versammlungsstätten müssen aus nichtbrennbaren Baustoffen bestehen.

(3) [1]Trennwände sind erforderlich zum Abschluss von Versammlungsräumen und Bühnen. [2]Diese Trennwände müssen feuerbeständig, in erdgeschossigen Versammlungsstätten mindestens feuerhemmend sein. [3]In der Trennwand zwischen der Bühne und dem Versammlungsraum ist eine Bühnenöffnung zulässig. [4]Im Übrigen sind Öffnungen in diesen Wänden nach Maßgabe von § 6 Absatz 4 LBOAVO zulässig.
(4) Räume mit besonderen Brandgefahren, wie Werkstätten, Magazine und Lagerräume, sowie Räume unter Tribünen und Podien, müssen feuerbeständige Trennwände und Decken haben.
(5) [1]Der Fußboden von Szenenflächen muss fugendicht sein. [2]Betriebsbedingte Öffnungen sind zulässig. [3]Die Unterkonstruktion, mit Ausnahme der Lagerhölzer, muss aus nichtbrennbaren Baustoffen bestehen. [4]Räume unter dem Fußboden, die nicht zu einer Unterbühne gehören, müssen feuerbeständige Wände und Decken haben.
(6) Die Unterkonstruktion der Fußböden von Tribünen oder Podien, die veränderbare Einbauten in Versammlungsräumen sind, müssen aus nichtbrennbaren Baustoffen bestehen; dies gilt nicht für Podien mit insgesamt nicht mehr als 20 m^2 Fläche.
(7) Veränderbare Einbauten sind so auszubilden, dass sie in ihrer Standsicherheit nicht durch dynamische Beanspruchungen gefährdet werden können.

§ 4 Dächer

(1) [1]Tragwerke von Dächern, die den oberen Abschluss von Räumen der Versammlungsstätte bilden oder die von diesen Räumen nicht durch feuerbeständige Bauteile getrennt sind, müssen feuerhemmend sein. [2]Tragwerke von Dächern über Tribünen und Szenenflächen im Freien müssen mindestens feuerhemmend sein oder aus nichtbrennbaren Baustoffen bestehen. [3]Satz 1 gilt nicht für Versammlungsstätten mit automatischen Feuerlöschanlagen.
(2) Bedachungen müssen gegen Flugfeuer und strahlende Wärme widerstandsfähig sein und die Brandweiterleitung behindern.

(3) [1]Baustoffe dürfen nicht brennend abtropfen. [2]Lichtdurchlässige Dachflächen müssen

1. schwerentflammbar sein bei Versammlungsstätten mit automatischen Feuerlöschanlagen,
2. nichtbrennbar sein bei Versammlungsstätten ohne automatische Feuerlöschanlagen.

[3]Lichtdurchlässige Dachflächen müssen bruchsicher sein.

§ 5 Dämmstoffe, Unterdecken, Bekleidungen und Bodenbeläge

(1) Dämmstoffe müssen aus nichtbrennbaren Baustoffen bestehen.

(2) [1]Bekleidungen an Wänden in Versammlungsräumen müssen aus mindestens schwerentflammbaren Baustoffen bestehen. [2]In Versammlungsräumen mit nicht mehr als 1 000 m^2 Grundfläche genügen geschlossene nicht hinterlüftete Holzbekleidungen.

(3) [1]Unterdecken und Bekleidungen an Decken in Versammlungsräumen müssen aus nichtbrennbaren Baustoffen bestehen. [2]In Versammlungsräumen mit nicht mehr als 1 000 m^2 Grundfläche genügen Bekleidungen aus mindestens schwerentflammbaren Baustoffen oder geschlossene nicht hinterlüftete Holzbekleidungen.

(4) In Foyers, durch die Rettungswege aus anderen Versammlungsräumen führen, notwendigen Treppenräumen, Räumen zwischen notwendigen Treppenräumen und Ausgängen ins Freie sowie notwendigen Fluren müssen Unterdecken und Bekleidungen aus nichtbrennbaren Baustoffen bestehen.

(5) Unterdecken und Bekleidungen, die mindestens schwerentflammbar sein müssen, dürfen nicht brennend abtropfen.

(6) [1]Unterkonstruktionen, Halterungen und Befestigungen von Unterdecken und Bekleidungen nach den Absätzen 2 bis 4 müssen aus nichtbrennbaren Baustoffen bestehen; dies gilt nicht für Versammlungsräume mit nicht mehr als 100 m^2 Grundfläche. [2]In den Hohlräumen hinter Unterdecken und Bekleidungen aus brennbaren Baustoffen dürfen Kabel und Leitungen nur in Installationsschächten oder Installationskanälen aus nichtbrennbaren Baustoffen verlegt werden.

(7) [1]In notwendigen Treppenräumen, Räumen zwischen notwendigen Treppenräumen und Ausgängen ins Freie müssen Bodenbeläge nichtbrennbar sein. [2]In notwendigen Fluren sowie in Foyers, durch die Rettungswege aus anderen Versammlungsräumen führen, müssen Bodenbeläge mindestens schwerentflammbar sein.

ABSCHNITT 2
Rettungswege

§ 6 Führung der Rettungswege

(1) [1]Rettungswege müssen ins Freie zu öffentlichen Verkehrsflächen führen. [2]Zu den Rettungswegen von Versammlungsstätten gehören insbesondere die frei zu haltenden Gänge und Stufengänge, die Ausgänge aus Versammlungsräumen, die notwendigen Flure und notwendigen Treppen, die Ausgänge ins Freie, die als Rettungsweg dienenden Balkone, Dachterrassen und Außentreppen sowie die Rettungswege im Freien auf dem Grundstück.
(2) [1]Versammlungsstätten müssen in jedem Geschoss mit Aufenthaltsräumen mindestens zwei voneinander unabhängige bauliche Rettungswege haben; dies gilt für Tribünen entsprechend. [2]Die Führung beider Rettungswege innerhalb eines Geschosses durch einen gemeinsamen notwendigen Flur ist zulässig. [3]Rettungswege dürfen über Balkone, Dachterrassen und Außentreppen auf das Grundstück führen, wenn sie im Brandfall sicher begehbar sind.
(3) Rettungswege dürfen durch Foyers oder Hallen zu Ausgängen ins Freie geführt werden, soweit mindestens ein weiterer von dem Foyer oder der Halle unabhängiger baulicher Rettungsweg vorhanden ist.
(4) Versammlungsstätten müssen für Geschosse mit jeweils mehr als 800 Besucherplätzen nur diesen Geschossen zugeordnete Rettungswege haben.
(5) Versammlungsräume und sonstige Aufenthaltsräume mit mehr als 100 m^2 Grundfläche müssen jeweils mindestens zwei möglichst

weit auseinander und entgegengesetzt liegende Ausgänge ins Freie oder zu Rettungswegen haben.

(6) Ausgänge und Rettungswege müssen durch Sicherheitszeichen dauerhaft und gut sichtbar gekennzeichnet sein.

§ 7 Bemessung der Rettungswege

(1) [1]Die Entfernung von jedem Besucherplatz bis zum nächsten Ausgang aus dem Versammlungsraum oder von der Tribüne darf nicht länger als 30 m sein. [2]Bei mehr als 5 m lichter Höhe ist je 2,5 m zusätzlicher lichter Höhe über der zu entrauchenden Ebene für diesen Bereich eine Verlängerung der Entfernung um 5 m zulässig. [3]Die Entfernung von 60 m bis zum nächsten Ausgang darf nicht überschritten werden.

(2) [1]Die Entfernung von jeder Stelle einer Bühne bis zum nächsten Ausgang darf nicht länger als 30 m sein. [2]Gänge zwischen den Wänden der Bühne und dem Rundhorizont oder den Dekorationen müssen eine lichte Breite von 1,20 m haben; in Großbühnen müssen diese Gänge vorhanden sein.

(3) Die Entfernung von jeder Stelle eines notwendigen Flures oder eines Foyers bis zum Ausgang ins Freie oder zu einem notwendigen Treppenraum darf nicht länger als 30 m sein.

(4) [1]Die Breite der Rettungswege ist nach der größtmöglichen Personenzahl zu bemessen. [2]Die lichte Breite eines jeden Teiles von Rettungswegen muss mindestens 1,20 m betragen. [3]Die lichte Breite eines jeden Teiles von Rettungswegen muss für die darauf angewiesenen Personen mindestens betragen bei

1. Versammlungsstätten im Freien sowie Sportstadien
   1,20 m je 600 Personen
2. anderen Versammlungsstätten
   1,20 m je 200 Personen.

[4]Staffelungen sind nur in Schritten von 0,60 m zulässig. [5]Bei Ausgängen aus Aufenthaltsräumen mit nicht mehr als 200 Besucherplätzen und bei Rettungswegen im Bühnenhaus genügt eine lichte

Breite von 0,90 m. [6]Für Rettungswege von Arbeitsgalerien genügt eine Breite von 0,80 m.

(5) [1]Ausstellungshallen müssen durch Gänge so unterteilt sein, dass die Tiefe der zur Aufstellung von Ausstellungsständen bestimmten Grundflächen (Ausstellungsflächen) nicht mehr als 30 m beträgt. [2]Die Entfernung von jeder Stelle auf einer Ausstellungsfläche bis zu einem Gang darf nicht mehr als 20 m betragen; sie wird auf die nach Absatz 1 bemessene Entfernung nicht angerechnet. [3]Die Gänge müssen auf möglichst geradem Weg zu entgegengesetzt liegenden Ausgängen führen. [4]Die lichte Breite der Gänge und der zugehörigen Ausgänge muss mindestens 3 m betragen.

(6) Die Entfernungen werden in der Lauflinie gemessen.

§ 8 Treppen

(1) Die Führung der jeweils anderen Geschossen zugeordneten notwendigen Treppen in einem gemeinsamen notwendigen Treppenraum (Schachteltreppen) ist zulässig.

(2) [1]Notwendige Treppen müssen feuerbeständig sein. [2]Für notwendige Treppen in notwendigen Treppenräumen oder als Außentreppen genügen nichtbrennbare Baustoffe. [3]Für notwendige Treppen von Tribünen und Podien als veränderbare Einbauten genügen Bauteile aus nichtbrennbaren Baustoffen und Stufen aus Holz. [4]Die Sätze 1 bis 3 gelten nicht für notwendige Treppen von Ausstellungsständen.

(3) Die lichte Breite notwendiger Treppen darf nicht mehr als 2,40 m betragen.

(4) [1]Notwendige Treppen und dem allgemeinen Besucherverkehr dienende Treppen müssen auf beiden Seiten feste und griffsichere Handläufe ohne freie Enden haben. [2]Die Handläufe sind über Treppenabsätze fortzuführen.

(5) Notwendige Treppen und dem allgemeinen Besucherverkehr dienende Treppen müssen geschlossene Trittstufen haben; dies gilt nicht für Außentreppen.

(6) Wendeltreppen sind als notwendige Treppen für Besucher unzulässig.

§ 9 Türen und Tore

(1) Türen und Tore in raumabschließenden Innenwänden, die feuerbeständig sein müssen, sowie in inneren Brandwänden müssen mindestens feuerhemmend, rauchdicht und selbstschließend sein.
(2) Türen und Tore in raumabschließenden Innenwänden, die feuerhemmend sein müssen, müssen mindestens rauchdicht und selbstschließend sein.
(3) [1]Türen und Tore in Rettungswegen müssen in Fluchtrichtung aufschlagen und dürfen keine Schwellen haben. [2]Während des Aufenthaltes von Personen in der Versammlungsstätte müssen die Türen der jeweiligen Rettungswege jederzeit von innen leicht und in voller Breite geöffnet werden können.
(4) [1]Schiebetüren und -tore sind in Rettungswegen unzulässig; dies gilt nicht für automatische Schiebetüren, die die Rettungswege nicht beeinträchtigen. [2]Pendeltüren müssen in Rettungswegen Vorrichtungen haben, die ein Durchpendeln der Türen verhindern.
(5) Türen, die selbstschließend sein müssen, dürfen offen gehalten werden, wenn sie Einrichtungen haben, die bei Raucheinwirkung ein selbsttätiges Schließen der Türen bewirken; sie müssen auch von Hand geschlossen werden können.
(6) Mechanische Vorrichtungen zur Vereinzelung oder Zählung von Besuchern, wie Drehtüren oder -kreuze, sind in Rettungswegen unzulässig; dies gilt nicht für mechanische Vorrichtungen, die im Gefahrenfall von innen leicht und in voller Breite geöffnet werden können.

ABSCHNITT 3
Besucherplätze und Einrichtungen für Besucher

§ 10 Bestuhlung, Gänge und Stufengänge

(1) [1]In Reihen angeordnete Sitzplätze müssen unverrückbar befestigt sein; werden nur vorübergehend Stühle aufgestellt, so sind sie in den einzelnen Reihen fest miteinander zu verbinden. [2]Satz 1 gilt nicht für Gaststätten und Kantinen sowie für abgegrenzte Bereiche von Versammlungsräumen mit nicht mehr als 20 Sitzplätzen und ohne Stufen, wie Logen.
(2) Die Sitzplatzbereiche der Tribünen von Versammlungsstätten mit mehr als 5 000 Besucherplätzen müssen unverrückbar befestigte Einzelsitze haben.
(3) [1]Sitzplätze müssen mindestens 0,50 m breit sein. [2]Zwischen den Sitzplatzreihen muss eine lichte Durchgangsbreite von mindestens 0,40 m vorhanden sein.
(4) [1]Sitzplätze müssen in Blöcken von höchstens 30 Sitzplatzreihen angeordnet sein. [2]Hinter und zwischen den Blöcken müssen Gänge mit einer Mindestbreite von 1,20 m vorhanden sein. [3]Die Gänge müssen auf möglichst kurzem Weg zum Ausgang führen.
(5) [1]Seitlich eines Ganges dürfen höchstens zehn Sitzplätze, bei Versammlungsstätten im Freien und Sportstadien höchstens 20 Sitzplätze angeordnet sein. [2]Zwischen zwei Seitengängen dürfen 20 Sitzplätze, bei Versammlungsstätten im Freien und Sportstadien höchstens 40 Sitzplätze angeordnet sein. [3]In Versammlungsräumen dürfen zwischen zwei Seitengängen höchstens 50 Sitzplätze angeordnet sein, wenn auf jeder Seite des Versammlungsraumes für jeweils vier Sitzreihen eine Tür mit einer lichten Breite von 1,20 m vorhanden ist.
(6) [1]Von jedem Tischplatz darf der Weg zu einem Gang nicht länger als 10 m sein. [2]Der Abstand von Tisch zu Tisch soll 1,50 m nicht unterschreiten.
(7) [1]In Versammlungsräumen müssen für Rollstuhlbenutzer mindestens 1 Prozent der Besucherplätze, mindestens jedoch zwei Plätze, möglichst im Raum verteilt auf ebenen Standflächen vorhan-

den sein. [2]Den Plätzen für Rollstuhlbenutzer sind Besucherplätze für Begleitpersonen zuzuordnen. [3]Die Plätze für Rollstuhlbenutzer und die Wege zu ihnen sind durch Hinweisschilder gut sichtbar zu kennzeichnen.

(8) [1]Stufen in Gängen (Stufengänge) müssen eine Steigung von mindestens 0,10 m und höchstens 0,19 m und einen Auftritt von mindestens 0,26 m haben. [2]Der Fußboden des Durchganges zwischen Sitzplatzreihen und der Fußboden von Stehplatzreihen muss mit dem anschließenden Auftritt des Stufenganges auf einer Höhe liegen. [3]Stufengänge in Mehrzweckhallen mit mehr als 5 000 Besucherplätzen und in Sportstadien müssen sich durch farbliche Kennzeichnung von den umgebenden Flächen deutlich abheben.

§ 11 Abschrankungen und Schutzvorrichtungen

(1) [1]Flächen, die im Allgemeinen zum Begehen bestimmt sind und unmittelbar an mehr als 20 cm tiefer liegende Flächen angrenzen, sind mit Abschrankungen zu umwehren, soweit sie nicht durch Stufengänge oder Rampen mit der tiefer liegenden Fläche verbunden sind. [2]Satz 1 ist nicht anzuwenden:

1. für die den Besuchern zugewandten Seiten von Bühnen und Szenenflächen,
2. vor Stufenreihen, wenn die Stufenreihe nicht mehr als 0,50 m über dem Fußboden der davor liegenden Stufenreihe oder des Versammlungsraumes liegt, oder
3. vor Stufenreihen, wenn die Rückenlehnen der Sitzplätze der davor liegenden Stufenreihe den Fußboden der hinteren Stufenreihe um mindestens 0,65 m überragen.

(2) [1]Abschrankungen, wie Umwehrungen, Geländer, Wellenbrecher, Zäune, Absperrgitter oder Glaswände, müssen mindestens 1,10 m hoch sein. [2]Umwehrungen von Flächen, auf denen mit der Anwesenheit von Kindern unter sechs Jahren gerechnet werden muss, müssen entsprechend § 3 Absatz 5 Sätze 1 und 2 LBOAVO gestaltet sein.

(3) [1]Vor Sitzplatzreihen genügen Umwehrungen von 0,90 m Höhe; bei mindestens 0,20 m Brüstungsbreite der Umwehrung genügen 0,80 m; bei mindestens 0,50 m Brüstungsbreite genügen 0,70 m. [2]Liegt die Stufenreihe nicht mehr als 1 m über dem Fußboden der davor liegenden Stufenreihe oder des Versammlungsraumes, genügen vor Sitzplatzreihen 0,65 m.
(4) Abschrankungen in den für Besucher zugänglichen Bereichen müssen so bemessen sein, dass sie dem Druck einer Personengruppe standhalten.
(5) Die Fußböden und Stufen von Tribünen und Podien dürfen keine Öffnungen haben, durch die Personen abstürzen können; sofern Bühnen oder Szenenflächen solche Öffnungen benötigen, sind geeignete Vorkehrungen zur Absturzsicherheit zu treffen.
(6) [1]Spielfelder, Manegen, Fahrbahnen für den Rennsport und Reitbahnen müssen durch Abschrankungen, Netze oder andere Vorrichtungen so gesichert sein, dass Besucher durch die Darbietung oder den Betrieb des Spielfeldes, der Manege oder der Bahn nicht gefährdet werden. [2]Für Darbietungen und für den Betrieb technischer Einrichtungen im Luftraum über den Besucherplätzen gilt Satz 1 entsprechend.
(7) Werden Besucherplätze im Innenbereich von Fahrbahnen angeordnet, so muss der Innenbereich ohne Betreten der Fahrbahnen erreicht werden können.

§ 12 Toilettenräume

(1) [1]Versammlungsstätten müssen getrennte Toilettenräume für Damen und Herren haben. [2]Toiletten sollen in jedem Geschoss angeordnet werden. [3]Es sollen mindestens vorhanden sein:

Besucherplätze	Damentoiletten	Herrentoiletten	
	Toilettenbecken	Toilettenbecken	Urinale
bis 1 000			
je 100	1,5	0,5	1,2
über 1 000 je			

weitere 100	1,0	0,3	0,6
über 20 000 je			
weitere 100	0,5	0,2	0,5

[4]Die ermittelten Zahlen sind auf ganze Zahlen aufzurunden. [5]Soweit die Aufteilung der Toilettenräume nach Satz 2 nach der Art der Veranstaltung nicht zweckmäßig ist, kann für die Dauer der Veranstaltung eine andere Aufteilung erfolgen, wenn die Toilettenräume entsprechend gekennzeichnet werden. [6]Bei mehr als 6 Urinalbecken in einer Toilettenanlage sind diese in einem Raum unterzubringen, der einen vollständigen Sichtschutz gegenüber den Toilettenbecken und sonstigen Räumen bietet und nicht der Erschließung anderer Toilettenräume dient. [7]Auf dem Gelände der Versammlungsstätte oder in der Nähe vorhandene Toiletten können angerechnet werden, wenn sie für die Besucher der Versammlungsstätte zugänglich sind.

(2) [1]Für Rollstuhlbenutzer muss eine ausreichende Zahl geeigneter, stufenlos erreichbarer Toiletten, mindestens jedoch je zehn Plätzen für Rollstuhlbenutzer eine Toilette, vorhanden sein. [2]Mehrere Toiletten sollen verteilt angeordnet und auf kurzem Weg erreichbar sein.

(3) Für Damen- und Herrentoilettenräume ist jeweils mindestens ein eigener Vorraum mit Waschbecken vorzusehen.

§ 13 Stellplätze für Menschen mit Mobilitätseinschränkung

[1]Die Zahl der notwendigen Stellplätze für die Kraftfahrzeuge in ihrer Mobilität eingeschränkter Personen muss mindestens der Hälfte der Zahl der nach § 10 Absatz 7 erforderlichen Besucherplätze entsprechen. [2]Auf diese Stellplätze ist dauerhaft und leicht erkennbar hinzuweisen.

ABSCHNITT 4
Technische Anlagen und Einrichtungen, besondere Räume

§ 14 Sicherheitsstromversorgungsanlagen, elektrische Anlagen und Blitzschutzanlagen

(1) Versammlungsstätten müssen eine Sicherheitsstromversorgungsanlage haben, die bei Ausfall der Stromversorgung den Betrieb der sicherheitstechnischen Anlagen und Einrichtungen übernimmt, insbesondere der

1. Sicherheitsbeleuchtung,
2. automatischen Feuerlöschanlagen und Druckerhöhungsanlagen für die Löschwasserversorgung,
3. Rauchabzugsanlagen,
4. Brandmeldeanlagen,
5. Alarmierungsanlagen.

(2) In Versammlungsstätten für verschiedene Veranstaltungsarten, wie Mehrzweckhallen, Theater und Studios, sind für die vorübergehende Verlegung beweglicher Kabel und Leitungen bauliche Vorkehrungen, wie Installationsschächte und -kanäle oder Abschottungen, zu treffen, die die Ausbreitung von Feuer und Rauch verhindern und die sichere Begehbarkeit, insbesondere der Rettungswege, gewährleisten.
(3) Elektrische Schaltanlagen dürfen für Besucher nicht zugänglich sein.
(4) Versammlungsstätten müssen Blitzschutzanlagen haben, die auch die sicherheitstechnischen Einrichtungen schützen (äußerer und innerer Blitzschutz).

§ 15 Sicherheitsbeleuchtung

(1) In Versammlungsstätten muss eine Sicherheitsbeleuchtung vorhanden sein, die so beschaffen ist, dass Arbeitsvorgänge auf Bühnen und Szenenflächen sicher abgeschlossen werden können und sich Besucher, Mitwirkende und Betriebsangehörige auch bei vollstän-

digem Versagen der allgemeinen Beleuchtung bis zu öffentlichen Verkehrsflächen hin gut zurechtfinden können.

(2) Eine Sicherheitsbeleuchtung muss vorhanden sein

1. in notwendigen Treppenräumen, in Räumen zwischen notwendigen Treppenräumen und Ausgängen ins Freie und in notwendigen Fluren,
2. in Versammlungsräumen sowie in allen übrigen Räumen für Besucher (zum Beispiel Foyers, Garderoben, Toiletten),
3. für Bühnen und Szenenflächen,
4. in den Räumen für Mitwirkende und Beschäftigte mit mehr als 20 m^2 Grundfläche, ausgenommen Büroräume,
5. in elektrischen Betriebsräumen, in Räumen für haustechnische Anlagen sowie in Scheinwerfer- und Bildwerferräumen,
6. in Versammlungsstätten im Freien und Sportstadien, die während der Dunkelheit benutzt werden,
7. für Sicherheitszeichen von Ausgängen und Rettungswegen,
8. für Stufenbeleuchtungen.

(3) [1]In betriebsmäßig verdunkelten Versammlungsräumen, auf Bühnen und Szenenflächen muss eine Sicherheitsbeleuchtung in Bereitschaftsschaltung vorhanden sein. [2]Die Ausgänge, Gänge und Stufen im Versammlungsraum müssen auch bei Verdunklung unabhängig von der übrigen Sicherheitsbeleuchtung erkennbar sein. [3]Bei Gängen in Versammlungsräumen mit auswechselbarer Bestuhlung sowie bei Sportstadien mit Sicherheitsbeleuchtung ist eine Stufenbeleuchtung nicht erforderlich.

§ 16 Rauchableitung

(1) Versammlungsräume und sonstige Aufenthaltsräume mit mehr als 200 m^2 Grundfläche, Versammlungsräume in Kellergeschossen, Bühnen sowie notwendige Treppenräume müssen entraucht werden können.

(2) Für die Entrauchung von Versammlungsräumen und sonstigen Aufenthaltsräumen mit nicht mehr als 1 000 m^2 Grundfläche genügen Rauchableitungsöffnungen mit einer freien Öffnungsfläche von

insgesamt 1 Prozent der Grundfläche, Fenster oder Türen mit einer freien Öffnungsfläche von insgesamt 2 Prozent der Grundfläche oder maschinelle Rauchabzugsanlagen mit einem Luftvolumenstrom von 36 m^3/h je Quadratmeter Grundfläche.

(3) Für die Entrauchung von Versammlungsräumen und sonstigen Aufenthaltsräumen mit mehr als 1 000 m^2 Grundfläche sowie von Bühnen müssen Rauchabzugsanlagen vorhanden sein, die so bemessen sind, dass sie eine raucharme Schicht von mindestens 2,50 m auf allen zu entrauchenden Ebenen, bei Bühnen jedoch mindestens eine raucharme Schicht von der Höhe der Bühnenöffnung, ermöglichen.

(4) Notwendige Treppenräume müssen Rauchableitungsöffnungen mit einer freien Öffnungsfläche von mindestens 1 m^2 haben.

(5) [1]Rauchableitungsöffnungen sollen an der höchsten Stelle des Raumes liegen und müssen unmittelbar ins Freie führen. [2]Die Rauchableitung über Schächte mit strömungstechnisch äquivalenten Querschnitten ist zulässig, wenn die Wände der Schächte die Anforderungen nach § 3 Absatz 3 erfüllen. [3]Die Austrittsöffnungen müssen mindestens 0,25 m über der Dachfläche liegen. [4]Fenster und Türen, die auch der Rauchableitung dienen, müssen im oberen Drittel der Außenwand der zu entrauchenden Ebene angeordnet werden.

(6) Die Abschlüsse der Rauchableitungsöffnungen von Bühnen mit Schutzvorhang müssen bei einem Überdruck von 350 Pa selbsttätig öffnen; eine automatische Auslösung durch geeignete Temperaturmelder ist zulässig.

(7) [1]Maschinelle Rauchabzugsanlagen sind für eine Betriebszeit von 30 Minuten bei einer Rauchgastemperatur von 300 °C auszulegen. [2]Maschinelle Lüftungsanlagen können als maschinelle Rauchabzugsanlagen betrieben werden, wenn sie die an diese gestellten Anforderungen erfüllen.

(8) [1]Die Vorrichtungen zum Öffnen oder Einschalten der Rauchabzugsanlagen, der Abschlüsse der Rauchableitungsöffnungen und zum Öffnen der nach Absatz 5 angerechneten Fenster müssen von einer jederzeit zugänglichen Stelle im Raum aus leicht bedient wer-

den können. [2]Bei notwendigen Treppenräumen muss die Vorrichtung zum Öffnen von jedem Geschoss aus leicht bedient werden können.

(9) [1]Jede Bedienungsstelle muss mit einem Hinweisschild mit der Bezeichnung „RAUCHABZUG“ und der Bezeichnung des jeweiligen Raumes gekennzeichnet sein. [2]An der Bedienungsvorrichtung muss die Betriebsstellung der Anlage oder Öffnung erkennbar sein.

§ 17 Heizungsanlagen und Lüftungsanlagen

(1) [1]Heizungsanlagen in Versammlungsstätten müssen dauerhaft fest eingebaut sein. [2]Sie müssen so angeordnet sein, dass ausreichende Abstände zu Personen, brennbaren Bauprodukten und brennbarem Material eingehalten werden und keine Beeinträchtigungen durch Abgase entstehen.

(2) Versammlungsräume und sonstige Aufenthaltsräume mit mehr als 200 m^2 Grundfläche müssen Lüftungsanlagen haben.

§ 18 Stände und Arbeitsgalerien für Licht-, Ton-, Bild- und Regieanlagen

(1) [1]Stände und Arbeitsgalerien für den Betrieb von Licht-, Ton-, Bild- und Regieanlagen, wie Schnürböden, Beleuchtungstürme oder Arbeitsbrücken, müssen aus nichtbrennbaren Baustoffen bestehen. [2]Der Abstand zwischen Arbeitsgalerien und Raumdecken muss mindestens 2 m betragen.

(2) [1]Von Arbeitsgalerien müssen mindestens zwei Rettungswege erreichbar sein. [2]Jede Arbeitsgalerie einer Hauptbühne muss auf auf beiden Seiten der Hauptbühne einen Ausgang zu Rettungswegen außerhalb des Bühnenraumes haben.

(3) Öffnungen in Arbeitsgalerien müssen so gesichert sein, dass Personen oder Gegenstände nicht herabfallen können.

§ 19 Feuerlöscheinrichtungen und -anlagen

(1) [1]Versammlungsräume, Bühnen, Foyers, Werkstätten, Magazine, Lagerräume und notwendige Flure sind mit geeigneten Feuerlö-

schern in ausreichender Zahl auszustatten. [2]Die Feuerlöscher sind gut sichtbar und leicht zugänglich anzubringen.

(2) In Versammlungsstätten mit Versammlungsräumen von insgesamt mehr als 1 000 m² Grundfläche müssen Wandhydranten in ausreichender Zahl gut sichtbar und leicht zugänglich an geeigneten Stellen angebracht sein.

(3) Versammlungsstätten mit Versammlungsräumen von insgesamt mehr als 3 600 m² Grundfläche müssen eine automatische Feuerlöschanlage haben; dies gilt nicht für Versammlungsstätten, deren Versammlungsräume jeweils nicht mehr als 400 m² Grundfläche haben.

(4) Foyers oder Hallen, durch die Rettungswege aus anderen Versammlungsräumen führen, müssen eine automatische Feuerlöschanlage haben.

(5) Versammlungsräume, bei denen eine Fußbodenebene höher als 22 m über der Geländeoberfläche liegt, sind nur in Gebäuden mit automatischer Feuerlöschanlage zulässig.

(6) [1]Versammlungsräume in Kellergeschossen müssen eine automatische Feuerlöschanlage haben. [2]Ausgenommen sind Versammlungsräume mit nicht mehr als 200 m² Grundfläche, deren Fußboden an keiner Stelle mehr als 5 m unter der Geländeoberfläche liegt.

(7) In Versammlungsräumen müssen offene Küchen oder ähnliche Einrichtungen mit einer Grundfläche von mehr als 30 m² eine dafür geeignete automatische Feuerlöschanlage haben.

(8) Die Wirkung automatischer Feuerlöschanlagen darf durch überdeckte oder mehrgeschossige Ausstellungs- oder Dienstleistungsstände nicht beeinträchtigt werden.

(9) Automatische Feuerlöschanlagen müssen an eine Brandmelderzentrale angeschlossen sein.

§ 20 Brandmelde- und Alarmierungsanlagen, Brandmelder- und Alarmzentrale, Brandfallsteuerung der Aufzüge

(1) Versammlungsstätten mit Versammlungsräumen von insgesamt mehr als 1 000 m² Grundfläche müssen Brandmeldeanlagen mit automatischen und nichtautomatischen Brandmeldern haben.

(2) Versammlungsstätten mit Versammlungsräumen von insgesamt mehr als 1 000 m² Grundfläche müssen Alarmierungs-, insbesondere Sprachalarmanlagen, haben, mit denen im Gefahrenfall Besucher, Mitwirkende und Betriebsangehörige alarmiert und Anweisungen erteilt werden können.

(3) In Versammlungsstätten mit Versammlungsräumen von insgesamt mehr als 1 000 m² Grundfläche müssen zusätzlich zu den örtlichen Bedienungsvorrichtungen zentrale Bedienungsvorrichtungen für Rauchabzugs-, Feuerlösch-, Brandmelde- und Alarmierungs-, insbesondere Sprachalarmanlagen, in einem für die Feuerwehr leicht zugänglichen Raum (Brandmelder- und Alarmzentrale) zusammengefasst werden.

(4) [1]In Versammlungsstätten mit Versammlungsräumen von insgesamt mehr als 1 000 m² Grundfläche müssen die Aufzüge mit einer Brandfallsteuerung ausgestattet sein, die durch die automatische Brandmeldeanlage ausgelöst wird. [2]§ 14 Absatz 6 LBOAVO bleibt unberührt. [3]Die Brandfallsteuerung muss sicherstellen, dass die Aufzüge ein Geschoss mit Ausgang ins Freie oder das diesem nächstgelegene, nicht von der Brandmeldung betroffene Geschoss unmittelbar anfahren und dort mit geöffneten Türen außer Betrieb gehen.

(5) [1]Automatische Brandmeldeanlagen müssen durch technische Maßnahmen gegen Falschalarme gesichert sein. [2]Brandmeldungen müssen von der Brandmelderzentrale unmittelbar und automatisch zur Leitstelle der Feuerwehr weitergeleitet werden.

§ 21 Werkstätten, Magazine und Lagerräume

(1) Für feuergefährliche Arbeiten, wie Schweiß-, Löt- oder Klebearbeiten, müssen dafür geeignete Werkstätten vorhanden sein.

(2) Für das Aufbewahren von Dekorationen, Requisiten und anderem brennbaren Material müssen eigene Lagerräume (Magazine) vorhanden sein.
(3) Für die Sammlung von Abfällen und Wertstoffen müssen dafür geeignete Behälter im Freien oder besondere Lagerräume vorhanden sein.
(4) Werkstätten, Magazine und Lagerräume dürfen mit notwendigen Treppenräumen nicht in unmittelbarer Verbindung stehen.

TEIL 3
Besondere Bauvorschriften

ABSCHNITT 1
Großbühnen

§ 22 Bühnenhaus

(1) In Versammlungsstätten mit Großbühnen sind alle für den Bühnenbetrieb notwendigen Räume und Einrichtungen in einem eigenen, von dem Zuschauerhaus getrennten Bühnenhaus unterzubringen.
(2) [1]Die Trennwand zwischen Bühnen- und Zuschauerhaus muss feuerbeständig und in der Bauart einer Brandwand hergestellt sein. [2]Türen in dieser Trennwand müssen feuerbeständig und selbstschließend sein.

§ 23 Schutzvorhang

(1) [1]Die Bühnenöffnung von Großbühnen muss gegen den Versammlungsraum durch einen Vorhang aus nichtbrennbarem Material dicht geschlossen werden können (Schutzvorhang). [2]Der Schutzvorhang muss durch sein Eigengewicht schließen können. [3]Die Schließzeit darf 30 Sekunden nicht überschreiten. [4]Der Schutzvorhang muss einem Druck von 450 Pa nach beiden Richtungen standhalten. [5]Eine höchstens 1 m breite, zur Hauptbühne sich öffnende, selbsttätig schließende Tür im Schutzvorhang ist zulässig.

(2) [1]Der Schutzvorhang muss so angeordnet sein, dass er im geschlossenen Zustand an allen Seiten an feuerbeständige Bauteile anschließt. [2]Der Bühnenboden darf unter dem Schutzvorhang durchgeführt werden. [3]Das untere Profil dieses Schutzvorhangs muss ausreichend steif sein oder mit Stahldornen in entsprechende stahlbewehrte Aussparungen im Bühnenboden eingreifen.
(3) [1]Die Vorrichtung zum Schließen des Schutzvorhangs muss mindestens an zwei Stellen von Hand ausgelöst werden können. [2]Beim Schließen muss auf der Bühne ein Warnsignal zu hören sein.

§ 24 Feuerlösch- und Brandmeldeanlagen

(1) Großbühnen müssen eine automatische Sprühwasserlöschanlage haben, die auch den Schutzvorhang beaufschlagt.
(2) Die Sprühwasserlöschanlage muss zusätzlich mindestens von zwei Stellen aus von Hand in Betrieb gesetzt werden können.
(3) In Großbühnen müssen neben den Ausgängen zu den Rettungswegen in Höhe der Arbeitsgalerien und des Schnürbodens Wandhydranten vorhanden sein.
(4) Großbühnen und Räume mit besonderen Brandgefahren müssen eine Brandmeldeanlage mit automatischen und nichtautomatischen Brandmeldern haben.
(5) Die Auslösung eines Alarmes muss optisch und akustisch am Platz der Brandsicherheitswache erkennbar sein.

§ 25 Platz für die Brandsicherheitswache

(1) [1]Auf jeder Seite der Bühnenöffnung muss für die Brandsicherheitswache ein besonderer Platz mit einer Grundfläche von mindestens 1 m × 1 m und einer Höhe von mindestens 2,20 m vorhanden sein. [2]Die Brandsicherheitswache muss die Fläche, die bespielt wird, überblicken und betreten können.
(2) [1]Am Platz der Brandsicherheitswache müssen die Vorrichtung zum Schließen des Schutzvorhangs und die Auflösevorrichtungen der Rauchabzugs- und Sprühwasserlöschanlagen der Bühne sowie ein nichtautomatischer Brandmelder leicht erreichbar angebracht

und durch Hinweisschilder gekennzeichnet sein. [2]Die Auslösevorrichtungen müssen beleuchtet sein. [3]Diese Beleuchtung muss an die Sicherheitsstromversorgung angeschlossen sein. [4]Die Vorrichtungen sind gegen unbeabsichtigtes Auslösen zu sichern.

ABSCHNITT 2
Versammlungsstätten mit mehr als 5 000 Besucherplätzen

§ 26 Räume für Sprachalarmzentrale, Polizei, Feuerwehr, Sanitäts- und Rettungsdienst

(1) [1]Mehrzweckhallen und Sportstadien müssen einen Raum für eine Sprachalarmzentrale haben, von dem aus die Besucherbereiche und der Innenbereich überblickt und Polizei, Feuerwehr und Rettungsdienste benachrichtigt werden können. [2]Die Sprachalarmanlage muss eine Vorrangschaltung für die Einsatzleitung der Polizei haben.

(2) [1]In Mehrzweckhallen und Sportstadien sind ausreichend große Räume für die Polizei und die Feuerwehr anzuordnen. [2]Der Raum für die Einsatzleitung der Polizei muss eine räumliche Verbindung mit der Sprachalarmzentrale haben und mit Anschlüssen für eine Videoanlage zur Überwachung der Besucherbereiche ausgestattet sein.

(3) Wird die Funkkommunikation der Einsatzkräfte von Polizei und Feuerwehr innerhalb der Versammlungsstätte durch die bauliche Anlage gestört, ist die Versammlungsstätte mit technischen Anlagen zur Unterstützung des Funkverkehrs auszustatten.

(4) In Mehrzweckhallen und Sportstadien muss mindestens ein ausreichend großer Raum für den Sanitäts- und Rettungsdienst vorhanden sein.

§ 27 Abschrankung und Blockbildung in Sportstadien mit mehr als 10 000 Besucherplätzen

(1) [1]Die Besucherplätze müssen vom Innenbereich durch mindestens 2,20 m hohe Abschrankungen abgetrennt sein. [2]In diesen Abschrankungen sind den Stufengängen zugeordnete, mindestens 1,80 m breite Tore anzuordnen, die sich im Gefahrenfall leicht zum Innenbereich hin öffnen lassen. [3]Die Tore dürfen nur vom Innenbereich oder von zentralen Stellen aus zu öffnen sein und müssen in geöffnetem Zustand durch selbsteinrastende Feststeller gesichert werden. [4]Der Übergang in den Innenbereich muss niveaugleich sein.

(2) Stehplätze müssen in Blöcken für höchstens 2 500 Besucher angeordnet werden, die durch mindestens 2,20 m hohe Abschrankungen mit eigenen Zugängen abgetrennt sind.

(3) Die Anforderungen nach den Absätzen 1 oder 2 gelten nicht, wenn in dem mit den für öffentliche Sicherheit oder Ordnung zuständigen Behörden abgestimmten Sicherheitskonzept nachgewiesen wird, dass abweichende Abschrankungen oder Blockbildungen unbedenklich sind.

§ 28 Wellenbrecher

[1]Werden mehr als fünf Stufen von Stehplatzreihen hintereinander angeordnet, so ist vor der vordersten Stufe eine durchgehende Schranke von 1,10 m Höhe anzuordnen. [2]Nach jeweils fünf weiteren Stufen sind Schranken gleicher Höhe (Wellenbrecher) anzubringen, die einzeln mindestens 3 m und höchstens 5,50 m lang sind. [3]Die seitlichen Abstände zwischen den Wellenbrechern dürfen nicht mehr als 5 m betragen. [4]Die Abstände sind nach höchstens fünf Stehplatzreihen durch versetzt angeordnete Wellenbrecher zu überdecken, die auf beiden Seiten mindestens 0,25 m länger sein müssen als die seitlichen Abstände zwischen den Wellenbrechern. [5]Die Wellenbrecher sind im Bereich der Stufenvorderkante anzuordnen.

§ 29 Abschrankung von Stehplätzen vor Szenenflächen

(1) Werden vor Szenenflächen Stehplätze für Besucher angeordnet, so sind die Besucherplätze von der Szenenfläche durch eine Abschrankung so abzutrennen, dass zwischen der Szenenfläche und der Abschrankung ein Gang von mindestens 2 m Breite für den Ordnungsdienst und Rettungskräfte vorhanden ist.

(2) [1]Werden vor Szenenflächen mehr als 5 000 Stehplätze für Besucher angeordnet, so sind durch mindestens zwei weitere Abschrankungen vor der Szenenfläche nur von den Seiten zugängliche Stehplatzbereiche zu bilden. [2]Die Abschrankungen müssen an den Seiten einen Abstand von jeweils mindestens 5 m und über die Breite der Szenenfläche einen Abstand von mindestens 10 m haben.

§ 30 Einfriedungen und Eingänge

(1) Stadionanlagen müssen eine mindestens 2,20 m hohe Einfriedung haben, die das Überklettern erschwert.

(2) [1]Vor den Eingängen sind Geländer so anzuordnen, dass Besucher nur einzeln und hintereinander Einlass finden. [2]Es sind Einrichtungen für Zugangskontrollen sowie für die Durchsuchung von Personen und Sachen vorzusehen. [3]Für die Einsatzkräfte von Polizei, Feuerwehr und Rettungsdiensten sind von den Besuchereingängen getrennte Eingänge anzuordnen.

(3) [1]Für Einsatz- und Rettungsfahrzeuge müssen besondere Zufahrten, Aufstell- und Bewegungsflächen vorhanden sein. [2]Von den Zufahrten und Aufstellflächen aus müssen die Eingänge der Versammlungsstätten unmittelbar erreichbar sein. [3]Für Einsatz- und Rettungsfahrzeuge muss eine Zufahrt zum Innenbereich vorhanden sein. [4]Die Zufahrten, Aufstell- und Bewegungsflächen müssen gekennzeichnet sein.

TEIL 4
Betriebsvorschriften

ABSCHNITT 1
Rettungswege, Besucherplätze

§ 31 Rettungswege, Flächen für die Feuerwehr

(1) [1]Rettungswege auf dem Grundstück sowie Zufahrten, Aufstell- und Bewegungsflächen für Einsatzfahrzeuge von Polizei, Feuerwehr und Rettungsdiensten müssen ständig frei gehalten werden. [2]Darauf ist dauerhaft und gut sichtbar hinzuweisen.
(2) Rettungswege in der Versammlungsstätte müssen ständig frei gehalten werden.
(3) Während des Betriebes müssen alle Türen von Rettungswegen unverschlossen sein.

§ 32 Besucherplätze nach dem Bestuhlungs- und Rettungswegeplan

(1) Die Zahl der im Bestuhlungs- und Rettungswegeplan genehmigten Besucherplätze darf nicht überschritten und die genehmigte Anordnung der Besucherplätze darf nicht geändert werden.
(2) Eine Ausfertigung des für die jeweilige Nutzung genehmigten Planes ist in der Nähe des Haupteinganges eines jeden Versammlungsraumes gut sichtbar anzubringen.
(3) Ist nach der Art der Veranstaltung die Abschrankung der Stehflächen vor Szenenflächen erforderlich, sind Abschrankungen nach § 29 auch in Versammlungsstätten mit weniger als 5 000 Stehplätzen einzurichten.

ABSCHNITT 2
Brandverhütung

§ 33 Vorhänge, Sitze, Ausstattungen, Requisiten und Ausschmückungen

(1) Vorhänge von Bühnen und Szenenflächen müssen aus mindestens schwerentflammbarem Material bestehen.

(2) [1]Sitze von Versammlungsstätten mit mehr als 5 000 Besucherplätzen müssen aus mindestens schwerentflammbarem Material bestehen. [2]Die Unterkonstruktion muss aus nichtbrennbarem Material bestehen.

(3) [1]Ausstattungen müssen aus mindestens schwerentflammbarem Material bestehen. [2]Bei Bühnen oder Szenenflächen mit automatischen Feuerlöschanlagen genügen Ausstattungen aus normalentflammbarem Material.

(4) Requisiten müssen aus mindestens normalentflammbarem Material bestehen.

(5) [1]Ausschmückungen müssen aus mindestens schwerentflammbarem Material bestehen. [2]Ausschmückungen in notwendigen Fluren und notwendigen Treppenräumen müssen aus nichtbrennbarem Material bestehen.

(6) [1]Ausschmückungen müssen unmittelbar an Wänden, Decken oder Ausstattungen angebracht werden. [2]Frei im Raum hängende Ausschmückungen sind zulässig, wenn sie einen Abstand von mindestens 2,50 m zum Fußboden haben. [3]Ausschmückungen aus natürlichem Pflanzenschmuck dürfen sich nur so lange, wie sie frisch sind, in den Räumen befinden.

(7) Der Raum unter dem Schutzvorhang ist von Ausstattungen, Requisiten oder Ausschmückungen so freizuhalten, dass die Funktion des Schutzvorhangs nicht beeinträchtigt wird.

(8) Brennbares Material muss von Zündquellen, wie Scheinwerfern oder Heizstrahlern, so weit entfernt sein, dass das Material durch diese nicht entzündet werden kann.

§ 34 Aufbewahrung von Ausstattungen, Requisiten, Ausschmückungen und brennbarem Material

(1) Ausstattungen, Requisiten und Ausschmückungen dürfen nur außerhalb der Bühnen und der Szenenflächen aufbewahrt werden; dies gilt nicht für den Tagesbedarf.

(2) Auf den Bühnenerweiterungen dürfen Szenenaufbauten der laufenden Spielzeit bereitgestellt werden, wenn die Bühnenerweiterungen durch Abschlüsse aus nichtbrennbaren Baustoffen gegen die Hauptbühne abgetrennt sind.

(3) An den Zügen von Bühnen oder Szenenflächen dürfen in der Regel nur Ausstattungsteile für einen Tagesbedarf hängen.

(4) Pyrotechnische Sätze, Gegenstände und Anzündmittel, brennbare Flüssigkeiten und anderes brennbares Material, insbesondere Packmaterial, dürfen nur in den dafür vorgesehenen Magazinen aufbewahrt werden.

§ 35 Rauchen, Verwendung von offenem Feuer und pyrotechnischen Gegenständen

(1) [1]Auf Bühnen und Szenenflächen, in Werkstätten und Magazinen ist das Rauchen verboten. [2]Das Rauchverbot gilt nicht für Darsteller und Mitwirkende auf Bühnen- und Szenenflächen während der Proben und Veranstaltungen, soweit das Rauchen in der Art der Veranstaltungen begründet ist.

(2) [1]In Versammlungsräumen, auf Bühnen- und Szenenflächen und in Sportstadien ist das Verwenden von offenem Feuer, brennbaren Flüssigkeiten und Gasen, pyrotechnischen Sätzen, Gegenständen und Anzündmitteln und anderen explosionsgefährlichen Stoffen verboten, § 17 Absatz 1 bleibt unberührt. [2]Das Verwendungsverbot gilt nicht, soweit das Verwenden von offenem Feuer, brennbaren Flüssigkeiten und Gasen sowie pyrotechnischen Sätzen, Gegenständen und Anzündmitteln in der Art der Veranstaltung begründet ist und der Veranstalter die erforderlichen Brandschutzmaßnahmen im Einzelfall mit der für den Brandschutz zuständigen Dienststelle abgestimmt hat. [3]Für den Umgang mit pyrotechnischen Sätzen, Gegen-

ständen und Anzündmitteln gelten die sprengstoffrechtlichen Vorschriften.
(3) Die Verwendung von Kerzen und ähnlichen Lichtquellen als Tischdekoration sowie die Verwendung von offenem Feuer in dafür vorgesehenen Kücheneinrichtungen zur Zubereitung von Speisen ist zulässig.
(4) Auf die Verbote der Absätze 1 und 2 ist dauerhaft und gut sichtbar hinzuweisen.

ABSCHNITT 3
Betrieb technischer Einrichtungen

§ 36 Bedienung und Wartung der technischen Einrichtungen, Laseranlagen

(1) [1]Der Schutzvorhang muss täglich vor der ersten Vorstellung oder Probe durch Aufziehen und Herablassen auf seine Betriebsbereitschaft geprüft werden. [2]Der Schutzvorhang ist nach jeder Vorstellung herabzulassen und zu allen arbeitsfreien Zeiten geschlossen zu halten.
(2) Die Automatik der Sprühwasserlöschanlage kann während der Dauer der Anwesenheit der Verantwortlichen für Veranstaltungstechnik abgeschaltet werden.
(3) Die automatische Brandmeldeanlage kann abgeschaltet werden, soweit dies in der Art der Veranstaltung begründet ist und der Veranstalter die erforderlichen Brandschutzmaßnahmen im Einzelfall mit der für den Brandschutz zuständigen Dienststelle abgestimmt hat.
(4) Während des Aufenthaltes von Personen in Räumen, für die eine Sicherheitsbeleuchtung vorgeschrieben ist, muss diese in Betrieb sein, soweit die Räume nicht ausreichend durch Tageslicht erhellt sind.
(5) Auf den Betrieb von Laseranlagen in den für Besucher zugänglichen Bereichen sind die arbeitsschutzrechtlichen Vorschriften entsprechend anzuwenden.

§ 37 Prüfungen

(1) Der Betreiber der Versammlungsstätte hat folgende technische Anlagen und Einrichtungen durch anerkannte Sachverständige nach § 1 der Bausachverständigenverordnung vom 15. Juli 1986 (GBl. S. 305) in der jeweils geltenden Fassung auf ihre Wirksamkeit und Betriebssicherheit prüfen zu lassen:

1. Lüftungsanlagen, ausgenommen solche, die einzelne Räume im selben Geschoss unmittelbar ins Freie be- oder entlüften (§ 17),
2. Rauchabzugsanlagen sowie maschinelle Anlagen zur Rauchfreihaltung von Rettungswegen (§ 16),
3. selbsttätige Feuerlöschanlagen, wie Sprinkleranlagen, Sprühwasser-Löschanlagen und Wassernebel-Löschanlagen (§§ 19, 24),
4. nichtselbsttätige Feuerlöschanlagen mit nassen Steigleitungen und Druckerhöhungsanlagen einschließlich des Anschlusses an die Wasserversorgungsanlage (§ 19),
5. Brandmelde- und Alarmierungsanlagen (§§ 20, 24),
6. Sicherheitsstromversorgungsanlagen einschließlich der angeschlossenen sicherheitstechnischen Einrichtungen (§ 14).

(2) Die Prüfungen nach Absatz 1 und 4 sind vor der ersten Inbetriebnahme und unverzüglich nach einer wesentlichen Änderung der technischen Anlagen und Einrichtungen durchführen zu lassen.

(3) Die Prüfungen nach Absatz 1 und 4 sind wiederkehrend innerhalb einer Frist von drei Jahren durchführen zu lassen.

(4) [1]Blitzschutzanlagen sind von Sachkundigen prüfen zu lassen. [2]Sachkundige sind Personen, die auf Grund ihrer fachlichen Ausbildung und Erfahrung ausreichende Kenntnisse auf dem jeweiligen Fachgebiet haben und mit den einschlägigen Vorschriften und den allgemein anerkannten Regeln der Technik vertraut sind.

(5) Der Bauherr oder der Betreiber hat die Prüfungen nach den Absätzen 1 bis 4 zu veranlassen, dafür die nötigen Vorrichtungen und fachlich geeigneten Arbeitskräfte bereitzustellen und die erforderlichen Unterlagen bereitzuhalten.

(6) Der Bauherr oder der Betreiber hat die Berichte über die Prüfungen vor der ersten Inbetriebnahme und vor Wiederinbetriebnahme

nach wesentlichen Änderungen der zuständigen Baurechtsbehörde zu übersenden sowie die Berichte über wiederkehrende Prüfungen mindestens fünf Jahre aufzubewahren und der Baurechtsbehörde auf Verlangen vorzulegen.

(7) Der Bauherr oder Betreiber hat die bei den Prüfungen festgestellten Mängel unverzüglich beseitigen zu lassen und dem Sachverständigen die Beseitigung mitzuteilen.

(8) Der Sachverständige hat der Baurechtsbehörde mitzuteilen,

1. wann er die Prüfungen nach Absatz 1 durchgeführt hat und
2. welche hierbei festgestellten Mängel der Bauherr oder Betreiber nicht unverzüglich hat beseitigen lassen.

ABSCHNITT 4
Verantwortliche Personen, besondere Betriebsvorschriften

§ 38 Pflichten der Betreiber, Veranstalter und Beauftragten

(1) Der Betreiber ist für die Sicherheit der Veranstaltung und die Einhaltung der Vorschriften verantwortlich.

(2) Während des Betriebes von Versammlungsstätten muss der Betreiber oder ein von ihm beauftragter Veranstaltungsleiter ständig anwesend sein.

(3) Der Betreiber muss die Zusammenarbeit von Ordnungsdienst, Brandsicherheitswache und Sanitätswache mit der Polizei, der Feuerwehr und dem Rettungsdienst gewährleisten.

(4) Der Betreiber ist zur Einstellung des Betriebes verpflichtet, wenn für die Sicherheit der Versammlungsstätte notwendige Anlagen, Einrichtungen oder Vorrichtungen nicht betriebsfähig sind oder wenn Betriebsvorschriften nicht eingehalten werden können.

(5) [1]Der Betreiber kann die Verpflichtungen nach den Absätzen 1 bis 4 durch schriftliche Vereinbarung auf den Veranstalter übertragen, wenn dieser oder dessen beauftragter Veranstaltungsleiter mit der Versammlungsstätte und deren Einrichtungen vertraut ist. [2]Die Verantwortung des Betreibers bleibt unberührt.

§ 39 Verantwortliche für Veranstaltungstechnik

(1) [1]Verantwortliche für Veranstaltungstechnik sind

1. die Geprüften Meister für Veranstaltungstechnik,
2. technische Fachkräfte mit bestandenem fachrichtungsspezifischem Teil der Prüfung nach § 3 Absatz 1 Nummer 2 in Verbindung mit den §§ 5, 6 oder 7 der Verordnung über die Prüfung zum anerkannten Abschluss „Geprüfter Meister für Veranstaltungstechnik/Geprüfte Meisterin für Veranstaltungstechnik" in den Fachrichtungen Bühne/Studio, Beleuchtung oder Halle in der jeweiligen Fachrichtung,
3. Diplomingenieure und Hochschulabsolventen der Fachrichtungen Theater-, Veranstaltungs- und Produktionstechnik mit mindestens einem Jahr Berufserfahrung im technischen Betrieb von Bühnen, Studios oder Mehrzweckhallen in der jeweiligen Fachrichtung, denen die Industrie- und Handelskammer Karlsruhe ein Befähigungszeugnis nach Anlage 1 ausgestellt hat,
4. technische Bühnen- und Studiofachkräfte, die den Befähigungsnachweis nach den bis zum Inkrafttreten dieser Verordnung geltenden Vorschriften erworben haben.

[2]Auf Antrag stellt die Industrie- und Handelskammer Karlsruhe auch den Personen nach Satz 1 Nummer 1 und 2 ein Befähigungszeugnis nach Anlage 1 aus. [3]Die in einem anderen Land der Bundesrepublik Deutschland ausgestellten Befähigungszeugnisse werden anerkannt.

(2) Gleichwertige Ausbildungen, die in einem anderen Mitgliedstaat der Europäischen Union oder einem Vertragsstaat des Abkommens über den Europäischen Wirtschaftsraum erworben und durch einen Ausbildungsnachweis belegt werden, sind entsprechend den europäischen Richtlinien zur Anerkennung von Berufsqualifikationen den in Absatz 1 genannten Ausbildungen gleichgestellt.

§ 40 Aufgaben und Pflichten der Verantwortlichen für Veranstaltungstechnik, technische Probe

(1) Die Verantwortlichen für Veranstaltungstechnik müssen mit den bühnen-, studio- und beleuchtungstechnischen und sonstigen technischen Einrichtungen der Versammlungsstätte vertraut sein und deren Sicherheit und Funktionsfähigkeit, insbesondere hinsichtlich des Brandschutzes, während des Betriebes gewährleisten.

(2) Der Auf- oder Abbau bühnen-, studio- und beleuchtungstechnischer Einrichtungen von Großbühnen oder Szenenflächen mit mehr als 200 m² Grundfläche oder in Mehrzweckhallen mit mehr als 5 000 Besucherplätzen sowie bei wesentlichen Wartungs- und Instandsetzungsarbeiten an diesen Einrichtungen und bei technischen Proben müssen von einem Verantwortlichen für Veranstaltungstechnik geleitet und beaufsichtigt werden.

(3) Bei Generalproben, Veranstaltungen, Sendungen oder Aufzeichnungen von Veranstaltungen auf Großbühnen oder Szenenflächen mit mehr als 200 m² Grundfläche oder in Mehrzweckhallen mit mehr als 5 000 Besucherplätzen müssen mindestens ein für die bühnen- oder studiotechnischen Einrichtungen sowie ein für die beleuchtungstechnischen Einrichtungen Verantwortlicher für Veranstaltungstechnik anwesend sein.

(4) Bei Szenenflächen mit mehr als 100 m² und nicht mehr als 200 m² Grundfläche oder in Mehrzweckhallen mit nicht mehr als 5 000 Besucherplätzen müssen beim Auf- oder Abbau von bühnen-, studio- und beleuchtungstechnischen Einrichtungen die Aufgaben nach den Absätzen 1 bis 3 zumindest von einer Fachkraft für Veranstaltungstechnik mit abgeschlossener Berufsausbildung gemäß den einschlägigen verordnungsrechtlichen Ausbildungsvorschriften und mindestens drei Jahren Berufserfahrung wahrgenommen werden.

(5) Die Anwesenheit nach Absatz 3 und 4 ist nicht erforderlich,

1. wenn die Sicherheit und Funktionsfähigkeit der bühnen-, studio- und beleuchtungstechnischen sowie der sonstigen technischen Einrichtungen der Versammlungsstätte vom Verantwortlichen

für Veranstaltungstechnik überprüft wurden und diese Einrichtungen während der Veranstaltung nicht bewegt oder sonst verändert werden, oder
2. wenn von Art oder Ablauf der Veranstaltung keine Gefahren ausgehen können

und die Aufsicht führende Person mit den technischen Einrichtungen vertraut ist.

(6) [1]Bei Großbühnen sowie bei Szenenflächen mit mehr als 200 m^2 Grundfläche und bei Gastspielveranstaltungen mit eigenem Szenenaufbau in Versammlungsräumen muss vor der ersten Veranstaltung eine nichtöffentliche technische Probe mit vollem Szenenaufbau und voller Beleuchtung stattfinden. [2]Diese technische Probe ist der Baurechtsbehörde mindestens 24 Stunden vorher anzuzeigen. [3]Beabsichtigte wesentliche Änderungen des Szenenaufbaues nach der technischen Probe sind der zuständigen Baurechtsbehörde rechtzeitig anzuzeigen. [4]Die Baurechtsbehörde kann auf die technische Probe verzichten, wenn dies nach der Art der Veranstaltung oder nach dem Umfang des Szenenaufbaues unbedenklich ist.

§ 41 Brandsicherheitswache, Sanitäts- und Rettungsdienst

(1) Bei Veranstaltungen mit erhöhten Brandgefahren hat der Betreiber eine Brandsicherheitswache einzurichten.

(2) [1]Bei jeder Veranstaltung auf Großbühnen sowie Szenenflächen mit mehr als 200 m^2 Grundfläche muss eine Brandsicherheitswache der Feuerwehr anwesend sein. [2]Den Anweisungen der Brandsicherheitswache ist zu folgen. [3]Eine Brandsicherheitswache der Feuerwehr ist nicht erforderlich, wenn die für den Brandschutz zuständige Dienststelle dem Betreiber bestätigt, dass er über eine ausreichende Zahl ausgebildeter Kräfte verfügt, die die Aufgaben der Brandsicherheitswache wahrnehmen.

(3) Veranstaltungen mit voraussichtlich mehr als 5 000 Besuchern sind der für den Sanitäts- und Rettungsdienst zuständigen Behörde rechtzeitig anzuzeigen.

§ 42 Brandschutzordnung, Feuerwehrpläne

(1) [1]Der Betreiber oder ein von ihm Beauftragter hat im Einvernehmen mit der für den Brandschutz zuständigen Dienststelle eine Brandschutzverordnung aufzustellen und durch Aushang bekannt zu machen. [2]In der Brandschutzordnung sind insbesondere die Erforderlichkeit und die Aufgaben eines Brandschutzbeauftragten und der Selbsthilfekräfte für den Brandschutz sowie die Maßnahmen festzulegen, die zur Rettung behinderter Menschen, insbesondere Rollstuhlbenutzer, erforderlich sind.

(2) [1]Das Betriebspersonal ist bei Beginn des Arbeitsverhältnisses und danach mindestens einmal jährlich zu unterweisen über

1. die Lage und die Bedienung der Feuerlöscheinrichtungen und -anlagen, Rauchabzugsanlagen, Brandmelde- und Alarmierungsanlagen und der Brandmelder- und Alarmzentrale,
2. die Brandschutzordnung, insbesondere über das Verhalten bei einem Brand oder bei einer Panik, und
3. die Betriebsvorschriften.

[2]Der für den Brandschutz zuständigen Dienststelle ist Gelegenheit zu geben, an der Unterweisung teilzunehmen. [3]Über die Unterweisung ist eine Niederschrift zu fertigen, die der Baurechtsbehörde auf Verlangen vorzulegen ist.

(3) Im Einvernehmen mit der für den Brandschutz zuständigen Dienststelle sind Feuerwehrpläne anzufertigen und der örtlichen Feuerwehr zur Verfügung zu stellen.

§ 43 Sicherheitskonzept, Ordnungsdienst

(1) Erfordert es die Art der Veranstaltung, hat der Betreiber ein Sicherheitskonzept aufzustellen und einen Ordnungsdienst einzurichten.

(2) [1]Für Versammlungsstätten mit mehr als 5 000 Besucherplätzen hat der Betreiber im Einvernehmen mit den für Sicherheit oder Ordnung zuständigen Behörden, erforderlichenfalls unter beratender Zuziehung von Polizei, Feuerwehr und Rettungsdiensten, ein Sicherheitskonzept aufzustellen. [2]Im Sicherheitskonzept sind die

Mindestzahl der Kräfte des Ordnungsdienstes gestaffelt nach Besucherzahlen und Gefährdungsgraden sowie die betrieblichen Sicherheitsmaßnahmen und die allgemeinen und besonderen Sicherheitsdurchsagen festzulegen.
(3) Der nach dem Sicherheitskonzept erforderliche Ordnungsdienst muss unter der Leitung eines vom Betreiber oder Veranstalter bestellten Ordnungsdienstleiters stehen.
(4) [1]Der Ordnungsdienstleiter und die Ordnungsdienstkräfte sind für die betrieblichen Sicherheitsmaßnahmen verantwortlich. [2]Sie sind insbesondere für die Kontrolle an den Ein- und Ausgängen und den Zugängen zu den Besucherblöcken, die Beachtung der maximal zulässigen Besucherzahl und der Anordnung der Besucherplätze, die Beachtung der Verbote des § 35, die Sicherheitsdurchsagen sowie für die geordnete Evakuierung im Gefahrenfall verantwortlich.

TEIL 5
Zusätzliche Bauvorlagen

§ 44 Zusätzliche Bauvorlagen, Bestuhlungs- und Rettungswegeplan

(1) Mit den Bauvorlagen ist ein Brandschutzkonzept vorzulegen, in dem insbesondere die maximal zulässige Zahl der Besucher, die Anordnung und Bemessung der Rettungswege und die zur Erfüllung der brandschutztechnischen Anforderungen erforderlichen baulichen, technischen und betrieblichen Maßnahmen dargestellt sind.
(2) Für die nach dieser Verordnung erforderlichen technischen Einrichtungen sind besondere Pläne, Beschreibungen und Nachweise vorzulegen.
(3) Mit den bautechnischen Nachweisen sind Standsicherheitsnachweise für dynamische Belastungen vorzulegen.
(4) Der Verlauf der Rettungswege im Freien, die Zufahrten und die Aufstell- und Bewegungsflächen für die Einsatz- und Rettungsfahrzeuge sind in einem besonderen Außenanlagenplan darzustellen.

(5) [1]Die Anordnung der Sitz- und Stehplätze, einschließlich der Plätze für Rollstuhlbenutzer, der Bühnen-, Szenen- oder Spielflächen sowie der Verlauf der Rettungswege sind in einem Bestuhlungs- und Rettungswegeplan im Maßstab von mindestens 1 : 200 darzustellen. [2]Sind verschiedene Anordnungen vorgesehen, so ist für jede ein besonderer Plan vorzulegen.

§ 45 Gastspielprüfbuch

(1) Für den eigenen, gleichbleibenden Szenenaufbau von wiederkehrenden Gastspielveranstaltungen kann auf schriftlichen Antrag ein Gastspielprüfbuch erteilt werden.
(2) [1]Das Gastspielprüfbuch muss dem Muster der Anlage 2 entsprechen. [2]Der Veranstalter ist durch das Gastspielprüfbuch von der Verpflichtung entbunden, an jedem Gastspielort die Sicherheit des Szenenaufbaues und der dazu gehörenden technischen Einrichtungen erneut nachzuweisen.
(3) [1]Das Gastspielprüfbuch wird von der unteren Baurechtsbehörde erteilt, in deren Zuständigkeitsbereich die erste Veranstaltung oder die erste nichtöffentliche technische Probe mit vollem Szenenaufbau und voller Beleuchtung stattfindet. [2]Die Geltungsdauer ist auf die Dauer der Tournee zu befristen und kann auf einen in Textform gestellten Antrag verlängert werden. [3]Vor der Erteilung ist eine technische Probe durchzuführen. [4]Die in einem anderen Land der Bundesrepublik Deutschland ausgestellten Gastspielprüfbücher werden anerkannt.
(4) [1]Das Gastspielprüfbuch ist der für den Gastspielort zuständigen unteren Baurechtsbehörde rechtzeitig vor der ersten Veranstaltung am Gastspielort vorzulegen. [2]Werden für die Gastspielveranstaltung Fliegende Bauten genutzt, ist das Gastspielprüfbuch mit der Anzeige der Aufstellung der Fliegenden Bauten vorzulegen. [3]Die Befugnisse nach § 47 LBO bleiben unberührt.

TEIL 6
Bestehende Versammlungsstätten

§ 46 Anwendung der Vorschriften auf bestehende Versammlungsstätten

(1) Die zum Zeitpunkt des Inkrafttretens der Verordnung bestehenden Versammlungsstätten mit mehr als 5 000 Besucherplätzen sind innerhalb von zwei Jahren folgenden Vorschriften anzupassen:
1. Kennzeichnung der Ausgänge und Rettungswege (§ 6 Absatz 6),
2. Sitzplätze (§ 10 Absatz 2 und § 33 Absatz 2),
3. Sprachalarmanlage (§ 20 Absatz 2 und § 26 Absatz 1),
4. Einsatzzentrale für die Polizei (§ 26 Absatz 2),
5. Abschrankung von Besucherbereichen (§ 27 Absatz 1 und 3),
6. Wellenbrecher (§ 28),
7. Abschrankung von Stehplätzen vor Szenenflächen (§ 29).

(2) Auf die zum Zeitpunkt des Inkrafttretens der Verordnung bestehenden Versammlungsstätten sind die Betriebsvorschriften des Teils 4, sowie § 10 Absatz 1, § 14 Absatz 3, § 19 Absatz 8 entsprechend anzuwenden.

(3) [1]Die Baurechtsbehörde hat Versammlungsstätten in Zeitabständen von höchstens drei Jahren zu prüfen. [2]Versammlungsstätten ohne Bühnen- oder Szenenflächen und einem Fassungsvermögen von weniger als 1 000 Besucherplätzen sind in Zeitabständen von höchstens fünf Jahren zu prüfen. [3]Dabei ist auch die Einhaltung der Betriebsvorschriften zu überwachen und festzustellen, ob die vorgeschriebenen wiederkehrenden Prüfungen fristgerecht durchgeführt und etwaige Mängel beseitigt worden sind. [4]Den Behörden, deren Aufgabenbereich berührt ist, ist Gelegenheit zur Teilnahme an den Prüfungen zu geben.

TEIL 7
Schlussvorschriften

§ 47 Ordnungswidrigkeiten

Ordnungswidrig nach § 75 Absatz 3 Nummer 2 LBO handelt, wer vorsätzlich oder fahrlässig

1. entgegen § 31 Absatz 1 die Rettungswege auf dem Grundstück, die Zufahrten, Aufstell- und Bewegungsflächen nicht frei hält,
2. entgegen § 31 Absatz 2 die Rettungswege in der Versammlungsstätte nicht frei hält,
3. entgegen § 31 Absatz 3 Türen in Rettungswegen verschließt oder fest stellt,
4. entgegen § 32 Absatz 1 die Zahl der genehmigten Besucherplätze überschreitet oder die genehmigte Anordnung der Besucherplätze ändert,
5. entgegen § 32 Absatz 3 erforderliche Abschrankungen nicht einrichtet,
6. entgegen § 33 Absatz 1 bis 5 andere als die dort genannten Materialien verwendet oder entgegen § 33 Absatz 6 bis 8 anbringt,
7. entgegen § 34 Absatz 1 bis 3 Ausstattungen auf der Bühne aufbewahrt oder nicht von der Bühne entfernt,
8. entgegen § 34 Absatz 4 pyrotechnische Gegenstände, brennbare Flüssigkeiten oder anderes brennbares Material außerhalb der dafür vorgesehenen Magazine aufbewahrt,
9. entgegen § 35 Absatz 1 oder 2 raucht oder offenes Feuer, brennbare Flüssigkeiten oder Gase, explosionsgefährliche Stoffe oder pyrotechnische Gegenstände verwendet,
10. entgegen § 36 Absatz 4 die Sicherheitsbeleuchtung nicht in Betrieb nimmt,
11. entgegen § 36 Absatz 5 Laseranlagen in Betrieb nimmt,
12. entgegen § 37 die vorgeschriebenen Prüfungen nicht oder nicht rechtzeitig durchführen lässt,
13. als Betreiber, Veranstalter oder beauftragter Veranstaltungsleiter entgegen § 38 Absatz 2 während des Betriebes nicht anwesend ist,

14. als Betreiber, Veranstalter oder beauftragter Veranstaltungsleiter entgegen § 38 Absatz 4 den Betrieb der Versammlungsstätte nicht einstellt,
15. entgegen § 40 Absatz 2 bis 5 in Verbindung mit § 38 Absatz 1 als Betreiber, Veranstalter oder beauftragter Veranstaltungsleiter den Betrieb von Bühnen oder Szenenflächen zulässt, ohne dass die erforderlichen Verantwortlichen oder Fachkräfte für Veranstaltungstechnik oder aufsichtführenden Personen anwesend sind oder wer entgegen § 40 Absatz 2 bis 5 als Verantwortlicher oder Fachkraft für Veranstaltungstechnik oder aufsichtführende Person die Versammlungsstätte während des Betriebes verlässt,
16. als Betreiber entgegen § 41 Absatz 1 oder 2 nicht für die Durchführung der Brandsicherheitswache sorgt oder entgegen § 41 Absatz 3 die Veranstaltung nicht anzeigt,
17. als Betreiber oder Veranstalter die nach § 42 Absatz 2 vorgeschriebenen Unterweisungen unterlässt,
18. als Betreiber oder Veranstalter entgegen § 43 Absatz 1 bis 3 keinen Ordnungsdienst oder keinen Ordnungsdienstleiter bestellt,
19. als Ordnungsdienstleiter oder Ordnungsdienstkraft entgegen § 43 Absatz 3 oder 4 seinen Aufgaben nicht nachkommt,
20. als Betreiber einer der Anpassungspflichten nach § 46 Absatz 1 nicht oder nicht fristgerecht nachkommt.

§ 48 Inkrafttreten, eingeleitete Verfahren

(1) [1]Diese Verordnung tritt am ersten Tag des auf die Verkündung folgenden Monats in Kraft.* [2]Gleichzeitig tritt die Versammlungsstättenverordnung vom 10. August 1974 (GBl. S. 330), geändert durch Verordnung vom 12. Februar 1982 (GBl. S. 67), außer Kraft.
(2) [1]Vor Inkrafttreten dieser Verordnung eingeleitete Verfahren sind nach der bisher geltenden Verordnung weiterzuführen. [2]Auf Verlangen der Antragsteller sind die Vorschriften dieser Verordnung anzuwenden.

* Die Verkündung erfolgte am 18. Juni 2004.

Anlage 1
(zu § 39 Absatz 1 VStättVO)

(Innenseite)

Herr/Frau geboren am in gegenwärtige Anschrift hat die Eignung als Verantwortliche/r für Veranstaltungstechnik Ggf. der Fachrichtung(en)	(Foto)
nach § 39 der Versammlungsstättenverordnung Baden-Württemberg nachgewiesen. Befähigungszeugnis-Nummer Ausstellende Behörde (Siegel) . . . ., den Unterschrift	(Unterschrift des Inhabers)

(Außenseite)

Befähigungszeugnis als Verantwortliche/r für Veranstaltungstechnik

Als Befähigungszeugnis kann auch ein Ausweis im Format 5,4 cm × 8,6 cm mit den erforderlichen Daten ausgestellt werden.

Anlage 2
(zu § 45 VStättVO)

GASTSPIELPRÜFBUCH

Gastspielveranstaltung:

Art der Veranstaltung:

Veranstalter:

Straße/Hausnummer:

PLZ:

Ort:

Telefonnummer:

Fax:

Email:

das Gastspielbuch gilt bis zum:

Auf der Grundlage der Angaben in diesem Gastspielprüfbuch, evtl. Auflagen und einer nichtöffentlichen Probe am

in der Veranstaltungsstätte

ist der Nachweis der Sicherheit der Gastspielveranstaltung erbracht.

Dieses Gastspielprüfbuch ist in drei Ausfertigungen ausgestellt worden, davon verbleibt eine Ausfertigung bei der ausstellenden Behörde.

ausgestellt am:

durch:

– Seite 2 –

Name des Geschäftsführers/Vertreters des Veranstalters:

(Anschrift, falls diese nicht mit der des Veranstalters identisch ist.)

Straße/Hausnummer:

PLZ:

Ort:

Telefonnummer:

Fax:

Email:

Dieses Gastspielprüfbuch hat fünf Seiten und folgende Anhänge:

.... Seiten statische Berechnungen (Anhang 1)

.... Seiten Angaben über das Brandverhalten der Materialien (Anhang 2)

.... Seiten Angaben über die feuergefährlichen Handlungen (Anhang 3)

.... Seiten Angaben über pyrotechnische Effekte (Anhang 4)

.... Seiten Sonstige Angaben z. B. über Prüfzeugnisse, Baumuster (Anhang 5)

.... Seiten

.... Seiten

.... Seiten

Veranstaltungsleiter gemäß § 38 Absatz 2 und 5 und § 40 der VStättVO für die geplanten Gastspiele ist Herr/Frau:

Verantwortliche für Veranstaltungstechnik der Fachrichtung nach § 40 der VStättVO sind:

1. Bühne/Studio:

Herr/Frau:

Befähigungszeugnis-Nummer:

Ausstellungsdatum:

ausstellende Behörde:

2. Halle:

Herr/Frau:

Befähigungszeugnis-Nummer:

Ausstellungsdatum:

ausstellende Behörde:

3. Beleuchtung:

Herr/Frau:

Befähigungszeugnis-Nummer:

Ausstellungsdatum:

ausstellende Behörde:

4. Fachkraft für Veranstaltungstechnik (§ 40 Absatz 4 VStättVO)

Bei Szenenflächen bis 200 m^2

Herr/Frau:

– Seite 3 –

1. Ausführliche Beschreibung der Veranstaltung

(Angaben zur Veranstaltungsart, zu den vorgesehenen Gastspielen, zur Anzahl der Mitwirkenden, zu feuergefährlichen Handlungen, pyrotechnischen Effekten, anderen technischen Einrichtungen, z. B. Laser, zur Ausstattung, zum Ablauf der Veranstaltung und zu sonstigen Vorgängen, die Maßnahmen zur Gefahrenabwehr erforderlich machen.)

2. Darstellung der Aufbauten, Ausstattungen, technischen Einrichtungen

(Die Aufbauten und Ausstattungen sind zu beschreiben; zeichnerisch ist der Bühnenaufbau mindestens durch einen Grundriss und möglichst durch einen Schnitt darzustellen. Werden Ausrüstungen in größerem Umfang gehangen, ist ein Hängeplan erforderlich, auf bewegliche Teile der Dekoration und zum Aufbau gehörende maschinen- und elektrotechnische Einrichtungen und die damit verbundenen Gefahren ist hinzuweisen. Es sind Angaben zu mitgeführten Bühnen/Szenenflächen, Zuschauertribünen und Bestuhlungen zu machen; sonstige Angaben.)

– Seite 4 –

3. Gefährdungsanalyse

a) Bei gefährlichen szenischen Vorgängen ist eine Gefährdungsanalyse durchzuführen. Gefährliche szenische Vorgänge sind z. B. offene Verwandlungen, maschinentechnische Bewegungen, künstlerische Tätigkeiten im oder über dem Zuschauerbereich.

- Beschreibung der gefährlichen szenischen Handlung:
- Unterwiesene Personen:
- Schutzmaßnahmen:
- Einweisung vor jeder Probe und Vorstellung erforderlich: ☐ ja ☐ nein

b) Vor dem Einsatz gefährlicher szenischer Einrichtungen ist eine Gefährdungsanalyse durchzuführen.

Gefährliche szenische Einrichtungen sind Geräte, Einrichtungen und Einbauten in kritischen Bereichen von Bühnen, Szenenflächen und Zuschauerbereichen, z. B. Unterbauen des Schutzvorhangs, Anordnung von Regieeinrichtungen, Vorführgeräten, Scheinwerfern, Kameras, Laseranlagen usw. im Zuschauerraum, Leitungsverbindungen zwischen Brandabschnitten.

- Geräte, Einrichtungen und Einbauten:
- Unterbauen des Schutzvorhangs:
- Ortsveränderliche technische Einrichtungen im Zuschauerraum:
- Laseranlagen/Standort:
- Leitungsverbindungen:
- Sonstiges:

– Seite 5 –

4. Auflagen

5. Rechtsbehelfsbelehrung

Gegen diesen Bescheid kann innerhalb eines Monats nach Bekanntgabe Widerspruch erhoben werden. Der Widerspruch ist schriftlich oder zur Niederschrift

bei

in

einzulegen. Die Frist wird auch durch Einlegung bei der Behörde, die den Widerspruchsbescheid zu erlassen hat, gewahrt.

, den

(Dienstsiegel) (Behörde)

– Seite 6 –

Anhang 1
zum Gastspielprüfbuch
Titel der Gastspielveranstaltung

Standsicherheitsnachweis*

(ggf. Hinweis auf beigefügte statische Berechnungen)

* ggf. weitere Seiten anfügen

– Seite 7 –

Anhang 2
zum Gastspielprüfbuch
Titel der Gastspielveranstaltung

Baustoff- und Materialliste

In der Versammlungsstättenverordnung werden an die zur Verwendung kommenden Baustoffe und Materialien brandschutztechnische Anforderungen gestellt. Folgende Mindestanforderungen sind zu erfüllen:

Ort: Gegenstand	Szenenfläche ohne automatische Feuerlöschanlage	Szenenfläche mit automatischer Feuerlöschanlage	Großbühne	Zuschauerraum und Nebenräume	Foyers
Szenenpodien: Fußboden/ Bodenbeläge	B 2	B 2	B 2	B 2	B 2
Szenenpodien: Unterkonstruktion	A 1	A 1	A 1	A 1	A 1
Vorhänge	B 1	B 1	B 1	–	–
Ausstattungen	B 1	B 2	B 2	–	–
Requisiten	B 2	B 2	B 2	–	–
Ausschmückungen	B 1	B 1	B 1	B 1	B 1

Erläuterungen:

Nach DIN 4102 Teil 1 gelten für Baustoffe folgende Bezeichnungen:

nichtbrennbare Baustoffe:	A 1
nichtbrennbare Baustoffe mit brennbaren Bestandteilen:	A 2
schwerentflammbare Baustoffe:	B 1
normalentflammbare Baustoffe:	B 2

Soweit die eingesetzten Materialien keine Baustoffe sind, werden die Bezeichnungen entsprechend den für Baustoffe geltenden Klassifizierungen verwendet. Für Textilien und Möbel sind die Klassifizierungen und Prüfungen nach den dafür geltenden DIN-Normen nachzuweisen.

Ort bezeichnet den Einsatzort des Baustoffes oder Materials:

B = Bühne
S = Szenenfläche
SmF = Szenenfläche mit automatischer Feuerlöschanlage
SoF = Szenenfläche ohne automatische Feuerlöschanlage
Z = Zuschauerraum (bei Versammlungsstätten mit Bühnenhaus)
V = Versammlungsraum
F = Foyer

Ist das Material nach DIN 4102–1 geprüft und klassifiziert oder durch ein Prüfzeichen zugelassen, so ist der Feuerschutz ausreichend dokumentiert. Ansonsten ist das Material mit Feuerschutzmitteln zu behandeln, durch die die Zuordnung zu einer angestrebten Baustoffklasse erreicht werden kann.

Für Baustoffe sind die Verwendungsnachweise nach den §§ 17 bis 25 LBO zu führen.

– Seite 8 –

(noch Anhang 2)

zum Gastspielprüfbuch

Titel der Gastspielveranstaltung

Zur Verwendung kommen folgende Baustoffe und Materialien*:

* ggf. weitere Seiten anfügen

Baustoff oder Material				Feuerschutz		
lfd. Nr.	Beschreibung	Baustoff-klasse A 1, A 2, B 1, B 2	Ort	Feuerschutzmittel/Nummer d. allg. bauaufsichtl. Prüfzeugnisses (AbP) bzw. der allg. bauaufsichtl. Zulassung (AbZ)	damit erreichte Baustoffklasse	aufgebracht am

– Seite 9 –

Anhang 3
zum Gastspielprüfbuch
Titel der Gastspielveranstaltung

Angaben über feuergefährliche Handlungen

Dieser Anhang ist erforderlich, wenn auf der Bühne/Szenenfläche oder im Versammlungsraum szenisch bedingt geraucht oder offenes Feuer verwendet wird. Feuergefährliche Handlungen sind der zuständigen Behörde am Gastspielort anzuzeigen. Für feuergefährliche Handlungen, von denen eine besondere Gefahr wegen ihrer Art oder der Nähe des Abbrennortes zu Ausstattungen oder Personen ausgeht, ist eine Gefährdungsanalyse durchzuführen. Für die Einhaltung der sich daraus ergebenden Auflagen ist der Veranstalter verantwortlich.*

Handlungen mit offenem Feuer

* ggf. weitere Seiten anfügen

Zeitpunkt im Ablauf	Anzahl	Art (Zigarette, Kerze o. Ä.)	Szenischer Ablauf (Ablauf der Aktion)	Ort auf der Bühne/ Szenenfläche	Löschen/ Aschablage	Nummer der Gefährdungs-analyse

Erläuterungen:

Der Zeitpunkt im Ablauf kann, je nach Veranstaltungstyp, in Akten, Szenen, Bildern, Programmpunkten oder Musikstücken oder in Minuten, von einer Nullzeit ausgehend, angegeben werden. Unter Anzahl ist die Stückzahl der zu diesem Zeitpunkt entzündeten Effekte einzutragen. Art bezeichnet den Typ des Effektes, z. B. Zigarette, Kerze, Fackel, Brennpaste, Gas usw. Ort auf der Bühne/Szenenfläche bezeichnet, in welchem Teilraum oder auf welcher Teilfläche die Aktion hauptsächlich stattfindet. Unter Löschen/Aschablage sind die Vorrichtungen einzutragen, die für das sichere Löschen der feuergefährlichen Gegenstände oder für die Ablage der Asche vorgesehen sind.

– Seite 10 –

(noch Anhang 3)

zum Gastspielprüfbuch

Titel der Gastspielveranstaltung

Brandschutztechnische Gefährdungsanalyse*

(Für feuergefährliche Handlungen, von denen eine besondere Gefahr wegen ihrer Art oder der Nähe des Abbrennortes zu Ausstattungen oder Personen ausgeht, ist eine Gefährdungsanalyse durchzuführen).

* ggf. weitere Seiten anfügen

Feuergefährliche Handlungen

Gefahren durch:
- Flammbildung
- Funkenflug
- Blendung
- Wärmestrahlung
- Abtropfen heißer Schlacke
- Druckwirkung
- Splittereinwirkung
- Staubablagerung
- Schallwirkung
- Gegenseitige Beeinflussung verschiedener Effekte
- Gesundheitsgefährdende Gase, Staube, Dämpfe, Rauch

Schutzmaßnahmen: Abstände zu Personen:
Abstände zu Dekorationen:
Unterwiesene Personen:
Lösch- u. Feuerbekämpfungsmittel:

Sonstige Maßnahmen:

– Seite 11 –

Anhang 4
zum Gastspielprüfbuch
Titel der Gastspielveranstaltung

Angaben über die pyrotechnischen Effekte

Diese Anlage ist erforderlich, wenn auf der Bühne/Szenenfläche oder im Versammlungsraum szenisch bedingte pyrotechnische Effekte durchgeführt werden. Pyrotechnische Effekte sind der zuständigen Behörde anzuzeigen und bedürfen der Genehmigung. Für pyrotechnische Effekte, von denen eine besondere Gefahr wegen ihrer Art oder der Nähe des Abbrennortes zu Ausstattungen oder Personen ausgeht, ist eine Gefährdungsanalyse durchzuführen. Für die Einhaltung der sich daraus ergebenden Auflagen ist der Veranstalter verantwortlich.

Pyrotechnische Effekte der Klassen II, III, IV und T2 dürfen nur von verantwortlichen Personen im Sinne der §§ 19 und 21 Sprengstoffgesetz (SprengG) durchgeführt werden. Pyrotechnische Gegenstände der Klassen I und T1 dürfen auch von Personen ohne Befähigungsschein verwendet werden, wenn sie vom Veranstalter hierzu beauftragt sind.

Nach Sprengstoffrecht verantwortliche Personen:

Erlaubnisscheininhaber:

Name, Vorname:

Erlaubnisschein-Nummer:

Ausstellungsdatum:

ausstellende Behörde:

Befähigungsscheininhaber:

Name, Vorname:

Befähigungsschein-Nummer:
Ausstellungsdatum:
ausstellende Behörde:
Beauftragte Person: (nur Klasse I oder T1)
Herr/Frau:

– Seite 12 –

(noch Anhang 4) zum Gastspielprüfbuch Titel der Gastspielveranstaltung
Pyrotechnische Effekte*

* ggf. weitere Seiten anfügen

lfd. Nr.	Zeitpunkt im Ablauf	Anzahl	Art des Effektes	BAM-Nummer	Ort auf der Bühne/Szenenfläche	Dauer des Effektes	Nummer der Gefährdungsanalyse

Erläuterungen:

Unter lfd. Nummer sind die vorgesehenen Effekte fortlaufend in der Reihenfolge des Abbrennens zu nummerieren. Der Zeitpunkt im Ablauf kann, je nach Veranstaltungstyp, in Akten, Szenen, Bildern, Programmpunkten oder Musikstücken oder in Minuten von einer Nullzeit ausgehend, angegeben werden. Unter Anzahl ist die Stückzahl der zu diesem Zeitpunkt gezündeten, identischen Effekte einzutragen. Art bezeichnet den Typ des Effektes (Bühnenblitz, Fontäne o. a.). BAM-Nummer meint das Zulassungszeichen der Bundesanstalt für Materialprüfung. Bei Ort auf der Bühne/Szenenfläche ist anzugeben, wo die Effekte gezündet werden. Dauer des Effektes bezeichnet die Zeitspanne vom Zünden des Effektes bis zum endgültigen Verlöschen in Sekunden. Bei extrem kurzzeitigen Effekten, wie Blitzen oder Knallkörpern, ist eine „0" einzutragen.

– Seite 13 –

(noch Anhang 4)
zum Gastspielprüfbuch
Titel der Gastspielveranstaltung

Pyrotechnische Gefährdungsanalyse*

(Vor dem Einsatz pyrotechnischer Effekte ist eine Gefährdungsanalyse durchzuführen.)

* ggf. weitere Seiten anfügen

Pyrotechnische Effekte

Gefahren durch:	Flammbildung Funkenflug Blendung Wärmestrahlung Abtropfen heißer Schlacke Druckwirkung Splittereinwirkung Staubablagerung Schallwirkung Gegenseitige Beeinflussung verschiedener Effekte Gesundheitsgefährdende Gase, Staube, Dämpfe, Rauch
Schutzmaßnahmen:	Abstände zu Personen: Abstände zu Dekorationen: Unterwiesene Personen: Lösch- u. Feuerbekämpfungsmittel:

Sonstige Maßnahmen:

– Seite 14 –

Anhang 5
zum Gastspielprüfbuch
Titel der Gastspielveranstaltung

Sonstige Angaben

Für folgende Bauprodukte liegen Prüfzeugnisse vor:

Für folgende Fliegende Bauten liegen Ausführungsgenehmigungen vor:

Verwaltungsvorschrift des Wirtschaftsministeriums über die Herstellung notwendiger Stellplätze (VwV Stellplätze)

vom 28. Mai 2015 (GABl. S. 260), geändert durch Verwaltungsvorschrift vom 23. September 2020 (GABl. S. 698).

I.

Beim Vollzug von § 35 Absatz 4 Satz 1*, § 37, § 56 Absatz 5 Satz 1 Nummer 1 und § 74 Absatz 2 Nummer 2 der Landesbauordnung für Baden-Württemberg (LBO) in der Fassung vom 5. März 2010 (GBl. S. 358, ber, S. 416), zuletzt geändert durch Gesetz vom 11. November 2014 (GBl. S. 501), ist Folgendes zu beachten:

Zu § 37 Absatz 1:

1. *Ermittlung der Zahl der notwendigen Kfz-Stellplätze bei anderen Anlagen*

Hierbei kommt es auf die Lage, die Nutzung, die Größe und die Art des Bauvorhabens an. Bei der Ermittlung der Zahl der notwendigen Kfz-Stellplätze ist von den im *Anhang 1* abgedruckten Richtzahlen auszugehen. Die Umstände des Einzelfalles sind innerhalb des angegebenen Spielraums in die Beurteilung einzubeziehen. Die Einbindung des Standorts in das Netz des öffentlichen Personennahverkehrs ist nach der im Anhang aufgeführten Art und Weise zu berücksichtigen. Eine besonders gute Erreichbarkeit des Standorts mit öffentlichen Verkehrsmitteln führt dabei zur größtmöglichen Minderung der Zahl der Kfz-Stellplätze, wobei eine Grundausstattung der Anlage mit Stellplätzen grundsätzlich erhalten bleiben muss. Die Grundausstattung beträgt mindestens 30 % der Kfz-Stellplätze nach Tabelle B des Anhangs. Ergibt sich bei dieser Ermittlung

---

* Dieser Verweis ist durch die LBO-Änderung 2019 gegenstandslos geworden.

ein geringerer Wert als die in der Tabelle genannte Mindestzahl, ist jedoch mindestens diese Zahl zu erbringen. Errechnet sich bei der Ermittlung der Zahl der notwendigen Kfz-Stellplätze eine Bruchzahl, ist nach allgemeinem mathematischem Grundsatz auf ganze Zahlen auf- bzw. abzurunden.
Bei Anlagen mit mehreren Nutzungsarten ist der Stellplatzbedarf für jede Nutzungsart getrennt zu ermitteln. Lassen die einzelnen Nutzungsarten eine wechselseitige Bereitstellung der Kfz-Stellplätze zu, kann die Zahl der notwendigen Kfz-Stellplätze entsprechend gemindert werden.
Für Anlagen, die von den Richtzahlen nicht erfasst sind, ist die Zahl der notwendigen Stellplätze nach den besonderen Umständen des Einzelfalles gegebenenfalls in Anlehnung an die Richtzahlen vergleichbarer Anlagen zu ermitteln.
Bei barrierefreien Anlagen nach § 39 Absatz 1 und 2 LBO ist ein angemessener Prozentsatz der Kfz-Stellplätze barrierefrei auszuführen.

2. Altenwohnungen
Von der Verpflichtung zur Herstellung von einem Kfz-Stellplatz je Wohnung sind grundsätzlich auch Altenwohnungen erfasst, bei denen i. d. R. von einem geringeren Stellplatzbedarf ausgegangen werden kann. Soweit es sich dabei um Wohnanlagen oder Teile von Anlagen handelt, die nachweislich dauerhaft zur Nutzung durch alte Menschen vorgesehen sind, führt diese uneingeschränkte Verpflichtung zu einer nicht beabsichtigten Härte, da hier auch die Möglichkeit des § 37 Absatz 4 Satz 2 LBO wenig entlastend wirkt. Diese Fälle sind über eine Befreiung nach § 56 Absatz 5 LBO zu lösen. Eine Beschränkung der Baugenehmigung auf die Nutzung als Altenwohnung ist geeignet, eine dauerhafte Nutzung im beantragten Sinne sicherzustellen bzw. ein Aufleben der Stellplatzverpflichtung im Falle anderer Nutzungen zu verdeutlichen.

Zu § 37 Absatz 2:*

1. Ermittlung der Zahl der notwendigen Fahrradstellplätze bei Wohnungen

Die Zahl notwendiger Fahrradstellplätze hat sowohl den Bedarf der Bewohnerinnen und Bewohner als auch den Bedarf der Besucherinnen und Besucher abzudecken.

Zur Bemessung des Bedarfs an Fahrradstellplätzen werden in der baubehördlichen Praxis Lösungen entwickelt, für die grundsätzlich auf Papiere von Fachgesellschaften zurückgegriffen werden soll.

Entscheidend für den Fahrradstellplatzbedarf bei Wohnungen ist nicht die Fahrradnutzung, sondern die Zahl der Fahrräder je Haushalt.

Ein geringer Radverkehrsanteil in der Kommune ist kein Indikator für einen geringeren zu erwartenden Fahrradstellplatzbedarf.

Die Topographie ist grundsätzlich kein Indikator für einen geringeren zu erwartenden Fahrradstellplatzbedarf. Durch die zunehmende Verbreitung von Pedelecs stellen Steigungen heute kein generelles Hindernis für den Radverkehr mehr dar.

2. Ermittlung der Zahl der notwendigen Fahrradstellplätze bei anderen Anlagen

Die erforderliche Zahl notwendiger Fahrradstellplätze nach § 37 Absatz 2 Satz 1 LBO bestimmt sich nach den Richtzahlen in Anhang 2. Die Stellplätze sind in den Bauvorlagen darzustellen. Bei Anlagen, die von den Richtzahlen nicht erfasst sind, ist die Zahl der notwendigen Stellplätze nach den besonderen Umständen des Einzelfalls gegebenenfalls in Anlehnung an die Richtzahlen vergleichbarer Anlagen zu ermitteln. Für die den laufenden Nummern in Anhang 2 zugeordneten Nutzungen sind jeweils mindestens zwei Stellplätze nachzuweisen. Die Fahrradstellplätze sollen zielnah zu der jeweiligen Nutzung beziehungsweise zu dem jeweiligen Zugang angeordnet und vom öffentlichen Straßenraum leicht auffindbar sein.

---

* § 37 II LBO hat nunmehr einen sachlich geänderten Wortlaut.

3. Anforderungen an die Fahrradstellplätze

Die Fahrradstellplätze müssen so hergestellt werden, dass

- diese hinsichtlich Erreichbarkeit, Zugänglichkeit und Nutzbarkeit auch für Personen mit Pedelecs geeignet sind. Nur in Ausnahmefällen sind mehr als zwei Stufen zulässig (z. B. wenn andernfalls Flächen für Wohnungen reduziert werden müssten),
- sie eine Anschließmöglichkeit für den Fahrradrahmen haben,
- dem Fahrrad ein sicherer Stand durch einen Anlehnbügel gegeben wird,
- sie eine Länge von 2 m zuzüglich der erforderlichen Fahrgassen und Rangierflächen aufweisen und
- durch einen Mindestabstand von 0,80 m zwischen den Fahrradständern das Abstellen und Anschließen des Fahrrades einschließlich des Rahmens ermöglicht wird.

Die Herstellung einfacher Vorderradständer ist unzulässig. Der Platzbedarf kann durch den Einsatz platzsparender Fahrradabstellsysteme wie beispielsweise Doppelstockparksysteme reduziert werden. Solche Systeme müssen eine einfache Nutzbarkeit gewährleisten.
Die notwendigen Fahrradabstellplätze für Wohnungen können in einem Abstellraum nach § 35 Absatz 5 LBO nur dann nachgewiesen werden, wenn der Raum nach Größe, Lage, Zuschnitt und Erreichbarkeit sowohl die Funktion als Abstellraum zur Wohnung als auch die Anforderungen für Fahrradabstellplätze nach der LBO erfüllt.
Soweit die Fahrradabstellplätze für Wohnungen in nicht gemeinschaftlich genutzten, abschließbaren Garagen oder Räumen ausgewiesen werden, wird der gesetzlich geforderte Diebstahlschutz auch ohne Anschließmöglichkeit erreicht. Auch ist in diesen Fällen ein Anlehnbügel entbehrlich.

Zu § 37 Absatz 4:

Aussetzen der Verpflichtung zur Herstellung notwendiger Stellplätze

§ 37 Absatz 4 Satz 2 LBO räumt dem Bauherrn einen Anspruch auf Aussetzung der Herstellung der notwendigen Stellplätze ein. Soweit und solange nachweislich ein Stellplatzbedarf nicht oder nicht in vollem Umfang besteht, z. B. weil die Bewohner kein Kraftfahrzeug halten, ist die Verpflichtung zur Herstellung der gleichwohl notwendigen Stellplätze auszusetzen. Da die Stellplatzverpflichtung als solche dadurch nicht berührt wird, muss in diesen Fällen die Fläche für die zu einem späteren Zeitpunkt eventuell herzustellenden Stellplätze durch Baulast gesichert sein. Die Vorschrift kommt z. B. bei solchen Wohngebäuden zur Anwendung, die einer zeitlich begrenzten Belegungsbindung zugunsten von alten Menschen unterliegen. In Betracht kommt aber auch eine teilweise Aussetzung der Pflicht zur Herstellung der notwendigen Stellplätze im Verhältnis zu dem Umfang, in dem ein Arbeitgeber den Beschäftigten in der betroffenen baulichen Anlage – dies ist das Gebäude mit den Geschäftsräumlichkeiten – preisgünstige Zeitkarten für den ÖPNV („Job-Tickets“) zur Verfügung stellt und so den tatsächlich von der Anlage ausgelösten ruhenden Verkehr vermindert. Der Nachweis über das Vorliegen der Voraussetzung zur Aussetzung der Verpflichtung zur Herstellung der notwendigen Stellplätze obliegt dem Bauherrn; die Baurechtsbehörde legt in der Entscheidung über die Aussetzung fest, in welcher Form und in welchen zeitlichen Abständen der Nachweis zu erbringen ist.

Zu § 37 Absatz 5:

Voraussetzungen einer Bestimmung des Grundstücks durch die Baurechtsbehörde

Die Gründe des Verkehrs müssen in diesen Fällen hinreichend schwerwiegend und konkret sein und dürfen sich nicht allein auf allgemeine verkehrsplanerische Überlegungen stützen. Eine Bestimmung durch die Baurechtsbehörde ist beispielsweise gerechtfertigt, wenn durch die Errichtung der notwendigen Stellplätze auf dem beabsichtigten Grundstück entweder im Umfeld dieses Grundstücks selbst oder, sofern die Errichtung auf einem anderen Grundstück vorgesehen ist, im Umfeld des Baugrundstücks Verhältnisse geschaffen würden, die zur Gefährdung der Sicherheit und Leich-

tigkeit des Verkehrs führen würden. Eine Bestimmung durch die Baurechtsbehörde ist aber auch dann gerechtfertigt, wenn die vom Bauherrn beabsichtigte Herstellung von Stellplätzen einer konkreten verkehrsplanerischen Konzeption der Gemeinde, z. B. zur Schaffung verkehrsberuhigter Bereiche mit Parkierung in Gebietsrandlage, zuwiderlaufen würde.
Bei Fahrrad-Stellplätzen sind besondere Anforderungen an die räumliche Zuordnung der Stellplätze zur Nutzung zu stellen. Bei der Festlegung zumutbarer Entfernungen sind daher deutlich engere Maßstäbe anzulegen als bei Kfz-Stellplätzen.

Zu § 37 Absatz 7:

Abweichung von der Kfz-Stellplatzverpflichtung bei Wohnungen
Eine Erfüllung der Verpflichtung zur Herstellung von Kfz-Stellplätzen durch Ablösung ist für Wohnungen durch § 37 Absatz 7 Satz 1 LBO ausgeschlossen. Um Fälle unbilliger Härten ausschließen und einem Scheitern von Wohnbauvorhaben durch fehlende Kfz-Stellplätze entgegenwirken zu können, verlangt § 37 Absatz 7 Satz 2 LBO die Zulassung einer Abweichung von § 37 Absatz 1 Satz 1 LBO, soweit die unter Ziff. 1 oder 2 genannten Voraussetzungen vorliegen. Unzumutbar kann das Verlangen nach Herstellung von Kfz-Stellplätzen u. a. dann werden, wenn die wirtschaftlichen Aufwendungen für die Errichtung der Kfz-Stellplätze, z. B. bei Unterbringung in Untergeschossen oder in mehreren Geschossen, durch schwierige topografische und/oder konstruktive Verhältnisse die ortsüblichen Aufwendungen erheblich übersteigen oder die Aufwendungen für die Errichtung der Kfz-Stellplätze nicht mehr im Verhältnis zum Aufwand der gesamten Baumaßnahme stehen würden. Der Bauherr hat das Vorliegen der Voraussetzungen nach § 37 Absatz 7 Nummer 1 LBO darzulegen.
Aufgrund öffentlich-rechtlicher Vorschriften ausgeschlossen sein kann die Herstellung von Kfz-Stellplätzen z. B. dann, wenn die Gemeinde von ihrem Satzungsrecht nach § 74 Absatz 2 Nummer 3 (oder 4) LBO Gebrauch gemacht und die Herstellung auf dem Baugrundstück ausgeschlossen hat.

Nicht erfasst von der Regelung sind die Fälle, in denen planungsrechtliche Festsetzungen oder örtliche Bauvorschriften die Herstellung von Kfz-Stellplätzen auf dem Baugrundstück ausschließen, gleichzeitig jedoch andere Flächen in zumutbarer Entfernung zur Herstellung von Kfz-Stellplätzen, z. B. in Gemeinschaftsanlagen, ausgewiesen werden. Auf diesen Flächen muss die Herstellung der notwendigen Kfz-Stellplätze jedoch für den betroffenen Bauherrn auch rechtlich und tatsächlich möglich sein.

Zu § 56 Absatz 5 Satz 1 Nummer 1:

Schutz vor Luftverschmutzung aus Gründen des Allgemeinwohls
In Gebieten, für die ein Luftreinhalteplan aufgestellt wurde, kann aus Gründen des allgemeinen Wohls eine Befreiung von der Stellplatzpflicht nach § 37 Absatz 1 Satz 1 LBO erteilt werden, sofern dies Teil eines Parkraummanagement-Konzepts ist.

Zu § 74 Absatz 2 Nummer 2:

Erhöhung der Zahl der notwendigen Kfz-Stellplätze für Wohnungen durch Satzung nach § 74 Absatz 2 Nummer 2 LBO
Die Voraussetzungen zum Erlass einer solchen Satzung liegen aus Gründen des Verkehrs insbesondere dann vor, wenn durch die örtlichen Verhältnisse bei Nachweis von nur einem Kfz-Stellplatz je Wohnung verkehrsgefährdende Zustände zu befürchten sind. Dies kann z. B. dann der Fall sein, wenn in beengten Erschließungsverhältnissen mit bereits vorhandener hoher Verkehrsbelastung ein durch die Errichtung zusätzlicher Wohnungen zu erwartender, über die Zahl von einem Kfz-Stellplatz pro Wohnung hinausgehender Parkierungsbedarf nicht abgedeckt werden kann. Gründe des Verkehrs können auch dann vorliegen, wenn aufgrund übergeordneter verkehrsregelnder Maßnahmen in dem betreffenden Gebiet ein Halteverbot angeordnet ist und somit keine Möglichkeit besteht, einen ständigen oder zeitweiligen (z. B. durch Besucher) Mehrbedarf aufzunehmen.

Gründe des Verkehrs können auch dann vorliegen, wenn in Gemeindeteilen mit unzureichender Anbindung an den öffentlichen Personennahverkehr – ÖPNV – (z. B. abgelegene Weiler) auch unter Beachtung der Möglichkeit einer Erschließung mit dem Radverkehr davon ausgegangen werden muss, dass die Haushalte i. d. R. mit mehr als einem Kraftfahrzeug ausgestattet sein müssen, um die für die tägliche Lebensführung notwendige Mobilität aufbringen zu können.
Voraussetzungen zum Erlass einer Satzung aus städtebaulichen Gründen können z. B. dann vorliegen, wenn in Gemeindeteilen ein Mehrbedarf an notwendigen Stellplätzen zu erwarten ist, der nicht durch Verlagerung des Verkehrs auf Verkehrsträger mit geringerer Flächeninanspruchnahme vermieden werden kann (z. B. Förderung Radverkehr, standortbezogenes Mobilitätsmanagement) und der ruhende Verkehr aus stadtgestalterischen Gründen nicht im öffentlichen Straßenraum untergebracht werden kann oder soll.
Im Regelfall werden sowohl städtebauliche als auch Gründe des Verkehrs nicht gleichermaßen und flächendeckend im gesamten Gemeindegebiet vorliegen.

II.

Die Verwaltungsvorschrift des Wirtschaftsministeriums über die Herstellung notwendiger Stellplätze vom 16. April 1996 (GABl. S. 289), geändert durch Verwaltungsvorschrift vom 4. August 2003 (GABl. S. 590), wird aufgehoben.

III.

Diese Verwaltungsvorschrift tritt am 1. Juli 2015 in Kraft und am 30. Juni 2022 außer Kraft.*

* Abschnitt III betrifft die VwV Stellplätze in der Fassung 2015.

Anhang 1*

Bei der Ermittlung der Zahl der notwendigen Kfz-Stellplätze von Anlagen nach § 37 Absatz 1 Satz 2 LBO ist wie folgt zu verfahren:

1. Der Standort der baulichen Anlage wird hinsichtlich seiner Einbindung in den ÖPNV entsprechend Tabelle A bewertet.
Eine Bewertung unterbleibt bei Einrichtungen für mobilitätseingeschränkte Personen.

A

	Kriterien ÖPNV			
Punkte je Kriterium	Erreichbarkeit(1)	Dichte der Verkehrsmittel	Leistungsfähigkeit(2) (Taktfolge Mo. bis Fr. 6 h–19 h)	Attraktivität des Verkehrsmittels
1	mindestens eine Haltestelle des ÖPNV in R = > 500 m – max. 600 m	mehr als 1 Bus- oder Bahnlinie	Takt max. 15 min	Bus überwiegend auf eigenen Busspur
2	mindestens eine Haltestelle des ÖPNV in R = > 300 m – max. 500 m	mehr als 2 Bus- oder Bahnlinien	Takt max. 10 min	Straßenbahn, Stadtbahn
3	mindestens eine Haltestelle des ÖPNV in R = max. 300 m	mehr als 3 Bus- oder Bahnlinien	Takt max. 5 min	Schienenschnellverkehr (S-Bahn, Stadtbahn) mit eigenem Gleiskörper

(1) Besonderheiten, die die Erreichbarkeit beschränken, wie Eisenbahnlinien oder Flussläufe, sind zu berücksichtigen.
(2) Kürzester Takt des leistungsfähigsten Verkehrsmittels. Dabei können mehrere Linien dieses Verkehrsmittels herangezogen werden, wenn diese eine direkte Verbindung zu einem zentralen Verkehrsknotenpunkt besitzen oder eine weitgehend gleiche Streckenführung aufweisen und daher angenommen werden kann, dass es den meisten Nutzerinnen und Nutzern gleich ist, welche Linie sie benutzen.

---

* Vgl. dazu die **„VwV Stellplätze mit Stuttgarter Richtwerten“** (https://service.stuttgart.de/img/mdb/publ/30897/133889.pdf).

Es sind im günstigsten Fall, d. h. bei maximaler Punktzahl in jeder der 4 Kategorien, 12 Punkte erreichbar. Beispiel:

– Vom Standort der baulichen Anlage aus ist eine Haltestelle des ÖPNV in einem Radius zwischen 300 m und 500 m erreichbar:	2 Punkte
– Mehr als 1 Bus oder Bahnlinie können erreicht werden:	1 Punkt
– Die kürzeste Taktfolge des leistungsfähigsten Verkehrsmittels Mo. bis Fr. zwischen 6 h und 19 h beträgt max. 10 Minuten:	2 Punkte
– Das attraktivste erreichbare Verkehrsmittel ist die S-Bahn:	3 Punkte
	8 Punkte

Die Standortqualität dieser baulichen Anlage wird hinsichtlich ihrer Einbindung in das ÖPNV-Netz mit insgesamt 8 Punkten bewertet.

2. Aus Tabelle B wird nach Nutzungsart und Größe der Anlage eine Zahl von Kfz-Stellplätzen ermittelt. Diese wird ggf. entsprechend der nach Nummer 1 erreichten Punktzahl gemindert.
Die Zahl der notwendigen Kfz-Stellplätze beträgt bei

unter 4 Punkten = 100 % der aus Tab. B ermittelten Kfz-Stellplätze,
4–6 Punkten = 80 % der aus Tab. B ermittelten Kfz-Stellplätze,
7–9 Punkten = 60 % der aus Tab. B ermittelten Kfz-Stellplätze,
10–11 Punkten = 40 % der aus Tab. B ermittelten Kfz-Stellplätze,
12 Punkten = 30 % der aus Tab. B ermittelten Kfz-Stellplätze.

B

Nr.	Verkehrsquelle	Zahl der Kfz-Stellplätze
1	*Wohnheime*	
1.1	Altenheime	1 je 10–15 Plätze, mindestens jedoch 3
1.2	Behindertenwohnheime	1 je 10–15 Plätze, mindestens jedoch 3

Nr.	Verkehrsquelle	Zahl der Kfz-Stellplätze
1.3	Kinder- und Jugendwohnheime	1 je 20 Plätze, mindestens jedoch 2
1.4	Flüchtlingswohnheime	1 je 10–15 Plätze, mindestens jedoch 2
1.5	Studierendenwohnheime	1 je 4–10 Plätze, mindestens jedoch 2
1.6	Sonstige Wohnheime	1 je 2–5 Plätze, mindestens jedoch 2
2	*Gebäude mit Büro-, Verwaltungs- und Praxisräumen*	
2.1	Büro- und Verwaltungsräume allgemein	1 je 30–40 m^2 Büronutzfläche(1), mindestens jedoch 1
2.2	Räume mit erheblichem Besucherverkehr (Schalter-, Abfertigungs- oder Beratungsräume, Arztpraxen o. Ä.)	1 je 20–30 m^2 Nutzfläche(4), mindestens jedoch 3
3	*Verkaufsstätten*	
3.1	Verkaufsstätten bis 700 m^2 Verkaufsnutzfläche	1 je 30–50 m^2 Verkaufsnutzfläche(2), mindestens jedoch 2 je Laden
3.2	Verkaufsstätten mit mehr als 700 m^2 Verkaufsnutzfläche	1 je 10–30 m^2 Verkaufsnutzfläche(2)
4	*Versammlungsstätten (außer Sportstätten), Kirchen*	
4.1	Versammlungsstätten	1 je 4–8 Besucherplätze
4.2	Kirchen	1 je 10–40 Sitzplätze
5	*Sportstätten*	
5.1	Sportplätze	1 je 250 m^2 Sportfläche(3), zusätzlich 1 je 10–15 Besucherplätze
5.2	Spiel- und Sporthallen	1 je 50 m^2 Sportfläche(3), zusätzlich 1 je 10–15 Besucherplätze
5.3	Fitnesscenter	1 je 25 m^2 Sportfläche(3)
5.4	Freibäder	1 je 200–300 m^2 Grundstücksfläche
5.5	Hallenbäder	1 je 5–10 Kleiderablagen, zusätzlich 1 je 10–15 Besucherplätze

Nr.	Verkehrsquelle	Zahl der Kfz-Stellplätze
5.6	Tennisanlagen	3–4 je Spielfeld, zusätzlich 1 je 10–15 Besucherplätze
5.7	Kegel-, Bowlingbahnen	4 je Bahn
5.8	Bootshäuser und Bootsliegeplätze	1 je 2–3 Boote
5.9	Reitanlagen	1 je 4 Pferdeeinstellplätze
6	*Gaststätten, Beherbergungsbetriebe, Vergnügungsstätten*	
6.1	Gaststätten	1 je 6–12 m² Gastraum
6.2	Tanzlokale, Discotheken	1 je 4–8 m² Gastraum
6.3	Spielhallen	1 je 10–20 m² Nutzfläche des Ausstellraumes, mindestens 3
6.4	Hotels, Pensionen, Kurheime und andere Beherbergungsbetriebe	1 je 2–6 Zimmer
6.5	Jugendherbergen	1 je 10 Betten
7	*Krankenhäuser und Pflegeeinrichtungen*	
7.1	Universitätskliniken und ähnliche Lehrkrankenhäuser	1 je 2–3 Betten
7.2	Krankenhäuser, Kureinrichtungen	1 je 3–6 Betten
7.3	Pflegeheime	1 je 10–15 Betten, mindestens jedoch 3
8	*Schulen, Einrichtungen Jugendliche für Kinder und Jugendliche*	
8.1	Grund- und Hauptschulen	1 je 30 Schüler/-innen
8.2	Sonstige allgemeinbildenden Schulen	1 je 25 Schüler/-innen, zusätzlich 1 je 10–15 Schüler/-innen über 18 Jahre
8.3	Berufsschulen, Berufsfachschulen	1 je 20 Schüler/-innen, zusätzlich 1 je 3–5 Schüler/-innen über 18 Jahre
8.4	Sonderschulen für Behinderte	1 je 15 Schüler/-innen
8.5	Hochschulen	1 je 2–4 Studierende

Nr.	Verkehrsquelle	Zahl der Kfz-Stellplätze
8.6	Kindergärten, Kindertagesstätten und dgl.	1 je 20–30 Kinder, mindestens jedoch 2
8.7	Jugendfreizeitheime und dgl.	1 je 15 Besucherplätze
9	*Gewerbliche Anlagen*	
9.1	Handwerks- und Industriebetriebe	1 je 50–70 m^2 Nutzfläche(4) oder je 3 Beschäftigte(5)
9.2	Lagerräume, Lagerplätze	1 je 120 m^2 Nutzfläche(4) oder je 3 Beschäftigte(5)
9.3	Ausstellungs- und Verkaufsplätze	1 je 80–100 m^2 Nutzfläche(4) oder je 3 Beschäftigte(5)
9.4	Kfz-Werkstätten, Tankstellen mit Wartungs- oder Reparaturständen	4 je Wartungs- oder Reparaturstand
9.5	Kfz-Waschanlagen	2 je Waschplatz
9.6	Reifenhandelsbetriebe mit Montageständen	2 je Montagestand
10	*Verschiedenes*	
10.1	Kleingartenanlagen	1 je 3 Kleingärten
10.2	Friedhöfe	1 je 2 000 m^2 Grundstücksfläche, mindestens jedoch 10

Kfz-Stellplätze für Beschäftigte der jeweiligen Anlagen sind bereits eingeschlossen.

Anhang 2

Richtzahlen für Fahrrad-Stellplätze

1.	Wohnheime	
1.1	Studierenden-, Schüler-, Kinder- und Jugendwohnheime	1 je 2 Plätze
1.2	Altenheime, Behindertenwohnheime	1 je 10 Plätze
1.3	Sonstige Wohnheime 1 je 2 Plätze	
2.	Gebäude mit Büro- und Verwaltungs- und Praxisräumen	
2.1	mit Büronutzfläche	1 je 100 m^2 Büronutzfläche(1)
2.2	Räume mit erheblichem Besucherverkehr (Schalter-, Abfertigungs- oder Beratungsräume, Arztpraxen o. Ä.)	1 je 70 m^2 Nutzfläche(4)
3.	Verkaufsstätten	1 je 50 m^2 Verkaufsnutzfläche(2)
4.	Versammlungsstätten	1 je 10 Besucherplätze
5.	Sportstätten	
5.1	Sportplätze	1 je 250 m^2 Sportfläche(3)
5.2	Spiel- und Sporthallen	1 je 50 m^2 Sportfläche(3)
5.3	Sportstadien	1 je 10 Besucherplätze
5.4	Freibäder	1 je 100 m^2 Grundstücksfläche
5.5	Hallenbäder	1 je 5 Kleiderablagen
6.	Gaststätten	1 je 6–12 m^2 Gastraum
7.	Hotels, Pensionen, Kurheime und andere Beherbergungsbetriebe	1 je 10 Betten
8.	Jugendherbergen	1 je 5 Betten
9.	Krankenhäuser, Kureinrichtungen	1 je 20 Betten
10.	Schulen, Einrichtungen für Kinder und Jugendliche	
10.1	Allgemeinbildende Schulen	1 je 3 Schüler/-innen
10.2	Berufsschulen	1 je 5 Schüler/-innen
10.3	Hochschulen	1 je 5 Studierende

10.4	Kindergärten, Kindertagesstätten u. dgl.	5 je Gruppenraum
10.5	Jugendfreizeitheime und dgl.	1 je 3 Besucherplätze
11.	Handwerks- und Industriebetriebe	1 je 225 m^2 Nutzfläche(4)
12.	Museen und Ausstellungsgebäude	1 je 100 m^2 Nutzfläche(4)

(1) Nicht zur Büronutzfläche werden gerechnet:
Sozial- und Sanitärräume, Funktionsflächen für betriebstechnische Anlagen, Verkehrsflächen.
(2) Nicht zur Verkaufsnutzfläche werden gerechnet:
Sozial- und Sanitärräume, Kantinen, Ausstellungsflächen, Lagerflächen, Funktionsflächen für betriebstechnische Anlagen, Verkehrsflächen.
(3) Nicht zur Sportfläche werden gerechnet:
Sozial- und Sanitärräume, Umkleideräume, Geräteräume, Funktionsflächen für betriebstechnische Anlagen, Verkehrsflächen.
(4) Nicht zur Nutzfläche werden gerechnet:
Sozial- und Sanitärräume, Kantinen, Funktionsflächen für betriebliche Anlagen, Verkehrsflächen.
(5) Der Stellplatzbedarf ist in der Regel nach der Nutzfläche zu berechnen. Ergibt sich dabei ein offensichtliches Missverhältnis zum tatsächlichen Stellplatzbedarf, so ist die Zahl der Beschäftigten zugrunde zu legen.

Verwaltungsvorschrift des Ministeriums für Wirtschaft, Arbeit und Wohnungsbau über die brandschutztechnische Prüfung im baurechtlichen Verfahren (VwV Brandschutzprüfung)

Vom 17. September 2012, geändert durch Verwaltungsvorschrift vom 03. März 2015 – Az.: 41-2611.2/89 – und durch Verwaltungsvorschrift vom 16. Dezember 2020 – Az.: 51-2611.21/89 –

Fundstelle: GABl. 2012, S. 865, GABl. 2015, S. 82, GABl. 2021, S. 34

1. Ziele des Brandschutzes

Nach § 15 Absatz 1 der Landesbauordnung für Baden-Württemberg (LBO) sind bauliche Anlagen so anzuordnen und zu errichten, dass der Entstehung eines Brandes und der Ausbreitung von Feuer und Rauch (Brandausbreitung) vorgebeugt wird und bei einem Brand die Rettung von Menschen und Tieren sowie wirksame Löscharbeiten möglich sind.

2. Begutachtung durch Bauverständige

2.1 Im baurechtlichen Verfahren soll die Beurteilung der Frage, ob die Ziele des Brandschutzes eingehalten sind, nicht zuletzt im Interesse einer Verfahrensbeschleunigung grundsätzlich von der Baurechtsbehörde selbst über eine fachliche Begutachtung durch Bauverständige im Sinne von § 46 Absatz 4 LBO erfolgen.

2.2. Die Einholung einer Stellungnahme der Feuerwehr (Nummer 3.3) oder von Sachverständigen (Nummer 4.3) ist nur erforderlich, wenn

- Bauverständige eine Begutachtung in angemessener Zeit nicht durchführen können,
- nach Nummer 3.1 die Feuerwehr zu beteiligen ist oder
- nach Nummer 4.1 Sachverständige heranzuziehen sind.

3. Beteiligung der Feuerwehr

3.1. Die Beteiligung der Feuerwehr ist nach § 53 Absatz 4 Satz 1 LBO nur erforderlich, wenn ihr Aufgabenbereich berührt wird. Dies ist regelmäßig der Fall, wenn
- besondere Anforderungen oder Erleichterungen nach § 38 Absatz 1 LBO oder
- Abweichungen, Ausnahmen oder Befreiungen nach § 56 LBO

vorgesehen sind und dadurch die Durchführung von Löscharbeiten oder die Rettung von Menschen und Tieren berührt werden.

3.2. Die Durchführung von Löscharbeiten oder die Rettung von Menschen und Tieren können berührt werden durch Entscheidungen im Zusammenhang mit
- der Löschwasserversorgung,
- der Löschwasserrückhaltung,
- Anlagen und Einrichtungen für die Brandbekämpfung (wie Wandhydranten, Löschwasseranlagen, Feuerlöschgeräte, Feuerlöschanlagen),
- Anlagen und Einrichtungen für den Rauch- und Wärmeabzug bei Bränden,
- der Sicherung des zweiten Rettungswegs über Rettungsgeräte der Feuerwehr,
- Anlagen und Einrichtungen für die Brandmeldung (wie Rauchmelder, Hand-Feuermelder) und für die Alarmierung im Brandfall oder
- betrieblichen Maßnahmen zur Brandverhütung und Brandbekämpfung sowie zur Rettung von Menschen und Tieren (wie Werkfeuerwehr, Feuerwehr-, Evakuierungs-, Flucht- und Rettungspläne, Brandschutzordnung, Feuerschutzübungen).

3.3. Ist der Aufgabenbereich der Feuerwehr berührt, ist zu beteiligen
- in den Stadtkreisen die Leitung der Gemeindefeuerwehr,

- in den übrigen Gemeinden die Leitung der Gemeindefeuerwehr, sofern sie mindestens die Befähigung für den gehobenen feuerwehrtechnischen Dienst hat, andernfalls die feuerwehrtechnischen Beamten der Landkreise.

4. Heranziehung von Sachverständigen

4.1. Ein besonderes Fachwissen für die brandschutztechnische Beurteilung ist regelmäßig erforderlich bei Sonderbauten im Sinne von § 38 Absatz 2 LBO, wenn

- für den Brandschutz bedeutsame Abweichungen, Ausnahmen oder Befreiungen (§ 56 LBO) oder besondere Anforderungen oder Erleichterungen (§ 38 Absatz 1 LBO) vorgesehen sind oder
- bei einem Brand eine große Zahl von Menschen gefährdet ist.

4.2. Derartige Vorhaben sind insbesondere

- Krankenhäuser und ähnliche Einrichtungen,
- Einrichtungen zur Betreuung, Unterbringung oder Pflege von behinderten oder alten Menschen,
- Gemeinschaftsunterkünfte und Beherbergungsstätten mit mehr als 20 Gastzimmern, ausgenommen in Gebäuden der Gebäudeklassen 1 bis 3,
- Hochhäuser nach § 38 Absatz 2 Nummer 1 LBO, in denen neben Wohnungen auch Nutzungseinheiten mit nicht wohnungsähnlichen Nutzungen vorhanden sind,
- gewerbliche Anlagen von großer Ausdehnung mit übergroßen Brandabschnitten, erhöhter Brandgefahr oder erhöhter Gefahr für die Umgebung.

4.3. Bei diesen Vorhaben kann deshalb regelmäßig die Beteiligung von Sachverständigen nach § 47 Absatz 2 LBO erforderlich sein. Als Sachverständige können alle herangezogen werden, die die notwendige Ausbildung, Sachkunde und Erfahrung besitzen. In diesem Rahmen entscheidet die Baurechtsbehörde nach ihrem Ermessen, wen sie heranzieht. Als

Sachverständige können beispielsweise herangezogen werden

- Bauverständige nach § 46 Absatz 4 LBO mit einer Berufserfahrung von mindestens vier Jahren in dieser Tätigkeit,
- Personen, die mindestens die Befähigung für den gehobenen feuerwehrtechnischen Dienst haben, mit einer Berufserfahrung von mindestens drei Jahren im vorbeugenden Brandschutz mit Einsatzdienst sowie feuerwehrtechnische Beamte gemäß § 23 Feuerwehrgesetz, die den erforderlichen Sachverstand haben,
- Personen, die von einer Industrie- und Handelskammer nach § 7 des Gesetzes über die Industrie- und Handelskammern in Baden-Württemberg als Sachverständige für Brandschutz bestellt sind; umfasst die Bestellung nur einen Teilbereich des Brandschutzes, ist von den erforderlichen Sachkenntnissen und Erfahrungen nur für diesen Teilbereich auszugehen,
- Personen, die in eine Fachliste für Brandschutz bei der Ingenieurkammer Baden-Württemberg oder der Architektenkammer Baden-Württemberg eingetragen sind.

4.4. Die Heranziehung von Sachverständigen ist nicht erforderlich, wenn einzelne Angehörige der Behörde die Voraussetzungen nach Nummer 4.3 erfüllen und an der brandschutztechnischen Prüfung mitwirken.

4.5. Die Stellungnahme von Sachverständigen nach § 47 Absatz 2 LBO ersetzt nicht die Stellungnahme der Feuerwehr als berührte Stelle nach § 53 Absatz 4 Satz 1 LBO (vgl. Nummer 3), die Stellungnahme von Sachverständigen ist – soweit sie erforderlich ist – der Feuerwehr im Rahmen der Anhörung als berührte Stelle vorzulegen.

5. Anforderung der Stellungnahme von Sachverständigen

Bei der Anforderung einer Stellungnahme ist der gewünschte Umfang der Begutachtung (siehe Anlage) hinreichend bestimmt festzulegen. Für die Abgabe der Stellungnahme ist eine angemessene Frist zu setzen. Zur Vermeidung von Verzögerungen kann für Bauherren und Entwurfsverfasser ein Gespräch mit der Baurechtsbehörde vor Einreichen der Bauvorlagen sinnvoll sein.

6. Rechtliche Bedeutung der Stellungnahme eines Sachverständigen

Die Baurechtsbehörde ist an die Stellungnahme nicht gebunden; sie hat selbst zu entscheiden, ob sie den Anregungen und Bedenken folgt. Grundsätzlich ist die Stellungnahme jedoch nur auf Folgerichtigkeit und daraufhin zu prüfen, ob die vorgeschlagenen brandschutztechnischen Anforderungen in den baurechtlichen Vorschriften eine Rechtsgrundlage finden. Wird die brandschutztechnische Stellungnahme oder das Brandschutzkonzept als Fachplanung und Bauvorlage zur Genehmigung vorgelegt, so bleiben die Entwurfsverfasser dafür verantwortlich, dass der Fachplanungsbeitrag entsprechend den öffentlich-rechtlichen Vorschriften auf andere Fachplanungen und auf den Entwurf abgestimmt wird.

7. Außerkrafttreten

Diese Verwaltungsvorschrift tritt am 31. Januar 2028 außer Kraft.

Anlage – Hinweise zu möglichen Inhalten einer brandschutztechnischen Stellungnahme nach Ziffer 4 bis 6

Die Baurechtsbehörde kann sich bei der Erstellung der brandschutztechnischen Stellungnahme insbesondere an der folgenden Liste orientieren.

1. Allgemeines zum Bauvorhaben

- ☐ Bezeichnung des Bauvorhabens
- ☐ Ortsangabe (Adresse, Flurstück) mit Erschließung
- ☐ Bauherr/Bauherrin, ggf. Verantwortung für den Betrieb
- ☐ Brandschutzrelevante Merkmale der Umgebung (Einrichtungen mit erhöhter Brandgefahr oder mit besonderer Gefährdungslage im Brandfall)
- ☐ Bezug auf genau bezeichneten Planungsstand
- ☐ Bestimmungsgemäße Nutzung der Gesamtanlage
- ☐ Bestimmungsgemäße Nutzer (Zahl, Bestimmtheit, brandschutzrelevante Besonderheiten)
- ☐ Brandlasten (insbesondere auch von Lagerflächen)
- ☐ Darstellung und Erläuterung der Schutzziele (Personenschutz, Denkmal-/Sachwertschutz, Umweltschutz usw.)
- ☐ Rechtliche Anforderungen (Bauplanungs- und Bauordnungsrecht) (siehe auch Nummer 16)
- ☐ Besondere Zündquellen
- ☐ Besondere Gefahren, die im Brandfall ausgelöst werden
- ☐ Definition kritischer Punkte im Bauablauf mit Zeitraum und Meldepflichten
- ☐ Zusätzliche Bauvorlagen, besondere Pläne oder geeignete Darstellungsweisen für zu bestimmende Brandschutzmaßnahmen

2. Flächen für die Feuerwehr

- ☐ Objektspezifische Anforderungen an Zugänglichkeit
- ☐ Zu- und Durchgänge

- ☐ Zu- und Umfahrten
- ☐ Aufstell- und Bewegungsflächen
- ☐ Sicherstellung der Zugänglichkeit, ggf. gemäß Abstimmung mit Brandschutzdienststelle (z. B. Feuerwehrschlüsseldepot)
- ☐ Verknüpfung mit Belangen des Objektschutzes

3. Löschmittelversorgung

- ☐ Löschmittelbedarf
- ☐ Ggf. spezifische Anforderungen durch Brandschutzdienststelle
- ☐ Verwendbare Löschwasserentnahmestellen und deren Leistungsfähigkeit bzw. Dokumentation der Auskünfte des Wasserversorgungsunternehmens (ggf. Hydrantenplan aus Lageplan)
- ☐ Abgleich zwischen Löschwasserbedarf und -versorgung und geeignete Maßnahmen

4. Löschmittelbeseitigung

- ☐ Vorhandensein wassergefährdender Stoffe mit Angaben zu Menge, Wassergefährdungsklasse und Ort
- ☐ Anforderungen zur Löschmittelrückhaltung aus einschlägigen Regelwerken
- ☐ Ermittlung des erforderlichen Rückhaltevolumens bzw. Negativvermerk
- ☐ Maßnahmen zur Löschmittelrückhaltung (Rückhalteräume, Löschwasserbarrieren)

5. Tragkonstruktion

- ☐ Feuerwiderstand der tragenden und aussteifenden Bauteile (Gebäudeklasse)

6. System der äußeren und inneren Abschottungen

- ☐ Äußere Abschottungen (brandschutztechnisch begründete Abstandsregelungen, Gebäudeabschlusswände als Brandwände, Dachöffnungen bzw. -aufbauten)

- ☐ Abschottungssystem mit Größenangaben (Brandabschnitte, Brandbekämpfungsabschnitte, Rauchabschnitte, sowie sonstige abgetrennte Bereiche)
- ☐ Innere Brandwände und Trennwände mit Anordnung und Verlauf
- ☐ Maßnahmen gegen Brandausbreitung in vertikaler Richtung (Decken, Fassaden, geschossübergreifende Räume)
- ☐ Öffnungsabschlüsse in trennenden Bauteilen (Türen, Fenster usw.)
- ☐ Raumabschließende Feuerwiderstandsdauer trennender Bauteile
- ☐ Anforderungen an Baustoffe, Bekleidungen, Dämmstoffe, Fugen und Beläge von trennenden Bauteilen

7. Flucht- und Rettungswege

- ☐ Grundsystem der Evakuierung
- ☐ Nachweis 1. und 2. Rettungsweg für jede Nutzungseinheit in jedem Geschoss mit Aufenthaltsraum
- ☐ Länge des 1. Rettungswegs
- ☐ Durchgangsbreite und -höhe der Rettungswege
- ☐ Maßnahmen für besondere Personenkreise (u. a. Behinderte)
- ☐ Ausbildung der Rettungswege (notwendige Flure, notwendige Treppen, notwendige Treppenräume, Ausgänge)
- ☐ Türen und Fenster in Rettungswegen (Öffenbarkeit, elektrische Verriegelung, Feststellanlagen, Freilauftürschließer, automatische Schiebetüren, Erreichbarkeit anleiterbarer Stellen)
- ☐ Kennzeichnung und (Sicherheits-) Beleuchtung, ggf. Fluchtleitsystem

8. Höchstzulässige Nutzerzahl; nutzungsspezifische Gebäudeauslegung

- ☐ Analyse der geplanten Nutzung hinsichtlich des Auftretens größerer Personenzahlen

- ☐ Leistungsfähigkeit der Rettungswege bzw. des Evakuierungskonzepts mit maximalen Personenzahlen
- ☐ Sonstige brandschutzbedingte Nutzungsbeschränkungen (u. a. Lagerhöhe, Lagerflächengröße, Ausschmückungen bei Versammlungsstätten, Brandlastfreiheit von Rettungswegen, Verortung von Brandlasten)

9. Haustechnische Anlagen

- ☐ Haustechnische Versorgung mit Zentralen, zugeordneten versorgten Bereichen und ggf. Leistungskenndaten (insbesondere bei brennbaren Leitungen, brennbaren Medien oder gesundheitsgefährdenden elektrischen Spannungen)
- ☐ Schottung bei der Durchdringung von Bauteilen, an die Anforderungen bezüglich des Raumabschlusses gestellt werden
- ☐ Anforderungen an Schächte und Kanäle (ggf. auch Unterdecken und Systemböden)
- ☐ Aufzüge (mit Brandfallsteuerung bei Haltepunkten in mehr als einem Rauchabschnitt)
- ☐ Feuerwehraufzug
- ☐ Anforderungen an äußeren und inneren Blitzschutz mit Angabe der einzuhaltenden Regelwerke
- ☐ Feuerungsanlagen, Heizräume einschließlich Brennstofflagerung und Brennstoffleitungen
- ☐ Explosionsschutz (z. B. Pelletlagerung, Sauganlagen)
- ☐ Lüftungsanlage (Art und Umfang, Standort der Zentrale, versorgte Bereiche, Verhinderung von Brand- und Rauchausbreitung, Baustoffe, Brandfallsteuerung)

10. Rauch- und Wärmeabzug

- ☐ Erfordernis nach Bauordnungsrecht
- ☐ Grundsystem der Entrauchung und Wärmeableitung mit bauordnungsrechtlichen Anforderungen (z. B. für notwendige Treppenräume, Aufzugsschächte, Technikräume)

- ☐ Entrauchungsmaßnahmen mit zugrundeliegenden Bemessungsvorschriften (ggf. Funktionserhalt) und Brandszenario
- ☐ Querschnitt von natürlichen Entrauchungsmaßnahmen (mit Angabe der aerodynamisch wirksamen Fläche) bzw. Auslegungskriterien bei maschineller Entrauchung oder Differenzdrucksystemen
- ☐ Spezifische Anforderungen an Komponenten der Entrauchungsanlage (Temperaturbeständigkeit von Brandgasventilatoren, Entrauchungs- oder Jalousieklappen)
- ☐ Dimensionierung und Nachweis ausreichender Zuluftführung
- ☐ Auslösung und Steuerung

11. Brandmeldeanlagen und Alarmierungseinrichtungen

- ☐ Erfordernis nach Bauordnungsrecht
- ☐ Überwachungsumfang durch automatische (bzw. manuelle) Brandmelder, Regelwerke, ggf. Betriebsart (Aufschaltung zur Feuerwehr, Vermeidung von Fehlalarmen)
- ☐ Alarmierungsbereiche, Art der Alarmierung (z. B. Signal, Sprachalarm, optisch), ggf. Sprechstellen und Zuordnung von Sicherheitsklassen
- ☐ Anordnung von Zentralen, ggf. Unterzentralen, Feuerwehrtableaus, Feuerwehrbedienfeld und Auslöseeinrichtungen (manuell bzw. automatisch, Kenngröße der Melder: Rauch bzw. Temperatur)
- ☐ Szenarienabhängige Matrix oder Verknüpfungsplan
- ☐ Feuerwehr-Kommunikationssysteme (z. B. Gebäudefunkanlagen)
- ☐ Gegensprechanlage zur Kommunikation mit Einsatzkräften

12. Anlagen und Einrichtungen zur Brandbekämpfung

- ☐ Erfordernis nach Bauordnungsrecht, ggf. nach Arbeitsstättenrecht
- ☐ Definition des Schutzumfangs

- ☐ Wasser- oder Gaslöschanlagen mit Regelwerken (Schutzwert für Sprinkleranlagen)
- ☐ Standort und Auslegung von Wandhydranten; Löschwasseranlagen
- ☐ Erfordernis einer Druckerhöhungsanlage
- ☐ Grundzüge der Ausstattung mit Handfeuerlöschern (Regelwerke, Löschmittel)
- ☐ Sonderlöschmittel und Löschverfahren

13. Sicherheitsstromversorgung

- ☐ Erfordernis nach Bauordnungsrecht
- ☐ Zusammenstellung der anzuschließenden Verbraucher (u.a. Sicherheitsbeleuchtung) jeweils mit erforderlicher Betriebsdauer
- ☐ Anforderungen an Betriebsräume (z.B. für Batterien oder Stromerzeugungsaggregate)
- ☐ Funktionserhalt elektrischer Leitungsanlagen (z.B. Verteiler)

14. Feuerwehrpläne

- ☐ Erfordernis nach Bauordnungsrecht (DIN 14095)
- ☐ Besonderheiten des Brandschutzkonzepts, die für die Einsatzkräfte relevant sind

15. Betriebliche Maßnahmen zur Brandverhütung

- ☐ Bei Bauarbeiten (Dokumente für feuergefährliche Arbeiten, Schweißerlaubnis, Brandwache)
- ☐ Erfordernis von Brandschutzbeauftragten bzw. Sicherheitsingenieuren (Qualifikationsanforderung, Tätigkeitsbeschreibung)
- ☐ Erfordernis von betrieblichen Selbsthilfekräften
- ☐ Erfordernis einer Brandschutzordnung (DIN 14096) und deren Inhalt bzw. Umfang; Einweisung neuer Nutzer bzw. Mitarbeiter

- ☐ Erfordernis von Flucht- und Rettungswegplänen, ggf. mit Inhalt und Aushangsort
- ☐ Erfordernis und Anforderungen an Werkfeuerwehr, Betriebsfeuerwehr bzw. Hausfeuerwehr
- ☐ Maßnahmen zur Evakuierung bzw. Räumung des Gebäudes; Festlegung von Sammelplätzen; anzusetzende Übungen
- ☐ Besondere nutzungsbedingte Schutzmaßnahmen (z. B. Laborhygiene, Strahlenschutz)
- ☐ Weitere Maßnahmen zur Brandverhütung (selbstverlöschende Abfalleimer, Materialwahl ohne Kunststoff u. a.)
- ☐ Zusammenstellung der noch vorzulegenden Eignungsnachweise
- ☐ Zusammenstellung der bauordnungsrechtlichen Prüfanforderungen an technische Anlagen (nach „Prüfgrundsätzen“, Qualifikation der Prüfenden, Fristen)
- ☐ Zusammenstellung von Wartungs- bzw. Turnusprüfungen (Fristen, Verantwortlichkeit)
- ☐ Pflichten der für den Betrieb Verantwortlichen

16. Abweichungen nach § 56 LBO und Erleichterungen nach § 38 LBO

- ☐ Vollständige Zusammenstellung im Abgleich zu den materiellen Anforderungen des Bauordnungsrechts mit den beabsichtigten ausgleichenden Maßnahmen
- ☐ Erläuterungen, wenn ausgleichende Maßnahmen nicht für erforderlich erachtet werden
- ☐ Hinweise auf ggf. notwendige Baulasten

17. Verwendete Rechenverfahren

- ☐ Rechenverfahren, die im Rahmen der Risikoanalyse für das Brandschutzkonzept oder einzelne Komponenten daraus verwendet wurden

- ☐ Nachweis von Anwendungsbereichen und Eignung der Rechenverfahren für die objektspezifische Geometrie, Brandszenarien
- ☐ Zusammenstellung der wesentlichen für die Berechnung erforderlichen Parameter
- ☐ Geeignete und nachvollziehbare Darstellung der Ergebnisse einschließlich relevanter Zwischenergebnisse

Verwaltungsvorschrift des Ministeriums für Wirtschaft, Arbeit und Wohnungsbau über die Brandverhütungsschau (VwV-Brandverhütungsschau)

Vom 17. September 2012 – Az.: 41-2611.2/69 –

Fundstelle: GABl. 2012, S. 863

Geändert durch Verwaltungsvorschrift vom 03.03.2015 (GABl. 2015, S. 83) und Verwaltungsvorschrift vom 16. Dezember 2020 – Az.: 51-2611.2/69 – (GABl. 2021, S. 34)

1 Ziel der Brandverhütungsschau

1.1 Die Brandverhütungsschau dient der vorbeugenden Abwehr von Gefahren, die durch einen Brand entstehen können. Sie ist daher, soweit sich aus Nummer 3 nichts anderes ergibt, in allen baulichen Anlagen und Räumen durchzuführen, die wegen ihrer baulichen Beschaffenheit oder Nutzung in erhöhtem Maße brandgefährdet sind oder in denen bei Ausbruch eines Brandes eine größere Zahl von Personen gefährdet werden kann.

1.2 Bei der Brandverhütungsschau ist festzustellen, ob der Entstehung und Ausbreitung von Schadenfeuer im Interesse der Abwendung von Gefahren für Leben und Gesundheit in ausreichendem Maße vorgebeugt wird und bei einem Brand wirksame Lösch- und Rettungsarbeiten möglich sind (§ 15 Absatz 1 der Landesbauordnung – LBO). So ist festzustellen, ob

1.2.1 wegen baulicher oder anderer Mängel die Gefahr von Bränden besteht,

1.2.2 durch die Art der Nutzung die Gefahr von Bränden besteht,

1.2.3 brennbare Stoffe in solchem Umfang oder derart gelagert werden, dass die Gefahr von Bränden besteht,

1.2.4 die erforderlichen Brandabschnitte vorhanden sind und ob sie sich in vorschriftsmäßigem Zustand befinden,

1.2.5 die erforderlichen Rettungswege vorhanden sind und sicher benutzt werden können,

1.2.6 die erforderlichen Löschmittel, Löschgeräte und -anlagen sowie Feuermelde-/Brandmeldeeinrichtungen und Rauchabzugsanlagen vorhanden und einsatzfähig sind,

1.2.7 die Flächen für die Feuerwehr in erforderlichem Umfang vorhanden und nutzbar sind,

1.2.8 die Löschwasserversorgung ausreichend ist,

1.2.9 Maßnahmen zur Löschwasserrückhaltung erforderlich sind,

1.2.10 Brandschutzordnung, Feuerwehrpläne nach DIN 14095 und Evakuierungspläne, soweit erforderlich, vorhanden sind.

2 Der Brandverhütungsschau unterliegende Anlagen

Bauliche Anlagen und Räume, in denen eine Brandverhütungsschau durchzuführen ist, sind

2.1 Hochhäuser (Gebäude mit einer Höhe nach § 2 Absatz 4 Satz 2 LBO von mehr als 22 m),

2.2 Krankenhäuser und ähnliche Einrichtungen,

2.3 Einrichtungen zur Betreuung, Unterbringung oder Pflege von behinderten oder alten Menschen (ohne „betreutes Wohnen“, das als Wohnung gewertet wird),

2.4 Gemeinschaftsunterkünfte und Beherbergungsstätten mit mehr als 20 Gastzimmern, ausgenommen in Einrichtungen, deren Rohfußbodenoberkante des höchstgelegenen Geschosses, in dem ein Aufenthaltsraum möglich ist, nicht mehr als 7 m über der Geländeoberfläche im Mittel liegt,

2.5 Schulen, Hochschulen und Einrichtungen mit ähnlichem Nutzeraufkommen, ausgenommen in Einrichtungen, deren Rohfußbodenoberkante des höchstgelegenen Geschosses, in dem ein Aufenthaltsraum möglich ist, nicht mehr als 7 m über der Geländeoberfläche im Mittel liegt,

2.6 Einrichtungen zur Betreuung oder Unterbringung von Kindern, ausgenommen in Einrichtungen, deren Rohfußbodenoberkante des höchstgelegenen Geschosses, in dem ein Aufenthaltsraum möglich ist, nicht mehr als 7 m über der Geländeoberfläche im Mittel liegt und deren Bruttogrundfläche nicht mehr als 400 m^2 beträgt (eine Einrichtung liegt auch vor, wenn mehr als acht Kinder in anderen geeigneten Räumen als der Wohnung der Tagespflegeperson betreut werden),

2.7 in Untergeschossen liegende Räume von Verkaufsstätten, Gaststätten, Vergnügungsstätten, soweit sie für Besucher oder Kunden zugänglich sind,

2.8 Verkaufsstätten im Sinne der Verkaufsstättenverordnung,

2.9 Versammlungsstätten im Sinne der Versammlungsstättenverordnung, Discotheken,

2.10 geschlossene Großgaragen im Sinne der Garagenverordnung,

2.11 Gewerbebetriebe, in denen feuer- oder explosionsgefährliche Stoffe hergestellt oder in erheblichem Umfang verarbeitet werden,

2.12 Lagerräume und Lagerplätze mit mehr als 1000 m^2 Nutzfläche zur Lagerung brennbarer Stoffe,

2.13 Gewerbliche Anlagen, in denen Stoffe gelagert, abgefüllt, umgeschlagen, hergestellt, verarbeitet oder verwendet werden, von denen im Brandfall Gefahren für die Umwelt ausgehen können,

2.14 Justizvollzugsanstalten und bauliche Anlagen für den Maßregelvollzug,

2.15 sonstige bauliche Anlagen und Räume, die einen vergleichbaren Gefährdungsgrad wie die Nummern 2.1 bis 2.14 aufweisen.

3 Der Brandverhütungsschau nicht unterliegende Anlagen

Abweichend von Nummer 2 ist eine Brandverhütungsschau nicht erforderlich, wenn davon ausgegangen werden muss, dass die erforderliche Sicherheit der Anlagen durch die für den Betrieb Verantwortlichen gewährleistet wird. Zu diesen Anlagen zählen:

3.1 Bauliche Anlagen des Bundes,

3.2 oberirdische Gebäude, die der Aufsicht der Bergbehörden unterliegen (§ 1 Absatz 2 Nummer 3 LBO).

4 Durchführung der Brandverhütungsschau

4.1 Die Brandverhütungsschau ist eine unverzichtbare Aufgabe der unteren Baurechtsbehörde (§ 47 Absatz 1 LBO). Zur Erfüllung dieser Aufgabe können Sachverständige herangezogen werden (§ 47 Absatz 2 LBO), die an der Brandverhütungsschau teilnehmen oder diese im Auftrag der Baurechtsbehörde durchführen. Die Beteiligung von Sachverständigen ist dann erforderlich, wenn Angehörige der Behörde die Voraussetzungen nach 4.2 nicht erfüllen. Die Durchführung im Auftrag der Baurechtsbehörde ist dann geboten, wenn die Baurechtsbehörde personell nicht in der Lage ist, die Brandverhütungsschau in den vorgesehenen Zeitabständen (vgl. hierzu Nummer 5.1) selbst durchzuführen.

4.2 Als Sachverständige kommen in Betracht:

- Bauverständige nach § 46 Absatz 4 LBO mit einer Berufserfahrung von mindestens vier Jahren in dieser Tätigkeit,
- Personen, die mindestens die Befähigung für den gehobenen feuerwehrtechnischen Dienst haben, mit einer Berufserfahrung von mindestens drei Jahren im vorbeugenden Brandschutz mit Einsatzdienst sowie feuerwehrtechnische Beamte gemäß § 23 Feuerwehrgesetz, die den erforderlichen Sachverstand haben,
- Personen, die von einer Industrie- und Handelskammer nach § 7 des Gesetzes über die Industrie- und Handels-

kammern in Baden-Württemberg als Sachverständige für Brandschutz bestellt sind; umfasst die Bestellung nur einen Teilbereich des Brandschutzes, ist von den erforderlichen Sachkenntnissen und Erfahrungen nur für diesen Teilbereich auszugehen

- Personen, die in eine Fachliste für Brandschutz bei der Ingenieurkammer Baden-Württemberg oder der Architektenkammer Baden-Württemberg eingetragen sind.

Darüber hinaus können als Sachverständige alle herangezogen werden, die die notwendige Ausbildung, Sachkunde und Erfahrung besitzen. In diesem Rahmen entscheidet die Baurechtsbehörde nach ihrem Ermessen, wen sie heranzieht.

4.3 Wird bei der Durchführung der Brandverhütungsschau der Aufgabenbereich anderer Behörden oder Stellen berührt (z. B. Gewerbeaufsicht, Immissionsschutzbehörden), ist ihnen Gelegenheit zu geben, sich an der Brandverhütungsschau zu beteiligen.

4.4 Unterliegen bauliche Anlagen und Räume nach Nummer 2 auch einer Überprüfung durch andere Behörden oder einer Überprüfung im Auftrag anderer Behörden (z. B. durch die Wasserbehörden/Wasserwirtschaftsämter, Immissionsschutzbehörden oder die Gewerbeaufsichtsämter), sollen diese Überprüfungen gemeinsam mit der Brandverhütungsschau durchgeführt werden.

4.5 Die Brandverhütungsschau soll gleichzeitig mit den von den Baurechtsbehörden vorzunehmenden Prüfungen nach der Versammlungsstättenverordnung sowie mit der Feuerstättenschau nach dem Schornsteinfegergesetz durchgeführt werden.

4.6 Die Brandverhütungsschau ist bei baulichen Anlagen des Landes in enger Abstimmung mit der staatlichen Hochbauverwaltung durchzuführen. Sie umfasst mindestens die Bereiche, die von dieser Verwaltung als problematisch benannt werden.

4.7 Auslagen in der tatsächlichen Höhe für Sachverständige, die zur brandschutztechnischen Prüfung baulicher Anlagen des Landes von den Baurechtsbehörden herangezogen werden, trägt das Land. Bescheide sind an das zuständige staatliche Liegenschaftsamt zu richten.

5 Termin der Brandverhütungsschau

5.1 Die Brandverhütungsschau ist in Zeitabständen von höchstens fünf Jahren durchzuführen. Sie ist in kürzeren Zeitabständen durchzuführen, wenn es wegen der vorbeugenden Abwehr von Gefahren in bestimmten baulichen Anlagen und Räumen geboten erscheint.

5.2 Den Eigentümern der baulichen Anlagen oder Räume soll der Termin der Brandverhütungsschau rechtzeitig bekanntgegeben werden. Die Eigentümer können die Betreiber zur Teilnahme an dem Termin einladen oder bevollmächtigen.

6 Niederschrift

Über die Brandverhütungsschau ist eine Niederschrift zu fertigen, die die festgestellten Mängel enthält. Die Niederschrift oder Mängelliste ist kein Verwaltungsakt. Lediglich die Verfügung, welche die Beseitigung der Mängel bis zu einem festzulegenden Zeitpunkt fordert, stellt einen Verwaltungsakt dar und ist zwingend von der zuständigen Baurechtsbehörde zu verfassen. Niederschrift und Verfügung können auch in einem Schriftstück zusammengefasst werden. Allen Beteiligten sowie den zur Mängelbeseitigung Verpflichteten ist eine Ausfertigung zuzuleiten.

7 Mängelbeseitigung

Den zur Mängelbeseitigung Verpflichteten ist für die Beseitigung der festgestellten Mängel eine angemessene Frist zu setzen. Die Baurechtsbehörde kann in einer Nachschau überprüfen, ob die Mängelbeseitigung erfolgt ist.

8 Gebührenpflicht

Die Durchführung der Brandverhütungsschau ist gebührenpflichtig. Die Höhe der Gebühr ist in kommunalen Gebührensatzungen zu regeln.

9 Außerkrafttreten

Diese Verwaltungsvorschrift tritt am 31. Januar 2028 außer Kraft.

Verwaltungsvorschrift des Ministeriums für Wirtschaft, Arbeit und Wohnungsbau über Flächen für Rettungsgeräte der Feuerwehr auf Grundstücken und Zufahrten (VwV Feuerwehrflächen)

Vom 16. Dezember 2020 – Az.: 51-2611.2/90 –

Fundstelle: GABl. 2021, S. 31

Die Verwaltungsvorschrift des Ministeriums für Verkehr und Infrastruktur über Flächen für Rettungsgeräte der Feuerwehr auf Grundstücken und Zufahrten (VwV Feuerwehrflächen) vom 17. September 2012 (GABl. S. 859) – Az.: 41-2611.2/90 – wird hiermit neu erlassen:

Der nach § 15 Absatz 3 LBO erforderliche unabhängige zweite Rettungsweg kann nach § 15 Absatz 5 LBO über eine mit Rettungsgeräten der Feuerwehr erreichbare Stelle der Nutzungseinheit führen. Sind tragbare Leitern als Rettungsgeräte vorgesehen, so sind die nach § 2 LBOAVO notwendigen Zu- und Durchgänge und die nach Abschnitt 4.3 erforderlichen Stellflächen vorzusehen und ständig freizuhalten. Sind Hubrettungsfahrzeuge als Rettungsgeräte erforderlich, so sind die nach § 2 LBOAVO notwendigen Zu- und Durchfahrten, Aufstell- und Bewegungsflächen vorzusehen, zu kennzeichnen und ständig freizuhalten.

1. Begriffe

1.1 Zugänge, Durchgänge

Zugänge sind Flächen auf dem Grundstück, die Grundstücksteile mit der öffentlichen Verkehrsfläche verbinden. Sie können auch überbaut sein (Durchgänge). Sie dienen zum Erreichen von Stellflächen mit Rettungs- und Löschgeräten.

1.2 Zufahrten, Durchfahrten

Zufahrten sind befestigte Flächen auf dem Grundstück, die mit der öffentlichen Verkehrsfläche direkt in Verbindung stehen. Sie können auch überbaut sein (Durchfahrten). Sie dienen zum Erreichen von Aufstell- und Bewegungsflächen mit Feuerwehrfahrzeugen.

1.3 Stellflächen

Stellflächen sind nicht überbaute Flächen auf dem Grundstück, die mit der öffentlichen Verkehrsfläche direkt oder über Zu- oder Durchgänge in Verbindung stehen. Sie dienen dem Einsatz von tragbaren Rettungsgeräten.

1.4 Aufstellflächen

Aufstellflächen sind nicht überbaute befestigte Flächen auf dem Grundstück, die mit der öffentlichen Verkehrsfläche direkt oder über Zu- oder Durchfahrten in Verbindung stehen. Sie dienen dem Einsatz von Hubrettungsfahrzeugen.

1.5 Bewegungsflächen

Bewegungsflächen sind befestigte Flächen auf dem Grundstück, die mit der öffentlichen Verkehrsfläche direkt oder über Zu- oder Durchfahrten in Verbindung stehen. Sie dienen dem Aufstellen von Feuerwehrfahrzeugen, der Entnahme und Bereitstellung von Geräten sowie der Entwicklung von Rettungs- und Löscheinsätzen. Zu- oder Durchfahrten sind keine Bewegungsflächen. Bewegungsflächen können gleichzeitig Aufstellflächen sein.

2. Zu- und Durchgänge

Zu- und Durchgänge sind nach § 2 Absatz 2 und 4 LBOAVO auszubilden.

2.1 Richtungsänderungen

Sind abweichend von § 2 Absatz 2 LBOAVO Richtungsänderungen erforderlich, so sind diese so auszuführen, dass der

Transport des Rettungsgeräts (vierteilige Steckleiter mit 2,7 m Transportlänge bzw. dreiteilige Schiebleiter mit 5,6 m Transportlänge) auch durch Einsatzkräfte in voller Ausrüstung möglich bleibt. In Zweifelsfällen ist die Ausführung in Abstimmung mit der für den Brandschutz zuständigen Dienststelle festzulegen.

2.2 Steigungen

Müssen Steigungen überwunden werden, so sind diese für die Einsatzkräfte gut begehbar auszubilden (ab 20 % möglichst befestigt und ab 40 % möglichst mit Stufen). Liegen Steigungen und Höheneinschränkungen vor, so ist darauf zu achten, dass die Rettungsgeräte mit den in 2.1 genannten Transportlängen noch stehend transportiert werden können.

3. Zu- und Durchfahrten

Zu- und Durchfahrten sind nach § 2 Absatz 3 und 4 LBOAVO auszubilden.

3.1 Kurven in Zu- und Durchfahrten

Werden die Zufahrten nicht geradlinig geführt, so muss in Abhängigkeit vom Außenradius der Kurve die Breite der Zufahrt den in Bild 1 angegebenen Werten entsprechen. Dabei müssen vor und hinter Kurven auf einer Länge von mindestens 11 m Übergangsbereiche vorhanden sein. Zum Einbiegen von der öffentlichen Verkehrsfläche auf das Grundstück muss die Kurve nach Bild 1 für mindestens eine Anfahrrichtung vorhanden sein. Über die Planung ist Einvernehmen mit der örtlichen Straßenverkehrsbehörde herzustellen, soweit sie die öffentliche Verkehrsfläche betrifft.

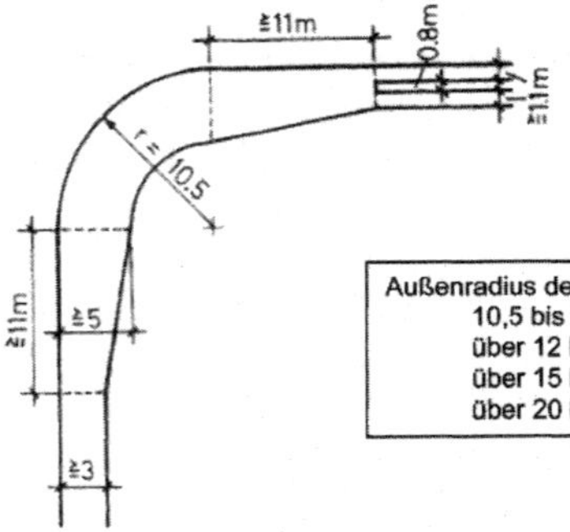

Außenradius der Kurve (m)	Breite mind. (m)
10,5 bis 12	5,0
über 12 bis 15	4,5
über 15 bis 20	4,0
über 20 bis 40	3,5

Bild 1: Kurven in Zu- und Durchfahrten

3.2 Fahrspuren

Geradlinig geführte Zu- oder Durchfahrten können außerhalb der Übergangsbereiche als Fahrspuren ausgebildet werden. Die beiden befestigten Streifen müssen voneinander einen Abstand von 0,8 m haben und mindestens je 1,1 m breit sein.

3.3 Längsneigungen

Zufahrten dürfen längs bis zu 10 % geneigt sein. Steilere Neigungen können im Einvernehmen mit der für den Brandschutz zuständigen Dienststelle zugelassen werden, wenn die Befahrbarkeit gewährleistet bleibt. Neigungswechsel sind in Durchfahrten sowie innerhalb eines Abstandes von 8 m vor und hinter Durchfahrten unzulässig. Sonstige Neigungswechsel sind mit einem Radius von 15 m auszurunden.

3.4 Stufen und Schwellen

Stufen und Schwellen im Zuge von Zu- oder Durchfahrten dürfen nicht höher als 8 cm sein. Eine Folge von Stufen oder Schwellen im Abstand von weniger als 10 m ist unzulässig. Im Bereich von Neigungswechseln nach Nummer 3.3 dürfen keine Stufen oder Schwellen sein.

3.5 Sperrvorrichtungen

Sperrvorrichtungen sind in Zu- oder Durchfahrten zulässig, wenn sie von der Feuerwehr geöffnet werden können. Vorzugsweise sind Verschlüsse zu verwenden, die mit dem Überflurhydrantenschlüssel nach DIN 3223 oder dem Feuerwehrbeil nach DIN 14924 geöffnet werden können. Im Einvernehmen mit der für den Brandschutz zuständigen Dienststelle können auch andere Schließsysteme zugelassen werden. Sperrpfosten dürfen im umgelegten Zustand nicht höher als 8 cm sein.

3.6 Bordsteinabsenkung

Die Zufahrtsmöglichkeit von der öffentlichen Verkehrsfläche ist durch Absenken des Bordsteins auf der gemäß 3.1 erforderlichen Länge deutlich zu machen.

3.7 Fahrbahnbegleitende Park- und Grünstreifen

Der öffentliche Verkehrsraum, insbesondere fahrbahnbegleitende Park- und Grünstreifen und die Fahrbahngeometrie müssen so gestaltet werden, dass eine Zufahrt zu den erforderlichen Feuerwehrflächen möglich ist (siehe auch 3.1). Über die erforderlichen verkehrsrechtlichen Anordnungen ist Einvernehmen mit der örtlichen Straßenverkehrsbehörde und mit der für den Brandschutz zuständigen Dienststelle herzustellen.

4. Aufstellflächen und Stellflächen auf dem Grundstück

Aufstellflächen müssen mindestens 5 m breit, mindestens 11 m lang und so angeordnet sein, dass alle zum Anleitern bestimmten Stellen von Hubrettungsfahrzeugen erreicht werden können.

4.1 Aufstellflächen für Hubrettungsfahrzeuge entlang der Außenwand

Aufstellflächen, die am Gebäude entlang geführt werden, müssen von der anzuleiternden Außenwand einen Abstand von mindestens 3 m haben. Dieser Abstand darf höchstens

9 m und bei Brüstungshöhen von mehr als 18 m höchstens 6 m betragen. Die Aufstellfläche soll mindestens 8 m über die letzte Anleiterstelle hinausreichen. Im Einvernehmen mit der für den Brandschutz zuständigen Dienststelle können andere Abstände festgelegt werden, wenn örtliche oder technische Gegebenheiten dies erfordern.

4.2 Aufstellflächen für Hubrettungsfahrzeuge rechtwinklig zur Außenwand

Rechtwinklig oder annähernd im rechten Winkel auf die anzuleiternde Außenwand zugeführte Aufstellflächen dürfen keinen größeren Abstand als 1 m zur Außenwand haben. Die Entfernung zwischen der seitlichen Begrenzung der Aufstellfläche und der entferntesten seitlichen Begrenzung der zum Anleitern bestimmten Stelle darf 9 m und bei Brüstungshöhen von mehr als 18 m 6 m nicht überschreiten.

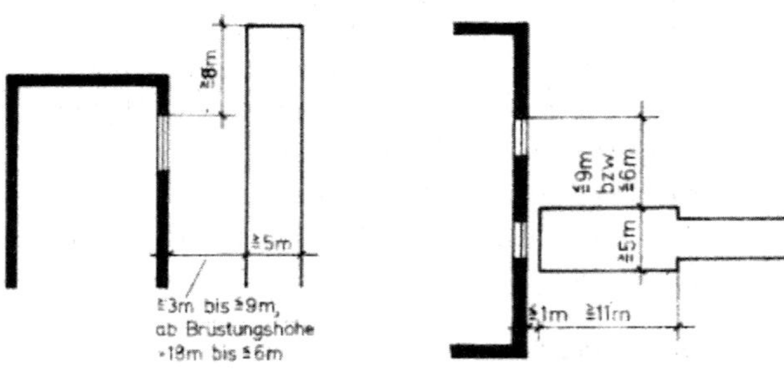

Bild 2: Aufstellflächen entlang der Außenwand bzw. rechtwinklig zur Außenwand

4.3 Stellflächen für tragbare Leitern

Stellflächen für tragbare Leitern müssen mit einer Kante unmittelbar an die vertikale Projektion der anzuleiternden Stellen anschließen; dabei muss die Leiter mit Hilfseinrichtungen und 0,5 m seitlichem Lichtraum innerhalb der Stellfläche liegen. Die Stellfläche für die vierteilige Steckleiter

(Standardrettungsgerät) muss mindestens 3 m × 3 m betragen. Die Fläche kann im Einvernehmen mit der für den Brandschutz zuständigen Dienststelle ausnahmsweise, insbesondere bei geringerer Rettungshöhe, verkleinert werden. Die Stellfläche für die dreiteilige Schiebleiter muss mindestens 4 m × 4 m betragen. Dabei muss für beide Leitertypen das Verlassen einer mit einem Anstellwinkel von 70° angestellten Leiter durch einen Raum von 0,5 m Tiefe hinter dem Leiterfuß möglich bleiben. Die Stellflächen für Leitern müssen einen sicheren Stand bieten; eine Befestigung ist nicht erforderlich. Die Stellfläche darf in der Richtung parallel zur Kante der zum Anleitern bestimmten Stelle keine Neigung aufweisen und im Übrigen darf die Neigung den Leiterfuß bei 70° Anstellwinkel nicht abrutschen lassen.

4.4 Freihalten des Anleiterbereichs

Zwischen den zum Anleitern bestimmten Stellen und den Aufstellflächen bzw. Stellflächen dürfen sich keine den Einsatz der Rettungsgeräte erschwerenden Hindernisse wie bauliche Anlagen, Bäume, Wasserflächen, Abgrabungen oder Aufschüttungen befinden.

4.5 Neigungen der Aufstellflächen

Aufstellflächen müssen in einer Ebene liegen und dürfen nicht mehr als 5 % geneigt sein.

5. Bewegungsflächen

Bewegungsflächen müssen für jedes nach Ausrückeordnung vorgesehene Fahrzeug 7 m × 12 m groß sein. Im Einvernehmen mit der für den Brandschutz zuständigen Dienststelle können ausnahmsweise auch kleinere Bewegungsflächen zugelassen werden. Vor und hinter Bewegungsflächen an weiterführenden Zufahrten sind mindestens 4 m lange Übergangsbereiche anzuordnen (siehe Bild 3). Bewegungsflächen müssen in einer Ebene liegen und dürfen in keiner Richtung mehr als 5 % geneigt sein. Bewegungsflächen für Löschfahrzeuge können innerhalb eines Radius von 50 m um die betreffende bauliche Anlage auch auf öffentlichen Flächen liegen.

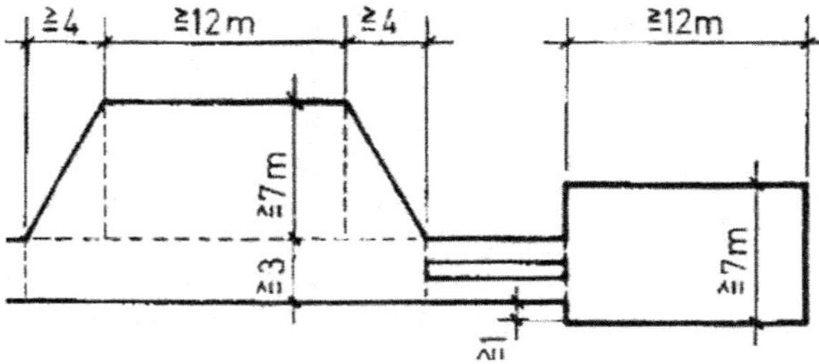

Bild 3: Bewegungsflächen

6. Befestigung und Tragfähigkeit

6.1 Befestigung von Zu- oder Durchfahrten sowie Aufstell- und Bewegungsflächen

Zu- oder Durchfahrten sowie Aufstell- und Bewegungsflächen für die Feuerwehr sind so zu befestigen, dass sie von Feuerwehrfahrzeugen mit einer zulässigen Gesamtmasse von 16 t und einer Achslast von 10 t befahren werden können. Gemäß DIN EN 1991-1-1:2010-12 NCI NA.3.3.3 (NA.2) sind Hofkellerdecken, die im Brandfall von Feuerwehrfahrzeugen befahren werden, für die Brückenklasse 16/16 nach DIN 1072: 1985-12, Tabelle 2 zu berechnen. Dabei ist jedoch nur ein Einzelfahrzeug in ungünstigster Stellung anzusetzen; auf den für die Feuerwehr vorgesehenen Flächen ist die gleichmäßig verteilte Last der Hauptspur von 5,0 kN/m² in Rechnung zu stellen. Der nach DIN 1072 geforderte Nachweis für eine einzelne Achslast von 110 kN darf entfallen. Die Nutzlast darf als vorwiegend ruhend eingestuft werden. Zufahrten sind sicher begeh- und befahrbar herzustellen und so instandzuhalten, dass sie jederzeit von der Feuerwehr erkennbar und benutzbar sind und eine Rutschgefahr (z. B. durch Humus, Schnee, Eis) ausgeschlossen ist.

Dieses Anforderungsniveau wird durch jegliche mit Kraftfahrzeugen befahrbare Fläche nach den Richtlinien für die Standardisierung des Oberbaus von Verkehrsflächen (RStO) erreicht.

Flächenbefestigungen der Nutzungsklasse N-Fw – „Befahrbare Beläge für Feuerwehrzufahrten, Aufstell- und Bewegungsflächen" der „Richtlinien für Planung, Bau und Instandhaltung von begrünbaren Flächenbefestigungen" der Forschungsgesellschaft Landesentwicklung Landschaftsbau e. V. (FLL) erfüllen ebenfalls die Anforderungen

6.2 Randbegrenzung befahrbarer Bereiche

Zufahrten und Aufstellflächen müssen eine stets deutlich erkennbare Randbegrenzung aufweisen. Dies kann eine bei allen Witterungsverhältnissen erkennbar befahrbare Fläche sein oder eine Markierung mit nicht mehr als 0,8 m Höhe (z. B. durch Bepflanzung oder durch Pfosten).

7. Hinweisschilder für den Brandschutz

Zu- oder Durchfahrten für Feuerwehrfahrzeuge sind durch Hinweisschilder mit der Aufschrift „Feuerwehrzufahrt" so zu kennzeichnen, dass diese Hinweise von der öffentlichen Verkehrsfläche aus sichtbar sind. Diese Hinweisschilder sind als amtlich angeordnet zu kennzeichnen. Im Einvernehmen mit der örtlichen Straßenverkehrsbehörde kann mit diesem Schild gleichzeitig ein Haltverbot nach StVO angeordnet werden. Aufstellflächen oder Bewegungsflächen für Feuerwehrfahrzeuge sind durch Hinweisschilder mit der Aufschrift „Fläche für die Feuerwehr" zu kennzeichnen. Diese Hinweisschilder müssen mindestens 210 mm × 594 mm groß sein. Zugänge oder Durchgänge für die Feuerwehr sind durch Hinweisschilder mit der Aufschrift „Feuerwehrzugang" zu kennzeichnen. Alle Hinweisschilder müssen der Norm DIN 4066 (Hinweisschilder für den Brandschutz) entsprechen und mindestens 148 mm × 420 mm groß sein.

8. Darstellung der Flächen im Lageplan

Nach § 4 Absatz 4 Nummer 5 e und f der Verfahrensverordnung zur Landesbauordnung (LBOVVO) sind die Zufahrten, Aufstell- und Bewegungsflächen unter Angabe ihrer Höhenlage im Lageplan darzustellen. Auch die Zu- und Durchgänge und die Stellflächen für tragbare Rettungsgeräte sollen im Lageplan dargestellt werden. Dargestellt werden sollen ferner die im öffentlichen Raum liegenden Flächen für die Feuerwehr. Alle Darstellungen sollen im Lageplan in einer geeigneten Genauigkeit vermaßt werden. Jedenfalls sind gemäß § 6 Absatz 2 Nummer 1 f LBOVVO Bauteile, die Anforderungen hinsichtlich des Brandschutzes unterliegen, in den Bauzeichnungen darzustellen, sofern sie nicht in anderen Bauvorlagen in geeigneter Weise enthalten sind.

9. Inkrafttreten, Außerkrafttreten

Diese Verwaltungsvorschrift tritt am 1. Februar 2021 in Kraft und mit Ablauf des 31. Januars 2028 außer Kraft.

Stichwortverzeichnis

Die fettgedruckten Zahlen verweisen auf die Paragraphen der LBO, die sich anschließenden mageren Zahlen auf deren Absätze; in Klammern stehen die im Anhang zu § 50 Abs. 1 aufgezählten verfahrensfreien Vorhaben. Die kursiven Zahlen verweisen auf die Paragraphen der jeweiligen Anlagen.

Z